ボルト氏の馬術

DAS DRESSUR PFERD VON HARRY BOLDT

ハリー・ボルト 著　澤田孝明 訳

高津彦太郎・井上正樹 編訳

荒木雄豪 監修

改訂版

2010
恒星社厚生閣

澤田孝明氏
とその師
川崎次郎氏
に捧ぐ

It gives me a lot of pleasure, that my book „DAS DRESSURPFERD",
will give the Japanese riders, an introduction to Dressage.

I would like to thank Mr. Hikotaro Kozu for taking the initiative, to have
my book translated into the Japanese language, a very difficult task indeed.

Now Japanese Dressage Riders will be able to learn from my
experiences with training of dressage horses.

All the lessons in my book are in accordance with the FEI Rules.

January 2003

(signature)

　日本の方々に『Das Dressur Pferd. von Harry Boldt(馬場馬術馬)』をご紹介できることを嬉しく思います。
　この馬術書を日本語に翻訳するのは仲々大変なことであったと思いますが、この仕事の中心となって進めて頂いた高津彦太郎氏に感謝いたします。
　私の馬術書の運動課目は総て国際馬術連盟の規程に含まれているものであり、馬場馬術をされる日本の方々には、馬場馬術馬の調教に関する私の経験から学んで頂くことができるものと思います。

　　2003年1月

　　　　　　　　　　　　　　　　ハリー・ボルト

内　容　紹　介

ハリー・ボルト氏よりの手紙	iii
内容紹介	iv
東京オリンピック大会におけるボルト氏	v〜vii
ボルト氏とレムス号	viii
ボルト氏とヴォイチェク号	ix
オリンピック大会(1912〜1980)馬場馬術競技入賞記録	x
世界選手権大会(1966〜1978)・ヨーロッパ選手権大会(1963〜1979)馬場馬術競技入賞記録	xi
川崎次郎氏の面影	xii
川崎次郎氏略歴	xiii
澤田孝明氏の面影	xiv
澤田孝明氏略歴	xv
「馬場馬術馬」	
編訳者序	1
澤田孝明氏序	3
著　者　序	5
目　次	8
第Ⅰ章　馬場馬術の歴史	11
古典時代の巨匠たち	15
ボーシェーの回り道	26
ゼーガーとシュタインブレヒトの反論	27
２０世紀における大家たち	30
馬場馬術スポーツの影響	44
第Ⅱ章　馬場馬術スポーツ用乗馬の評価	57
馬格による評価	60
馬の動きによる評価	63
気質と性格による評価	70
有名な馬場馬術馬の紹介	72
第Ⅲ章　Ｍクラスからグランプリまでの馬場馬術の調教	109
馬場馬術調教の基準（物指し）	112
調教を次の段階に進める前提条件	115
Ｍクラス馬場馬術	119
セントジョージ賞典とインターメディエイトⅠ	171
インターメディエイトⅡとグランプリ	201
第Ⅳ章　1978年世界選手権大会馬場馬術競技リポート於：イギリス グッドウッド（抜粋）	253
〔付〕オリンピック大会(1912〜2008)馬術競技入賞記録	295
編集後記	321
再版後記	325
あとがき	327
索　引	331

東京オリンピック大会における団体表彰式。
左より、2位 スイスチーム、優勝 ドイツチーム、3位 ソ連チーム。
ドイツチーム左より、ボルト氏、クリムケ氏、ネッカーマン氏。

東京オリンピック大会馬場馬術個人競技表彰式。
左より、2位 ボルト氏、優勝 シャンマルタン氏、3位 フィラトフ氏。

ボルト氏とレムス号。
(東京オリンピック大会馬場馬術団体競技優勝・同個人競技2位)。

ボルト氏とレムス号。
(東京オリンピック大会馬場馬術団体競技優勝・同個人競技2位)。

ボルト氏とヴォイチェク号。
(モントリオール・オリンピック大会馬場馬術団体競技優勝・同個人競技2位)。

オリンピック大会馬場馬術競技入賞記録

開催地	個人競技			団体競技		
ストックホルム 1912	1. カール・ボンド スウェーデン(エンペラー号)	2. グスタフ A.ボルテンシュテルン スウェーデン(ネプチュン号)	3. ハンス・フォン・ブリクセン-フィネッケ スウェーデン(マッギー号)	実施せず	実施せず	実施せず
アントワープ 1920	1. ジャンヌ・ルントバルト スウェーデン(ウノ号)	2. ベルチル・ザンドストレーム スウェーデン(ザーベル号)	3. ハンス・フォン・ローゼン スウェーデン(ランニング・シスター号)	実施せず	実施せず	実施せず
パリ 1924	1. エルンスト・リンダー スウェーデン(ピッコロミニ号)	2. ベルチル・ザンドストレーム スウェーデン(ザーベル号)	3. グザヴィエ・ルサージュ フランス(プリュマール号)	実施せず	実施せず	実施せず
アムステルダム 1928	1. カール F.フォン・ランゲン ドイツ(ドラウフゲンガー号)	2. シャルル・マリオン フランス(リノン号)	3. ラグナー・オールソン スウェーデン(ギュンストリング号)	1. ドイツ	2. スウェーデン	3. オランダ
ロスアンゼルス 1932	1. グザヴィエ・ルサージュ フランス(テーヌ号)	2. シャルル・マリオン フランス(リノン号)	3. ハイラム・タットル アメリカ(オリンピック号)	1. フランス	2. スウェーデン	3. アメリカ
ベルリン 1936	1. ハインツ・ポルライ ドイツ(クロノス号)	2. フリードリッヒ・ゲルハルト ドイツ(アブジント号)	3. アロイス・ポダイスキー オーストリア(ネロ号)	1. ドイツ	2. フランス	3. スウェーデン
ロンドン 1948	1. ハンス・モーゼル スイス(ハムマー号)	2. アンドレ・ジュソーム フランス(アルパゴン号)	3. グスタフ A.ボルテンシュテルン スウェーデン(トランプ号)	1. フランス	2. アメリカ	3. ポルトガル
ヘルシンキ 1952	1. アンリ・サンシール スウェーデン(マスター・ルーフス号)	2. リス・ハルテル デンマーク(ジュビリー号)	3. アンドレ・ジュソーム フランス(アルパゴン号)	1. スウェーデン	2. スイス	3. 西ドイツ
ストックホルム 1956	1. アンリ・サンシール スウェーデン(ユーリ号)	2. リス・ハルテル デンマーク(ジュビリー号)	3. リゼロット・リンゼンホフ 西ドイツ(アデュラー号)	1. スウェーデン	2. 西ドイツ	3. スイス
ローマ 1960	1. セルゲイ・フィラトフ ソ連(アブサン号)	2. グスタフ・フィッシャー スイス(ヴァルト号)	3. ヨーゼフ・ネッカーマン 西ドイツ(アスバッハ号)	実施せず	実施せず	実施せず
東京 1964	1. アンリ・シャンマルタン スイス(ヴェルマン号)	2. ハリー・ボルト 西ドイツ(レムス号)	3. セルゲイ・フィラトフ ソ連(アブサン号)	1. 西ドイツ	2. スイス	3. ソ連
メキシコ 1968	1. イワン・キジモフ ソ連(イホール号)	2. ヨーゼフ・ネッカーマン 西ドイツ(マリアーノ号)	3. ライナー・クリムケ 西ドイツ(ダックス号)	1. 西ドイツ	2. ソ連	3. スイス
ミュンヘン 1972	1. リゼロット・リンゼンホフ 西ドイツ(ピアフ号)	2. エレーナ・ペチュコヴァ ソ連(ペペル号)	3. ヨーゼフ・ネッカーマン 西ドイツ(ヴェネチア号)	1. ソ連	2. 西ドイツ	3. スウェーデン
モントリオール 1976	1. クリスチーヌ・スチュッケルベルガー スイス(グラナート号)	2. ハリー・ボルト 西ドイツ(ヴォイチェク号)	3. ライナー・クリムケ 西ドイツ(メーメド号)	1. 西ドイツ	2. スイス	3. アメリカ
モスクワ 1980	1. エリザベート・トイラー オーストリア(モン・シェリー号)	2. ユリ・コヴシオフ ソ連(イグロック号)	3. ヴィクトル・ウグリモフ ソ連(シュクヴァル号)	1. ソ連	2. ブルガリア	3. ルーマニア

世界選手権大会馬場馬術競技入賞記録

開催地	個人競技			団体競技		
ベルン 1966	1. ヨーゼフ・ネッカーマン 西ドイツ(マリアーノ号)	2. ハリー・ボルト 西ドイツ(レムス号)	3. ライナー・クリムケ 西ドイツ(ダックス号)	1. 西ドイツ	2. スイス	3. ソ連
アーヘン 1970	1. エレーナ・ペチュコヴァ ソ連(ペペル号)	2. リゼロット・リンゼンホフ 西ドイツ(ピアフ号)	3. イワン・キジモフ ソ連(イホール号)	1. ソ連	2. 西ドイツ	3. 東ドイツ
コペンハーゲン 1974	1. ライナー・クリムケ 西ドイツ(メーメド号)	2. リゼロット・リンゼンホフ 西ドイツ(ピアフ号)	3. エレーナ・ペチュコヴァ ソ連(ペペル号)	1. 西ドイツ	2. ソ連	3. スイス
グッドウッド 1978	1. クリスチーヌ・スチュッケルベルガー スイス(グラナート号)	2. ウーヴェ・シュルテン・バウマー 西ドイツ(スリボヴィッツ号)	3. ジェニー・ロリストン・クラーク イギリス(ダッチ・カレッジ号)	1. 西ドイツ	2. スイス	3. ソ連

ヨーロッパ選手権大会馬場馬術競技入賞記録

開催地	個人競技			団体競技		
コペンハーゲン 1963	1. アンリ・シャンマルタン スイス(ヴォルフディートリッヒ号)	2. ハリー・ボルト 西ドイツ(レムス号)	3. アンリ・シャンマルタン スイス(ヴェルマン号)	実施せず	実施せず	実施せず
コペンハーゲン 1965	1. アンリ・シャンマルタン スイス(ヴォルフディートリッヒ号)	2. ハリー・ボルト 西ドイツ(レムス号)	3. ライナー・クリムケ ドイツ(アルカジュウス号)	1. 西ドイツ	2. スイス	3. ソ連
アーヘン 1967	1. ライナー・クリムケ 西ドイツ(ダックス号)	2. イワン・キジモフ ソ連(イホール号)	3. ハリー・ボルト 西ドイツ(レムス号)	1. 西ドイツ	2. ソ連	3. スイス
ウォルフスブルグ 1969	1. リゼロット・リンゼンホフ 西ドイツ(ピアフ号)	2. イワン・キジモフ ソ連(イホール号)	3. ヨーゼフ・ネッカーマン 西ドイツ(マリアーノ号)	1. 西ドイツ	2. 東ドイツ	3. ソ連
ウォルフスブルグ 1971	1. リゼロット・リンゼンホフ 西ドイツ(ピアフ号)	2. ヨーゼフ・ネッカーマン 西ドイツ(ファン・アイク号)	3. イワン・キジモフ ソ連(イホール号)	1. 西ドイツ	2. ソ連	3. スウェーデン
アーヘン 1973	1. ライナー・クリムケ 西ドイツ(メーメド号)	2. エレーナ・ペチュコヴァ ソ連(ペペル号)	3. イワン・カリータ ソ連(タリフ号)	1. 西ドイツ	2. ソ連	3. スイス
キエフ 1975	1. クリスチーヌ・スチュッケルベルガー スイス(グラナート号)	2. ハリー・ボルト 西ドイツ(ヴォイチェク号)	3. カリン・シュリュター 西ドイツ(リオスツロ号)	1. 西ドイツ	2. ソ連	3. スイス
サン・ガーレン 1977	1. クリスチーヌ・スチュッケルベルガー スイス(グラナート号)	2. ハリー・ボルト 西ドイツ(ヴォイチェク号)	3. ウーヴェ・シュルテン・バウマー 西ドイツ(スリボヴィッツ号)	1. 西ドイツ	2. スイス	3. ソ連
アールフス 1979	1. エリザベート・トイラー オーストリア(モン・シェリー号)	2. クリスチーヌ・スチュッケルベルガー スイス(グラナート号)	3. ハリー・ボルト 西ドイツ(ヴォイチェク号)	1. 西ドイツ	2. ソ連	3. スイス

騎兵第4連隊長時代の川崎次郎氏（陸軍中佐）。

日本報国乗馬会時代の川崎次郎氏。

川崎次郎氏とシルバー号（昭和24年頃、於 琵琶湖乗馬倶楽部）。

写真提供：(社)日本馬術連盟

川崎次郎氏略歴

明治10（1877）年10月24日	丹波篠山（兵庫県）において誕生
	陸軍幼年学校卒業
32（1899）年11月	陸軍士官学校卒業（第11期、騎兵科主席卒業、近衛騎兵連隊配属）
33（1900）年 6月	陸軍騎兵少尉任官
37（1904）〜38年	日露戦争従軍
	陸軍騎兵学校卒業
43（1910）年11月	陸軍大学校卒業（騎兵学校配属、遊佐幸平中尉〔後の少将〕の教官）
	小綹号（こゆるぎ）（濠洲よりの持込馬）調教（見事なスペイン速歩）
	（『遊佐馬術』「馬の独断専行／スペイン速歩の正体」参照）
大正 7（1918）年	陸軍騎兵中佐任官
	騎兵第4連隊長（第11代）
	予備役編入
	日本報国乗馬会教官
昭和 9（1934）年（57歳）	日本報国乗馬会で澤田孝明氏を指導
	川崎次郎氏の指導方針：
	「馬を大きく歩かせよ」
	「馬を肩から歩かせよ」
	「馬が全身をゆさぶって歩くようにせよ」
	「馬が頭頸を前下に伸ばして地面を嗅ぐような姿勢で歩かせよ」
	「馬が厩舎へ帰る時の姿勢で歩かせよ」
22（1947）年頃（70歳）	琵琶湖乗馬倶楽部にて調教
	没年不詳〔昭和28年に作成された偕行社名簿に記載がないので、それ以前に逝去されたものと思われる〕

澤田孝明氏とロードカップ号。

澤田孝明氏略歴

大正 5（1916）年12月4日	大阪府河内長野において誕生
昭和 3（1928）年 3 月	河内長野小学校卒業
9（1934）年 3 月	大阪府立堺中学校（現 三国ヶ丘高校）卒業
4 月	大阪高等医学専門学校（現 大阪医科大学）入学
	日本報国乗馬会において乗馬開始
	川崎次郎氏に師事
14（1939）年 3 月	大阪高等医学専門学校卒業
4 月	同付属病院外科勤務
16（1941）〜21年	応召（軍医として満州へ）
21（1946）年	大阪高等医学専門学校付属病院辞職
	医療法人孝仁会・澤田病院開設
35（1960）〜52年	河内長野市医師会会長
52（1977）年秋	還暦を迎え、杉谷馬事公苑において乗馬再開
	パールマン著『Springreiten（障害馬術）』（昭和60、竹田恒和訳）
	ヴェッチェン著『Dressurreiten』
	ゾイニッヒ著『Von der Koppel bis zur Kapriole』
	ブランドル著『Das Reitpferd』
	チーデマン著『Das Spring Pferd』
	ボルト著『Das Dressur Pferd』等の原書を読破
57（1982）年 1 月	《華麗なる中俣選手のフリースタイル》『馬術情報』（246）
4 月	《思い出の川崎次郎先生》『馬術情報』（248）
58（1983）年 2 月	ボルト著『Das Dressur Pferd. von Harry Boldt（馬場馬術馬）』翻訳
9〜11月	《思い出の川崎次郎先生》『馬術情報』（253、255）
平成 2（1990）年 1〜4 月	《「肩を前へ」について》『馬術情報』（337〜340）
5 月	《パッサード》『馬術情報』（341）
8 月	《第5の足》『馬術情報』（344）
11月	《スペイン速歩》『馬術情報』（347）
12月	《曲芸馬術の調教方法》『馬術情報』（348）
平成 3（1991）年10月13日	逝去（75歳）

DAS DRESSUR PFERD VON HARRY BOLDT

馬 場 馬 術 馬

ハリー・ボルト著

1978

EDITION HABERBECK

編 訳 者 序

　編訳者の一人である高津が故澤田孝明氏の私家本『馬場馬術馬(DAS DRESSUR PFERD)』(以下訳本)の存在を知ったのは『ボーシェー氏の馬術』の研究を始めた1997年頃である。

　この訳本が1983年に脱稿されてから15年もその存在すら知らなかった訳である。訳本の9頁にボーシェーに関する記事があるので参考にさせて頂き、その際ざっと目を通したのであるが、澤田氏のドイツ語学力の正確さに感心させられた。訳本の序文に「昭和52年に還暦を迎え……ハリー・ボルト氏の著書を入手し写真を見て楽しんでいる、という人の為にこの訳本を作った……どなたかドイツの出版社の了解をとりつけて頂ければ幸い至極である」という一節が印象に残った。

　『ボーシェー氏の馬術』の編訳を脱稿した2000年夏に私も還暦を迎え、40年近いサラリーマン生活をやめる節目で澤田氏の言葉を思い出し、再度訳本と原著を照合しつつ通読してみたところ、馬術の専門用語の訳に多少分り難いところがあることに気づき、また「どなたかドイツの出版社の……」という示唆もあり、第2の人生の出発点として原著の編訳を手がけることにした。

　澤田氏のご遺族の方々およびハリー・ボルト氏にお目にかかり、訳本の出版をすることのご了解を得て、2001年4月から編訳および入力の作業を開始した。原著の第Ⅲ章が英訳されているので参考にしたが、この版には連続写真が割愛されているために折角の原著独特の持ち味が損なわれていると思い、版権を有するHABERBECK社と協議して今回の出版となった。

　なお、原著には第Ⅳ章 REPORTAGE DER WELTMEISTER SCHAFT 1978 IN GOODWOOD があるが、その内容は主として英国のグッドウッドにおける世界選手権大会の写真と大会風景であるので、著者のご了解を得てその一部のみを抜粋させて頂いた。また、第Ⅲ章に挙げられているセントジョージ賞典からグランプリスペシャルまでの経路は、現在行われているものとは多少異なっているが、評価の観点は現在と全く同様であるので、そのままとした。

　専門用語の訳語は『国際馬事辞典(増補三訂版)』(バラノフスキー著、荒木雄豪編訳)によったが、この辞典にない専門用語については、田村辰巳氏(全国乗馬倶楽部振興協会副会長)に相談させて頂いた。

　また読者の方々の参考になればと思い、〔付〕「オリンピック大会(1912〜2000)馬術競技入賞記録」①およびこれを含めた索引を付けたので利用して頂ければ幸いである。

編訳者序

　ハリー・ボルト氏は読者の方々がご承知のとおり、東京、モントリオール両オリンピックのゴールドメダリストである。ボルト氏は50歳で現役を退き、1981年から1996年までドイツ馬場馬術チームのヘッドコーチの役職にあり、その15年間にオリンピック、世界選手権、およびヨーロッパ選手権でこのチームが獲得したメダルは50個に及び、その内31個は金メダルであった。ボルト氏はこの実績によりドイツ馬術界最高の名誉勲章 Deutsche Reiterkreuz in Gold を受賞した。

　連続写真のモデルは、ボルト氏がモントリオール・オリンピックで騎乗して、団体優勝、個人2位に入賞したヴォイチェク(Woyceck)号で、記号文字は故アルバート・ブランドル氏が考案したものである。ボルト氏は現在オーストラリアのパース市郊外で悠々自適の生活をされている。

　今日、日本の競技会で使われている馬場馬術馬にもドイツ、オランダなど北欧圏の産駒が多いので、氏の連続写真とその解説は読者の方々にも興味深いものがあると思う。

　なお、馬術的・語学的に浅学の我々のこととて、誤編訳も多々あることと思われるので、読者諸賢のご教示、ご指導を賜われれば幸甚である。

　最後に我々に身にあまる「日本語版出版によせる言葉」をくださったボルト氏、編訳出版を快くご了解くださった澤田家ご遺族の方々、ボルト氏に我々をご紹介くださった東京オリンピック、ドイツチーム監督の故グスターフ・プォルテ(Gustav-Rolf Pfordte)氏[2]、ボルトご夫妻にお目にかかる労をとってくださった在メルボルンのフォード(Frank Ford)ご一家、コピーライトの問題で大変お世話になった恒星社厚生閣の片岡一成氏、編訳の場所を提供して下さった㈱総合不動産コンサルタントの菊池洋三社長に心から感謝申し上げる次第である。

　　　　2002年12月

高 津 彦 太 郎
井 上 正 樹

[1]〔註：原著54頁の入賞記録は1912～1980年のオリンピックにおける馬場馬術競技のみの記録であるが、本表は前回2000年のシドニー大会までの馬場馬術、障害飛越、総合馬術の3種目の入賞記録である〕
[2]〔註：あとがき参照〕

澤田孝明氏序

　私は昭和9年4月、はじめて馬に乗り、馬術の神様といわれた遊佐幸平先生の騎兵学校での馬術教官をされた、川崎次郎元陸軍騎兵中佐にお近づきになり、私のその後の人生に、どれほど大きな影響を受けたことか、実に測り知ることができない。

　そして今、当時の川崎先生の年齢になり、40年の昔をふりかえる時、誰よりも先ず思い出されるのは先生のことである。馬術はもちろん人間としても、先生の教え子ということさえはばかられる存在であるが、このたび、日本馬術連盟の馬術情報に、思い出の川崎次郎先生のシリーズを掲載していただく幸運に恵まれ、先生へのご恩の万分の一でもおむくいすることができたことを心から感謝しているのである。

　昭和52年の秋、還暦を迎え、第二の人生への転換を期し思いをこらしていたとき、予想もしなかった乗馬のチャンスに恵まれ、杉谷乗馬クラブに馬を預けた。そこで杉谷昌保氏から、パールマンの『スプリングライテン(障害馬術)』①の翻訳を奨められた。それを契機に次々とドイツの近代の馬術書を手に入れ、読み漁って6年目になった。その間、同クラブの川口宏一元オリンピック日本代表の、懇切極まる添削をいただき、ようやくおぼろげながら忘れ去っていた記憶もよみがえり、ヴェッチェン著『ドレッシュアライトペアデス(競技および高等馬術のための乗馬調教)7版』②、ゾイニッヒ著『牧場からカプリオールまで』③、アルバート・ブランドル著『乗用馬』④、フリッツ・チーデマン著『障害馬』⑤、そしてハリー・ボルト著『馬場馬術馬』⑥など乱読。難解な箇処も次第に少なくなり、そのうち「ハリー・ボルトの著書を入手したがドイツ語ができないので写真を見て楽しんでいる」という人に時々お目にかかり、それではと翻訳したのがこの拙い一文である。

　これは、ハリー・ボルト著『ドレッシュア・プェルト(馬場馬術馬)』という本を翻訳したもので、原書を読むお役に立てばと思って綴ったものである。もとより誤訳、迷訳の連続で、それを御指摘していただくのも大きなねらいで、恥をしのんでお目にかける次第である。

　原書に忠実に訳したつもりで、そのため直訳で誠に日本語とは似ても似つかぬ文になり、私が河内生まれの河内育ちのため河内弁までまじっていて読みづらいことと思いますがおゆるし願いたい。

　P.12とあれば、原著の12頁のことである。人名は全く独断でメチャクチャであるが、多少は『エン

サイクロペディア 馬』⑦などを参考にした。

　この訳文をつけて原書を発売すれば、多少原書がよく売れるのではないかと自負している。もとより翻訳料などを望むわけでもなく、それほどの訳でもないが、馬術書を読みたがらずに非科学的な解説をして済まされがちな馬術界の向上に、あの素晴らしいカラー写真と連続瞬間写真にもまして簡潔明解な原文の名著に、日本の馬場馬術同好の士の馬術の勉強のお役に立つことを願うため、どなたかドイツの出版社の了解をとりつけていただければ幸い至極である。

　　　　このつたない訳を
　　　　　元陸軍騎兵中佐　川崎次郎先生の霊前に捧げる

　　　　昭和58（1983）年2月15日

　　　　　　　　　　　　　　　　　　　　　　　　　　　　澤　田　孝　明

①〔編者註：Paalman 著『Springreiten』（1968）
　　　　　パールマン著、竹田恒和訳『障害馬術』（昭和60年　ベースボールマガジン社）〕
②〔編者註：Wätzen 著『Die Dressur Reitpferdes für Turnier und hohe Schule』（1922/ 7版 1961）〕
③〔編者註：Seunig 著『Von der Koppel bis zur Kapriole』（1943）〕
④〔編者註：Brandl 著『Das Reitpferd』（1977）〕
⑤〔編者註：Thiedemann 著『Das Spring Pferd』（1979）〕
⑥〔編者註：Boldt 著『Das Dressur Pferd. von Harry Boldt』（1978）〕
⑦〔編者註：Hope, Jackson, Steinkraus 共編『The Encyclopedia of THE HORSE』（1973）
　　　　　佐藤正人翻訳監修『エンサイクロペディア　馬』（昭和51年　日本中央競馬会弘済会版）〕

著者:ハリー・ボルト氏

著者序

　馬場馬術がスポーツとして隆盛となり、国内あるいは国際的な馬場馬術競技に参加する人馬の質も、10年前に比べると著しく向上し、まさに隔世の感がある。しかし私たち馬場馬術を行う騎手たちの層は、まだまだ限定された範囲内にとどまっている。それは、このスポ

ーツが極めて専門的な性質のものであり、その本質を理解することができなければ、馬場馬術の素晴らしさも緊張感も満喫することができないからである。

　それで、馬場馬術に関する理解を是非とも深めてもらいたいと思って、この本を書くことにした。馬場馬術の調教をすることは決して不可能なことではなく、体系的なトレーニングの結果なのである。

　馬をトレーニングするためには経験が必要である。また馬場馬術馬の基本的な調教方針を立てるためには、それぞれの馬に適したトレーニングを考えなければならない。従って馬場馬術の調教に関して、全く問題のない理想的な方法について述べるのではなく、私が実際に経験したことに基づいた種々の調教法について述べることにする。

よく調教された馬が如何に優雅な動きを示し、また極めて困難な課目を如何に苦もなく演じるか、ということを自ら経験した騎手でなければ、真の馬術家とは言えないであろう。この本ではまず、数世紀昔の巨匠たちから現代の競技スポーツにおける大家たちまでの長い道のりについての解説をしてみようと思う。

目 次

I. 馬場馬術の歴史 …………………………… 11
  古典時代の巨匠たち ……………………… 15
  ボーシェーの回り道 ……………………… 26
  ゼーガーとシュタインブレヒトの反論 …… 27
  20世紀における大家たち ………………… 30
  馬場馬術スポーツの影響 ………………… 44

II. 馬場馬術スポーツ用乗馬の評価 ……… 57
  馬格による評価 …………………………… 60
  馬の動きによる評価 ……………………… 63
  気質と性格による評価 …………………… 70
  有名な馬場馬術馬の紹介 ………………… 72
    ・「アール号」ドクター ライナー・クリムケ ……… 73
    ・「アデュラー号」ウィリー・シュルトハイス ……… 74
    ・「アフリカ号」ウィリー・シュルトハイス ……… 75
    ・「アーレリッヒ号」ドクター ライナー・クリムケ … 76
    ・「アントワネット号」名誉ドクター ヨーゼフ・ネッカーマン … 77
    ・「アルカジゥス号」ドクター ライナー・クリムケ … 78
    ・「アルマニャク号」ウィリー・シュルトハイス ……… 79
    ・「アスバッハ号」名誉ドクター ヨーゼフ・ネッカーマン … 80
    ・「ブリラント号」ウィリー・シュルトハイス ……… 81
    ・「ブロカート号」ハリー・ボルト ……… 82
    ・「クロニスト号」ウィリー・シュルトハイス ……… 83
    ・「ダブレッテ号」ウィリー・シュルトハイス ……… 84
    ・「デュエロ号」名誉ドクター ヨーゼフ・ネッカーマン … 85
    ・「デュック号」ドクター ライナー・クリムケ … 86
    ・「ファナル号」ウィリー・シュルトハイス ……… 87
    ・「フォイダル号」ドクター ウーヴェ・シュルテン・バウマー … 88
    ・「ゴロー号」ハリー・ボルト ……… 89
    ・「グラナート号」ゲオルグ・ワール ……… 90
    ・「グラニッツ号」クルト・カペルマン ……… 91
    ・「ヒルテントラウム号」ウーヴェ・ザウアー ……… 92
    ・「イルージョン号」ハリー・ボルト ……… 93
    ・「リオスツロ号」ヘルベルト・レーバイン ……… 94
    ・「マクベス号」マリア・ギュンター ……… 95
    ・「マリアーノ号」名誉ドクター ヨーゼフ・ネッカーマン … 96
    ・「メーメド号」ドクター ライナー・クリムケ … 97
    ・「ペルクノス号」ウィリー・シュルトハイス ……… 98
    ・「ペルノード号」ウィリー・シュルトハイス ……… 99
    ・「ピアフ号」ヘルベルト・ククルック ……… 100
    ・「レムス号」ハリー・ボルト ……… 101
    ・「スリボヴィッツ号」ドクター ウーヴェ・シュルテン・バウマー … 102
    ・「チーラ号」ウィリー・シュルトハイス ……… 103
    ・「ウルチモ号」ガブリエラ・グリロ ……… 104
    ・「ベネチア号」名誉ドクター ヨーゼフ・ネッカーマン … 105
    ・「ワルドフィー号」ヴロニ・マイア・ヨハン ……… 106
    ・「ヴォイチェク号」ハリー・ボルト ……… 107

III. Mクラスからグランプリまでの
     馬場馬術の調教 ……………………… 109
  馬場馬術調教の基準(物指し) …………… 112
  ・拍子(リズム) …………………………… 112
  ・リラックス(解放性) …………………… 113
  ・依 倚 …………………………………… 113
  ・弾発力 …………………………………… 114
  ・真直性 …………………………………… 114
  ・収 縮 …………………………………… 115
  調教を次の段階に進める前提条件 ……… 115
  ・馬の調教段階 …………………………… 115
  ・騎手としての必要条件 ………………… 117

  Mクラス馬場馬術 ………………………… 119
  ・調教目標 ………………………………… 119
  ・常歩歩調 ………………………………… 120
  ・速歩歩調 ………………………………… 121
  ・駈歩歩調 ………………………………… 124
  ・停 止 …………………………………… 126
  ・停止からの発進 ………………………… 126
  ・歩度の移行 ……………………………… 127
  ・後肢旋回 ………………………………… 134
  ・回転運動 ………………………………… 136
  ・速歩での二蹄跡運動 …………………… 138
    ・肩を内へ ……………………………… 139
      ・正しい実施方法とその目標 ……… 139
      ・肩を内への扶助 …………………… 140
      ・肩を内へに関する助言 …………… 140
      ・誤りとその矯正方法 ……………… 141
      ・肩を内へで行ういろいろな運動 … 141

- 腰を内へと腰を外へ ……………… 146
  - 正しい実施方法とその目標 ……… 146
  - 腰を内（外）への扶助 ……… 146
  - 腰を内（外）へに関する助言 ……… 146
  - 誤りとその矯正方法 ……………… 147
  - 二蹄跡運動間のいろいろな移行 … 147
- ハーフパス（横歩、アピュイエ） 154
  - 正しい実施方法とその目標 ……… 154
  - ハーフパスの扶助 ……………… 154
  - ハーフパスに関する助言 ……… 155
  - 誤りとその矯正方法 ……………… 155
- 踏歩変換 ……………………………… 162
  - 正しい実施方法 ……………… 162
  - 踏歩変換の扶助 ……………… 162
  - 踏歩変換のいろいろな調教方法 … 163
  - 誤りとその矯正方法 ……………… 163
- 馬場馬術調教の補助用具 ……………… 166
  - 折返し手綱（韁） ……………… 166
  - キャバレッティ（地上横木） ……… 167
- 大　勒 ……………………………… 167
- 総合調教計画 ……………………… 168

セントジョージ賞典と
**　インターメディエイトⅠ** ……… 171
- 調教目標 ……………………………… 171
- 駈歩ハーフパス ……………………… 172
  - 正しい実施方法とその目標 ……… 172
  - 駈歩ハーフパスの扶助 ……… 172
  - 駈歩ハーフパスに関する助言 ……… 173
  - 誤りとその矯正方法 ……………… 173
- ピルーエット ……………………… 178
  - 正しい実施方法とその目標 ……… 178
  - ピルーエットの扶助 ……………… 178
  - ピルーエットのいろいろな調教方法 … 178
  - 誤りとその矯正方法 ……………… 182
- ２歩毎までの踏歩変換 ……………… 186
  - ２歩毎までの踏歩変換の扶助 …… 186
  - ２歩毎までの踏歩変換に関する助言 … 186
  - 誤りとその矯正方法 ……………… 188
- 前進後退運動（シャウケル） ……… 188
  - 正しい実施方法 ……………… 188
  - 前進後退運動の扶助 ……………… 188
  - 誤りと矯正方法 ……………… 189
- 総合調教計画 ……………………… 195
- セントジョージ賞典（運動課目と注意点）… 196
- インターメディエイトⅠ（運動課目と注意点）… 198

インターメディエイトⅡとグランプリ …… 201
- 調教目標 ……………………………… 201
- 歩毎踏歩変換 ……………………… 202
- ピアッフェ ……………………… 204
  - 正しい実施方法とその目標 ……… 204
  - ピアッフェの扶助 ……………… 204
  - 準備としての徒歩調教 ……… 204
  - 騎乗してのピアッフェ ……… 206
  - 誤りとその矯正方法 ……………… 206
- パッサージュ ……………………… 212
  - 正しい実施方法とその目標 ……… 212
  - パッサージュの扶助 ……………… 212
  - パッサージュの発進 ……………… 212
  - 誤りとその矯正方法 ……………… 213
- 総合調教計画 ……………………… 220
- 競技シーズンと競技参加計画 ……… 221
- インターメディエイトⅡ（運動課目と注意点）… 222
- グランプリ（運動課目と注意点） ……… 225
- グランプリスペシャル（運動課目と注意点） …… 228

Ⅳ．1978年世界選手権大会馬場馬術競技
**　　リポート於：イギリス　グッドウッド（抜粋）** … 253

〔付〕オリンピック大会（1912～2008）
　　馬術競技入賞記録 ……………… 295

編集後記 ……………………………… 321

再版後記 ……………………………… 325

あとがき ……………………………… 327

索引 ……………………………… 331

第 Ⅰ 章

馬場馬術の歴史

馬場馬術は長い伝統につちかわれ、それが今なおウィーンのスペイン乗馬学校に継承されている。馬場馬術の歴史を顧みると、昔の名人と言われた人たちの馬術技能と見識には、実に驚くべきものがある。外見上の変化こそあるものの、基本的な考え方、特にド・ラ・ゲリニエールの考え方は、今日とそれほど変らないものである。

　馬場馬術が今日に至るまでには、実に長い道のりを歩んできたのである。正しい道を選ぶことは、とりもなおさず苦難の道を選ぶことに通じる。時にはボーシェーやフィリスのような馬術の巨匠が出現し、一世を風びする

こともある。しかし、馬場馬術というものが馬の自然な動きを尊重し、馬に対する愛情に基づかなければならないという考え方には変りはないのである。

　何百年もの長い間、軍隊馬術は古典馬術に大きく貢献し、騎兵学校が馬術の温床として、ルネッサンスやバロック時代の命題を伝承してきたのである。馬場馬術が今日のようなスポーツとしての形態を整えるに至ったのは、ようやくここ数十年のことである。

〔編者註：本書に出ている馬術書名に関しては『国際馬事辞典』(平成11年、増補改訂版以降)、『シュテンスベック氏の馬術』、または『クセノポーンの馬術』の〔附〕「馬術家と馬術関係書」を参照〕

Xenophon, griech. **Xenophon, 1)** griech. Schriftsteller, * Attika um 430 v. Chr., † wahrscheinlich Korinth um 354, Sohn des Gryllos, schloß sich in seiner Jugend dem SOKRATES an. 401 nahm er gegen dessen Rat am Heerzug Kyros' d. J. gegen Artaxerxes II. Mnemon teil; nachdem Kyros bei Kunaxa gefallen war, führte X. die etwa 10 000 Mann griech. Hilfstruppen unter größten Schwierigkeiten mitten durch feindl. Völker über Trapezunt zurück (→Thalatta). 396 begleitete er den Spartanerkönig Agesilaos und war 394 in der Schlacht von Koroneia gegen die mit Athen verbündeten Thebaner auf seiner Seite. Von Athen verbannt, ließ sich X. in Skillus bei Olympia nieder, das er nach der Schlacht von Leuktra 371 verlassen mußte. Den letzten Teil seines Lebens hat er wohl in Korinth verbracht; doch kam es auch zu einer Aussöhnung mit Athen und zur Aufhebung der Verbannung. Die Chronologie von X.s Werken ist **umstritten.**

Xenophon (Marmorbüste, spätes 4. Jahrh. v. Chr.; Alexandria)

Schriften. ›Hellenika‹, die griech. Geschichte von 411 (wo THUKYDIDES abbricht) bis 362 v. Chr.; ›Anabasis‹, der Bericht über den Feldzug gegen Artaxerxes und die Rückführung der →Zehntausend; ›**Agesilaos**‹, eine Lobrede auf den Spartanerkönig; *politische Schriften:* ›Staat der Lakedämonier‹; ›Kyrupädie‹, ein ethischer Fürstenspiegel; ›Hieron‹, eine Anweisung zum rechten Herrschen; ›Über die Einkünfte‹, ein wirtschaftsgeschichtlich bedeutsamer Essay über die Staatsfinanzen; *praktische Schriften:* ›Über die Reitkunst‹ (noch heute grundlegend), ›Über die Kunst der Hundeführung‹ (d. h. über die Jagd); ›Der Reiterführer‹, die Pflichten eines Reiteroberst im Heer; *sokratische Schriften:* ›Erinnerungen‹ (an Sokrates); ›Verteidigung des Sokrates‹; ›Symposion‹, ein sokrat. Gast-

ソクラテスの弟子であり多方面で活躍したクセノポーンは、馬術に関する世界最初の基本的な文献を著した。

1974 年　F.A. ブロックハウス・エンサイクロペディア 第 20 巻のクセノポーン紹介記事。

古典時代の巨匠たち

　古典馬術はルネッサンス時代のイタリア宮廷にその端を発し、当時最も有名な馬術家は、ナポリの人フェデリコ・グリゾーネで、彼は1552年に馬術書『*馬術の法則*』を著した。グリゾーネは速歩での調教の重要性に気づき、初めて扶助の総合効果について記述し、馬術に関する綿密な考証を行った。彼の著書は多くの外国語に翻訳され、彼の門下生によってグリゾーネの馬術理論がフランス、スペイン、イギリス、ドイツへ伝えられた。

　時代がバロック王朝に移ると、馬術の中心地もイタリアからフランスに移った。そして後にフランス国立厩舎長になった、**アントアーヌ・ド・ラ・ボーム・プリュヴィネル**が当時の最も優れた馬術家であった。彼は双柱の発明者と言われ、実地に徒歩調教を行い、すでにクールベット、カプリオール、バロタード、クルーパードのような躍乗馬術を知っていた。彼の死後1623年に彼のライフワークである『*王室馬術*』が出版された。

　プリュヴィネルは、ライバルであり、イタリアの**ピニャテルリ**の弟子たちと同じ考え方の**ブルー**とは反対に、馬に対して全く暴力的な手段を使わなかった。しかしルネッサンス時代のイタリアにおける馬術の大家たちにとって、馬を虐待するのは普通のこととされ、グリゾーネもその著書の中に「馬が立ち止ったり後退する場合には、いたずら猫を長い棒の先に縛り付け、それを馬の後ろから腹の下にさし入れて、猫が馬をひっかいたり、噛みついたりするままに任せる。言うことをきかない馬には足元に猫を近づけて、猫に噛ませたりひっかかせたりさせるべきだ」と書き残している。

　それゆえプリュヴィネルは、馬に対する態度では革新的な人物であり、その考え方は**クセノポーン**の考えを受け継いでいる。それはクセノポーンの著書『*馬術について*』に見られる趣旨と同じような次の文からうかがい知ることができる①。

　「馬は戦場で役立つことが必要であるが、乗るからには美しくそして気高く乗らなければならない。従って、馬に華麗な動きをさせたいと思っている多くの人たちのように、馬の口を強引に引っぱることや、拍車や鞭を使うことも慎重にしなくてはならない。そのようなことをすれば、全く反対の結果を招くこととなる。

　なぜなら、馬の口を高く引き上げ、銜で口を引くと馬の頭は高くなり、それだけ馬の視野が奪われる。そうしておいて拍車を入れたり、鞭で叩けば馬が恐れるのは当然で、それがとりもなおさず危険につながる。そのような馬に乗っても不愉快で、第一、馬の姿勢は美しいどころか醜いのは当然である（ポラックスはそのような馬を、蹴り、立ち、暴走する馬と言った）。

　しかし、手綱（轡）をゆるめ、項を高く上げて頭を屈撓することに慣れさせると、馬は自ら喜んでそうするようになる。そのようなことは、他の馬に出会った時、特に牝馬にでも出会うと頸を高く上げ、嬉しそうな眼差しをして頭を屈撓し、たわむれて肢を軽々と上げ、尾を高く上げる光景をよく見受ける。

　馬を束縛せずにそのような態度をとらせ、馬が堂々と行進をすれば、華麗で勇気のある美しい馬が完成したのであり、馬が務めを喜んで果したものと考えてよい」。

　プリュヴィネルは人と馬との調和を求め、馬の性格を理解することに努め、馬と共に作業することをモットーとした。

　彼はまた、後にルードヴィッヒⅩⅢ世となったドーフィンの馬術教師として、『*乗馬練習のための王への講義録*』を著し、ただ単によく乗っている人と、真に優秀な騎手との相違について、非常に詳細にわたり記述した。それには、

　「馬術に関する多くの知識があるのが災して馬をいじくりまわし、惨めな乗り方をしている騎手よりも、馬術的に見てどうであろうと良い騎座で乗っている騎手を見る方が、とても気持ちがよいものである。本当に良い騎手は、馬の力、その素質、習癖、性格の総てをすみやかに知り、多くの馬の中から、良い馬を選んで乗れなくてはならない。そのような特徴を一人で兼ね備えた騎手こそが、優秀な騎手と言える」と書かれている。

① 〔編者註：『クセノポーンの馬術』第Ⅰ部、第Ⅰ編、第10章(40頁)「軍馬の立派な態勢、銜の形と用法」〕

第Ⅰ章　馬場馬術の歴史

プリュヴィネル著『乗馬練習のための王への講義録』はクリスピーンの作製した銅版画66枚を挿絵にして、1628年に出版された。

若い帝王とプリュヴィネルと国立厩舎長である大家セザール・オーグスト・ド・ベルガルドとの間に交わされた問答を記した本である。

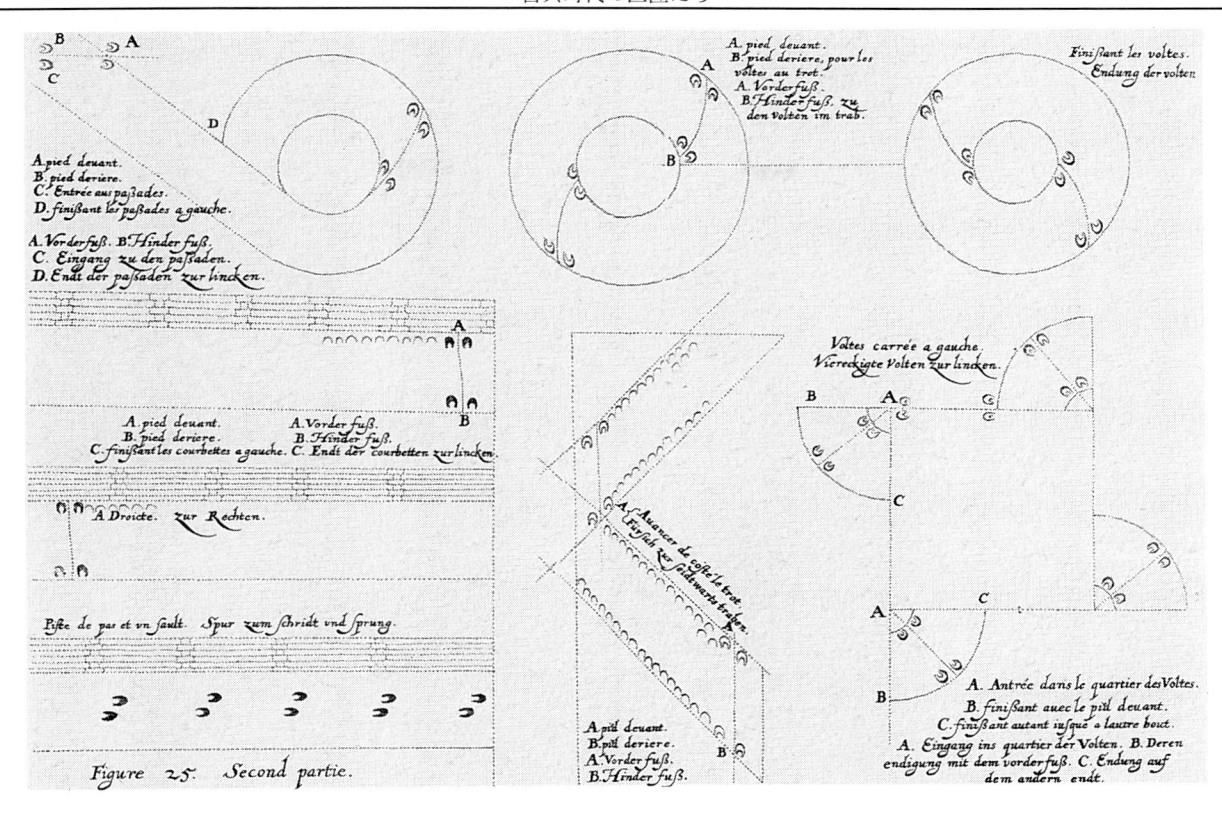

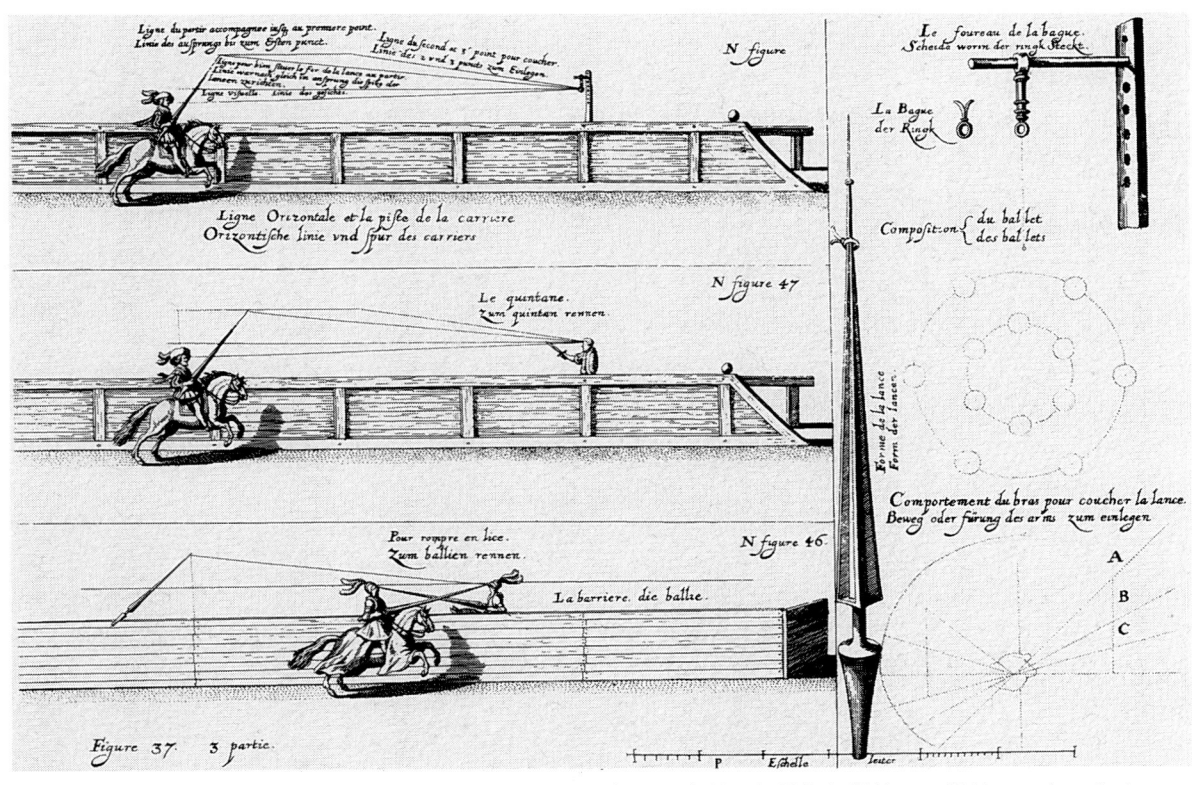

この本で最も頻繁に話題にのぼるのは、プリュヴィネルが発明した双柱と単柱での調教のことである。またクールベットのような高度な技術を要する躍乗馬術についての調教にも触れている。その他、詳しい舞踊図解法がその当時すでに発明されていて、馬術の輪乗上の槍試合での角度の指示が精密に記載されている。

Über die Arbeit um einen Pilar entwickelt sich zwischen dem König und Pluvinel folgender Dialog:

,,König: Warumb wolt ihr/ daß euer Pferd sich zur Seite wisse zu tummeln/ und dasselbe bald hie bald dort widerhole/ nach dem ihr ihm auff einer und der andern Seite die Sporen gegeben habt?

Pluvinel: Ich thue es darumb/ Gnädigster Herr/ dieweil das Pferd/ welches sich zur Seiten nit tummeln läßt/ keine gute Volten machen kan/ es geschehe dann ohngefehr: aber welches sich also tummeln läßt/ im fall es in den Volten gieng/ und sich zu weit hinauß begebe/ wird der eusserste Spor es wieder eintreiben: wann es aber den Gang zu eng nemen solte/ wird der innerste machen/ daß es denselben erweitere. Also wann man es fürwarts tummelt/ im fall es sich auff eine oder die andere Seite werffen solte/ wird der ein oder der ander Spore ihn gerad gehen lernen. Dz ist/ Gnädigster Herr/ die Ursach/ warumb ich will/ daß ein Pferd sich zur Seiten wol tummeln lasse. Jetzund fahre ich fort/ und bitte E.M. sie wolle diß Pferd mit einem Zügel am Zapffen deß Gebisses/ wie ich zuvor gemeldt/ anschauen/ welches die Lection seiner Schulen umb den Pfeiler herumb anfahet/ damit es nicht eines Dings überdrüssig werde/ an statt daß ich es zwischen dè Pfeilern binden solte/ damit es seitwarts gienge. Sehet/ wie es den Kopff gegen dem Pfeiler allernechst bey demselben gewendet hat/ und die Hüffte ausserhalb hält: wie es zur Seite im Schritt mit den Bugen und Hüfften gehet/ un an den Bugen etwas mehr eingespannet ist. Mercket darnach/ wie es in Curbetten auff eben dieselbe Fußstapffe getummelt wird/ und wie der/ so drauff sitzt/ ihm mit den beyden Sporen hilfft/ etwas schärpffer mit dem eine/ von welchem er es abtreiben will/ damit es dèselben gehorche/ mit dem andern aber rühret er es nur an/ damit er es fort treibe/ und drücket es hart mit dem Waden deß Schenckels/ oder zwicket es mit dem Sporen/ welchem er will daß es gehorche: welche Lection sehr nutz-lich ist/ und machet/ daß das Pferd im lernen wol zunimmt.

König: Was lernet dann das Pferd durch diese Lection mehr/ dan zwischen den Pfeilern/ sintemal es nur seitwarts/ von einer Seiten zur andern gehet?

Pluvinel: Gnädigster Herr/ Ich befinde/ daß sie zweierley Nutzen hat: deren der erste ist/ daß demnach daß Pferd nicht mehr auff beyden Seiten gebunden ist/ es den Pfeiler allein/ an welchem es mehr Freyheit hat/ nicht so sehr/ als die beyde förchtet: und derhalbè über die Anlehnung/ die es an der Faust hat/ muß es gehorchen/ in dem man ihm den Kopff gegen dem Pfeiler wendet. Der ander ist/ daß es auch zugleich den beyden Sporen gehorchet/ und mehr dem/ durch welchen es getrieben wird/ also daß es sich im fortgehen etwas zur seiten lencke/ dabey E.M. abnemen kan/ daß ein Pferd/ bey welchem solcher Verstand und Gehor-sam gespüret wird/ schier so weit kommen ist/ daß es konne für ein geschicktes Pferd geachtet werden."

（帝王とプリュヴィネルとの問答の内容についての古いドイツ語での記事）

Le Palais   *L'eglise de NostreDame.*   *disciple de M de Plu:*   *S. Andre.*   *S. Seuerin.*

Figur 15. 1 part.

ジョージ・エンゲルハルト・フォン・レーナイセンはプリュヴィネルと同時代のドイツ人で、プリュヴィネルとは馬術に関して同意見ではなかった。乗馬に関する基本的な報告は彼の膨大な著述が17世紀初めに出版され広く普及した。

古典時代の巨匠たち

17世紀の素晴らしい古典馬術の代表者は、クロムウエルによりイギリスから追放され、オランダとフランスで活躍した **ニューカッスル公爵** である。彼はルーベンスの弟子であるディーンベックの挿絵入りの 『*総ての部門にわたる馬術*』 という本を出版した。プリュヴィネルの双柱による調教に批判的で、その理由は、「双柱による調教は、よほど上手にしない限り、たいていの馬はだめになる」というものであった。

彼は1本の柱を使って輪乗で調教し、「巻乗で頭を内へ」の調教法を考え出した。公爵は調馬索用頭絡（Kappzaum）を発明した人と言われ、馬を馴らすために、大勒を着ける前に調馬索用頭絡で作業をした。公爵の馬術に対する基本的な考え方は、馬が左右の後肢を接近させて歩かなくては、真に収縮させることが不可能である、と言うことであった。

公爵の意見に反対する者たちは、彼が馬の頚を暴力的に折り曲げると非難したが、シュタインブレヒトはそれに対して次のように書き残している。「昔の馬術家は非常に勤勉に時間をかけて調教したもので、現在私たちから見ると笑止千万で野蛮な方法であったと思われる。しかし、彼らが困難極まる牡馬の馬場馬術調教で、どれほど悪戦苦闘し、しかもその結果得たものがどのようなものであったか考えてみると、彼らは私たちよりもはるかに優れ、私たちが彼らの足跡を踏襲するようになるまでの長い期間、その技術がよく温存されたことを理解しなくてはならない。しかし私たちは、彼らより優位な状態にあると言える。それは当時よりはるかに良馬を入手することができるからである。今仮に現在でも重輓馬として働いている重血種のブラバントやデンマークの牡馬に高等馬術を教えることを考えてみれば、彼らが牛や起重機のような馬の頚を横に向けたり、屈撓させるのに採った手段はあえて不思議とするには足らない」と。

公爵は、当時一般的な直立騎座で乗ることを強く主張した。そして実際そのようにして乗って驚くほどの効果を収めた。しかし公爵と同時代のドイツ人 **ピンター・フォン・デア・アウェ** は、一人だけ両座骨に体重をかけて乗るように主張したが、この素晴らしく近代的な騎座の概念は当時は受入れられなかった。

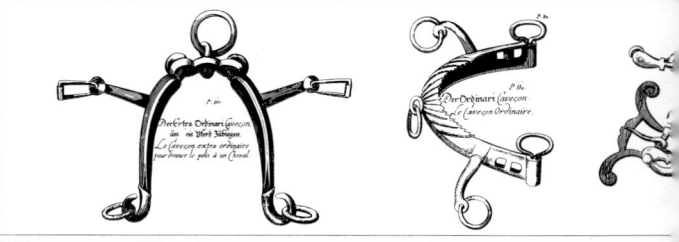

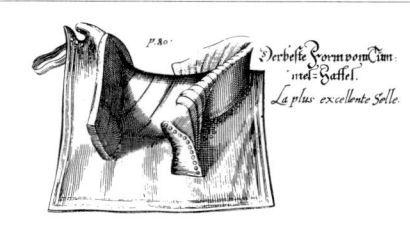

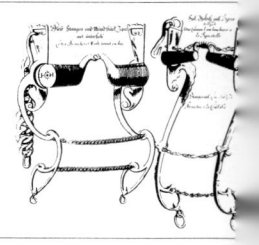

公爵の訓練は、常歩、速歩、駈歩において「巻乗でその場合、内方の折返し手綱を使った。
また、公爵は内方手綱を使うことを最良の思いつきさらに公爵は、「馬と騎手にとって最もふさわしい馬た多くの大勒銜を考え出した。

近代馬場馬術の開祖はフランス軍の厩舎長であった *ロビション・ド・ラ・ゲリニエール* であると言われ、1733 年に『*騎馬術*』を著した。その中で彼は「馬の調教目的は、系統立てて調教することによって馬をおとなしくかつ従順にし、気持ちよく動く騎手が乗りやすい馬にすることである。このことは、馬場馬術馬はもちろん、猟騎用馬にも、軍用馬にも言えることである」と述べている。

ロビション・ド・ラ・ゲリニエール

ゲリニエールによって近代的な騎座に対する考え方が確立され、それがハノーバーのプリツェリウスによってドイツへ導入された。プリツェリウスは重いイタリア鞍を廃止して軽い馬場馬術鞍を採用し、その弟子に座骨を鞍に付け垂直姿勢で乗るように教えた。このようにして、近代的である自然な騎座への道が開け、繊細な扶助が自由に使えるようになった。

ゲリニエールは「肩を内へ」の創始者であるが、その先駆けに当たるのがニューカッスル公爵の巻乗での「頭を内へ」であると考えられる。公爵の頭を内へ、腰を外へでは、肩に大きく負荷がかかるおそれがあることを知っていたゲリニエールは、肩を内へで馬の肩を一層自由にし、後躯を強く屈撓させ、脚に対する従順性をより高めたのである。ゲリニエールは、この運動を正しく実施することで困難な馬術の問題点を総て解消できると確信していた。その理由は、「大馬術家と言われる人達は、馬に対して、肩の柔軟性に最大の関心を示していたからで、この肩の柔軟性は馬の総ての動きを軽快にするのに絶対必要なものである」ということであった。

ゲリニエールによってピアッフェ、パッサージュが初めて明確に記述され、躍乗馬術も実地について書き示された。彼の素晴らしい考え方は今もスペイン乗馬学校に、集約された形で継承されている。

写真の発明により、1923年に画家のルードヴィッヒ・コッホが初めて馬の運動過程の個々の像を描きあげた。常歩から駈歩への発進、駈歩から常歩へ減却。

古典時代の巨匠たち

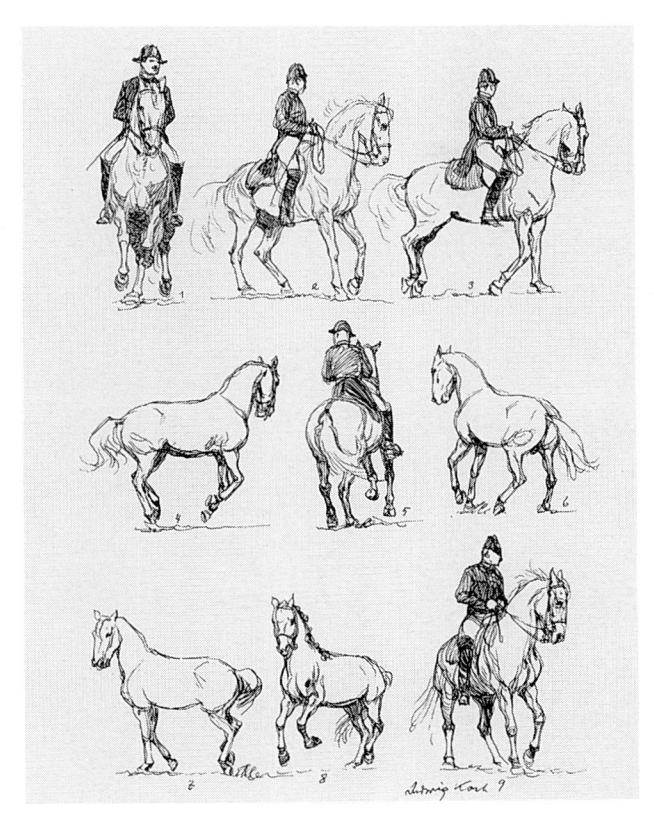

ピルーエット（左）、メツェール（右上）、クルーパード（右下）。

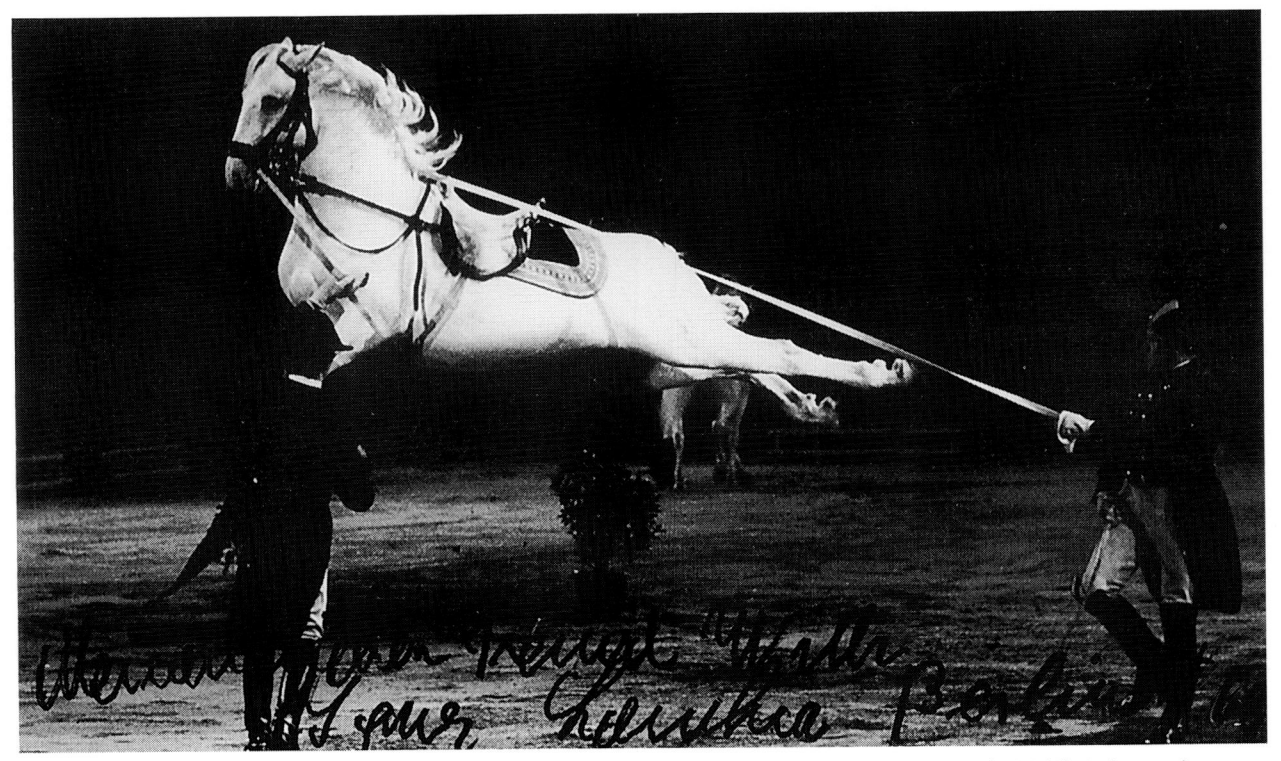

スペイン乗馬学校には古典馬術が最も純粋な形で受け継がれている。この写真のような馬術が今日でもウィーンに行くと見ることができる。

ボーシェーの回り道

　19世紀に入ってフランスの曲馬師 **フランソア・ボーシェー** が現れ、ゲリニエールの馬術を踏襲せずに、彼独特の馬術理論をフランスとドイツに広めた。彼が1842年に著した 『*新原則に基づく馬術の方式*』 は、当時のベストセラーとなり、馬術界はボーシェー派と **ドール伯爵** を指導者とする古典的ベルサイユ馬術の擁護派とに分かれた。

ボーシェー（1796～1873）天才的な馬術家で新しい馬術を編み出し、一時は多くの信奉者ができたが、その晩年は不遇であった。

ドール（1799～1863）ボーシェーのライバルで、後にソーミュール騎兵学校の馬術教官長になったフランスの偉大な馬術家で、馬の頸を伸ばして歩度を伸ばすべきだということを、最初に言い出した人として知られている。

　ボーシェーの方針は馬に自由性を持たせることであった。彼は指を使って乗る①元祖と言われ、今でもその流派をくむ人がいる。ボーシェーは馬を調教する場合、たいてい停止させてから後退をさせ、頸を強く屈曲し、後肢を極端に馬体の下に踏み込ませたが、前進運動では後躯の屈撓も踏み込みも全く意に介さなかった。しかしボーシェーは天才的な馬術家であり、大きな影響力を持った人物であった。彼の馬術家としての名声が一躍高まったのは、ジェリコ号という4歳の純血種で、誰一人として落馬せずには乗れなかった馬を、4週間を待たずに従順にし、踏歩変換とピルーエットをさせた時である。

　彼が破格の技量の持ち主であることは、三脚駈歩ができたことでも分る。後にはフィリスがしたような後退駈歩もした。今日行われている歩毎踏歩変換は、ボーシェーが発案したとされている。

　ボーシェーはまずフランスに確固とした基盤を

　イギリスで生まれてフランス国籍のジェームス・フィリス（1834～1913）は、ボーシェーの弟子であるフランソア・カロンに師事し、馬を御することではボーシェーよりも優れていた。彼は1861年ナポレオンⅢ世の厩舎長、次いでネープル女王の厩舎長、1889年から1910年までセントペテルスブルグ騎兵学校馬術教官長を務めた。
　彼はその驚くべき馬術的才能を発揮して三脚駈歩、信地駈歩、後退駈歩、信地歩毎踏歩変換、ピアッフェ・バロッテ、後退パッサージュ、前肢後肢上に交互に体重を移し馬体を揺り動かす、いわゆるバランセ、手綱を使わずにする後退等を行うことができた。フィリスはボーシェーを非常に尊敬していたが、互いにその手段については批判的であった。そしてボーシェーの欠点は、馬をあまりにも強く収縮させ過ぎると批評していた。

築くことに成功した。彼の考え方はフランス騎兵学校の馬術に取り入れられたが、後には却下され、ボーシェーの考え方に激しく反対していたドール伯爵がソーミュールの騎兵学校の馬術教官長に就任することになった。

　ボーシェーはまたドイツで公演をして多くの信奉者を獲得した。彼は皇帝の目に止まり、その臣下の将校が彼の指導を受け、その中のヴィリゼンが彼の馬術書をドイツ語に翻訳した。しかしボーシェーの調教した馬は軍隊の演習では役に立たなかった。

ソーミュールのフランス騎兵学校におけるカードル・ノアール。

　ボーシェーは老年になって、馬術に関する考え方を変更して、最後に出版された本にある「第二法」では、再び古典主義に近い考えになり、正しい後躯の屈撓の意義を強調した。

① 〔編者註：原文は「Kniebeln（Knöchel［指関節、さいころ］の方言）」〕

ゼーガーとシュタインブレヒトの反論

フランソア・ボーシェーの馬術理論に対して、ベルリンの厩舎長 ルイス・ゼーガー、後にはその弟子のグスタフ・シュタインブレヒトが主となって、ドイツ国内に反対の旋風が巻き起こった。

ルイス・ゼーガー(1800～1880)はその著書『馬術大系』によってプロシャの国家功労金賞を授与された。

ゼーガーの弟子グスタフ・シュタインブレヒト(1803～1885)は新しい馬術書の基本的文献『馬術教修』を著述。

ゼーガーは有名な マックス・フォン・ワイロター の高弟で、スペイン乗馬学校で教育を受けた。彼は昔の名人たちが高く評価した調馬索用頭絡を非常に効果的に使い、後にはそれを基にしてハノーバー式乗馬頭絡を考案した。

ドイツ国内でのボーシェーの影響が目立ち始めたので、ゼーガーは 『ボーシェー氏と彼の馬術、ドイツの馬術家への真剣な警告』 という書物を著した。そこには、ボーシェーの馬術は「高等馬術の価値を踏みにじるもの」と書かれていて、騎手に再び、馬を前進させることを強く印象付けるために次のように述べている。「ドイツの馬術家たちに呼びかける！前進が馬術の神髄である。そして、推進が後躯から前方へ真直ぐ進まなくてはならない」と。

この考え方は、グスタフ・シュタインブレヒト の著書 『馬術教修』 の基となるものであるが、この書物には 1884 年シュタインブレヒトの弟子 パウル・プリンツナー が絶対的に銜を受けさせる方法についてを加筆し、さらにそれを ハンス・フォン・ハイデブレック がその上一層完全なものに書き改めた。そしてそれ以降にはこの本がドイツで出版される馬術書の基本となった。

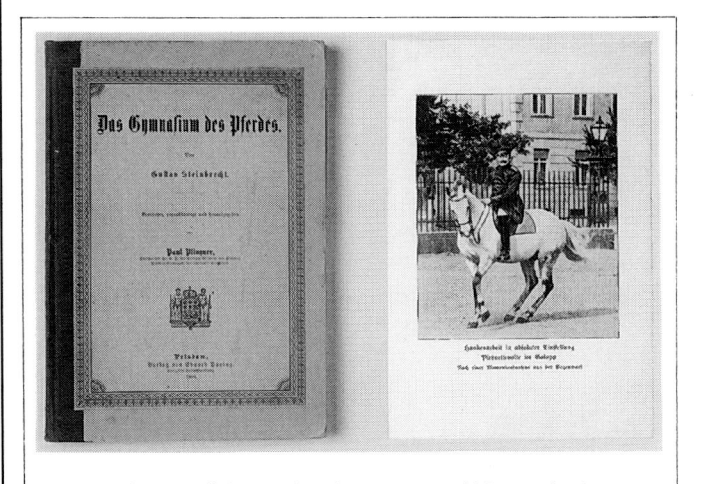

シュタインブレヒトは 「馬を前へ、そして真直ぐに乗れ！」 という原理を感銘深く次のように解説している。「馬を前へ、そして真直ぐに乗るという意味は、できるだけ急いで、歩度を伸ばして前へ追いやるということではなくて、総ての運動で騎手は後躯の推進を強力に保ち、その場での運動に限らず、後退する場合でも前方へ、すなわち負荷を前へ前へと移動させるように努力、また注意することと理解している」「更にまた、馬を真直ぐに保つということは、馬体を全く横に曲げないという意味ではなく、前躯を行進する線上で前に向け、いかなる場合でも、もちろん馬体を最大限に屈撓させている場合でも、二蹄跡運動でも、前肢が通過したと同じように、後肢を運動方向に向けて、横の方向に踏み下ろさずに前進すること、と理解している」と。

パウル・プリンツナー(1852～1920)はシュタインブレヒトが下書きした『馬術教修』を 1884 年に完成した。シュタインブレヒトはまとめて書いていなかったので、プリンツナーはシュタインブレヒトの書いたものを整理して完成したのである。それが 1935 年ハンス・ハイデブレックにより第4版が発行され、新意見が加えられ、特に写真が挿入されている。その細部に至ってはシュタインブレヒトの原本とは多少異なるところもあったが、その基本的概念は全く変っていない。

シュタインブレヒトは馬を両手綱(轡)に均等に出す手段として、馬の前進運動中における真直屈撓について非常に詳細に解説を加えると共に、なぜ完全に真直性を保っている馬では、後躯からの推進力と搬送力が最高度に出るかという理由を説明している。

ジェームス・フィリスのいろいろな運動は自然な馬の動きに反するものではあるが、これらができることは彼の馬術がい
大写真は後退三脚駈歩。馬はゼルミナル号。

かに素晴らしいものであるか、ただ驚くばかりである。

マルキール号でのスペイン速歩。

二蹄跡上におけるマルキール号でのパッサージュ。

マルキール号でのピアッフェ・バロッテ
（ピアッフェによる前進後退）。

ゼルミナル号での後退駈歩。

20世紀における大家たち

シュタインブレヒトの理論的基盤の上に、ドイツ馬場馬術の水準が非常に向上し、当時の偉大な馬術家が輩出し、彼の弟子が一世を風びした。馬場馬術における有名な騎手ならびに調教師が数多くいる中で、特に優れていたのは、オスカー・マリア・シュテンスベック、アウグスト・シュテック、フェリックス・ビュルクナー、リヒアルト・ヴェッチェン、オットー・レルケ、ブビー・ギュンター、ウィリー・シュルトハイスである。

オスカー・マリア・シュテンスベック はハノーバー騎兵学校で最後の教職に就いた、私たちの一時代前の世代に属する人である。80歳になってその死ぬ1年前、まだ非常に元気で東プロシャ産の白馬ニコロ号に高等馬術を調教していた。

シュテンスベックはその生前から、すでに神格化された馬場馬術の名手であった。20歳で主に競技で活躍し、当時高水準に達していたサーカス馬の調教に携わり有名になった。

彼が調教した馬の中では、特に東プロシャ産のギムペル号の名を挙げなくてはならない。この馬は1928年アムステルダム・オリンピックに参加し、1936年ベルリン・オリンピックにも17歳で出場して団体で金メダルを獲得した。

弟の**グスタフ・シュテンスベック**は、兄と同様優れた才能ある騎手であったが、それほど有名ではない。彼の最も有名な馬はカウントモリッツ号で、またテンドルギー号はサーカスで演技していた馬である。オスカー・シュテンスベックは途方もなく忍耐強い人であったと、シュルトハイスが私に話していた。高齢のため猛烈な前進気勢こそなかったが、いつもの習慣で、黒い葉巻を口にくわえて、馬を鏡の前に半時間も停止させて調教した。その間馬は完全にバランスを保ち、後肢を深く踏み込み、項（うなじ）は緊張せず、ただ2〜3回前進後退させるだけであった。

傍で見ている人には、シュテンスベック自身が何をしているのか全く分らなかった。しかし彼が乗っている馬は、その全神経を騎手に集中していて、全身から汗がしたたり落ちていた。そうしていて突然ピアッフェをさせることができた。5分間のピアッフェの後、馬を前進させ、あらゆる運動を完全に落ち着いて美しく自由な姿勢でさせていた。

ピアッフェ。

パッサージュ。

中間速歩。

東プロシャ産のニコロ号に騎乗した80歳のオスカー・マリア・シュテンスベック。

ドラウフゲンガー号に騎乗したアウグスト・シュテック。この馬は1928年のアムステルダム・オリンピック大会でフォン・ランゲン男爵が乗り、馬場馬術個人・団体両競技で優勝。

ブルグスドルフ号に騎乗したリヒアルト・ヴェッチェン。彼はウィーン流派を代表するドイツ馬場馬術のトップライダーに値する人物。

20世紀における大家たち   33

カラカラ号に騎乗したフェリックス・ビュルクナー。馬場馬術チャンピオンに 10 回とウェストファーレン記念馬術に 3 回優勝。

アデュラー号に騎乗したオットー・レルケ。今世紀で彼ほど馬場馬術スポーツに強い影響を与えた人物は絶無である。

ハッピーデー号に騎乗したブビー・ギュンター。障害選手として活躍した後、60歳で素晴らしい馬場馬術調教を開始。

ペルノード号に騎乗したウィリー・シュルトハイス。オットー・レルケの最も優秀な弟子でブビー・ギュンター亡き後、ドイツ連邦共和国馬場馬術トレーナーの後継者になる。

1928年から1935年まで**アウグスト・シュテック**はドイツ馬場馬術チャンピオンであった。彼が発見して調教したハノーバーの去勢馬ドラウフゲンガー号は1928年アムステルダム・オリンピックにフォン・ランゲン男爵が乗って馬場馬術でドイツへ初優勝をもたらした。

　戦後の私たち若い騎手は、シュテックの最優秀女性門下生であるケーテ・フランケ夫人から、ラウベンブルグ厩舎時代に非常に色々なことを数多く教わったものである。ケーテ・フランケ夫人は競技に参加した20年間に、700回を越す金賞を獲得し、どの時代を通しても最も多くの優勝記録に輝く女性騎手で、初の女性馬術金賞を授与され、あらゆる部門にわたって数えきれない女性チャンピオンの座についた。

　ケーテ・フランケ夫人以外にも、アウグスト・シュテックの女性門下生のヘルタ・ラウ、アルバート・ローター、ワルター・ケルナー夫人からも、私たちは、馬場馬術に関し色々と教えられた。

　フェリックス・ビュルクナーは皇帝の軍隊が存在していた頃の人物で、当時最も有名な騎手であり、1911年～1913年のウェストファーレン記念馬術の多目的競技に優勝している。その多目的競技というのは実に特殊な競技で、次のような課題が含まれていた。1.自馬で馬場馬術の演技、2.馬を交換しての馬場馬術の演技、3.新馬の調教、4.未知の馬場馬術馬での高等馬術の演技、5.スタイル飛越、6.素早さ競技(環の奪い合い競技)、7.それまでに勝った総ての競馬の成績評価である。

　1912年ストックホルム・オリンピックにビュルクナーは、不敗のキング号で参加したが、キングが負傷したため7位にとどまった。

　第1次世界大戦後ビュルクナーは、プロシャ競技厩舎を創立し、それ以後輝かしい競技生活を続けた。ドイツ馬場馬術チャンピオンを10回獲得した。彼の最上級の馬はカラカラ号、ヘルダー号、インペラトールⅤ号、とりわけピルガー号であった。1928年アムステルダム・オリンピックのためにドイツ馬場馬術団体チームのトレーニングにあたった。1930年ベルリン・デュッペルのドイツ乗馬学校創設に携わった。ビュルクナーはまた馬場馬術調教にヴェッチェンとハイデブレック、障害馬調教にウィリー・スピルナーという良き人材を得た。そのドイツ乗馬学校は、当時乗馬界のメッカであった。

　1939年ビュルクナーはハノーバーからクランプニッツに移転した軍隊の乗馬車両学校長に就任。そこに素晴らしい軍の騎手の精鋭が派遣されてきた。それらの騎手は、ウィリー・シュルトハイス、ワルター・ギュンター、フリッツ・チーデマン、ワルター・ケルナー、ロベルト・シュミットケである。

　ビュルクナーはドイツ高等カドリールを企画し、オットー・レルケの専門指導のもとに、学生騎手の17名から12名を選び、ただ一度だけ華麗なカドリールを行ったのである。その時ビュルクナーは、ヘルダー号に乗って先導騎手を、ウィリー・シュルトハイスは第2先導騎手を務めた。

　カドリールはその後、戦時中は全く行われず、写真さえ残っていないのはまことに残念である。しかし、ウィリー・シュルトハイス、アルバート・ステッケン、ブビー・ギュンターのおかげで、1972年ミュンヘン・オリンピックの終幕を飾ってフェリックス・ビュルクナー大佐記念カドリールが演じられ、その後引き続き、1973年にはアーヘンとアムステルダムとで、1974年にはベルリンとドルトムントで、1978年にはベーケローでも演じられた。

　ビュルクナーは、ピカール号とチゴイナーバロン号の2頭の馬場馬術馬を調教して1949年にドイツ

ヘルダー号に乗る軍隊の乗馬車両学校長当時のフェリックス・ビュルクナー。その校長時代に、彼は忘れることのできないカドリールを演じた。そのカドリールは**1972年ミュンヘン・オリンピックの閉会式に再現された。**

人騎手として戦後初めて国外に遠征し、ロンドンでチゴイナーバロン号に乗ってＳクラス馬場馬術の国際競技で優勝した。ビュルクナーは1957年に死去。それは、オットー・レルケが死ぬ3日前であった。

リヒアルト・ヴェッチェン はオスカー・シュテンスベックから、初めて古典的馬場馬術の手ほどきを受けた。そして彼が馬場馬術の調教に本格的に専念したのは、長年にわたりスペイン乗馬学校に在籍していた間である。そこではまず、有名な馬術教官の **ヨハン・マイクナー** の一番弟子になり、後に **ポラック** および **リンデンバウアー** と共に、自身で調教するようになった。

彼は1925年、ベルリン競技厩舎を創設し、以来シュテック、ビュルクナー、レルケと共に馬場馬術選手のトップに立っていた。この4人の騎手は1930年にドイツ馬術金賞を授与された。戦後ヴェッチェンは長期間アメリカで働き、1952年のオリンピックのためにイギリス馬場馬術団体軍人チームの準備にあたった。

アルバート・ステッケンはヴェッチェンの乗り方を、ウィーン流派の典型的な騎手として、実にその代表にふさわしい乗り方であると書いている。

朝の練習や競技場で乗っているヴェッチェンを見ると、あの多くの写真のように模範的騎座に気がつく。そしてその騎座の働きで馬が躍動力をつけて、痛烈なほど真直ぐに前進するのである。彼は馬を動かす手段を実によくわきまえていた。

戦前の偉大な騎手の中で、**オットー・レルケ** は戦後の馬術界再建に大きな貢献を果した。彼のクロニスト号とアデュラー号が、ようやく5歳になって適性試験競技に参加した時、若い我々は抜群に素晴らしいピアッフェやパッサージュを見る幸運に恵まれた。レルケは当時すでに70歳に達していたが、依然として馬術界に君臨していた。

オットー・レルケの乗馬歴は、皇帝厩舎に始まり、パウル・プリンツナー辞任の後を受け、ウィルヘルムⅡ世の厩舎長になり、皇帝の馬の調教にあたった。彼の馬術の先生は、同じ皇帝厩舎の車両長に就任していた伯父で、この人は車両操作とともに馬術も抜群であった。しかしレルケの高等馬術は独学で習得したもので、ウィリー・シュルトハイスの話によると、彼は当時有名になりすでに高水準に達していたサーカス馬術を主として見覚え、それを自身で試みたものだということである。

レルケの馬場馬術調教師としての神格化の域にまで達した名声の始まりは、1936年のベルリン・オリンピックで素晴らしい成果を挙げた時である。この時レルケが調教したクロノス号とアプジント号にそれぞれポルライ中尉とゲルハルト少佐が乗り、金銀のメダルを獲得したのである。それ以来これほどの成果を収めた調教師は見られない。

ベルリン動物園の馬場で皇帝厩舎の制服で騎乗するオットー・レルケ(1909年)。

1940年に予定された東京オリンピックでは、レルケは馬場馬術団体チームの馬場馬術調教と、軍人団体チームの馬場馬術訓練にあたった。1952年のヘルシンキ・オリンピックでは、レルケはドイツ馬場馬術を世界のトップにするため努力し、馬場馬術団体競技のドイツチームはフォルンホルツで調教したアフリカ号、アデュラー号（当時ようやく6歳になったばかり）、クロニスト号に、イダ・フォン・ナーゲル男爵夫人、ハインツ・ポルライ、フリッツ・チーデマ

フォルンホルツ時代のオットー・レルケ。乗馬はクロニスト号。この馬は1952年ヘルシンキ・オリンピックでフリッツ・チーデマンが騎乗して出場した。

ンがそれぞれ乗り、銅メダルを獲得した。

　彼が死ぬ1年前の1956年のストックホルム・オリンピックでは女子馬場馬術団体チームのリゼロット・リンゼンホフ、ハンネローレ・ウェイガント、アンネリーゼ・キュッパースが銀メダルを獲得。リンゼンホフは個人で銅メダルを獲得した。

　レルケの生徒は彼のことを剛直ではあるが、ちょっと想像できないほど効果的でしかも含蓄のある指導をし、騎手にも馬にもよく分るように仕向けたと言っている。またウィリー・シュルトハイスは、「レルケは非常に緻密で、ていねいに、その上速やかに助言をするので、騎手はまるで自分の鞍の後ろに彼が乗っているような感じがした。そしていつも、自分一人で乗るのに比べ、彼の言う通りにしていると、これほどまでに上手く乗れるのかと不思議でならなかった。そしてその時は時間も空間もなく、無我の境地に思えた」と言う。

1956年ストックホルム・オリンピックにて。銀メダルに輝く女性チーム(リンゼンホフ、キュッパース、ウェイガント)に囲まれたレルケ。

　彼は彼の指導を少なくとも10年以上受けていない騎手は、弟子とは認めなかった。ウィリー・シュルトハイスは「私こそは最後まで終生変わらぬ彼の弟子であった」と言っている。

　レルケは純血馬を好んだ。とりわけ東プロシャ産の純血馬が好きで、特に賢くて繊細な感覚を持っていて、作業意欲の強い馬を選んだ。馬を選ぶことが非常に上手で、精神のたくましくない馬には見向きもしなかった。

　彼の最も良い馬はトラケーネンのファナル号である。戦争中のためオリンピックには参加するチャンスに恵まれなかったが、この馬は、正しく調教さ

ルバードの実施。オットー・レルケとファナル号。この馬は文字通り彼の最良の馬であり、そして老齢に達してもなお素晴らしかった馬である。

れた馬が非常に高齢になっても、いかに新鮮に強い前進気勢で柔軟に演技できるかを示す実例であった。ファナル号は24歳でレルケの後を追うように天に召された。

ビーレフェルダー乗馬クラブ競技大会におけるレルケ。乗馬はファナル号。クロニスト号に乗るウィリー・シュルトハイスと共に供覧馬術。

ブビー・ギュンター は騎手の間で、ロバでも牡牛でもグランプリをさせることができると言われていた。それはもちろん誇張にせよ、ブビー・ギュンターは何でもいとも簡単にやってのけることができ、いささかの疑念も挿し挟む余地のない、極めて類稀な騎手であった。

ブビー・ギュンターの多角的な調教法は、彼の父から教わったもので、彼の父はケルンのオッペンハイム男爵の競技厩舎長をしていた。その調教理念は馬場馬術にも障害飛越にも同じように出場できるように調教することであった。ブビー・ギュンターは少年時代にブルググラーフ号に乗って、大障害で好成績を収め、すでに15歳で馬術金賞を得ていた。

リズミカルで見事なパッサージュをしているファナル号。

ブビー・ギュンターはマゼッパ号をまるで自分の手足のように動かすことができた。

その後騎兵学校に入り、そこでオットー・レルケと出会うのである。

マリア・ギュンター夫人は次のように話すのであった。「オットー・レルケは私の夫の憧れの的であった。夫は彼にどれほど感謝していたか測り知れないほどで、ウィリー・シュルトハイスとブビーが一緒になると、2人でレルケのことを時のたつのを忘れて話し合っていた。話題はいつも、いかにしてレルケのように上手く乗れるかということであった。ブビーのモットーは、自分が乗れる馬ではなくて自分の弟子が自分の後で乗れる馬！であった。そしてその通りであったおかげで、体力の弱い女性騎手のカリン・シュリュター、ベッヘル、エビ・プラハト、ガビー・グリロ、それに私が彼のモットーとした調教のため、私たち全員が団体の予選をパスできた」と。

戦後ブビー・ギュンターは第1回オリンピック準備総合馬術に牝馬のサラブレッドのトスカ号で出場し優勝した。その後長年障害選手のトップグループにいたが60歳で完全に馬場馬術に転向し、素晴らしい馬場馬術調教師になった。

メキシコシティ・オリンピックの前に、彼はD.O.K.R.（ドイツ・オリンピック騎手協会）の名誉トレーナーに就任し、大きな厩舎をあちらこちらと東奔西走し、死ぬまで途方もない大変な仕事に追われていた。そしてブビー・ギュンターは彼の弟子の指導をするだけでなく、競技場でも彼の教えを乞う騎手には、誰にでも惜しみなく助言をするのであった。また頼まれなくても、困っている騎手や誤ったことをしている騎手を見つけると、自分から買って出て指導をしていた。

ブビー・ギュンターの指導者としての本領は、彼の生徒が誤りを犯す寸前に素早くそれを見抜き、適切な指示を与えるところにあった。そして指導の仕方は、彼の気性を丸出しにして、怒鳴り散らすのであった。もしも言った通りにしない場合は、烈火のごとく怒って雷を落とした。しかしその生徒が下馬してしまうとケロリとして、怒ったことなど完全に忘れ去っていた。

馬に対する彼の態度は、まるきりそれと反対に非常に温厚で、しかも完全に手中のものとしていた。彼は馬がしてはならないことをしそうになると、実に巧みにそれを封じ込めて、例えば検査中に後肢で立ち上がろうとする馬を、全く立ち上がらせなかった。そして次の瞬間にはもう愛撫していた。愛撫を第一とすることが最も大切であると、彼は常に繰り返し生徒に教えていた。

ブビー・ギュンターは徒歩調教の名人でもあった。新馬にさえ、まるでたわむれているような調子で、最初のピアッフェ様の歩様をさせるのであった。その場合必ず2、3歩させるだけで中止し、決して馬と争うようなことはしなかった。マリア・ギュンターが語るように、彼はしばしば馬をロングレーンで調教した。特にピアッフェとパッサージュの移行ではロングレーンを使って教えた。グラニッツ号のあの華麗なピアッフェとパッサージュは実にこのロングレーンによる調教の適例である。

今世紀における偉大なる調教師の最後の一人は**ウィリー・シュルトハイス**であった。シュルトハイスは本来彼の父と同じように競馬騎手になるつもりであった。しかし競馬騎手になれずに、オットー・レルケに弟子入りした。それは1936年のことである。そして彼は練習馬としてオリンピック優勝のクロノス号に乗った。シュルトハイスはレルケについてハノーバー騎兵学校に移り、後にクランプニッツに移った。戦後はフォン・ナーゲル男爵にワーレンドルフ近くのフォルンホルツの厩舎に迎えられ続いてレルケも迎えられた。老雄レルケのトラケーネンであるファナル号とドルフフリーデン号と共にフォルンホルツの馬は戦後における指導的厩舎建設に大きく貢献した。

当時ウィリー・シュルトハイスは、優雅な黒鹿毛のサラブレッド、ペルノード号とクロニスト号に乗り、人々を魅了していた。この両馬はマルチェルスⅡ号の血を引いている。

1963年馬場馬術ドイツマイスター：ブビー・ギュンター。後ろはウィリー・シュルトハイス。

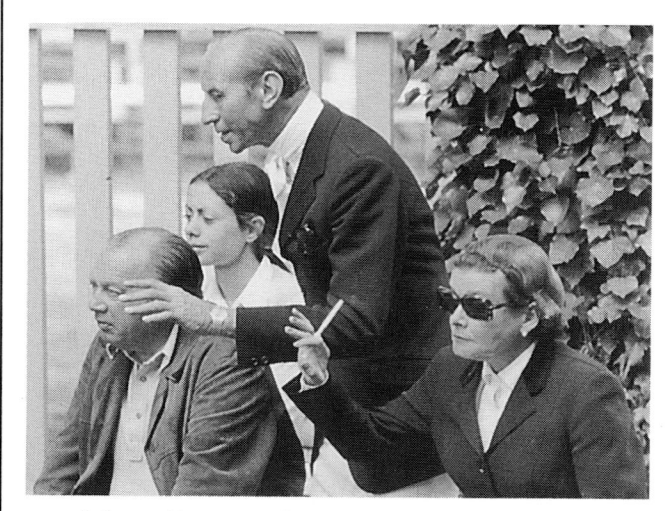

ブビー・ギュンターとヨーゼフ・ネッカーマン。それにリゼロット・リンゼンホフ。

1967年ヨーロッパ選手権大会馬場馬術団体競技優勝チームと共にその成果を挙げる基となったトレーナーのブビー・ギュンター。

ウィリー・シュルトハイスとクロニスト号。この馬は稀に見る優雅な馬である。

1974 年ベルリンのドイツ国立ホールの優勝者 2 人。ボルト騎乗ゴロー号とシュルトハイス騎乗アルマニャク号。

1965 年の馬場馬術ダービーで優勝したシュルトハイス。

女性の一番弟子のローゼマリー・スプリンガーをトレーニング中のシュルトハイス。馬はレナード号。

　その後フォルンホルツのフォン・ナーゲル男爵が障害馬の育成に転向したため、オットー・レルケはセナトール・シンドリングの所に移り、ウィリー・シュルトハイスは自立して 1953 年デュッセルドルフに厩舎を開設し、1 週間後には早くも 18 頭の馬をそろえ、しかもその 18 頭の中に、ウィリー・シュルトハイスと共に成長して、後に 165 勝して総ての馬のトップに立った若き日のダブレッテ号がいた。

　1948 年ロンドン・オリンピックに、ウィリー・シュルトハイスがクランプニッツ時代に調教したクリングゾール号とパングラフ号で、アメリカのボルグ大尉とトムソン少佐が出場している。1956 年ストックホルム・オリンピックには彼の厩舎からクロニスト号、ペルクノス号、ダブレッテ号の 3 頭が参加し、その中からハンネローレ・ウェイガントがペルクノス号に乗って出場した。クロニスト号がトレーニング中に球節を負傷したためである。1960 年ローマ・オリンピックでは、ローゼマリー・スプリンガーがダブレッテ号で出場した。

　1954 年にシュルトハイスはスプリンガーの厩舎に移り、1965 年彼が大病をわずらうまで、馬場馬術競技で優勝を繰り返していた。その成績は馬場馬術チャンピオン 10 回、2 位 3 回、馬場馬術ダービー優勝 8 回である。大病の後、彼の話によると一度ドルトムントで、彼の最良で最も賢い馬であるレナード号で出場し、インターメディエイトに優勝し、デュック号に乗ってグランプリで優勝した。

　その後カナダに長年滞在し、休養を取る予定であったが、間もなくカナダ馬場馬術チームのトレーナーになり、1971 年パンアメリカンゲームで優勝を果し、クリストロット・ハンゼンがアルマニャク号で個人優勝した。

　調教師としてウィリー・シュルトハイスの国際的影響力がいかに大きいかは、1972 年ミュンヘン・オリンピックに参加したグランプリ馬 33 頭の内、6 頭が彼の手で調教された馬である事実からよく分る。ブビー・ギュンターの死後ウィリー・シュルトハイスは、1974 年ドイツ連邦共和国馬場馬術トレーナーに就任するという大変な幸運に恵まれたのも当然のことである。彼はこれまで 30 頭のグランプリ馬を調教した。今後も更に多くのグランプリ馬を調教することが期待される。

PERNOD xx

Kronos in Berlin

Willi

Altgold in der Levade
Kav. Schule - Krampnitz 1943

mit Bubi im Schwarzenbruch

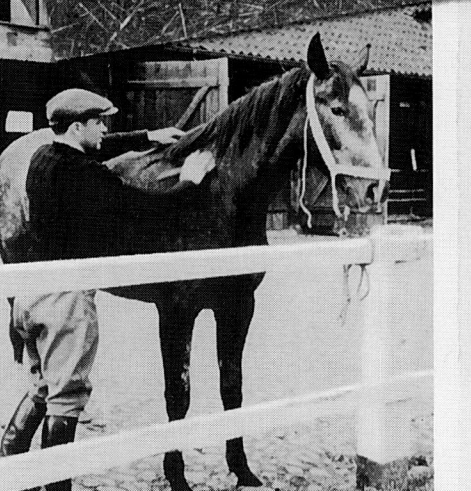

Minorca erstes eigenes Pferdchen

Willi im Sulky

Aus dem Privatalbum von Willi Schultheis: Dressurgeschehen über Jahrzehnte.

Auf einsamer Höhe: Schult[heis]
Hamburger Doppelerfolg im Deutschen Dressur-Derby

Eigener Bericht
Mo. Hamburg, 12. Juli

Willi Schultheis, Deutschlands neunmaliger Champion der Dressurreiter, steht nach wie vor unangefochten an der Spitze. Den Beweis hierfür lieferte er im 5. Deutschen Dressur-Derby am Sonntagvormittag auf dem Jungiusrund in Planten un Blomen, wo er sich zum fünften Male das Blaue Band des Dressursports holte. Sein Sieg stand nie in Frage. In dem mit Spannung erwarteten Kampf um den zweiten Platz behauptete sich Rosemarie Springer knapp vor dem Frankfurter Josef Neckermann. Mit größerem Abstand folgte auf dem vierten Platz der Schwede Rudolf Travén. Ein schöner Hamburger Doppelerfolg.

Erst am späten Sonnabendabend war die Entscheidung gefallen, wer als vierter Reiter in das Finale, in dem jeder Reiter außer seinem eigenen Pferd auch die seiner Gegner zu reiten hatte, einziehen würde. Auf dem Jungiusrund wurde noch eine kombinierte Dressurprüfung Kl. S ausgetragen, bei der sich der Schwede Travén mit seinem Pferd Charmör die noch notwendigen Punkte holte, und damit Reiner Klimke „ausbootete".

Die Vorstellung der eigenen Pferde am Sonntag konnte schon ein Hinweis auf die endgültige Placierung sein, denn Schultheis erzielte mit Doublette die höchste Wertnote (8,67) vor Rosemarie Springer, die mit Thyra 8,4 erhielt, während die Richter Neckermanns Vorstellung auf Asbach mit 8,27 bewerteten und Travén auf Charmör 7,33 gaben.

Das Kriterium beim Wechseln der Pferde wurde — wie erwartet — der schwedische

Vollblüter Charm[ör ...] Rosemarie Springer [...] wurde als Travén sel[bst ...] mann wußte den Fu[chs ...] herauszubringen und [...] Richtern genau die [...] Rosemarie Springer. [...] zauberte Schultheis a[...] recht schwunglos ge[...] aus (7,97).

Unter allen vier P[ferden ...] am besten, denn sie e[rhielt] von 32,04, während [...] kam. Es folgten Asb[ach ...] heis zur Ehrung auf [...] Sonntag auf Thyra e[...] dem Eichenkranz u[...] des Dressursports.

German star coaches

Christilot

Willi Schultheis, Germany's leading professional dressage rider, recently came to Canada to coach Christilot Hanson. He is shown here with Christilot and riding her horse, Bonheur. Photos by Harold Whyte.

Willi

ster 1949

Harry Boldt — major St. Cyr - Schweikler — Otto Maretzke - Schultheis

Derby 56

馬場馬術スポーツの影響

　古典馬術が長期にわたり全盛を極めている間に、19世紀末頃には我々が現在行っているような意味での馬場馬術スポーツの兆しが見え始めた。それまでは乗馬スポーツと言えば、第一に騎兵と砲兵の将校による競技のことであった。馬場馬術、障害飛越、野外騎乗、耐久騎乗からなる最初の馬術大会は、外国ではすでに1860～70年代から行われ、ドイツにおいてこのスポーツが実際に行われ始めたのは、ミュンヘン、ハンブルグ、ケルン、フランクフルトで、ベルリンでは、1890年に行われた。競技は軍隊、上流社会の乗馬クラブ、馬市場で乗馬をしている一部裕福なブルジョア階級の間に限定されていて、それぞれ水いらずの仲間で行っていた。当時の馬場馬術競技は金賞馬術と言われ、その程度は比較的低くて、しばしば障害飛越と野外騎乗とを加え、総合的な競技として行われた。

1906年ベルリン・ポツダム乗馬団体の金賞馬術に関するザンクト・ゲオルグ誌の記事。

　1912年のストックホルム・オリンピックで馬術はスウェーデンのローゼン伯爵がイニシアチブを取り、そのおかげで馬術の3種目が全部オリンピックのプログラムに加えられることになった。その時の馬場馬術競技の課目にはピアッフェもパッサージュも含まれていなくて、しかも高さが110cmまでの障害を5個、競技の最後に円舞曲が演奏されるなかで飛越することになっていた。

　この時の馬場馬術競技（個人）ではスウェーデンが金銀銅3つのメダルを独占し、ドイツも馬術で第2の強国となった。

　マルメのバルチック競技では、同じ年にすでにフェリックス・ビュルクナーとジークフリート・ホウクは、スウェーデンのオリンピック勝者のボンデ伯爵に次いで2位と3位になった。

　*1912年から1913年への冬、ドイツ・オリンピック委員会が設置*され、1916年に予定されているベルリン・オリンピックへ強力な準備をしてストックホルムより良い成績を挙げて勝つことを期したのである。

　第一次世界大戦後、馬場馬術スポーツは、一時的に適当な馬がなくなったにもかかわらず、シュテンスベック、シュテック、ビュルクナー、ヴェッチェン、レルケといった偉大なプロ調教師の調教によって躍進を遂げることができた。また軍隊馬術が消滅した後、グスタフ・ラウが田舎の乗馬団体や繋駕団体に熱心に呼びかけたことによって、再び広い馬術の基盤を取り戻すことができた。

　スウェーデンの騎手は、*1920年のアントワープ・オリンピック*でも、*1924年のパリ・オリンピック*

団体活動や乗馬スポーツへの途は開かれた。バッヂや留めピンはその証拠である。

でも、国際的な馬場馬術競技において抜群の強さを発揮した。アントワープでは3個のメダルを総て独占し、パリでは金銀のメダルを獲得した。アントワープでは馬場馬術の課目に歩毎踏歩変換が含まれ、円舞曲が演奏されるなかで行う障害飛越とその従順さの競技は除外された。

この最初の国際競技ですでに、馬場馬術部門では多数の審査員が、自分の国の選手に最高点を与えて不公平な判定をするという、危険な傾向が見られた。馬場馬術に対する見解はそれぞれ国によって多少異なるため、そうした傾向が当然と考えられる。しかしその根底にあるものは、自国の選手を有利にするという考えから起きたことである。そしてこの自国優先の判定は後々まで見られたが、喜ぶべきことに、今日では比較的公正な判定が行われるようになっている。

ドイツはアントワープとパリのオリンピックには参加しなかった。**フォン・ランゲン男爵**が、戦後初めて1923年に外国での競技に参加し、マルメで馬場馬術競技で入賞したが、この時は今日では想像もつかないような、同じ馬ゴリアート号で障害で優勝し、総合でも3位になった。

フォン・ランゲン男爵は1928年に、馬場馬術で初めてドイツに優勝をもたらした。またドイツは馬場馬術の団体優勝もしたが、これはフランスの騎手が途方もないタイムミスを犯して1位から4位に転落したための偶然の、言わば拾いものの優勝であった。

*1932年のロスアンゼルス・オリンピック*で、初めてピアッフェとパッサージュがオリンピックの課目に加えられた。この時の馬場馬術団体競技には、フランス、スウェーデン、アメリカが参加しただけで、フランスは団体優勝し、個人でも金銀のメダルを獲った。

ドイツも*1936年のベルリン・オリンピック*で同じ成績を収める幸運に恵まれた。しかもこの時は、馬場馬術に11ヵ国が参加するというレコード破りの多数参加のもとで果されたのである。

戦後、馬場馬術スポーツも一般のスポーツ競技の例にもれず、転換期を迎えた。これまで主力であった軍人は徐々に一般市民に変わった。*1948年のロンドン・オリッピック*を最後に馬場馬術で軍人の華やかなりし時代も終わり、その後スウェーデンとスイスの軍人がなお活躍していたが、今日では軍人騎手は例外的存在となり、一般市民の騎手によって占められるに至った。

*1952年のヘルシンキ・オリンピック*から女性騎手の馬場馬術競技出場が認められた。そしてそのトップを切って、リス・ハルテルがジュビレ号に騎乗して銀メダルを獲得した。それ以来女性が馬場馬術に素晴らしい天分のあることが強く認識されるようになった。そしてついに **リゼロット・リンゼンホフ**と **クリスチーヌ・スチュッケルベルガー** による金メダル獲得が実現した。

戦前の馬場馬術の強豪と言えばスウェーデン、ドイツ、フランスに決まっていたが、現在では他の国々も上位に進出してきた。フランスは1948年に1度オリンピック優勝を果したが、それ以降急激に失速した。スウェーデンは約10年間、トップの座についた（1952年と1956年には団体、個人共に優勝①）が後は振るわず、その後没落。ただ昔の3強豪の内ドイツ1国だけが、今もなお健在である。急激に台頭してきたのはソビエトとスイスの馬場馬術選手である。そのうちに、イギリス、カナダ、アメリカも馬場馬術に意欲を示してきて、アメリカ女性チームも、1976年のモントリオール・オリンピックではスイスに次いで、わずかの差で銅メダルを獲得した。またオランダも良い馬場馬術の後継者に恵まれている。

馬場馬術が国際的な基盤をなくして、オリンピックのプログラムから外されるのではないかという懸念もまずなくなり、ドイツにおいても、乗馬全般の興隆を見、また馬場馬術のトップも強さを増し、上位進出に意欲を燃やしている。

① 〔編者註：原文では「1948年」となっているが、実際の記録と異なっているので訂正した。〔付〕「オリンピック大会（1912～2000）馬術競技入賞記録参照〕

乗馬スポーツが一般に公開され、郵便切手、装飾絵画、ポスターに使われている。

馬場馬術スポーツの影響

7. 8. u. 9.
März 1913

REIT-TURNIER
veranstaltet vom Land-
u. forstwirtschaftlichen
Hauptverein in
HILDESHEIM

Vom V. Internationalen Turnier in Aachen

Von unserem Sonderberichterstatter Herkus.

Draufgänger in der Olympia-Dressurprüfung geschlagen. — Vasall siegt in der Dressurprüfung für Damenpferde. — Die Jugend hat das Wort.

Aachen, den 3. August 1929.

Das Wichtigste an diesem Tage war die Vorprüfung zur Olympia-Dressurprüfung, die für die Klasse S ausgeschrieben worden war. Diese Prüfung brachte Draufgänger eine empfindliche Niederlage bei, die aber nicht weiter tragisch zu nehmen ist, denn Draufgänger stieß hier auf so routinierte Gegner wie Albrecht und Caracalla, die ihm in manchen Sachen doch an Routine usw. überlegen sind. Mit den neu zusammengestellten Aufgaben ist der Olympiade-Sieger doch noch nicht vertraut genug. Diese neuen Aufgaben sind auf der Grundlage geschaffen, Kampagnereiterei und Hohe Schule zu verbinden, stellen sich aber auch das Ziel, die sogenannten Freien Gänge nicht zu vernachlässigen. Zum Pflichtfach gehörten diesmal auch Passage und Piaffe, die gemeinsam mit der Trabarbeit gewertet wurden. Besonders bemerkenswert war, daß das Halten und das Stehenbleiben von acht Sekunden Dauer ebenso hoch wie die Schulgänge komplizierter Art gewertet wurden. Es bewarben sich um die Konkurrenz nur sieben Teilnehmer, von denen Hansi unter seinem Reiter Oberstlt. a. D. Henker ganz ausfiel. Das Pferd eignet sich wohl zum Auftreten in einem Zirkus, kommt aber für derartige Aufgaben nicht in Frage. Der Sieger Alberich unter Stallmeister Lörke fand sich mit den neuen Aufgaben in jeder Richtung korrekt ab. An seinem Sieg läßt sich nichts deuteln. Caracalla besetzte unter Major Bürckner den zweiten Platz. Der Reiter ritt den Vollblüter anfänglich mit großem Schwung, zeigte nicht ganz gleichmäßige Passagen, ritt aber als einziger den gleichmäßig. Turridu mit General von Pongracz erhielt den vierten Preis zugesprochen. Der ungarische Vollblüter war mit seinem Kopf bei der Trabarbeit sehr unruhig. Die Passage gelang ihm gut, die Piaffe dagegen war etwas balancierend. Charm, gleichfalls von Stallmeister Staeck geritten, wurde hinter Turmwart unter Stallmeister Lörke Sechster. Beide Pferde gaben sich im großen und ganzen nichts nach.

Mit dem Resultat kann man in jeder Hinsicht zufrieden sein, und die nachstehend folgende Liste gewährt einen Ueberblick über die von den Richtern gegebenen Gutzahlen. Wenn man sich die Liste genau ansieht, dann muß man die Feststellung machen, daß die Richter in punkto Auffassung der Dressur doch voneinander sehr abweichen. Nicht einmal, sondern zweimal differierten Richter bei ein und demselben Pferd um über 500 Punkte. So z. B. gab der Schwede Graf Bonde Caracalla 1255 Punkte, der österreichische General Marto Franz 1755 Punkte. Draufgänger erhielt vom Grafen Bonde 1210 Punkte, vom deutschen Richter von Schleebrügge 1700 Punkte, das sind zwei am krassesten hervorleuchtende Beispiele. Am gleichmäßigsten gerichtet hat Herr Gustav Rau. Auch sonst differieren die einzelnen Richter gegeneinander mit mehr als 200 Punkten im Durchschnitt. Selten findet man eine Annäherung. Wir kommen daher wieder auf das Richten nach freiem Ermessen zurück und müssen erneut die Forderung stellen, daß hier endlich eine Aenderung zu schaffen ist, die uns allen die Gewißheit gibt, daß die gefällten Urteile objektiv im wahrsten Sinnes des Wortes sind und nicht von den persönlichen Einstellung der Richter und deren Mentalität abhängig gemacht werden. Der Sport als solcher ist zu ernst und seine Ziele sind zu hoch, als daß man Systeme, an das 9. Olympia in Amsterdam, wo uns der Sieg, der ehrlich errungen und erkämpft worden war, fast verlustig gegangen war, und dieses hatten wir dann nur dem Punktsystem und der persönlichen, nicht immer vorurteilslosen Einstellung der Richter zu verdanken gehabt. Nachstehend die Liste:

	Bonde	Franz	v. Langen	Rau	Schlebrügge	Summa	Ergebnis
1. v. Phillipps Alberich, B.: Lörke	1630	1630	1460	1585	1640	7945	1589
2. Cl. Scheiblers Caracalla, R.: Bürckner	1255	1755	1505	1595	1705	7815	1563
3. Behrs Draufgänger, R.: Staeck	1210	1660	1400	1505	1700	7475	1405
4. Pongracz' Turiddu, R.: Besitzer	1265	1480	1250	1395	1470	6850	1370
5. Am Endes Turnwart, R.: 0. Lörke	1195	1290	1175	1435	1310	6405	1281
6. Dr. Baumgartners Charm, R.: Staeck	1105	1420	1070	1230	1425	6250	1250
7. Henkers Hansi, R.: Besitzer	740	875	835	790	830	4070	814

Das Resultat selbst wird erst am Sonntag bekanntgegeben, da uns aber die Wertungstabelle zugänglich war, können wir mit ihm schon heute aufwarten.

Ansonsten sah das Programm die Dressurprüfung der „Klasse L für Damenreitpferde vor. Diese wurde eine sichere Beute von Vasall, der von seiner Besitzerin Frau v. Becker in jeder Beziehung einwandfrei geritten wurde. Eine Lahmheit, wie man sie von verschiedenen hatte sehen wollen, konnten wir nicht feststellen. Sehr ordentlich waren die Leistungen von Frau Lucy Pawlaczky aus Oesterreich auf Grille, letzteres Pferd mußte aber ex officio disqualifiziert werden, da es den Bedingungen der Ausschreibung nicht genügte. Sodann kamen Kurprinz und Irma unter Frau Rau bzw. Frau Glahn, die gleichfalls ihre Pferde schwungvoll vorgestellt hatten, im toten Rennen auf den zweiten Platz. Nicht placiert hätten wir Mohamed unter Frl. Ficht, da das Pferd in der Abteilung überhaupt nicht reiten ließ. Im allgemeinen zeigten aber die Damen gutes Können, was wir ja auch als bekannt voraussetzen.

Der jüngste deutsche Reiternachwuchs bekundete in dem Jugendreiten seine Fähigkeiten. Die Jüngsten fanden sich mit der Situation gut ab und saßen wie alte Routiniers im Sattel. Die Abteilung A wurde im toten Rennen von Ursula Bürckner auf Boliva und der Tochter der dänischen Championamazone Frau Hasselbach, auf Ecureile gewonnen. Gisela Bürckner auf Queeny wurde Dritte. Die Abteilung B für ältere Kinder sah den Bruder der beiden Fräulein Bürckners, Felix Bürckner, auf Königstochter, erfolgreich. Wir wollen hoffen, daß der junge Mann einmal auch ein so geachteter und geschätzter Reiter werden möchte, wie sein Vater, dessen Name und Ruf Geltung besitzen. Herta Henkel ritt Artemis auf den zweiten Platz vor Helmut Cüpper auf Alice.

Die Eignungsprüfung für Wagenpferde brachte diesmal Einspänner an den Start. Zugelassen waren nur deutsche Pferde. Die Abteilung für Wagenpferde ohne Hackneyblut brachte einen Sieg des Gespannes des Herrn Dr. Baumgartner, das von Herrn Balcat gefahren wurde. Zweiter wurde Herr Müller-Albert und Dritter Herr Klopp. Die Namen der siegreichen Pferde waren Goldengel, Donau und Hamilkar. Die Abteilung für Hackneys vereinigte zwei Gespanne des Herrn W. Doerenkamp, von denen das von Dr. Flatten gefahrene den Erfolg für sich beanspruchte.

1912年ロメロ号に騎乗する第12猟騎兵連隊フェリックス・ビュルクナー中尉。

1928年アムステルダム・オリンピック大会馬場馬術競技予選通過選手。1位フォン・ランゲン男爵、2位ホウク少佐、3位リンケンバッハ大尉。

馬場馬術スポーツの影響

8歳のクロノス号に騎乗するハインツ・ポルライ中尉。1936年ベルリン・オリンピック大会馬場馬術個人・団体競技優勝。

1936年ベルリン・オリンピック大会馬場馬術競技団体競技優勝のドイツチーム。ポルライ中尉とクロノス号、ゲルハルト少佐とアプジント号、オッペルン・プロニコウスキー大尉とギムペル号。

1936年ベルリン・オリンピック大会馬場馬術個人競技銀メダル・同団体競技優勝のフリードリッヒ・ゲルハルト少佐、アプジント号のパッサージュ。

1936年ベルリン・オリンピック大会の際にハノーバー騎兵学校へ招待された20ヵ国の乗馬部隊将校。

馬場馬術スポーツの影響　　53

V.l.n.r. Uffz.　　Gefreiter　　Unteroffizier　　Oberreiter　　Wachtmeister　　Unteroffizier　　Oberwachtmeister　　Wachtmeister
F. Witeschnik, Kontowski, Theo van Bebber, G. Krüger, R. Schmidt Tho., Wischulthois, F. Schaak, W. Körner
unser Matikus Bereiter   Futtermeister   Bereiter   Bereiter   Bereiter   Stallleiter   Bereiter
Reiter
Reiter　　　Wachtmeister　　Gefreiter　　Oberfreiter　　Gefreiter
H. Hombach, F. Thiedemann, W. Günther, W. Rudat, H. Geister
Bereiter   Bereiter   Bereiter   Bereiter   Bereiter

ウィリー・シュルトハイス所有の珍しい写真。クランプニッツにおける軍隊の乗馬車両学校のフックス・カドリール。

1952年ヘルシンキ・オリンピック大会馬場馬術競技に女性参加が認められ、リス・ハルテルが個人競技で銀メダルを獲得。

オリンピック大会馬場馬術競技入賞記録

OLYMPISCHE SPIELE.

Austragungsort	Einzelwertung			Mannschaftswertung		
Stockholm 1912	1. Graf Carl Bonde Schweden (Emperor)	2. Gustaf A. Boltenstern Schweden (Neptun)	3. Hans von Blixen-Finecke Schweden (Maggie)	keine Mannschaftswertung	Keine Mannschaftswertung	Keine Mannschaftswertung
Antwerpen 1920	1. Janne Lundblad Schweden (Uno)	2. Bertil Sandström Schweden (Sabel)	3. Hans von Rosen Schweden (Runn. Sister)	Keine Mannschaftswertung	Keine Mannschaftswertung	Keine Mannschaftswertung
Paris 1924	1. Ernst von Linder Schweden (Piccolomini)	2. Bertil Sandström Schweden (Sabel)	3. Xavier F. Lesage Frankreich (Plumarol)	Keine Mannschaftswertung	Keine Mannschaftswertung	Keine Mannschaftswertung
Amsterdam 1928	1. Friedrich von Langen Deutschl. (Draufgänger)	2. Pierre Marion Frankreich (Linon)	3. Ragnar Olson Schweden (Günstling)	1. Deutschland	2. Schweden	3. Niederlande
Los Angeles 1932	1. Xavier F. Lesage Frankreich (Taine)	2. Pierre Marion Frankreich (Linon)	3. Hiram E. Tuttle USA (Olympic)	1. Frankreich	2. Schweden	3. USA
Berlin 1936	1. Heinz Pollay Deutschland (Kronos)	2. Friedrich Gerhard Deutschland (Absinth)	3. Alois Podhajsky Österreich (Nero xx)	1. Deutschland	2. Frankreich	3. Schweden
London 1948	1. Hans Moser Schweiz (Hummer)	2. André Jousseaume Frankreich (Harpagon)	3. Gustaf A. Boltenstern Schweden (Trumpf)	1. Frankreich	2. USA	3. Portugal
Helsinki 1952	1. Henri St. Cyr Schweden (Master Rufus)	2. Lis Hartel Dänemark (Jubilee)	3. André Jousseaume Frankreich (Harpagon)	1. Schweden	2. Schweiz	3. Deutschland
Stockholm 1956	1. Henri St. Cyr Schweden (Juli)	2. Lis Hartel Dänemark (Jubilee)	3. Liselott Linsenhoff Deutschland (Adular)	1. Schweden	2. Deutschland	3. Schweiz
Rom 1960	1. Sergej Filatow UdSSR (Absent)	2. Gustav Fischer Schweiz (Wald)	3. Josef Neckermann Deutschland (Asbach)	Keine Mannschaftswertung	Keine Mannschaftswertung	Keine Mannschaftswertung
Tokio 1964	1. Henri Chammartin Schweiz (Woermann)	2. Harry Boldt Deutschland (Remus)	3. Sergej Filatow UdSSR (Absent)	1. Deutschland	2. Schweiz	3. UdSSR
Mexiko 1968	1. Iwan Kizimow UdSSR (Ichor)	2. Josef Neckermann Deutschland (Mariano)	3. Dr. Reiner Klimke Deutschland (Dux)	1. Deutschland	2. UdSSR	3. Schweiz
München 1972	1. Liselott Linsenhoff Deutschland (Piaff)	2. Elena Petuschkowa UdSSR (Pepel)	3. Josef Neckermann Deutschland (Venetia)	1. UdSSR	2. Deutschland	3. Schweden
Montreal 1976	1. Christine Stückelberger Schweiz (Granat)	2. Harry Boldt Deutschland (Woyceck)	3. Dr. Reiner Klimke Deutschland (Mehmed)	1. Deutschland	2. Schweiz	3. USA
Moskau 1980	1. Elisabeth Theurer Österreich (Mon Cherie)	2. Yuri Kovshov UdSSR (Igrock)	3. Viktor Ugrymov UdSSR (Shkval)	1. UdSSR	2. Bulgarien	3. Rumänien

世界選手権大会馬場馬術競技入賞記録

WELTMEISTERSCHAFTEN.

Austragungsort	Einzelwertung			Mannschaftswertung		
Bern 1966	1. Josef Neckermann Deutschland (Mariano)	2. Harry Boldt Deutschland (Remus)	3. Dr. Reiner Klimke Deutschland (Dux)	1. Deutschland	2. Schweiz	3. UdSSR
Aachen 1970	1. Elena Petuschkowa UdSSR (Pepel)	2. Liselott Linsenhoff Deutschland (Piaff)	3. Iwan Kizimow UdSSR (Ichor)	1. UdSSR	2. Deutschland	3. DDR
Kopenhagen 1974	1. Dr. Reiner Klimke Deutschland (Mehmed)	2. Liselott Linsenhoff Deutschland (Piaff)	3. Elena Petuschkowa UdSSR (Pepel)	1. Deutschland	2. UdSSR	3. Schweiz
Goodwood 1978	1. Christine Stückelberger Schweiz (Granat)	2. Uwe Schulten-Baumer Deutschland (Slibovitz)	3. Jennie Loriston Clarke Großbr. (Dutch Courage)	1. Deutschland	2. Schweiz	3. UdSSR

ヨーロッパ選手権大会馬場馬術競技入賞記録

EUROPAMEISTERSCHAFTEN.

Austragungsort	Einzelwertung			Mannschaftswertung		
Kopenhagen 1963	1. Henri Chammartin Schweiz (Wolfdietrich)	2. Harry Boldt Deutschland (Remus)	3. Henri Chammartin Schweiz (Woermann)	Keine offizielle Wertung	Keine offizielle Wertung	Keine offizielle Wertung
Kopenhagen 1965	1. Henri Chammartin Schweiz (Wolfdietrich)	2. Harry Boldt Deutschland (Remus)	3. Dr. Reiner Klimke Deutschland (Arcadius)	1. Deutschland	2. Schweiz	3. UdSSR
Aachen 1967	1. Dr. Reiner Klimke Deutschland (Dux)	2. Iwan Kizimow UdSSR (Ichor)	3. Harry Boldt Deutschland (Remus)	1. Deutschland	2. UdSSR	3. Schweiz
Wolfsburg 1969	1. Liselott Linsenhoff Deutschland (Piaff)	2. Iwan Kizimow UdSSR (Ichor)	3. Josef Neckermann Deutschland (Mariano)	1. Deutschland	2. DDR	3. UdSSR
Wolfsburg 1971	1. Liselott Linsenhoff Deutschland (Piaff)	2. Josef Neckermann Deutschland (Van Eick)	3. Iwan Kizimow UdSSR (Ichor)	1. Deutschland	2. UdSSR	3. Schweden
Aachen 1973	1. Dr. Reiner Klimke Deutschland (Mehmed)	2. Elena Petuschkowa UdSSR (Pepel)	3. Iwan Kalita UdSSR (Tarif)	1. Deutschland	2. UdSSR	3. Schweiz
Kiew 1975	1. Christine Stückelberger Schweiz (Granat)	2. Harry Boldt Deutschland (Woyceck)	3. Karin Schlüter Deutschland (Liostro)	1. Deutschland	2. UdSSR	3. Schweiz
St. Gallen 1977	1. Christine Stückelberger Schweiz (Granat)	2. Harry Boldt Deutschland (Woyceck)	3. Uwe Schulten-Baumer Deutschland (Slibovitz)	1. Deutschland	2. Schweiz	3. UdSSR
Aarhus 1979	1. Elisabeth Theurer Österreich (Mon Cherie)	2. Christine Stückelberger Schweiz (Granat)	3. Harry Boldt Deutschland (Woyceck)	1. Deutschland	2. UdSSR	3. Schweiz

第 II 章

馬場馬術スポーツ用乗馬の評価

欠陥のない馬というものは存在しない。従って馬を評価する技術は、欠陥があっても、重大なものとそうでないものとを、詳細にわたって識別することである。

経験の教えるところによれば、馬格には全く欠陥がないにもかかわらず、全くどうしようもない馬もいるが、それとは逆に、明らかな馬格上での欠陥があるにもかかわらず、素晴らしい能力のある馬もいる。

従って決定的な要素は、馬を見た時に受ける**全般的な印象**ということになる。馬場馬術馬としては、できるだけ大きく、調和のとれた外観を示し、地面にどっしりと安定して立ち、頸は長くてめりはりがあり、長く傾斜した肩、よく目立つ鬐甲(きこう)、十分な長さの背、そして強力でよく屈曲する後肢

を持っていることである。

　馬場馬術馬では当然、気品があって美しいことが望まれる。このことは障害飛越馬や総合馬術馬では重要なことではない。しかし、だからと言って気品や美しさにこだわり過ぎるべきではない。

　多くの優れた馬場馬術馬は、人が乗らない時にはそれほど美しくは見えないが、人が乗ると、とても魅力的に輝くばかりの美しさを発揮するのである。眞の良馬とは、正しく調教すると一段と美しさを発揮するものである。

馬場馬術馬（以下「馬場馬」と言う）は明らかに**優れた能力ある馬格**でなければならない。また、強靭であると共に精力的で、関節は乾燥し、腱はよく目立ち、引きしまっていなければならない。筋肉は馬格に釣合ってよくきわ立ち、力があふれていなくてはならない。特に筋肉の評価にあたっては、馬の調教段階をよく考慮する必要がある。

要するに将来性のある馬場馬というものは、常々のバランスのとれた動きと自ら示す美しい姿勢とにより、**生まれつき平衡のとれた馬**であることが期待されるのである。こうした全体の印象が得られると、体格、歩様、性格、気質の個々にわたって批判を加えた評価をするのである。その際、私の経験では次の基本的な考え方について注意しなくてはならないと思う。

1

外見上の評価から馬の運動能力、疲労しやすい虚弱体質、将来起こり得る調教上の難点を推理する。しかしその際必ず、何らかの「短所」も他の「長所」でカバーできることを頭に入れておかなければならない。従って、外見上の評価は馬の評価の補助的手段に過ぎない。

2

馬場馬の評価で、より重要な意義があるのは、馬の一連の動きである。断片的な動きからは、その馬が素晴らしい馬場馬術をするのに適しているかどうかは分らない。素晴らしい一連の動きをする馬は、概して肉体的な欠点がないか、もし例えあったとしても、その欠点は他の長所でカバーされている。

それとは逆に、本質的な肉体的欠点のない馬で、めりはりのきいた印象的な動きを全くしない馬がいる。それはその馬には、繊細な神経とたくましい活力が欠けているためである。

3

結局、馬場馬には何ができるかだけではなく、する意欲が大切である。従って馬の気質と性格とは、少なくともその評価においては同じ価値である。あまり動きが素晴らしくなくても、ある特別な能力で非常に望みの持てる馬を私は優先的に選ぶ。

馬場馬では馬の血統をあまり問題にする必要はない。それに対し、障害飛越馬では父の血統も母の血統も驚くほど確実に遺伝するが、馬場馬の血統は遺伝的には不安定である。勿論それにも例外はある。フォルンホルツの牡馬ラムゼス号はウェストファーレン系の素晴らしい馬場馬の血統で、その例外に属する適例である。

馬格による評価

馬場馬の馬格は、後躯から発生した推進力が、途中で中断されずに騎手の静定した拳に働きかけ、また逆に騎手の抑制扶助が、断ち切られずにスムーズに前方から後方へ伝達される構造でなければならない。

従って、後躯は強力な推進力を生み出す原動機として働かねばならず、腰、脊および頚は、後躯からの推進力を弾力的に伝達させられるような構造になっていなければならない。また前躯は、後躯の推進力により大きく動き、柔軟で弾力的でなければならない。

馬が収縮するには、よく踏み込んだ後肢で負荷を受けて、前躯を高く起揚できる馬格であることが必要である。更に後躯は負荷に耐えてそれを搬送することができなければならない。

馬場馬に適した合理的な馬体の各部について評価する場合、次のようなことについてよく考慮すべきである。

頭はその全身の大きさによく釣合っていて、くっきりとしてよく目立ち、額から鼻を通る線はできるだけ一直線であるか、アラブのように多少中くぼみで、眼は大きくて落ち着きがあり、かつ深く位置しており、上下の顎がよく噛み合っていなければならない。

大きく重そうで輪郭がぼやけた頭は望ましくな

い。（額と鼻の線が中央で高まった）羊のような頭、（鼻が隆起した）羊鼻、短くて尖った菱形の頭は絶対に良くない。また頬骨の張り出た豚頭も良くない。小さく不安そうな眼も、白い部分の多い輪眼の馬も一考を要する。

しかし以上の欠点は単なる美観上の欠点に過ぎない。馬場馬の頭部として決定的なことは、十分に下顎の幅が広いことと、項（うなじ）が軽く動かなければならないことである。下顎の幅が狭い馬は、勒を着けると耳下と上顎（頬骨）との間に十分な余裕がなく、項の動きの困難な馬は、第1頸椎の両側筋肉が強すぎて勒を着けるのが困難であり、推進力が正しく伝達されず、項が折れ曲がりやすい。しかしそのような短所のある馬で、ピアッフェやパッサージュがよくできる馬を知っているが、扶助に対する正しい従順性はなかった。

馬場馬の **頸** は長くて十分に広く、頭に向かって軽くかつ調和のとれた細まりを見せていなくてはならない。また頸は上に向かって軽く隆起し、上縁部の筋肉は力強く鍛練され、下縁の線は真直ぐでなければならない。

短くて太い頸の下側の筋肉がよく発達した馬では銜を着けにくく、後躯からの推進力は背でブレーキがかかり、背を通過していかない。頸の下部が十分長くて下に付き過ぎていない頸では、頸の筋肉を正しい形にし直すことができる。しかしその場合、筋肉を上部によく発達させるには、馬の頭を低くした姿勢で、少なくとも3ヵ月は乗らなくてはならない。

頸が上向きに反っているような本格的な鹿頸は、手を尽くしても無駄である。細くて長い頸の場合も同じである。それは、馬が常に頸を短くつめて頭を高く上げ過ぎる傾向があるからである。

頸はおよそ直角に肩に付く。多少高めに肩に付く **頸の姿勢** は、馬場馬にとっては有利である。そのような馬は生まれつき美しい姿勢で歩く。非常に稀であるが、極端に高く付く頸は、背に乗りにくくて、頸を低く伸ばすのが困難である。

鬐甲（きこう）はよく目立ち、高くて徐々に背に移行する。平坦で輪郭のはっきりしない鬐甲は鞍置きが不安定である。そのような馬で良い馬場馬であると、鞍①を着けるか特別注文した鞍で乗ると、肩の上に乗ることもなく、前肢へ負担がかかることも、かかり過ぎることもない。

肩の部分 は長くて傾斜し、よく引きしまって筋肉が付き、**上腕** は長く斜めで、肩と上腕は約90度の角度で連なり、**肩先**（かたさき）はそれに応じて大きく前方に付いていなくてはならない。

短く急傾斜の肩で、上腕も切り立って短い馬は、歩様が硬くて大股ではない。全く理想的な肩でないにもかかわらず力強く歩く馬は、後肢がそれだけよく屈曲する。しかし肩が切り立ち過ぎている馬を、私は推奨したくはない。

肘 は長く厚みがあり、大きく後方に付いていて胴体から離れ、その間に掌の厚みほどのすき間があるとよい。前から見ると両肘の間隔は、少なくとも左右の肩先の間隔に等しくなくてはならない。叩きつぶしたような **肘頭**（ちゅうとう）（肘の出っ張り）は前肢の自由な動きを妨害する。そのような馬はハーフパスが困難であることが多い。それは踏み越しが困難なためである。

前腕 は長くて幅広く、よく筋肉が付いていることが望ましい。**前膝** は強くて目立ち、すっきりしていて地面に近く、外側の輪郭線はよく調和して流れているのがよい。

好ましくないのは、削られたようで全く目立たない前膝で、関節の後部が管に対して著しく上がり過ぎ、調和のとれた移行をしないものである。

管 は前後に幅が広くてできるだけ短いのがよい。なぜならば、管は腱と靱帯が通っているだけなので、短いほど抵抗力があるからである。

球節 はよく目立ち、強靱であることが望まし

い。そうでなければ腱と靱帯とが強固に付着することができない。この点についての小さな欠点は、馬場馬にとってはそれほど重要なことではない。ただ新馬での資格検定試験の際に問題になるだけである。それに対して非常に重要な価値があるのは、著しく目立つ引きしまった *腱* とその良好な *付着状態* である。

繋（つなぎ）は中くらいの長さで、弾力的で軟らか過ぎないことが望ましい。繋と管とは約135度の角度をもって連なる。長い繋はどうかと思うが、多少軟らかい繋はいかなる場合でも、短く直立している繋よりも良いと考えなければならない。短くて垂直に近い繋の馬の多くは歩様が不安定で硬く、強く踏みつける。また動きが弾発力のあるものにならない。そのような馬は蹄の病気になりやすい。

非常に大切なことは、蹄が良いことである。*蹄*は左右対称で、その馬の大きさに見合っていて、絶対に小さ過ぎてはならない。多少斜めの蹄や小さいのは、優秀な装蹄師であれば矯正することができる。しかし小さくて狭い蹄は非常に困る。

前肢の肢勢 は横から見ると、肩甲骨の中心を通る垂線が、関節のほぼ中心を通る。前肢が垂線より前に出ているのを前踏肢勢と言い、後方に来るのを後踏肢勢と言う。特に後踏肢勢の場合は一考を要する。そのような前肢では関節や靱帯、腱が早く疲労する。それに対して、前踏する前肢はサラブレッドによく見かけるが、老齢で前踏肢勢になる馬が多い。

前から見ると、肩関節から下ろした垂線は、前肢の関節を2等分し、蹄の中心を通る。蹄と蹄の間隔はその蹄の幅にほぼ等しい。そうでない場合は、左右の蹄の間隔が蹄の幅より広くなる広踏肢勢、あるいはそれより狭い狭踏肢勢で、その他、蹄の先が外を向いている馬（外向肢勢）と内を向いている（内向肢勢）の場合がある。そのいずれの場合も馬は真直ぐ歩行しない。一般に言えることは、外向肢勢の方が美観を損なうことが多い。それに対し、内向肢勢は歩行時に肢を引きずりやすく、特に横歩で肢の骨の外側にトラブルを起こしやすい。

胸郭（きょうかく）は中くらいの幅で長く隆起しているとよい。一般に、胸幅の狭い馬は、心臓や肺を入れる余地に欠けると言われている。しかし優秀な馬では、胸幅の狭いことが多いが、その場合胴がそれに応じて縦に深いと全く問題はない。

背 はかなり長くて、横から見ると馬体は長方形であり、肩の先端から後肢の後端までの長さは、鬐甲の最高部から地面までの長さより多少長いのが普通である。

いわゆる「方型馬」はたいてい背が縮まり、躍動しにくく、多くの場合は大股で歩かない。しかし、私はそのような馬の方を、背の長過ぎる馬より優先的に選ぶ。なぜなら、背が長過ぎると後肢の踏み込みが困難なことが多いからである。もちろん後肢の構造が優れていれば、長過ぎる背の欠点をある程度までカバーすることはできるが、実際には背が長過ぎると背が沈下しやすい。

背は短くて幅の広い強力な *腰* を介して尻へ移行する。上に向かって隆起した鯉背は躍動しにくい。軽く下方に向かって湾曲したゆるんだ背は腰が弱く、鬐甲の後方が広くて沈下している背は、その馬の搬送力が弱いことの証拠である。そのような馬は後躯がよく躍動せず、搬送力も弱く、特に中間および伸長速歩においては、斜対肢の運歩は全く正しくなくなる。

鬐甲 は、尻よりも高くなくてはならない。鬐甲より尻が高い艫高（ともだか）の馬は、前躯に荷重がかかり過ぎ、鞍を着けにくく、前躯の起揚が困難である。そのような馬でよいピアッフェをする馬を知っているが、その馬の尻は掌の幅だけ鬐甲より高かった。これは勿論例外である。たいてい後肢が曲飛節で、それによって艫高の欠点もある程度カバーすることができる。艫高の馬は、馬場馬にしない方がよく、障害飛越馬や総合馬術馬にする方がよい。

*尻*は長くて適度に後方に下がり横長の卵形であるとよい。尻はまた全身の最も強力な筋肉の中心として、よく筋肉が発達していなければならない。筋肉は馬場馬術を調教するうちに発達してくるもので、新馬ではまだ十分によく発達はしていない。

　以前好まれた水平の尻は、たいてい後躯が硬く、あまり強く傾斜した尻は、後躯からの推進力が強くは出ない。

　*尾*は美しい状態でなくてはならない。斜めに付いたひきつり気味の尾は、戦後の馬場馬術競技ではマイナスである。そして今日では当時より一層美的でないものと考えられている。

　新馬で既に尾が斜めになっているのは、その馬は馬体が斜めになったまま調教されていることの証拠と考えられる。それはまた実際に馬術的にも誤りであるのは当然で、馬体の左右いずれか一方が完全に硬くなっている。

　後躯では、*腰骨*の線は長く斜めになっているのがよい。*上腿*と*下腿*とは約90度の角度で連なる。その線が短くて角度が小さいと、後躯からの推進力が小さい。

　膝蓋骨（しつがいこつ）（膝の皿）は多少外へ向く。左右の膝関節の間隔は座骨②の間隔にほぼ等しい。叩きつぶしたような膝蓋骨はたいてい、叩きつぶしたような肘の場合と同様に自由な動きのさまたげになり、後肢を引きずりやすく、ハーフパスが困難である。

　後肢の*下腿部*の外面と内面とには、よく筋肉が付いていなければならない。この場合、尻で説明したように、馬場馬術の調教をしていると筋肉がよく発達する。

　*飛節*は力強くて幅が広く、すっきりした形をしていて、地面に近く低く付き、徐々に管骨に幅広く続かなくてはならない。ぶよぶよした飛節も、小さくて削られたような飛節も、管骨へ切りとられたように細く湾曲する飛節も全く駄目である。

　管、球節、繋、蹄に関しては前肢で述べたのと同じである。横から見れば座骨結節③を通った垂線は飛節と球節の後縁を通り、下腿と管との角度は約135度である。

　後肢を後方へ引いて立つ後踏肢勢は、特に胴の長い場合、後肢を馬体の下に踏み込むことが困難である。いわゆる前踏肢勢で踏み込んで立っている馬や、曲飛節の後肢は馬場馬術用には問題はない。そのような馬は踏み込みやすく、飛節がよく動くので調教しやすい。しかし曲飛節の後肢が疲労しやすいのは事実である。

　後ろから見ると、座骨結節を通る垂線は、後肢を正しい位置にしていると、上下腿と蹄のほぼ中心を通る。球節が多少内方あるいは外方に向く（内向肢勢、外向肢勢）馬は多少とも欠点と見なされる。飛節が外側に向く（O状飛節）か、内側に向く（X状飛節）馬は使いものにならない。

① 〔編者註：原語は「Vorgurt（前腹帯）」であるが、前後の関係から鞦（しりがい）（鞍の後橋と、馬の尾の付け根を繋ぐ革製の馬具）とした〕
② 〔編者註：原語は「Sitzbein」であるが、上腿骨のことと思われる〕
③ 〔編者註：原語は「Sitzbeinhöker」であるが、股関節のことと思われる〕

馬の動きによる評価

　馬の運動はよく拍子（リズム）に合い、真直ぐで、十分大股でなくてはならない。新馬は生来の速歩や駈歩ですでに弾発力がなければならない。常歩は弾発力のないいわゆる歩く歩調であるが、勤勉な歩き方を示さなければならない。

　*常歩*では蹄の2倍の長さだけ、前肢の足跡を踏み越すべきである。常歩の歩きが余り小股過ぎるのは価値がない。極端に誤った馬場馬術の調教を行うと、常歩がより悪くなる前に馬は大股に歩かなくなり、馬がこずむ。非常によい調教をすると、後躯が柔軟になって常歩がいくらかよくなるが、歩幅が広くなるのは最高数cmである。

　その一方で私は、常歩で非常に大きく大股に歩くことには問題があると考えている。馬場馬の評価にあたり、常歩は十分大股にできなくてもよいという意見である。事実、非常に大股で歩く馬は、常歩での収縮の調教において、側対歩あるいは側対歩的な歩様になる傾向があることを、私は実際に経験している。

近代的乗馬の典型
ザルツウーヘン温泉
パッペンハウゼン厩舎
所有の種馬プルチノ号
の子プルートス号

すっきりとして
めりはりがあり、
馬の大きさによ
く釣り合った頭

軽快に動く項

下顎の動きが自由

長くて十分に幅のある、
上に向かって軽く隆起
した頸
上部によく筋肉が発達
し、頭に向かって調和の
とれた細まりを見せる

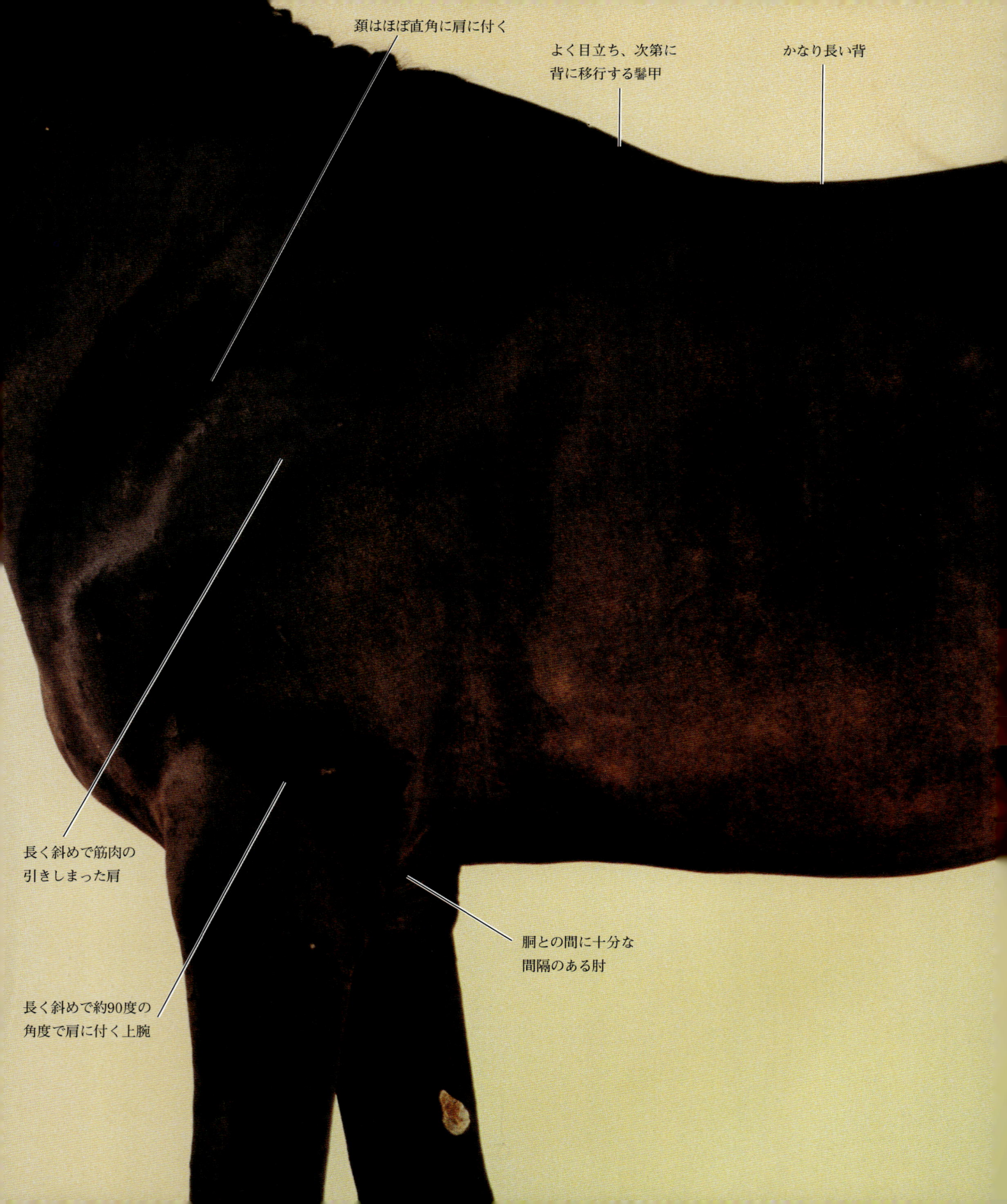

- 頸はほぼ直角に肩に付く
- よく目立ち、次第に背に移行する鬐甲
- かなり長い背
- 長く斜めで筋肉の引きしまった肩
- 胴との間に十分な間隔のある肘
- 長く斜めで約90度の角度で肩に付く上腕

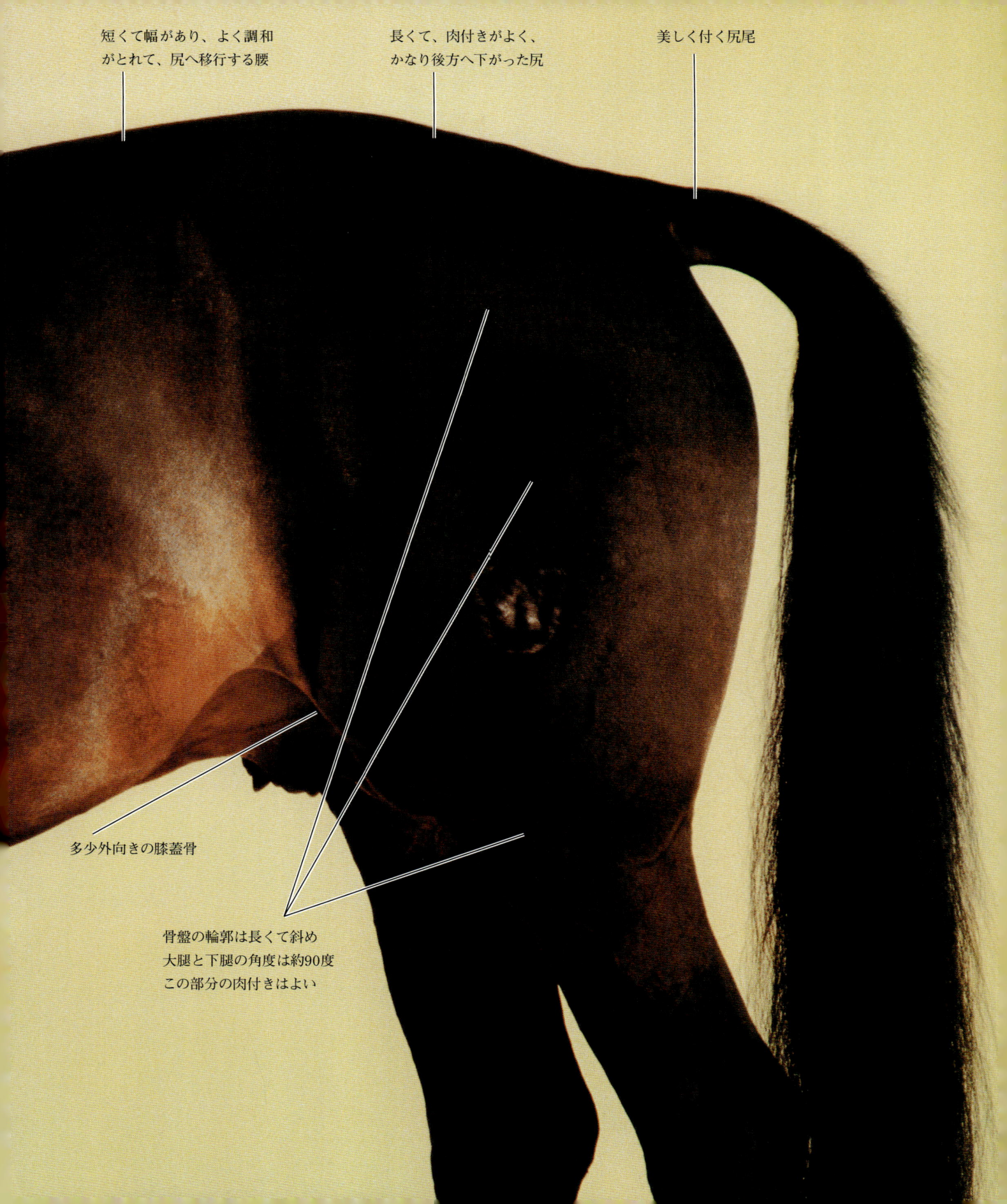

短くて幅があり、よく調和がとれて、尻へ移行する腰

長くて、肉付きがよく、かなり後方へ下がった尻

美しく付く尻尾

多少外向きの膝蓋骨

骨盤の輪郭は長くて斜め
大腿と下腿の角度は約90度
この部分の肉付きはよい

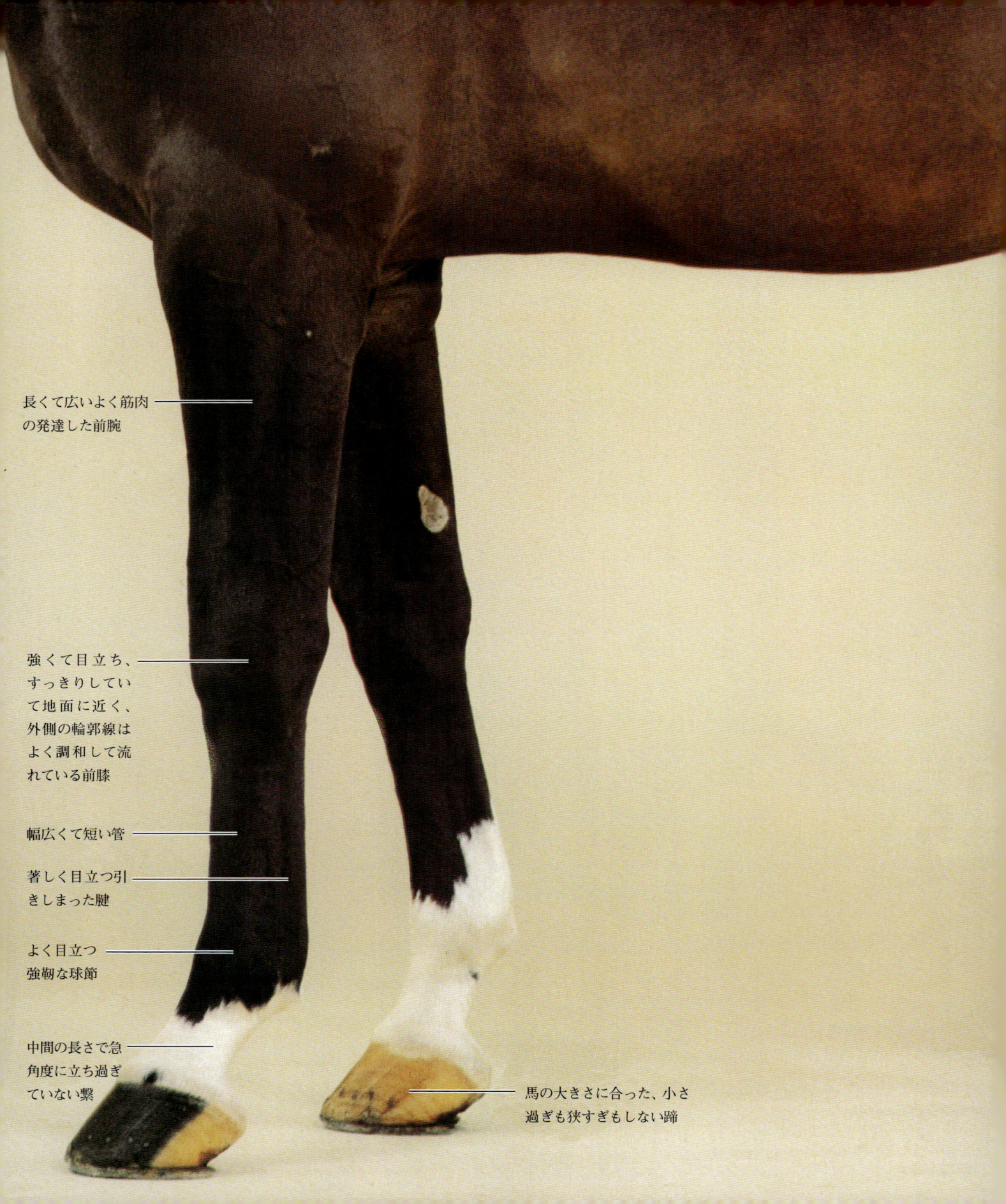

長くて広いよく筋肉の発達した前腕

強くて目立ち、すっきりしていて地面に近く、外側の輪郭線はよく調和して流れている前膝

幅広くて短い管

著しく目立つ引きしまった腱

よく目立つ強靭な球節

中間の長さで急角度に立ち過ぎていない繋

馬の大きさに合った、小さ過ぎも狭すぎもしない蹄

筋肉のよく発達した下腿

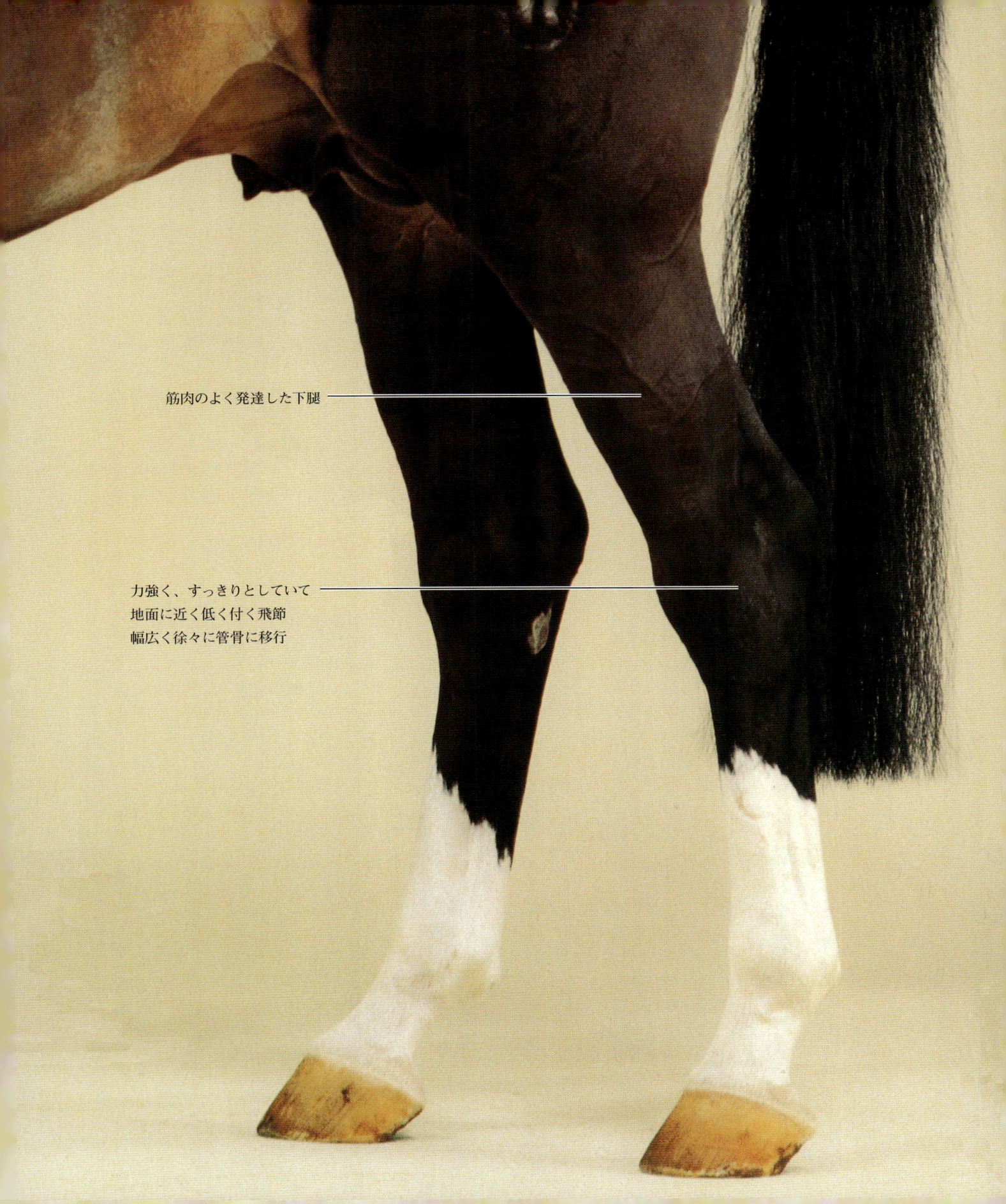

力強く、すっきりとしていて
地面に近く低く付く飛節
幅広く徐々に管骨に移行

常歩には更に軽快性と弾力性が望まれる。地面にへばりついたり、だらだらしたり、足を引きずってはならない。経験から言うと、良い常歩をする馬は、良い駈歩をするのが普通である。

速歩では後躯を力強く、かつ弾力的に動かし、背がよく躍動し、後躯からの弾発力を前躯が弾力的にとらえなければならない。同一斜対の前後肢の動きは互いに平行でなければならない。馬はよくバランスを保って速歩をして、その際、美しく自由な姿勢で、自然な肩の動きができなくてはならない。

速歩の評価で、前肢の前への踏み出し方のみに気を奪われるのは誤りで、後躯の柔軟性と腰の屈撓と飛節の動きをよく観察する必要がある。後肢の動きがその馬の調教程度を明瞭に示すのは当然のことであるが、極めて優秀な天分に恵まれた新馬には、後躯に生まれつきある程度の弾発力がある。

馬の膝の動きが軽快であると、それがピアッフェとパッサージュを行うのに不利になることはない。それに反し、時として血統の良い馬に見られる、完全に前肢を真直ぐにしたままで前に出すのはよくない。そのような馬の動きは柔軟でなく弾力性を欠く。また肩が硬くて後にハーフパス、ピアッフェ、パッサージュで困ることになる。

厳密に言うと、良い**駈歩をする馬**は、馬場馬術をするのに、良い速歩をする馬より有利である。それは、馬場馬術における困難な多くの運動は駈歩で行わなくてはならないことと、駈歩よりも速歩の方が矯正しやすいからである。

駈歩はスムーズで、活気がある軽快な足取りで、大股でなければならない。非常に良い駈歩をする馬の多くは、すでに馬場馬術のできる古馬のように、3、4歳で重心下で後肢を躍動させる。そのような馬を馬場馬として捜し出すべきである。そのような馬は少しも性急になることなく、伸長駈歩では歩幅の広い大きな飛躍を容易に行える。またそのような馬は、問題なしに収縮駈歩に短縮することができて、しかもその際、つっかかるような駈歩になったり、後肢を硬くするような駈歩になる心配は全くない。

駈歩でバランスが保てなく、そのため暴走する馬は問題である。そのような馬に良い調子で駈歩をさせるようにするには、多くの場合丸1年はかかる。その際これらの馬は、速歩が素晴らしくよくできるようになる。

駈歩は平凡であってはならない。馬は前躯を起揚して演技を見せるようにするべきである。そうすることによって、駈歩運動の見た目が良くなり、特に踏歩変換では高得点が獲得できる。

新馬で、特に右手前において、蹄跡を真直ぐに駈歩できる馬を選べば有利である。

気質と性格による評価

どのような気質と性格の馬を望むかは、騎手によって多少とも考えの違うのは当然である。そのことについて、完全に全般に通じる原則を述べることは私にはできない。ただ馬の内面的なことについて私見を述べると、馬場馬には次の点が重要であると思う。
1. 作業意欲と前進気勢が旺盛であること。
2. 精神的におとなしくて落ち着いていること。
3. 繊細な感覚を持っていること。

馬場馬は**作業意欲が強くて、生まれつき前進気勢が旺盛**でなければならない。そして、馬が作業をする場合は熱心に、騎手と協力して動くようでなくてはならない。新馬ではそれらの特徴は、ほとんどの馬が持ち合わせていることが多く、特に神経質な馬では、その程度は過剰なほどまで熱心である。私は、何時も気を配っていなくてはならないような、生まれつき怠慢で鈍感な馬よりも、このような馬に乗るのを好むものである。前進気勢が旺盛な馬は、騎手の騎座に非常に軽く感じられ、繊細な扶助に応じてくれる。徹底的に強力に扶助を使わなくては個々の馬場馬術の運動ができず、しばしば知らず知らずのうちに悪くなってゆき、一向に見ばえがよくならない怠惰な馬よりも、このような馬の方が遥かに魅力のある馬になる。

作業意欲の強い馬で理想的な場合は、また**精神面でも落ち着いて**いるため、気が散ることなく集中することができる。このような性格を兼ね備えていることはもとより稀であり、そのようなことを最初から期待することは無理である。

新馬は何でも目新しいものに対して、好奇心を持つと同時に恐怖心を抱くものと考えなければ

ならない。たとえ新馬が日頃の馬場馬術の調教で、ある程度落ち着きがあるようになっていても、初めて競技会に参加し、異なった環境に置かれると緊張するものである。また新しい運動課目の調教を開始する時には多くの馬は不安になる。このことはどの馬にでもあると考えなければならない。そしてこれらの馬の不安は、落ち着いてしかも忍耐強く調教することにより、騎手に対する馬の信頼を増すことによって取り除かれ、馬は精神的に落ち着くようになるのである。

しかし、機会があれば何事によらず火のついたように興奮して、どうしようもないほどいらだち恐れ、まさに狂気のような獣と化す馬もいる。このような馬はたとえどれほど素晴らしい動きをするとしても、馬場馬術スポーツにおいては、全く使いものにならない。

生まれつき繊細な感覚 を持ち、軽い扶助で動くことは、馬場馬としては非常に有利な条件である。特にピアッフェやパッサージュのような難しい運動で、特殊な感覚を必要とするものでは、音声や鞭の扶助を使わずに、腰と脚だけで見ばえのするリズミカルな歩様を出さなくてはならない。ある程度までは繊細な感覚で馬に乗ることができるのは当然であるが、生まれつき感覚が繊細で軽微な扶助に応じて動く馬であれば、馬場馬術の調教が非常にたやすくできる。その反面、そのような馬を乗りこなすには、騎手は繊細な感覚を持ち、技術に熟達していなくてはならない。粗暴な扶助に対して馬はすぐに反抗するからである。

良い馬場馬に望まれるのは従順性と信頼のおけることである。特定の馬ではその両方の特性を持ち合わせていることもある。そのような場合、その馬は気立てが良くて自ら進んで信頼されようとする馬で、騎手にとっては非常に手のかからない馬である。

その他、非常に個性の強い馬がいる。そのような馬には、旺盛な前進気勢、おとなしいこと、落ち着きや繊細な感覚といった必要な特性を備え持っている反面、意志が強すぎるために、威力のない騎手の手におえない馬もいる。それにもかかわらず、そのような馬はしばしば最高の部類に入る馬であることが多い。それゆえ偉大な能力のある馬は常に一種独特の目立った意志を持っていると言うことができる。このような馬に、その持っている特別なエネルギーを正しい方向に向けさせることにより、光り輝くばかりの立派な馬場馬として完成させることができる。

牡馬、牝馬、騸馬での気質と性格とにおける差異を明確に、一律には言えない。それは馬によって異なるものである。しかし敢えて言うならば、牡馬はおとなしければ馬場馬には非常によく適している。それはよく覚えて、繊細な感覚があるからである。牝馬は馬場馬として全く問題はない。それに比べ、騸馬は非常に能力のある点が取り柄である。しかし、それは若い間のことで、年齢を加えると共に無気力になり、駄馬になりやすい。そのため新馬のうちに、たくましく鍛練しておく必要がある。

次にドイツトップクラスの馬場馬 35 例を示して、馬を選ぶ参考に供することにした。

有名な馬場馬術馬の紹介

　私の馬の友人であるクルト・カペルマン、ガビー・グリロ、マリア・ギュンター、ライナー・クリムケ、ヘルベルト・ククルック、ヴロニ・マイア・ヨハン、ヨーゼフ・ネッカーマン、ヘルベルト・レーバイン、ウーヴェ・ザウアー、ウーヴェ・シュルテン・バウマー、ウィリー・シュルトハイス、ゲオルグ・ワールといった人たちから戦後最高の部類に属している馬場馬の横顔を描写した書簡をこの本に寄せて頂いた。これらの横顔から、1頭の馬で総ての点にわたり優れている馬が、いかに少ないかということが理解できる。しかし、一般に言えることは、問題点のある馬はそれだけに、きわだった強烈な個性を持っていることである。

　これらの例の示すように、実際にトップクラスの馬になるには、問題点を克服し、よく調和がとれていなければならない。私たち馬場馬術選手は、その馬を長年調教してみなければ、果してトップクラスになるだけの天分に恵まれているかどうか分らない。

　そのよい例はグラナート号で、この馬はゲオルグ・ワールが途中で何回調教をやめようとしたか分らなかった。しかし、最後には抜群の優勝馬になったのである。

　馬場馬術の調教は、たとえ素晴らしく上手な人が調教しても、高等馬術の域に達するには坦々と一直線の道を登るものではない。いくら繰り返し調教をしても、容易に成果が見られなかったのが、ある日突然うまくできるようになり、それからというものはいとも簡単に調教が順調に進むことがある。

　また、少しも困難らしい困難に遭遇することなしに調教がよくできる馬で、ただ一つの運動課目に限って、どうしてもできないことがある。クルト・カペルマンのグラニッツ号がそれで、良いピアッフェが全くできなかった。私のイルージョン号は、どうしても容易に歩毎踏歩変換をしようとしなかった。

　それゆえに、騎手はその馬を調教する上で、気質と性格の特徴を取り違えることなく、慎重に把握しなければならない。ヨーゼフ・ネッカーマンが、彼の馬アスバッハ号の気質は、多少短かすぎる頸より高く評価しなくてはならないと言っているのは、まさにそのことを言い尽した言葉である。

　結局、時には偉大な馬場馬と言えども、肉体的に大きな欠陥があることがよくある。しかし、その馬の気質や調教により肉体的な欠陥はカバーされるのである。良い馬場馬も、新馬の時は全く資格検定試験の競技でも優勝せず、美しさの点でも目立ってもいないが、良い基本歩調を持っている。歩調の欠点は、高等馬術の運動課目の抜群に優れた演技でカバーしなくてはならない。その点、私の馬の友人たちは、馬場馬の一連の動きは、その外観よりも重要視しなくてはならないという私の主張を支持している。

アール号（Aar）：アーヘン大賞典障害飛越競技の優勝馬が馬場馬のスターに

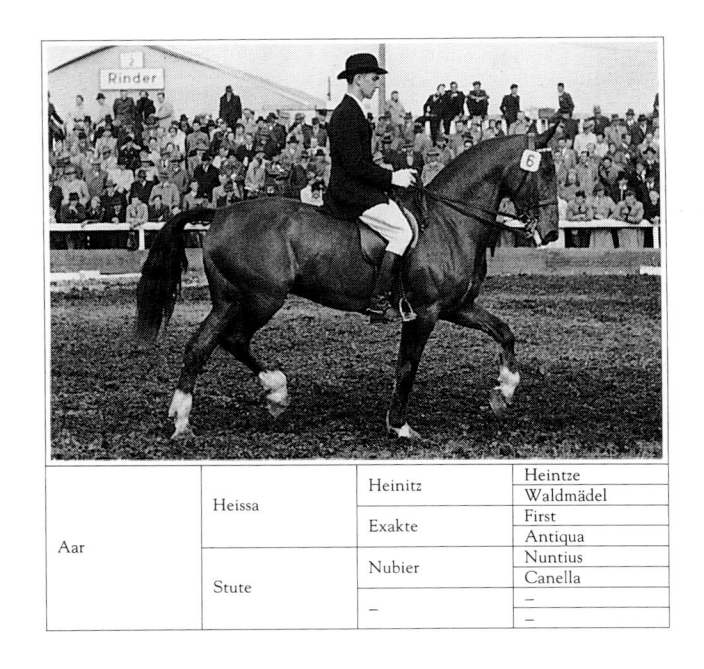

生　年：1945
生産地：ホルスタイン
生産者：ハインリヒ・ヘグナー，ダイヒハウゼン
所有者：ハインリッヒ・ブッシュ(1950)
　　　　名誉ドクター グスタフ・ラウ(1952)
主要成績：
　馬場馬術ダービー(1960) 優勝
　S クラス入賞 99 回

Aar	Heissa	Heinitz	Heintze
			Waldmädel
		Exakte	First
			Antiqua
	Stute	Nubier	Nuntius
			Canella
		–	–
			–

　この波乱に富んだ重量級ホルスタインの経歴は、どの馬術書にも出ている。この強靱な骨格の大型騸馬アール号は、全く古いホルスタインのタイプであった。オーベルランド厩舎長の名誉ドクター グスタフ・ラウが彼の妻ヘルタ夫人に新馬で買い与え、それを後にフリッツ・チーデマンが障害飛越の調教をした馬である。この騸馬は、非常によく飛越し、よく走った。それにもかかわらず勇気の全くない馬であった。多くの騎手が色々と試みたが、フリッツ・チーデマンがアーヘンの大賞典障害飛越競技で優勝するまでは全く振わなかった。

　1953 年の終りに障害飛越馬としての生活に終りを告げ、その女性所有者のいるワーレンドルフへ帰った。ラウ夫人は、この非凡な馬は馬場馬に適していることを見抜いていた。アール号はフリッツ・チーデマンによって障害飛越馬として、また馬場馬としても非常によく調教された。ただパッサージュをするのが困難であった。そこでカール・リーツの助けを借り、鞭を用いてパッサージュを調教した。後にはそのパッサージュは、ピアッフェよりも良くなった。

　1954 年と 1955 年に私は、国内外でアール号に乗り数多くの馬場馬術競技会で優勝した。その後アール号は私以外にも、アルバート・ブランドル、アイケ・フォン・ベルトハイム、グレーテ・ケムペルを乗せて輝かしい成果を挙げた。1960 年にはアール号で私にとって初めての馬場馬術ダービーでの優勝をした。

　アール号は 28 歳でヴュルフラートの国立乗馬学校で練習馬になった。重量級の大きな体にもかかわらず、模範的な駈歩と演技全般の軽快さで群を抜いていた。アール号はグラナート号と共に、死ぬまで魅力ある、しかも純血馬の賢さを持つ巨大な馬と言われた。

ドクター ライナー・クリムケ
(*Dr. Reiner Klimke*)

アデュラー号（Adular）：オリンピックに間に合わせるため速成調教をした馬

生　年：**1945**
生産地：ウェストファーレン
生産者：フォン・ナーゲル・ドルニック男爵, フォルンホルツ
所有者：フォン・ナーゲル・ドルニック男爵, アスタ牧場
主要成績：
　(15)ヘルシンキ・オリンピック大会(1952)　個人7位
　　　　　　　　　　　　　　　　　　　　団体3位
　(16)ストックホルム・オリンピック大会(1956)　個人3位
　　　　　　　　　　　　　　　　　　　　団体2位
Sクラス入賞　57回
グランプリ優勝　8回

Adular	Oxyd	Irrlehrer	Perfectionist xx
			Inständige
		Oxalis	Metellus xx
			Oberpfalz
	Altdeutsche von Hollern	Alsterpreis (Hann.)	Alter Kerl I
			Slablita
		Sabobilla	Schuhmann
			A. St. Nr. 790

　アデュラー号は1952年ヘルシンキ・オリンピックに、他に良い馬がいなかったので、言わば速成調教された馬である。この馬は非常に物覚えが良くて、レルケによって完全に調教された。3歳半で調教を始め、5歳でグランプリの総ての運動課目をマスターし、6歳でヘルシンキへ出場した。その時点では確かに経験こそ十分ではなかったが、確実にグランプリ馬と言える状態であった。

　アデュラー号は決して大きくはなかったが、どっしりとして、安定感のある馬であった。この馬は伸長歩度で高得点を獲得し、ピアッフェ、パッサージュも非常に良かった。また、リゼロット・リンゼンホフによって非常な成果を挙げたが、決して理想的な女性向きの馬ではなく、この馬に乗るには騎手が非常に有能でなければならなかった。

　ヘルシンキでアデュラー号は、困難で高度な演技が、それほど確実にできず7位にとどまり、私たちは1956年のストックホルム・オリンピックでの活躍に大きく期待した。ところがその時アデュラー号は肺炎になり、私たちは最後まで出場できるかどうか心配であった。オリッピック以後はアデュラー号はもはや競技には出場できなかった。

　その最後のオリンピックでは、アデュラー号は夜間の豪雨で滑りやすい芝生の上で演技をしなければならなかった。この馬のように極めて前進気勢の旺盛な馬では、このような馬場で乗ることは非常に困難である。事実アデュラー号は1、2回危うく滑りそうになった。従って演技全体の印象は良くなくて個人では銅メダルを得たに過ぎなかった。

ウィリー・シュルトハイス
（*Willi Schultheis*）

アフリカ号(Afrika)：レルケ馬術の結晶

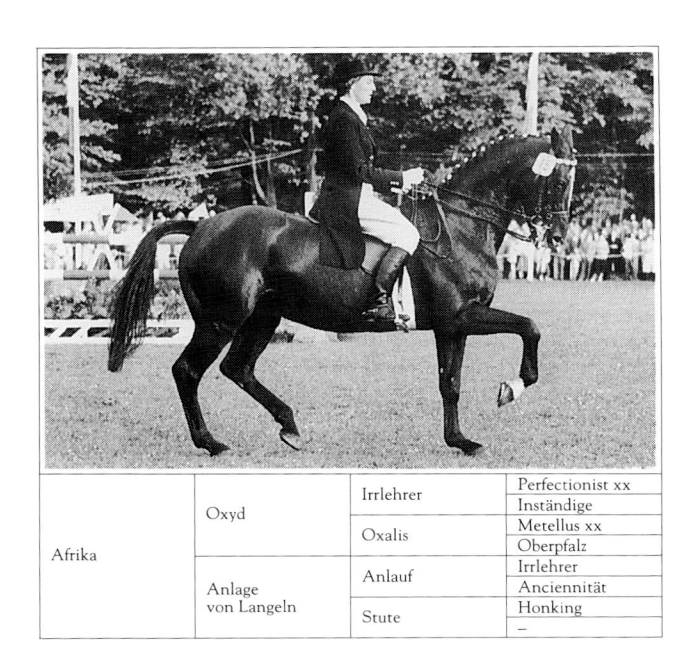

生　年：1945
生産地：ウェストファーレン
生産者：フォン・ナーゲル・ドルニック男爵，フォルンホルツ
所有者：フォン・ナーゲル・ドルニック男爵
　　　　アンネリーゼ・キュッパース
主要成績：
　(15)ヘルシンキ・オリンピック大会(1952) 個人 10 位
　　　　　　　　　　　　　　　　　　　　団体 3 位
　(16)ストックホルム・オリンピック大会(1956) 個人 14 位
　　　　　　　　　　　　　　　　　　　　　団体 2 位
Sクラス入賞　74 回
グランプリ優勝　2 回

Afrika	Oxyd	Irrlehrer	Perfectionist xx
			Inständige
		Oxalis	Metellus xx
			Oberpfalz
	Anlage von Langeln	Anlauf	Irrlehrer
			Anciennität
		Stute	Honking
			—

　アフリカ号は外見からは、決して馬場馬術に適した馬ではなかった。頚が引きしまらず、軽度の鹿頚であり、また腰部が弱く肋の部分が多少長かった。その上、轤高(前躯に対して後躯が高い)気味であった。その父親のオキシード号譲りの幅の広い斜めに走る流星のため、前から見ると何時も項を傾けているように見えた。それでもアフリカ号が馬場馬として立派に成長したのは、ひとえにレルケの優れた調教の賜物であると言わなければならない。

　アフリカ号の長所は大きな弾発力と、素晴らしい常歩であった。パッサージュは非常に華麗であったが、それに対しピアッフェは正しくできず、2、3歩行うだけで、それも信地で行うことは殆どできなかった。

　アフリカ号は非常に敏感な馬で、またそれだけ乗りにくい馬であった。とりわけピアッフェ、ピルーエット、収縮常歩では高度な馬術的感覚が必要であった。女性騎手のイダ・フォン・ナーゲル男爵夫人、後にはアンネリーゼ・キュッパースも、この牝馬に驚くほどよく乗った。

　アフリカ号は初めてのオリンピックに出場したのは明け7歳の時で、アデュラー号およびクロニスト号と同じように速成調教をしなくてはならない馬であった。この馬はヘルシンキへの海上輸送途中黄疸になり、それで競技会前には殆ど乗ることができず10位にとどまった。

ウィリー・シュルトハイス
(*Willi Schultheis*)

アーレリッヒ号(Ahlerich)：天才と狂気の両面を持つ馬

生　年：1971
生産地：ウェストファーレン
生産者：ヘルベルト・ド・バシィ，ハンミンケルン
所有者：ドクター ライナー・クリムケ(1975)
主要成績：
　　ドイツ選手権大会(1978)　優勝
　　　　　　　　(1979)　3位
　　　　　　　　(1980)　2位
　グッドウッド馬場馬術フェスティバル(1980)
　　　　　　　　　　　　　個人3位
　　　　　　　　　　　　　団体優勝
Sクラス入賞　59回
　　優勝　34回

Ahlerich II	Angelo xx	Oliveri xx	Macherio xx
			Flor d'Orchidea xx
		Antibes xx	Neckar xx
			Alwara xx
	Dodona	Donar	Dolman
			Fabita
		Mieze	Meldeschein
			Sonja

　ウェストファーレンのアンゲロ号の子であるこの牡馬は、その強烈な個性を常に遺憾なく発揮した。体高は186㎝と大きかったが細かった。この馬は天才と狂気の両方の特徴を持っていた。私が乗った馬の中で、騎手に対してこの馬ほど敏感な馬は知らない。アーレリッヒ号は、非常に束縛されることが嫌いで自由気ままな馬である。納得させなければ力ずくで服従させることは絶対にできない。毎日このことを意識しながら私は乗っている。

　アーレリッヒ号は天衣無縫な馬で、将来はその熱心すぎる性格にブレーキがかかり、おとなしい馬に成長するかどうかにかかっている。アーレリッヒ号のような馬は確かに乗るのが楽しみである。

　アーレリッヒ号は1975年ウェストファーレンの競売でトップの馬であった。私はそれ以前に十分吟味して、完全に気に入っていた。競売ではぐるぐると旋回し、速歩を少しした。それで私たちは、最初殆ど何もさせないで、おとなしくなるまで待つことにした。そうしてひと夏、この馬にテント生活をさせ、何か新しいことを覚えると走らせるようにした。

　1976年のブロモント(カナダ・モントリオール)でのオリンピックが終って初めて慎重に調教を開始した。そして常に、アーレリッヒ号が新しい運動課目を理解すると直ちに調教を中止して、馬にそれを忘れさせるようにした。馬に過剰な要求をしないこうしたやり方が、極めて早く覚えさせる秘訣である。

　1977年、アーレリッヒ号は競技に出場できるまでに成長し、ウェストファーレン選手権以下、Mクラスで3回、Sクラスで7回優勝。1978年にはアーヘンで7歳馬として5回目のグランプリ優勝をしている。私たちはこの馬に1980年のモスクワ・オリンピックでの活躍に大きな期待を寄せている。

ドクター ライナー・クリムケ
(Dr. Reiner Klimke)

アントワネット号(Antoinette)：東京の豪雨でその真価を発揮

生　年：1955
生産地：ホルスタイン
生産者：カール・ハーダー，ジートベンデ
所有者：H.ギュンター(1960)
　　　　リーゼロッテ・デュッチング(1961)
　　　　アンネマリー・ネッカーマン(1964)
　　　　エヴァ-マリア・プラハト(1969)
主要成績：
　(18)東京オリンピック大会(1964)　個人5位
　　　　　　　　　　　　　　　　　団体優勝
　　世界選手権大会(1966)　個人5位
　　　　　　　　　　　　　団体優勝
　ヨーロッパ選手権大会(1965)　個人5位
　　　　　　　　　　　　　　　団体優勝
　　　　　　　　　　　(1967)　個人9位
　　　　　　　　　　　　　　　団体優勝
　ドイツ選手権大会(1966)　個人3位
　　　　　　　　　(1969)　個人2位
　Sクラス入賞　113回
　グランプリ優勝　13回

Antoinette	Anblick xx	Ferro xx	Landgraf xx
			Frauenlob xx
		Antonia xx	Herold xx
			Adresse xx
	Korinna	Heiner	Heintze
			Achtung
		Nelsa	Hallo
			Irma

　私たちの厩舎のプリマドンナ、アントワネット号について書くには、私と彼女がパリで初めてグランプリに出場した時のことから書かなくてはならない。それは私の競技生活の中でも、最も悲劇的な場面であった。アントワネット号は馬場に入場して敬礼した後、容易に審査員席の方へ進もうとしなかったのである。3、4歩中央線を進んだかと思うとくるりと旋回し、X点に向かって3回乗り進むことになり、そこで敬礼してようやく演技に入るはめになった。

　パリでのこの騎乗ぶりを想像してもらえると、東京での私の状況が恐らく理解できると思う。当時この牝馬は素晴らしく魅力的なフォームで、私たちはこの馬を秘蔵子として東京へ連れて行った。しかし私の演技をする15分間は全く想像を絶する悪天候の真っ只中であった。その時は何も識別できないほどの暗さで、水銀灯は点灯されたが、審査員からは馬場の隅々まで見える筈はなかった。その時撮られた私の写真を見ると、ただ白いカラーの袖口と額革と鞍下ゼッケンが写っているだけである。監督から演技するのを遅らせるように申し入れたが、聞き入れられなかった。スタート直前に1人の役員から、地震の最中に乗るつもりで乗るようにと助言されたに過ぎなかった。

　いよいよ私はアントワネット号を入場させた。観客席は豪雨を避けようとして大混乱に陥り騒然としていた。また悪いことにアントワネット号と私の目の前に陣取っている放送局の撮影器材の上に大きなプラスチック板が置かれたのである。アントワネット号の敏感なことは百も承知の上である。馬は恐怖に震えている。演技に入る瞬間私は「もはやこれまで！またパリの二の舞だ」と観念した。しかしアントワネット号は1回も失敗しなかった。もちろん強く緊張し、日頃の能力を出しきれなかった。しかしそのようなことは、それほど重要なことではない。私たちが馬場から出ると友人の「いよいよ団体戦の出番だよ」と言う声が耳に入った。

　　　　　　　　　名誉ドクター　ヨーゼフ・ネッカーマン
　　　　　　　　　（*Dr.h.c. Josef Neckermann*）

アルカジゥス号（Arcadius）：馬術的にあらゆる努力をしたが、徹底して臆病な馬

生　年：1955
生産地：ホルスタイン
生産者：H.ニールス，プレンスフェルデ
所有者：エドワルド・ファルケンベルク(1958)
　　　　Chr.ストックス(1958)
　　　　Chr.ワグナーとドクター ライナー・クリムケ
　　　　　(1965)
主要成績：
　　世界選手権大会(1966) 個人 10 位
　　ヨーロッパ選手権大会(1962) 個人優勝
　　　　　　　　　　　(1965) 個人 3 位
　　　　　　　　　　　　　　 団体優勝
　　馬場馬術ダービー (1962) 4 位
　　　　　　　　　　(1966) 3 位
S クラス入賞 99 回
グランプリ優勝 2 回

Arcadius	Wanderfalk xx	Alchimist xx	Herold xx
			Aversion xx
		Wildrose xx	Prunus xx
			Wünschelruthe xx
	Agneta	Ortstein	Ortler
			Calla
		Therese	Peter
			Replik

　アルカジゥス号はサラブレッドのワンデルファルク号の血統である。ワンデルファルク号は 16 歳の時にホルスタインで交配を行ってホルスタインに著しい影響を与えた。やはりワンデルファルク号の娘であるヴロニ・マイア・ヨハン所有のワルドフィー号との 2 頭は観衆の血をたぎらせていた。ワルドフィー号は誠実な馬として知られたが、アルカジゥス号はよくいたずらをしていた。馬場の周囲に地点標識が立ち並び、いよいよ競技開始となると、疲労するぐらいまで乗り込んでおかなければよい成績を挙げることはできなかった。

　アルカジゥス号は私の知る限りでは、騎手にはどうすることもできないほど徹底して臆病な馬の一例である。この優雅な黒鹿毛の騸馬は、体高は 178 cm で、とても小さく生き生きとした眼をして、非常に素晴らしい能力を持った馬であり、その軽快な動きは実に魅惑的であった。アルカジゥス号は常に 2、3 回失敗をするとよく演技ができるのであった。この馬の全盛期は 1962 年で、この年のヨーロッパ選手権では 2 年後の 1964 年東京オリンピックに優勝を遂げたスイスのアンリ・シャンマルタンとヴェルマン号のコンビと接戦の末、完全に優勝した時である。

　デュック号と同じ厩舎仲間であるアルカジゥス号は、信頼できる馬であるためデュック号の予備馬に選ばれることが多かった。1964 年の東京・オリンピックでは補欠馬であった。1965 年コペンハーゲンのヨーロッパ選手権では、団体戦に貢献して優勝をもたらし、個人でも 3 位になった。1968 年アメリカに買われて行き、そこでの競技で良い成績を挙げていた。アルカジゥス号は優雅なドイツ乗馬タイプの馬で、高度な知能と軽快な動きが特徴である。美しくて調和がとれている点で、光り輝く馬場馬である。

ドクター ライナー・クリムケ
（*Dr. Reiner Klimke*）

アルマニャク号(Armagnac)：15歳でグランプリ初優勝

生　年：1957
生産地：ハノーバー
生産者：ハインリッヒ・ヴィルケンス,ブルデン
　　　　クライス・ヴォルデン-アルター
所有者：イルゼ・マトハイス(1961)
　　　　馬場馬術振興協会(1969)
　　　　クリスチロ・ハンセン(1969)
　　　　M.ブロンフマン(1970)
　　　　ウィリー・シュルトハイス(1973)
　　　　クリスチロ・ハンセン(1974)
主要成績：
　(20)ミュンヘン・オリンピック大会(1972) 個人7位
　馬場馬術ダービー(1969) 優勝
　　　　　　　　　　　　2位1回
　　　　　　　　　　　　3位1回
　パン・アメリカン競技大会(1971) 個人優勝
　　　　　　　　　　　　団体優勝
Sクラス入賞 77回
グランプリ優勝　3回
　　　　2位　5回

Armagnac III	Aumund	Amos	Amurath I
			Feile
		Alhild	Alamund
			Hamoza
	Abendfest	Aberglaube xx	Dark Ronald xx
			Aversion xx
		S 5154	Fliegerstern
			Tijuca xx

　アルマニャク号は12歳の時に、私がカナダの女生徒クリスチロ・ハンセンに買った馬である。この馬を私の同業者ワルター・ケルネルがSクラスまで調教して、2、3回Sクラスで勝ってはいるが、特別きわだって良いということはなかった。

　アルマニャク号は血統の上で非常に興味のある馬で、父系ではアムラートⅠ号系の最高のハノーバーの血を、母系からは、最高のグラディツアー号のサラブレッドの血を引いている。

　アルマニャク号の伸長速歩は当時最高で、採点が9点に満たないことは稀で、ほとんど9点以上であった。総ての二蹄跡運動とピルーエットは正確そのもので、歩毎踏歩変換も9点で、パッサージュはめりはりがきき、不思議なほど均斉がとれていた。ピアッフェは多少良くなくて、信地で行うのが困難であった。

　アルマニャク号は非常に柔軟で不思議なほど強く起揚をして、拳に軽く乗りやすい馬であり、この馬の自由演技は実に華麗であった。そしてとりわけ素晴らしい速歩は、常に観衆の称賛を浴びていた。また、常にいつでも演技に応じることのできる馬で、早朝6時にでも競技に出場できるし、夜中の12時にでも自由演技や供覧馬術ができた。アルマニャク号はクリスチロ・ハンセンと共に世界のトップにまで大成したのである。1971年にこの人馬は、パン・アメリカン競技で優勝、1972年ミュンヘン・オリンピックでは、グランプリスペシャルで7位、グランプリで6位になった。

　それ以来私はこの馬で15回、グランプリで2、3位になった。この馬が初めてグランプリで優勝したのは実に15歳の時で、しかも当時連続優勝をしていたブビー・ギュンターとマクベス号のコンビを破っての優勝である。1973年にはベルリンでメキシコシティ・オリンピックの優勝者キジモフとイホール号を下してグランプリで優勝、ドルトムントでもグランプリで優勝している。

ウィリー・シュルトハイス
(*Willi Schultheis*)

アスバッハ号(Asbach)：絶対信頼できる馬

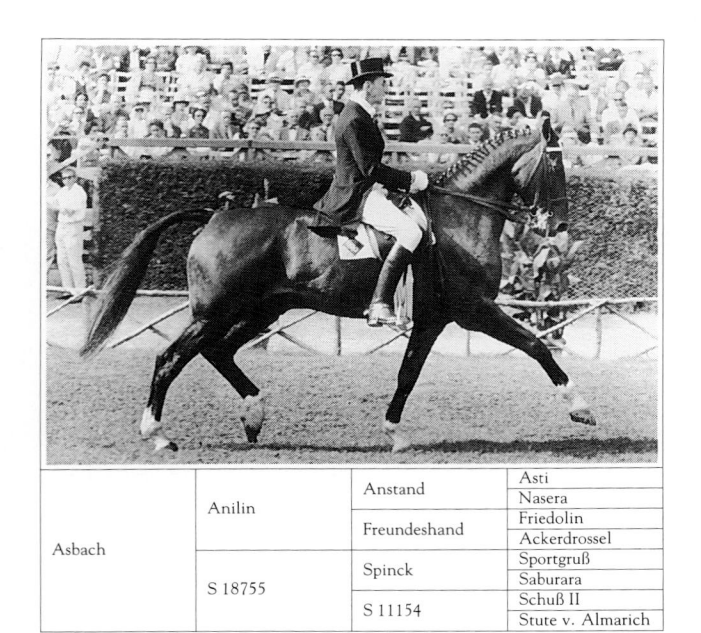

生　年：1948
生産地：ハノーバー
生産者：B.ドレージング，アルフハウゼン
　　　　Krs.ベルゼンブリュック
所有者：ピーター・ブッシュ(1955)
　　　　アンネマリー・ネッカーマン(1958)
主要成績：
　(17)ローマ・オリンピック大会(1960) 個人３位
　ドイツ選手権大会(1960)　２位
　　　　　　　　(1961)　２位
　　　　　　　　(1962)　３位
　馬場馬術ダービー(1958)　４位
　　　　　　　　(1959)　３位
　　　　　　　　(1961)　優勝
　Sクラス入賞　133回
　グランプリ優勝　5回
　　　　　２位　8回

Asbach	Anilin	Anstand	Asti
			Nasera
		Freundeshand	Friedolin
			Ackerdrossel
	S 18755	Spinck	Sportgruß
			Saburara
		S 11154	Schuß II
			Stute v. Almarich

　私たちがアスバッハ号を購入した丁度その夜、フェルデルの競売の祝賀会の席で、その日アスバッハ号を購入したことを話しかけたが、誰もそのことについては口を閉ざして、応じてくれる人はなく、誰一人新しく入手した馬を祝福してくれる人もなかった。

　この馬に対して色々と沢山の批判の声を聞いたが、私には信ずるところがあった。その批判は特に頚が少し短か過ぎることと、馬場馬に必要な気品に欠けることに寄せられた。ローマ・オリンピックの半年前でも、まだ専門紙にはローマでは出場できそうにない馬すなわちアスバッハ号と報ぜられていた。

　しかし、アスバッハ号には批評家たちが見逃している長所があった。その長所とは、実際にこの馬の後肢にはエンジンが取り付けられているのではないかと錯覚するほどの素晴らしい基本歩調を持っていることと、何事にもびくともせず、物おじしない点であった。

　その後この馬は馬場馬術の調教により、全体のめりはりに一段と磨きがかかって華麗になり、頚の短い欠点もマイナスに評価されなくなった。また、最初困難であった踏歩変換も非常に良い特徴となり、それからは総て定規で描いたように正確になった。同様に伸長速歩、ピアッフェ、パッサージュも非常な高得点の対象になった。また、常にあらゆる演技を確実に行う点で断然群を抜いていた。

　そしてアスバッハ号が絶対信頼できる馬であることが実証される日がついに来た。それはローマ・オリンピックのことである。その日のグランプリ競技は、豪雨の中で演じなければならなかった。私が丁度演技を繰り広げている時、その馬場の中へ新聞紙が風に吹かれて舞い込んできた。そしてこともあろうに今まさに伸長速歩で通過しようとしていた馬場の対角線上でパタパタとはためいている。アスバッハ号の歩みに一瞬力が加わったが、特別いらだちはしなかった。一瞬驚いたことは不運であったが、その後は目を見張るようなピアッフェを続けた。この馬のような気質はいずれの場合でも、多少短か過ぎる頚よりも価値がある。

名誉ドクター　ヨーゼフ・ネッカーマン
(Dr.h.c. Josef Neckermann)

ブリラント号（Brillant xx）：ドイツダービーで優秀な成績を挙げ、馬場馬術ダービーでも優勝した特異なサラブレッド

生　年：1949
生産者：フェルディ・ライステン，シャルロッテンホフ牧場
所有者：フェルディ・ライステン
　　　　H.H.アールセン
主要成績：
　ドイツ選手権大会(1960)　優勝
　　　　　　　　(1961)　優勝
　馬場馬術ダービー(1958)　優勝
　　　　　　　　(1960)　3位
　Sクラス入賞　104回

Brillant xx	Organdy xx	Arjamam xx	Herold xx
			Aditja xx
		Osterfreude xx	Pazman xx
			Sachertorte xx
	Bereitschaft xx	Athanasius xx	Ferro xx
			Athanasie xx
		Binse xx	Prunus xx
			Bunch Gras xx

　ブリラント号は競走馬として輝かしい経歴を挙げていたが、この馬を馬場馬にするために1954年にアールセンが購入した。5歳で購入した時には、すでにドイツダービーで3着に入り、「ルール銀賞」も3度獲得していた。

　ブリラント号は牡馬ではあったが、その気質の上では何ら問題なかった。確かに、サラブレッドの牡馬としての、ある程度の悪さと図々しさはあったが、騎手にとっては扱いやすい馬であった。この馬は競技会の雰囲気に興奮してはしゃぎ、観衆が多いほど強く起揚した。

　1960年のローマ・オリンピックでは、スプリンガー夫人がダブレッテ号に乗ることが多かったのでブリラント号はこの馬に劣ってはいなかったが、予備馬となった。このブリラント号を調教したヨーゼフ・ネッカーマンが初めてこの馬に乗った時、20分後には素晴らしくよく動いた。そして、この牡馬はまるで彼の分身のように動いた。

　この牡馬は自由演技で完全にその全能力を発揮した。私もまた、この馬が自由演技で最高の動きをするので、常にこの馬で自由演技に出場した。その場合、私は決してあらかじめ教えておいた演技をせずに、馬のするままに任せるようなやり方で演技をさせた。そして、ブリラント号は、そうすることで一段とよく演技した。ロンドンでこの馬が、自由演技をして万雷の拍手のうちに終了した時、英国人のうち誰一人として、ブリラント号がかつて競走馬であったと信じる人はいなかったと思う。

ウィリー・シュルトハイス
(*Willi Schultheis*)

ブロカート号(Brokat)：絶対的な優勝馬ではないが、生徒を教える理想的な名馬

生　年：1946
生産地：ホルスタイン
生産者：ハンス・エーラース，コルモール
所有者：P.メールマン
　　　　クヴェンホルン牧場
　　　　ギュンター・ユホー
主要成績：
　　馬場馬術ダービー(1955)　3位
　　　　　　　　(1956)　3位
　S クラス入賞　95 回

Brokat	Lux	Lucian	Elegant
			Nelsa
		Rhea	Dagobert
			Isolde
	Rutsche	Friedberg	Honduras
			Reform
		Hertha	Erbonkel
			Bonne

　ブロカート号は巨大な馬ではあるが、優雅とは言えないホルスタインの騙馬であった。この馬の膝の動きは古いホルスタインの典型で、後に前肢の屈曲が良くなり、パッサージュが非常に素晴らしく、この馬の良い特徴となった。

　この馬はレルケの馬に何回か勝ってはいたが、絶対に優勝するといったタイプではなかった。ブロカート号の不得手なのはピアッフェと常歩で、特に伸長常歩は最後までよくできなかった。しかし、非常に良い点があった。それは絶対に信用のおけることであった。またいつも機嫌がよくて、乗りやすく、決して自分から暴れ出すことはなく、一度覚えたことは決して忘れなかった。

　私の父がこの馬を4歳で連れて来て、グランプリまで調教し、後に私の練習馬になった。私はこの馬でAクラスからSクラスまで練習し、この馬で初めてSクラスで優勝した。1956年ストックホルム・オリンピックの資格試験をこの馬で受けたが不合格となった。それはライナー・クリムケも同様で、両名ともオリンピックの経験がなかったことによる。とかく馬場馬術では忍耐が必要である。

　ハーフパス、踏歩変換、ピルーエット、ピアッフェ、パッサージュの感覚は他の選手もブロカート号に乗って覚えた。まず、アンゲリカ・ユホー、ウド・ネッシュ、カール・ハインツ・ストレングの面々である。この馬は馬場馬術を習う生徒には決して悪いことをせずに、徐々に正しい方向へ導くのであった。

　　　　　　　　　　　　　　　　　　　　　　　　　　　　ハリー・ボルト
　　　　　　　　　　　　　　　　　　　　　　　　　　　　(*Harry Boldt*)

クロニスト号(Chronist xx)：優秀な自由演技馬

生　年：1942
生産者：フォン・ナーゲル-ドルニック男爵，フォルンホルツ
所有者：フォン・ナーゲル-ドルニック男爵
　　　　ハンネローレ・ウェイガント
主要成績：
　(15)ヘルシンキ・オリンピック大会(1952)　個人 12 位
　　　　　　　　　　　　　　　　　　　　団体 3 位
　馬場馬術ダービー (1956)　3 位
　S クラス優勝　31 回
　　　入賞　99 回
　グランプリ優勝　3 回

Chronist xx	Marcellus xx	Pergolese xx	Festino xx
			Perfect Love xx
		Moire xx	Saint Saulge xx
			Moutre xx
	Chronik xx	Ferro xx	Landgraf xx
			Frauenlob xx
		Citadelle xx	Herold xx
			Circe xx

　クロニスト号は軽量で小さなサラブレッドの牡馬で、その大きな頚の付着部は人が乗ると、とても見ばえがした。新馬の時は背の緊張が非常に弱くて、後肢と背の連繋も弱いため後肢が十分踏み込まなかった。

　この馬の最大の弱点は常歩で、今日の審査基準ではせいぜい 4 点から 5 点止まりであった。常歩で少し推進するとたちまちつまずいた。速歩は非常に見ばえがしたが、伸長速歩はあまり大股にはできなかった。しかし、それ以外の課目は総て現実のものと思えないほど正確無比であった。ピアッフェ、パッサージュ、踏歩変換は驚異に値し、ピルーエットに至っては 20 回するように命じられると 20 回できた。

　クロニスト号は常歩の少ない種目はいつも上位であった。この馬は自由演技と供覧馬術をするために生まれてきたような馬であった。

　クロニスト号の馬場馬としての生活の最後は悲惨であった。1956 年ストックホルム・オリンピックの訓練中、パッサージュで回転の際に蹄に大きな石がはさまって球節を捻挫し、不幸にも球節にひびが入った。それで手のほどこしようがなくて、苦労してハノーバー獣医学校へ連れて行き、レントゲンを撮った上で、固定手術をしてもらった。

　後にクロニスト号は種馬になり、良い子馬をもうけている。

ウィリー・シュルトハイス
(*Willi Schultheis*)

ダブレッテ号(Doublette)：ただのハノーバー系の馬に過ぎないが、気質、前進気勢、
理解力、作業意欲においてはサラブレッドに同じ

生　年：1949
生産地：ハノーバー
生産者：ハインリッヒ・ヴィット，エシュ
　　　　クライス・シュターデ
所有者：H.H.アールセン(1953)
主要成績：
　(17)ローマ・オリンピック大会(1960)　個人7位
　ドイツ選手権大会(1959)　優勝
　　　　　　　　　(1960)　優勝
　　　　　　　　　(1961)　優勝
　馬場馬術ダービー(1957)　優勝
　　　　　　　　　　　　　2位　3回
Sクラス優勝　119回
グランプリ優勝　9回

Doublette	Duellant	Dolman	Detektiv
			Aussicht
		Forstweihe	Foliant
			Schnepfenjagd
	Allerschütt	Allerhand	Althof
			Soubrette
		Schützenfeier	Schuß
			Jempiza

　ダブレッテ号は1953年に4歳で調教を開始した。6歳でSクラスにおいてすでに5勝を記録している。1963年までに165勝したうち119回がSクラス優勝で、他に118回入賞し、その間6頭の子馬を何の支障もなく生んでいる。その子馬のなかで最も有名なのは、第1子のダールウィッツ号で、この馬は私の故郷から名を取って命名し、私がグランプリまで調教し、現在エディス・マスターズの持ち馬で、ハインツ・ランメルスによって調教された。

　ダブレッテ号は生まれつき前進の好きな馬である。ただのハノーバー系の馬に過ぎないが、前進気勢、理解力、作業意欲においてはサラブレッドと変るところがない。初めの1年はその気質のためにある程度困らされた。この牝馬は非常に群性が強く、そのため練習馬場から競技場へ連れ出すことがとても困難を極め、その結果何回も優勝のチャンスを逃した。

　その他この牝馬は、多くの闘争心の強い馬のように、障害を素晴らしくよく飛越した。たまたまフェヒタのSクラス障害飛越競技の時、私が障害飛越練習場で馬場馬術の調教をしていると、ハンス・ハインリッヒ・イゼンバルトが冗談に、この次の障害飛越競技にスタートしてはと言った。私がその通りにすると、この馬はパルクールを4失点で全部飛んでしまった。その過失も最後のトリプルでの過失である。その証人は、ハンス・ヨアヒム・ケーラー、フェルデンである。その地点から私は100m乗り進んでSクラス馬場馬術競技に出場し、0.3点の差でグラナート号に乗ったブビー・ギュンターに勝った。

　これまでダブレッテ号ほど馬場馬術競技で数多くの優勝をした馬は他にいない。しかしこの馬はオリンピックでは全くメダルを取っていない。1960年ローマ・オリンピックでのローゼマリー・スプリンガーは、この馬がスタートでいらだって7位であった。ライナー・クリムケはこの馬で1955／56年オリンピック準備競技で最高点を獲得した。しかし、人と馬との経験不足のためオリンピックには出場できなかった。

ウィリー・シュルトハイス
(*Willi Schultheis*)

デュエロ号(Duero)：大きく前進する馬

生　年：1970
生産地：ｳｪｽﾄﾌｧｰﾚﾝ
生産者：ﾖｰｾﾞﾌ・ﾌｨｰｹ,　ｸﾞﾚｰﾍﾞﾝ
所有者：ﾖｰｾﾞﾌ・ｼｭﾙﾂｪ-ｼｭｯﾄﾎﾌ(1973)
　　　　ﾊｲﾅｰ・ﾘｭﾄｹ-ﾍﾞｸｽﾃﾝ(1974)
　　　　ｱﾝﾈﾏﾘｰ・ﾈｯｶｰﾏﾝ(1974)
主要成績：
　ﾄﾞｲﾂ選手権大会(1980)　4位
　Ｓクラス入賞　65回
　　　優勝　40回

Duero III	Ducker	Duellant	Dolman
			Forstweihe
		Försterration	Förster
			Alteration
	Amsella	Allasch	Allerhand
			Freya
		Otti	–
			–

　デュエロ号は1974年フランクフルトにおけるＤＬＧの催しで手に入れた。その催しに乗馬の適性競技に出場していたウェストファーレンの優勝歴が多いチームに加わってきていたのである。

　デュエロ号は、常歩はとても良く、わざとらしさのない速歩、弾発力に満ちあふれた駈歩と、基本歩調の素晴らしい馬である。

　ともかくこの馬にはまず駈歩で後肢で荷重を搬送することを調教しなければならなかった。それは、このように巨大な馬は他の馬に比べ、より大きな荷重に耐えなければならないからである。またこの馬の前進意欲の強烈なことは格別であったが、そのことはこのような馬の調教では不利益である。この馬の祖父にあたるデュエラント号が一筋縄でいかない馬であったので、その気質にはある程度警戒してかかった。しかし、調教上これといった困難なこともなく、初級Ｓクラスでの一連の優勝は、すでにこの馬がただ者でないことを示している。

　デュエロ号のような馬は十分時間をかけて育て上げなければならない。この馬は最初のある時期、踏歩変換を間違えたことがあった。しかし2、3ヵ月も落ち着いて調教をしていると、それも完全に矯正することができ、その間にピアッフェ、パッサージュも一段と改善された。しかしながら私は、それらの運動が一層確実にできて初めてグランプリに出場させるつもりでいる。

　デュエロ号で現在ただ一つ心配なことは、とても可愛い馬であるが非常な大食漢であることで、飼葉槽を見ると騒ぎ出して馬房の中をうろうろする。それで怪我をしないように馬房の周囲に敷物を張り付け、太り過ぎないように床に泥炭を敷きつめている。

名誉ドクター　ヨーゼフ・ネッカーマン
(***Dr.h.c. Josef Neckermann***)

デュック号(Dux)：今日では馬場馬としてトップクラスの馬、しかし当時では
他の馬に比べてそれほど優雅な馬とは見られなかった

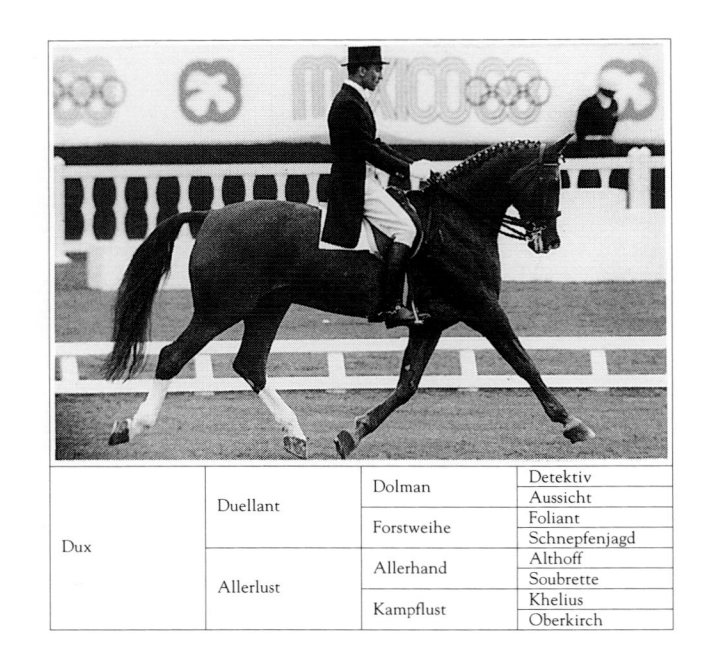

生　年：1952
生産地：ハノーバー
生産者：ゾフィー・グロトマン, ホラーダイヒ
　　　　クライス・シュターデ
所有者：ドクター　クルスマン(1958)
　　　　ドクター　ライナー・クリムケ(1959)
主要成績：
　(18)東京オリンピック大会(1964)　個人6位
　　　　　　　　　　　　　　　　　団体優勝
　(19)メキシコシティ・オリンピック大会(1968)
　　　　　　　　　　　　　　　　　個人3位
　　　　　　　　　　　　　　　　　団体優勝
　世界選手権大会(1966)　個人3位
　　　　　　　　　　　　団体優勝
　ヨーロッパ選手権大会(1967)　個人優勝
　　　　　　　　　　　　　　　団体優勝
　ドイツ選手権大会(1963)　優勝
　　　　　　　　　(1966)　2位
　　　　　　　　　(1967)　優勝
　馬場馬術ダービー(1963)　優勝
　　　　　　　　　(1965)　2位
　　　　　　　　　(1966)　優勝
　Sクラス入賞　142回
　グランプリ優勝　18回

Dux	Duellant	Dolman	Detektiv
			Aussicht
		Forstweihe	Foliant
			Schnepfenjagd
	Allerlust	Allerhand	Althoff
			Soubrette
		Kampflust	Khelius
			Oberkirch

　デュック号は流星がある栗毛の大型の馬であった。サラブレッドではなくて、単なるハノーバーに過ぎなかった。この馬の体高は184cmあり、1960年から1969年にかけて合計94回競技に出場し、そのうち18回がグランプリである。

　最初の間はこの騙馬の前進好きな気質のために非常に困った。それに加えて頚を強くつめる癖があった。また特に困ったのは、踏歩変換である。この馬は激しい気質で、駈歩をさせようとすると常に後方へ跳ねようとし、駈歩をさせることができなかった。その後、丸1年を費やしてようやく歩毎踏歩変換が失敗せずに完全にできるようになった。推進をしてリラックスが完全に保たれている時には、大きな競技会でも優勝することができた。

　デュック号は個性のある馬で、同じ厩舎のアルカデュス号を見ると、無遠慮に大きくいなないて、よく見物人の笑いを誘った。この馬の基本歩調は実に模範的であった。この馬は演技の正確な点では、その最高の年には絶対に他の追従を許さなかった。1968年にはメキシコシティ・オリンピックを含めて、出場した総てのグランプリで入賞した。このオリンピックでは3位であったが、疑問の残る3位であった。

　デュック号の演技は最初から最後まで、全く欠点を見い出すことはできなかった。ただそのボリュームある大きな図体は、当時の競争相手に比べ、それほど優雅には思えなかった。当時はこの馬のようなタイプはあまり好まれなかった。しかしもし今日この馬がいたとすれば、グラナート号やヴォイチェク号のような巨大な馬であったので、必ず馬場馬術界のトップクラスのうちの1頭に数えられたに違いない。

ドクター　ライナー・クリムケ
(***Dr. Reiner Klimke***)

ファナル号(Fanal)：今日生存していても絶対馬場馬術馬のトップ

生　年：1934
生産地：トラケーネン
生産者：プロシャ主要種馬所トラケーネン
所有者：オットー・レルケ
　　　　アスタ種馬所
主要成績：
　　Ｍクラスおよび Ｓクラス優勝 58 回

Fanal	Hausfreund	Astor	Wolkenflug
			Astoria
		Hausfreundin	Musterknabe
			Hürde
	Fanfare	Wolkenflug	Rhamses xx
			Windprinzess
		Fanny	Viadukt
			Facultas

　ファナル号はオットー・レルケが、トラケーネンの競売で 17,000 ドイツマルクという当時としては非常に高い価格で購入した馬である。この馬は新馬の時、大きな頭と巨大な頸ばかりが目立ち、資格検定・適性試験でようやく 4 位にランクされていた。一方フェリックス・ビュルクナーのヘルダー号は当時すでに、チャンピオンの座にある馬であった。

　ファナル号はクランプニッツでグランプリまで調教され、ヘルダー号と共に高等馬術のカドリールの先導馬で、戦後ドイツにおける指導的な役割を果した。そして今日生存していても必ず馬場馬のトップに位置する馬である。私はこの馬ほど立派なピアッフェとパッサージュをすることができる馬に巡り合ったことがない。ファナル号はパッサージュの発進をすると即座に手綱を譲り、全く扶助を使わなくても、騎手の希望する回数だけパッサージュをさせることができた。これまで私が調教した馬では何らかの扶助を必要としたが、ファナル号はそうではなかった。

　アーヘンでファナル号はＳクラスにおいて、ラウ、ヴェッチェン、プルトの 3 名の審査員から 10 点と採点されたことがある。これ以上の良い点数は取りようがない。しかし、2、3 の審査員には繋駕競走馬のような独特の速歩であるとの理由で減点された。今日ではそのような速歩は高く評価されるのであるが。

　レルケが乗って負けたことのないファナル号は、22 歳で競技界から身を引いた。イダ・フォン・ナーゲル男爵夫人、リゼロット・リンゼンホフ、アンネリーゼ・キュッパースのような有名な女性騎手が、ファナル号から高等馬術の真の感覚を教えてもらった。この馬は馬場馬術を習う生徒にとって最良の先生で、かつてはレルケの自馬であり、一度でもこの馬に乗った人は必ず何かをこの馬から得ている。

　ファナル号は 24 歳でオットー・レルケの後を追って天国へと旅立った。馬場馬術の歴史にその名を永久に残して。

ウィリー・シュルトハイス
(*Willi Schultheis*)

フォイダル号（Feudal）：覚えるのは遅いが非常に確実な馬

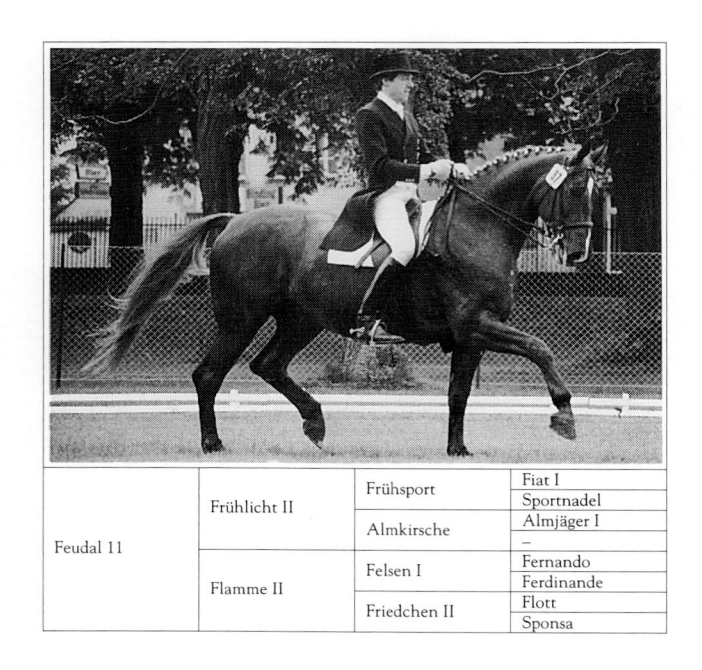

生　年：1968
生産地：ウェストファーレン
生産者：テオドール・シュベックホルスト，ハルデルン-ヘルダーロー
所有者：ドクター　ウーヴェ・シュテルン-バウマー
主要成績：
　ドイツ選手権大会(1978)　3位
　馬場馬術ダービー(1979)　優勝
　Sクラス入賞　103回
　グランプリ優勝　8回
　(1979.12.31 現在)

Feudal 11	Frühlicht II	Frühsport	Fiat I
			Sportnadel
		Almkirsche	Almjäger I
			–
	Flamme II	Felsen I	Fernando
			Ferdinande
		Friedchen II	Flott
			Sponsa

　フォイダル号は、1972年にウェストファーレンの競売で私が手に入れた馬である。この馬には、力強い後肢から生じた弾発力を、前方への推進力に発展させる能力が備わっていた。それで調教はまず、後肢に強力な搬送力をつけ、前肢を自由に高く上げることができるように、馬場馬術に必要な筋肉を一層訓練する必要があった。

　フォイダル号は、覚えるのはゆっくりであったが確実に覚えた。鮮やかな跳躍で踏歩変換をするのにとても長くかかったが、一旦それができると歩毎踏歩変換をするのに何週間もかからず、しかもめったに間違わなかった。フォイダル号は6歳でSクラスで入賞し、8歳でグランプリで初めて優勝をした。最近の2年間では最も多く優勝したウェストファーレン産馬になった。1978年4月、ニッツァのCHIOでインターメディエイトⅡとグランプリおよびグランプリスペシャルで外国勢を抑えて堂々と優勝した。すでに10歳になったフォイダル号は明らかに、ピアッフェとパッサージュおよび踏歩変換で高得点を取る確実なグランプリ馬である。この馬で出場する時は、馬に任せておけばよいことを私はよく知っている。ただこの馬にとって気の毒なことは、スリボヴィッツ号の予備馬にされているため、国際的な大競技に出場するチャンスに恵まれていないことである。

ドクター　ウーヴェ・シュルテン-バウマー
(*Dr. Uwe Schulten-Baumer*)

ゴロー号(Golo)：外観上に著しい欠陥があるにもかかわらず最高級の馬場馬の模範例に属する馬

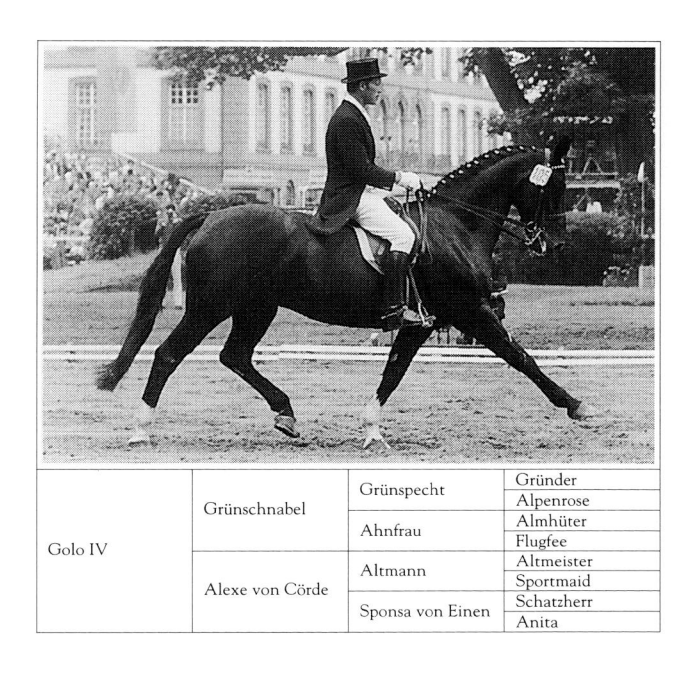

生　年：1962
生産地：ウェストファーレン
生産者：オーグスト・ボイマー，ウェストベヴェルン
所有者：ゲザ・ケーザー(1966～1975)
　　　　ゲルト・ヘルマン・タイヒ(1975～1978)
　　　　ドクター ウーヴェ・アンドレーセン(1978)
主要成績：
　世界選手権大会(1974)　個人4位
　　　　　　　　　　　　　団体優勝
　ドイツ選手権大会(1973)　優勝
　馬場馬術ダービー(1974)　優勝
　Sクラス入賞　124回
　グランプリ優勝　5回
　　　　　2位　2回

Golo IV	Grünschnabel	Grünspecht	Gründer
			Alpenrose
		Ahnfrau	Almhüter
			Flugfee
	Alexe von Cörde	Altmann	Altmeister
			Sportmaid
		Sponsa von Einen	Schatzherr
			Anita

　ゴロー号は8歳で初めて私の厩舎に来た。本来なら4週間だけ私の所にいることになっていたが、馬主である女性がこの馬を連れに来ないため、1年間Mクラスまで調教し、専門家からこの馬はさらに調教を進めてみるべきだと言われたのである。

　体格からするとゴロー号は、馬場馬に適しているようにはとても見えなかった。この馬は、外観だけで馬の総てが分るものではないという良い例である。前から見ると蹄の先が内を向き、後肢は曲飛節で、それに加えて背がきわだって沈下している馬であった。しかし作業意欲と弾発力は途方もなく強く、8歳でもあったので、その弾発力を正しい方向に利用させることがさしあたっての急務であった。それまでにゴロー号はすでにLクラス馬場馬術と中級障害飛越の調教ができていたが、全く手におえない暴れ馬であった。また、強く拳にかかり、脚に従うことを嫌い、頸を短くつめ、その猛烈な前進気勢は容易なことでは抑えきれなかった。

　ゴロー号は暴走しなくなると共に、想像もできないほど速く、しかも特別努力することもなく調教が進んだ。その時点ではピアッフェはすでに非常によくできた。しかも飛節が柔らかく、とても美しいピアッフェができたが、簡単にピアッフェからパッサージュを出せなかった。そこで私は中間速歩からパッサージュを出すことにして、中間速歩をつめて徐々にパッサージュの浮上する調子を覚えさせた。後には、パッサージュの調子も良く、肢もよく屈曲するようになった。

ハリー・ボルト
(Harry Boldt)

グラナート号（Granat）：ヨーロッパ選手権、世界選手権を獲得、オリンピック大会で優勝、

生　年：1965
生産地：ホルスタイン
生産者：エルンスト・オットー・リル
所有者：クリスチーヌ・スチュッケルベルガー（1969 まで）
主要成績：
　　(20)ミュンヘン・オリンピック大会(1972)個人 15 位
　　(21)モントリオール・オリンピック大会(1976)　個人優勝
　　　　　　　　　　　　　　　　　　　　　団体 2 位
　　世界選手権大会(1978)　個人優勝
　　　　　　　　　　　　　団体 2 位
　　ヨーロッパ選手権大会(1973)　団体 3 位
　　　　　　　(1975)　個人優勝
　　　　　　　　　　　団体 3 位
　　　　　　　(1977)　個人優勝
　　　　　　　(1977)　団体 2 位
　　　　　　　(1979)　個人 2 位
　　　　　　　　　　　団体 3 位
　　馬場馬術ダービー(1974)　2 位
　　　　　　　　　(1975)　優勝
　　グッドウッド馬場馬術フェスティバル(1980)
　　　　　　　　　　　　　　　　　個人優勝
　　　　　　　　　　　　　　　　　団体 2 位

Granat	Consul	Cottage son xx	Young Lover xx
			Wait not xx
		Isolde	Gabriel
			Banka
	Salmei	Heißsporn	Heintze
			Franzi
		Hyazinthe	Lorentin
			Priamel

　グラナート号は 4 歳で購入した。あまり美しい馬ではなく、むしろ馬車馬に近かった。しかし、その 3 種の基本歩調は非常に良かったが、私たちがこの馬にいろいろ試みたことは全て不出来であった。
　私たちは本気で、この馬は私たちが期待していたような馬ではないと思っていた。その訳は、立ち上がって騎手を落馬させておいて、後肢で立ったまま馬場から逃げ去るといった我慢のならない性格であったからである。そのような馬であったので、L クラスまでの調教をするつもりであった。しかし、L クラスより調教が進み、突然この馬は物分りが良くなった。そしてグラナート号はよく調教ができて、たわむれているかのように次々と覚えた。ピアッフェ、パッサージュ、踏歩変換を覚えるのにわずか 3、4 週間を要しただけであった。
　しかし、グラナート号は長い間、勝つことができなかった。ザルツブルグのある競技会でまたもや困ったことをしでかしたのである。そこで私はゲオルグ・テオドレスクに「この馬は本当は人間が馬になったのではないだろうか」と言うと「人間が少なくとも 2 人で化けている。絶対 1 人だけではないと思う」と彼は言った。グラナート号をハリー・ボルトに譲ると言うと、彼は辞退した。彼はフランクフルトのセントジョージ賞典で、この馬が後肢で馬場から逃げ出す様子を見ていたのである。誰一人グラナート号を自馬にしようとする人がいないので、結局私以外に調教する者がいなかった。
　しかし、ついに開運の時が来た。1972 年、ミュンヘン・オリンピックでグラナート号は 15 位になった。その時この馬はようやく 7 歳で、予備馬として来ていて、しかも初めてグランプリに出たのである。それ以来この馬の目を見張るような躍進が始まった。ヨーロッパ選手権、オリンピックから、世界選手権の優勝まで勝ち取ったのである。そして考えられる総てのタイトルを獲得し 1975 年以来（註：1978 年まで）不敗を誇っている。
　しかしこの馬は依然として難しい馬である。競技に出ても疲れることを知らない。しかし、決して生気はつらつとし過ぎるほどではない。しかも突然暴れ出す。いつでもスタートするたびに新しい問題を抱えて出なくてはならないのである。

ゲオルグ・ワール
（*Georg Wahl*）

グラニッツ号(Granit)：ロングレーンで調教された珍しい馬

生　年：1954
生産地：ハノーバー
生産者：アルフレッド・ナーゲル，リッチュ
　　　　クライス・ジュターデ
所有者：ディートリッヒ・オーバーフォーレン(1958)
　　　　インゲ・テンペルマン(1959)
　　　　レックス厩舎(1960)
　　　　ゲオルグ厩舎(1963)
主要成績：
　世界選手権大会(1966)　個人12位
　ヨーロッパ選手権大会(1967)　個人5位
　ドイツ選手権大会(1966)　個人4位
　馬場馬術ダービー(1964)　2位
　　　　　　　　(1965)　3位
Sクラス入賞　132回
グランプリ優勝　7回

Granit	Gong	Goldmann	Goldfisch II
			Jägerblume
		Allachen	Allweiser III
			Achen
	Asternhaus	Ast	Alter Dessauer
			Adakilla
		Allerwette	Allersport
			Dabella

　グラニッツ号はフリッツ・テンペルマンが、Sクラスで優勝するまで調教した初めての馬で、1960年ミュンスターランドホールの競技会で彼から譲ると言われた。私は4日間の余裕をもらい、4日目の午後6時丁度に返事をする約束をした。そして当日の6時6分に彼の所に行くと、グラニッツ号はすでに6時1分にオットー・シュルテ・フローリンデの手に渡り、ブビー・ギュンターが調教することになっていた。

　その後、約3年待ってようやくグラニッツ号を私のものにした。その時この馬は、ドルトムントCHIで障害飛越馬になっていて、オットー・シュルテ・フローリンデは私に「グラニッツ号の困った性格に恐れをなしているか、それともまだ興味があるのか」と尋ねた。私はもちろん「ある」であった。そして24時間後には商談が成立した。

　この馬の基本歩調は抜群で、至るところで10点を取り、踏歩変換は柔軟そのものでしかも完全に真直ぐであった。そして総てのグランプリの運動をロングレーンで調教された珍しい馬である。

　外国での17競技会で26回優勝している。コペンハーゲンの競技会でヨーゼフ・ネッカーマンの乗ったアントワネット号と、グラニッツ号は自由演技で2勝していて、共に1位になった。しかし、優勝は1頭しかないので、改めて優勝決定戦を自由演技で行い、グラニッツ号は中央線上で堂々と踏歩変換を行い優勝した。この時以来グラニッツ号は、ドイツの審査員の興味を集めるようになった。

　もし、グラニッツ号がそのパッサージュのようにピアッフェをめりはりをきかせてできるようになれば、絶対に負けることはないのであるが。

クルト・カペルマン
(*Kurt Capellmann*)

ヒルテントラウム号(Hirtentraum)：新馬の頃は向こう見ず、強烈な個性で最高級の馬場馬に成長

生　年：1967
生産地：トラケーネン
生産者：クルヘス
　　　　ハンスシュチフツング
　　　　ゲーツフェルワルツング・シュメール
所有者：ハインツ・シュトルック
主要成績：
　世界選手権大会(1978)　7位
　ヨーロッパ選手権大会(1977)　5位
　　　　　　　　　　(1979)　7位
　ドイツ選手権大会(1978)　2位
　　　　　　　　(1980)　3位
　馬場馬術ダービー(1976)　3位
　グッドウッド馬場馬術フェスティバル(1980)
　　　　　　　　　　　　　　個人4位
　　　　　　　　　　　　　　団体優勝
Sクラス入賞　73回
(1979.12.31現在)

Hirtentraum	Traumgeist xx	Goody xx	Admiral Drake xx
			Goog Bess xx
		Traumkind xx	Aventin xx
			Träumerei xx
	Herbstsonne II	Komet	Goldregen
			Kokette
		Herbstgold	Totilas
			Herbstzeit

　ヒルテントラウム号は優れた天性を持つ馬場馬の典型である。しかし、強烈な意志と強靱な性格のために、トップクラスの馬に成長するまでにとても長い期間を必要とした。

　ヒルテントラウム号は外観も、基本歩調も全く非の打ち所がなかった。また賢くて繊細な感覚を持っていて、血統の良い馬によくある恐ろしくよく覚える馬である。私がグランプリまで調教した間、この馬はピアッフェ、パッサージュ、ピルーエットも歩毎踏歩変換も全く困らなかった。

　ヒルテントラウム号は新馬の時には向こう見ずでわがままであった。伸長駈歩で拍車を入れたが最後、たちまち蹴り、最初は馬場でおとなしくさせるのが困難であった。

　7歳ぐらいでヒルテントラウム号は、そうした特徴もなくなった。私は今日、まさにヒルテントラウム号のような個性の強い馬を正しく調教してこそ初めて、後に最高の馬にすることができると確信している。そして特異な特徴のある馬は、特別な長所を持っていることも事実である。

　ヒルテントラウム号は確かにわがままな馬であり、それは今も変りない。本当に気が向かなければ角砂糖も食べない。馬房で休もうと思うと、絶対それを邪魔することができない。

　　　　　　　　　　　　　　　　　　　　　　ウーヴェ・ザウアー
　　　　　　　　　　　　　　　　　　　　　　（*Uwe Sauer*）

イルージョン号(Illusion)：歩毎踏歩変換は徹底して駄目

生　年：1963
生産地：トラケーネン
生産者：エルンスト・シュレーゲル
　　　　デトモルト・イェルクセン
所有者：イルムガルト・シュレーゲル
　　　　ネームテン牧場
主要成績：
　Sクラス入賞　34回
　インターメディエイト優勝　2回
　セントジョージ賞典優勝　5回

Illusion II	Flugsand	Altan	Hirtensang
			Alicante
		Flugtaube	Totilas
			Flandra
	Inka	Humboldt	Hutten
			Bergamotte
		Ilona	nicht feststellbar
			Reinbl. nachgew.

　イルージョン号は大きくて、気品のあるトラケーネンの牝馬で、背が多少長く、後肢がやや急角度に切り立っていた。そのためこの牝馬は収縮させるのが少し困難で、まず何よりも後肢を強力に動かすようにさせる必要があった。

　イルージョン号は大きな動きで、なかでも力強い速歩を得意とした。もっともその速歩も最初は肢がよく上がらなかった。しかし、この馬が収縮して腰がすわるようになると、速歩は美しく落ち着いてきた。

　イルージョン号がハンス・ビスの所から私のもとに来たのは6歳の時で、それまでハンス・ビスがLクラスまで調教していた。この馬は神経質で、新しい運動の調教を始める時や競技場へ行った時は気が散った。それで私が音響に馴らすために、しばしば音楽をかけながら乗ることにしていた。

　ピアッフェとパッサージュは特別困難なこともなく覚えた。ピアッフェはアルバート・ローターの助けを借りて、週1回徒歩調教を受けた。彼は徒歩調教のベテランである。パッサージュは速歩を少しずつつめて出し、その上で交互に扶助を軽く使った。そうして、パッサージュはこの馬の得意な運動になった。

　困ったのは踏歩変換である。単独の踏歩変換すら困難であった。ようやく2歩毎踏歩変換までできるようになったが、翌日それ以上に進む訳にはいかないことがしばしばあった。そうして1週間全く踏歩変換をさせないで、改めて単独の踏歩変換から始めなければならないこともあった。そして残念ながら、イルージョン号は最後まで歩毎踏歩変換は覚えなかった。その後ゲオルグ・ワールとゲオルグ・テオレスクも試みたが、皆同じ結果に終った。

ハリー・ボルト
(*Harry Boldt*)

リオスツロ号(Liostro)：燕尾服を着ては乗れず、前もって自由飛越で
気晴らしをさせると早くリラックス

生　年：1960
生産地：ハノーバー
生産者：J.ホルンス，エンゲルスホフ
所有者：グライフ厩舎
　　　　　オットー・シュルテ-フローリンデ
　　　　　FORSとグレンウォルトホフ牧場
主要成績：
　(20)ミュンヘン・オリンピック大会(1972)　個人7位
　　　　　　　　　　　　　　　　　　団体2位
　世界選手権大会(1974)　個人5位
　　　　　　　　　　　　団体優勝
　ヨーロッパ選手権大会(1973)　個人5位
　　　　　　　　　　　　　　　団体優勝
　ドイツ選手権大会(1970)　優勝
　　　　　　　　(1971)　2位
　馬場馬術ダービー(1968)　3位
　　　　　　　　(1970)　優勝
　　　　　　　　(1974)　優勝
　　　　　　　　(1975)　2位
　　　　　　　　(1976)　優勝
　　　　　　　　(1977)　3位
Sクラス入賞　201回
グランプリ優勝　12回

Liostro	Der Löwe xx	Wahnfried xx	Flamboyant
			Winnica xx
		Lehnsherrin xx	Herold xx
			Lapis Electrix xx
	Doljahr	Dolmann	Detektiv
			Aussicht
		Jarra	Jassy I
			Ammoniak

　リオスツロ号を私は5歳で調教を始めた。それまで私の先生のブビー・ギュンターが調教していて、私が引き継いだ時にはすでに、ピアッフェもパッサージュもできていた。大抵のことは極めて教えやすい馬であった。しかし、運動開始直後はよく気が散り、頑固で、馬場でおとなしくさせるまでに長い時間を費やさなければならなかった。古馬のため馬場馬術競技では遠慮せずに乗り、競技の前は本当に精一杯乗った。
　リオスツロ号は自由に走らせて完全に気晴らしをさせるか、自由飛越あるいは騎乗しての障害飛越をさせておくと必ず素晴らしい演技をした。そうすると、とても早くリラックスするのが常であった。
　この馬は、危うく障害飛越馬にされるところであった。アルヴィン・ショッケメーレがこの馬を新馬の時から障害飛越馬にしたがっていたのである。
　たくましい神経と強い前進意欲は高年齢になるまで持ち続けていた。18歳でドルトムントのウェストファーレンホールで競技生活に別れを告げたが、それでもトップに値する馬であった。
　生涯この馬には変った癖があり、常に背中がくすぐったくてたまらず、燕尾のついたフロックコートを着ては乗れなかった。
　リオスツロ号の特別得意な運動は、めりはりのきいた速歩と駈歩であった。それに対して常歩はもう少し大股にならなくてはならないと思われた。リオスツロ号は、どちらかと言えば䠣高の傾向があったが、調教によって目立たなくなった。ピアッフェは多少困難で、前肢の踏みつけが特に悪く、蹄冠の縁を踏みつけることがあった。

ヘルベルト・レーバイン
(Herbert Rehbein)

マクベス号(Macbeth)：ブビー以外の騎手は誰も正しく乗れなかった馬

生　年：1958
生産地：ｳｪｽﾄﾌｧｰﾚﾝ
生産者：ﾅｰｹﾞﾙ･ﾄﾞﾙﾆｯｸ男爵, ﾌｫﾙﾝﾎﾙﾂ
所有者：ﾏﾘｱ ＆ ﾜﾙﾀｰ･ｷﾞｭﾝﾀｰ
主要成績：
　Sクラス入賞　113回
　ｸﾞﾗﾝﾌﾟﾘ優勝　9回
　　2位　9回

Macbeth	Pernod xx	Marcellus xx	Pergolese xx
			Moire xx
		Perlenreihe xx	Anakreon xx
			Postenkette xx
	Marina	Krol Walca	Jantos xx
			Warszawinka
		Malta	Oxyd
			Meerfahrt

　マクベス号は5歳で我々のもとに来た。すでにウィリー・シュルトハイスが基本調教を済ませていた。とても難しい気質の馬で、最初は口向きも非常に悪く、ウィリーが私の夫に「先生は一体どのようにしてこの馬に乗ったのですか？」と尋ねた時に「この馬は大勒で乗る馬で、小勒では乗らない方がよい」とブビーが答えたのを私は今でもよく覚えている。

　ブビーは彼の馬の中で、この馬に最も忍耐を必要とした。しかし、非凡な才能を生まれつき持っていて、常にどのようなことも早く覚え、やがてグランプリ馬にまでなった。しかしこの馬を鎮静させるのが問題で、大抵の騎手はあきらめてしまった。

　マクベス号は平常のトレーニングは、総ての課目を確実にこなし、ピアッフェ、パッサージュは驚くほど見事にでき、踏歩変換も実に真直ぐで確実にできはしたが、いったん競技となると、ブビーの意のままにならず、ことごとく反抗した。なかでも常歩が特別問題で、最初は常歩で緊張して体を硬くした。もう一つの困難は後退からの発進で、特に後退からの駈歩発進は苦手であった。また、後退からパッサージュの発進も困難で、よくそれらを取り違えた。

　後にはマクベス号もリラックスし、夫の死後私が乗って競技に出場できるようになった。この馬を練習馬にしようとしたが、生徒が極めて静かに乗り、正しい扶助を完全に使わないと、古馬特有の癖で、眼をぐるぐる回し体を硬くするだけであった。

　最後までこの馬は、ブビー以外の騎手は誰一人として正しく乗ることができない馬であった。

マリア・ギュンター
(*Maria Günther*)

マリアーノ号(Mariano)：総てが例外ずくめの馬

生　年：1955
生産地：ウェストファーレン
生産者：ナーゲル・ドルニック男爵，フォルンホルツ
所有者：フォン・クロイ公爵夫人(1959)
　　　　名誉ドクター ヨーゼフ・ネッカーマン(1968)
主要成績：
　(19)メキシコシティ・オリンピック大会(1968)
　　　　　　　　　　　　　　　　個人２位
　　　　　　　　　　　　　　　　団体優勝
　　世界選手権大会(1966) 個人優勝
　　　　　　　　(1970) 個人４位
　　　　　　　　　　　　団体２位
　　ヨーロッパ選手権大会(1969) 個人３位
　　　　　　　　　　　　　　　　団体優勝
　　ドイツ選手権大会(1969) 優勝
　　Ｓクラス入賞　128 回
　　グランプリ優勝　11 回

Mariano	Ramzes (Anglo-Araber)	Rittersporn xx	Saint Saulge xx
			Molly Clarke xx
		Jordi ox	Shagya x-3
			Demeter
	Malta	Oxyd	Irrlehrer
			Oxalis
		Meerfahrt	Meleager
			Finnländerin

　マリアーノ号をハリー・ボルトから譲り受ける時、ハリーは私に「この馬を君が引き受けてくれて喜びにたえない」と言った。後日私は、この馬はあらゆる点で、実に例外的な馬であることを身にしみて理解させられたのである。

　厩舎ではとても円満な馬であるが、一度人が乗ると、他の馬では経験できないような猛烈な闘争心を燃やし、暴れて反抗し、全く疲れることがない。何事もやる気十分で、極端に敏感であるが、騎手は徹底的に慎重かつ忍耐強く対処しなければならなかった。いかなる場合にも、この馬と争ってはならない。必ず騎手の負けに決っているのである。

　マリアーノ号は力の前に服従するよりも、むしろ玉砕することを選ぶタイプの馬である。この馬からは、教えられるところが実に多い。マリアーノ号はどちらかと言えば、体の上半分が大きくて、肢も直立していた。しかし、動きは非常に弾力的であったので、そのような外観上の欠陥は目立たなかった。

　この馬の特異な癖は、馬場での運動中には絶対に脱糞できないことである。脱糞させるためにはいったん厩舎に連れ戻して、完全にリラックスさせる必要があった。メキシコシティ・オリンピックでは、馬輸送が遅れたり、調教の調整がうまくいかなかったりすれば、競技に出る前に「難しい演技では、必ず困難なことになる」ということが分っていた。

　それはベルンでの世界選手権において準備運動場では全く踏歩変換をしようとはせず、私は果してこのまま競技に出るべきかどうかを本気で考えたのであった。その時、これまでは全くなかったことであるが、マリアーノ号が出場直前に脱糞をしたので、私はこの競技に半分は勝てるという感じを持ったのである。そして競技馬場では踏歩変換で全く過失を犯さず、世界選手権を獲得することができた。

　　　　　　　　　　　　　　名誉ドクター ヨーゼフ・ネッカーマン
　　　　　　　　　　　　　　（*Dr.h.c. Josef Neckermann*）

メーメド号(Mehmed)：全盛期には基本歩調と弾発力の素晴らしかった馬

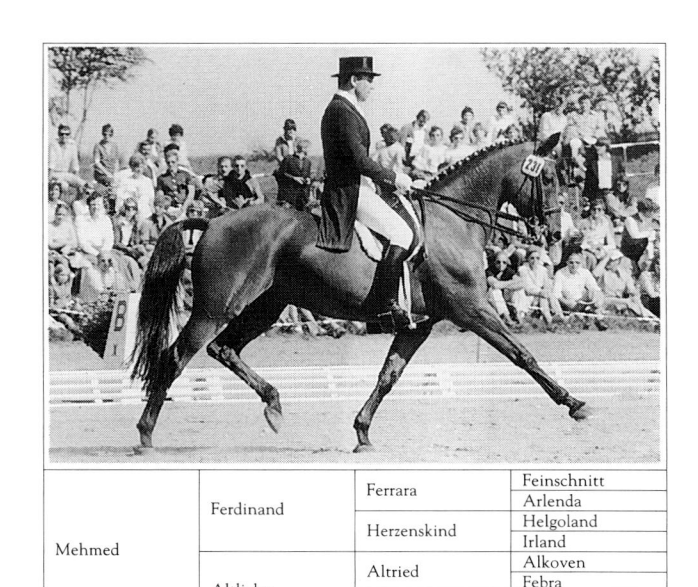

生　年：1961
生産地：ﾊﾉｰﾊﾞｰ
生産者：ﾊｲﾝﾘｯﾋ・ﾊﾟｰﾍﾟ，ｳｨﾋﾃﾙﾝ
　　　　ｸﾗｲｽ・ｼｭﾀｰﾃﾞ
所有者：ｸﾆｯｹﾞ男爵(1966)
　　　　ｸﾘﾑｹ夫人(1967)
主要成績：
　(21)ﾓﾝﾄﾘｵｰﾙ・ｵﾘﾝﾋﾟｯｸ大会(1976)　個人3位
　　　　　　　　　　　　　　　　　団体優勝
　世界選手権大会(1974)　個人優勝
　　　　　　　　　　　　団体優勝
　ﾖｰﾛｯﾊﾟ選手権大会(1973)　個人優勝
　　　　　　　　　　　　　団体優勝
　ﾄﾞｲﾂ選手権大会(1975)　優勝
　馬場馬術ﾀﾞｰﾋﾞｰ(1970)　優勝
　　　　　　　　(1971)　優勝
　　　　　　　　(1975)　優勝
　　　　　　　　(1976)　2位
Sクラス入賞　208回
ｸﾞﾗﾝﾌﾟﾘ優勝　34回

Mehmed	Ferdinand	Ferrara	Feinschnitt
			Arlenda
		Herzenskind	Helgoland
			Irland
	Altliebe	Altried	Alkoven
			Febra
		Axier	Axenstein II
			Alttier

　メーメド号はドイツで最高の成績を収めた馬で、父のフェルディナンド号は世界的に有名なハノーバーの障害飛越馬で、母のアルトリーベ号も障害飛越馬の血を引いている。

　6歳で軍馬の資格試験に落ちてすぐ私のもとに来た。メーメド号は非常によく均斉が取れていて、少し長めの頭はかえって表情を豊かにする効果があり、眼は落ち着いて誠実そのもので、体の線の大きいことは、この騸馬の動きの大きいことを思わせた。以上のことから私は調教に踏み切ったのである。そして、長期間の調教後、ようやくこの馬の才能が世に認められた。

　この馬の全盛期には、美しい基本歩調に弾発力が満ちあふれる馬の模範例であった。速歩、常歩共に素晴らしいリズムをとり、その正確な拍子に合った動きは魅惑的であった。

　メーメド号はオリンピックの個人優勝を除き、考えられる総てのタイトル、すなわちドイツ選手権、ヨーロッパ選手権および世界選手権を獲得した。しかしオリンピックにおいてはクリスチーヌ・スチュッケルベルガーのグラナート号とハリー・ボルトのヴォイチェク号に勝ちを譲ったが、それはこの両馬がピアッフェとパッサージュの演技で優れていたからであった。

　メーメド号のパッサージュは前膝の曲がりが悪くて手の施しようがなく、生まれつきのもので矯正できなかった。1977年、アーヘンを最後に101回の優勝を収め、その内の93回がSクラスという成績を残して引退した。

　この馬に関しては、馬術書あるいは専門家の間で、背の動きが抜群で極めて正確無比な、よく調教できた馬として、いつまでも語り継がれるに違いない。

ドクター ライナー・クリムケ
(Dr. Reiner Klimke)

ペルクノス号(Perkunos)：ストックホルム・オリンピック大会までは平凡な鹿毛の軍用新馬

生　年：1943
生産地：東プロイセン
生産者：ライエン男爵，ハッセルブッシュ，東プロイセン
所有者：ハンネローレ・ウェイガント
主要成績：
　(16)ストックホルム・オリンピック大会(1956)　個人9位
　　　　　　　　　　　　　　　　　　　　　　団体2位
　Sクラス入賞　83回
　グランプリ優勝　2回

Perkunos	Lustig	Tempelhüter	Perfectionist xx
			Teichrose
		Lustige Witwe	Red Prince II xx
			Luftkönigin
	Preußenerde	Manelescu	Astor
			Mein Lieb
		Polka	Barkas
			Posse

　ペルクノス号はハンネローレ・ウェイガントが通貨改革の前に1kgのジャガ芋と引換えた馬で、少なくともその女性の持ち主は別として、誰一人この馬にSクラスまでの馬場馬術の能力があるとは思わなかった。
　ウェイガントとペルクノス号は足繁くフォルンホルツの有力な厩舎に通い、ついにオットー・レルケがその願いを受入れて、ウェイガントとペルクノス号は私の弟子になることに決った。
　この馬の速歩と駈歩は軽快な肢さばきであるが、見た目はあまりよくなかった。愛らしくて美しい馬であるが、決して優勝馬のタイプではなかった。1956年のストックホルム・オリンピックの直前に、乗馬雑誌には「平凡な鹿毛の軍用新馬」と書かれていた。
　しかしストックホルムは、ペルクノス号にとって、まさに輝ける一瞬であった。ハンネローレ・ウェイガントはスタート直前まで、いつものようにペルクノス号は競技後半で姿勢を崩すのではないかと心配していた。丁度その時私は彼女に言った「しっかり旗を見ていなさい。そうすれば正しい位置で頭を保つことができる。その旗を全部数え終わるとグランプリは終わっている」と。結果はまさにその通りで、ペルクノス号は不思議なほど素晴らしく起揚し、何一つ失敗をしなかった。
　そしてその時から、平凡な鹿毛の軍用新馬でなくなり、総ての専門家の間で驚異の馬ペルクノス号として長く知られるようになった。

　　　　　　　　　　　　　　　　　　　　　　ウィリー・シュルトハイス
　　　　　　　　　　　　　　　　　　　　　　　（*Willi Schultheis*）

ペルノード号（Pernod xx）：障害競馬の経歴後、8歳で馬場馬術へ

生　年：1939
生産者：ナーゲル・ドルニック男爵，フォルンホルツ
所有者：ナーゲル・ドルニック男爵
主要成績：
　　MクラスおよびSクラス優勝　75回

Pernod xx	Marcellus xx	Pergolese xx	Festino xx
			Perfect Love xx
		Moire xx	Saint Saulge xx
			Moutre xx
	Perlenreihe xx	Anakreon xx	Ferror xx
			Anmut xx
		Postenkette xx	Lycaon xx
			Pinie xx

　ペルノード号は戦時中、障害競馬に出ていて、最後の追い込みをすると、騎手をすぐに落馬させて「ずるくなった馬」という定評があった。8歳で肢の故障のため、オットー・レルケのもとで馬場馬術の調教を受けることになった。この時には競馬での厚顔なところはなくなっていて、調教するには都合が良かった。しかし競技場では前に進もうとせず、立ち止まって動かないか、立ち上がった。それで審査員は馬場内でもう一度手の内に入れ直すことを期待していたがレルケの指導はその反対であった。

　アーヘンの競技会ではドクター ラウが審査員で、大きな声で怒鳴っているのが私に聞こえてきた。「馬が眠っていると書け」、次のラウンドでは「今や人馬共に眠っていると書け」であった。私は思わず怒りがこみ上げてきた。ペルノード号は2、3回地面を強く踏み蹴って自信をつけた。その次のラウンドで「今度こそ人馬共に目が覚めたと書け」と言うのが聞こえた。

　ペルノード号は競技場で、もはや簡単に私を無視するわけにはいかないと分ると、非常に良くなり、MクラスとSクラスで75勝し、私の馬で最も良い成績を挙げた。この馬はクロニスト号と同じように軽量で小さく、頸の動きが大きくて、優れた気品と軽快な動きがよく目立った。供覧馬術ではクロニスト号と一緒に見事に一致した演技を見せた。そして戦後私たちはロンドンで、華麗な供覧馬術を次のメンバーで演じた。イダ・フォン・ナーゲル男爵夫人とアフリカ号、オットー・レルケとアデュラー号、フリッツ・チーデマンとクロニスト号、私がペルノード号であった。

　その後ペルノード号はフォルンホルツで種馬になり、素晴らしい牝馬をその配偶者としている。

ウィリー・シュルトハイス
(Willi Schultheis)

ピアフ号(Piaff)：馬場馬としての理想的な条件に恵まれた牡馬

生　年：1958
生産地：スウェーデン
生産者：カール・アクセル・アンドレアソン,リュンガトルプ
所有者：アスタ種馬所(1966)
主要成績：
　(19)メキシコシティ・オリンピック大会(1968)
　　　　　　　　　　　　　　　　個人8位
　　　　　　　　　　　　　　　　団体優勝
　(20)ミュンヘン・オリンピック大会(1972)　個人優勝
　　　　　　　　　　　　　　　　団体2位
　世界選手権大会(1970)　個人2位
　　　　　　　　　　　　団体2位
　　　　　(1974)　個人2位
　　　　　　　　　団体優勝
　ヨーロッパ選手権大会(1969)　個人優勝
　　　　　　　　　　　　　　　団体優勝
　　　　　(1971)　個人優勝
　　　　　　　　　団体優勝
　ドイツ選手権大会(1966)　2位
　　　　　(1971)　優勝
　Sクラス入賞　116回
　グランプリ優勝　29回

Piaff	Gaspari	Parad	Humanist
			Musette
		Russi	Haffner
			Rasette
	Clodette	Ruthven	Magnet Kyff
			Ullan
		Comtesse	Kondor
			Triola

　ピアフ号は当時エルムスホルンの乗馬学校長ホルストマン氏に見い出され、7歳で私たちのところに来た。この馬はスウェーデンで種馬として働きながら同時に馬場馬術の調教も受けていた。ピアッフェ、パッサージュはよくできたが、部分的にまだ未熟なところもあった。

　ピアッフェは非常に軽快にできて、それ以外の調教もこれといって困難なことはなかった。9歳で完全にグランプリができて、その抜群のピアッフェとパッサージュと非常によい弾発的なピルーエットは人々を魅了した。この馬の唯一の弱点は伸長常歩であった。しかしこの牡馬は難しい課目で非常に高い点を取り、そのためこの弱点は問題ではなかった。

　性格の上では非常に行儀が良い馬で、全く牡馬らしくはなかった。この馬の特徴としては、感覚が特別に繊細で、常に前進気勢が旺盛であり、それに加えて非常に良い外観と動きのため、馬場馬術用にはまさに理想的な条件を備えている馬であった。

　その上に実に愛すべき性格の持ち主であった。と言うのは、この馬は無類の飛行機好きなことである。空港では飛行機に乗り込むまでじっと忍耐強く待っていた。

　ピアフ号は16歳までまだ十分使え、しかも元気であったが競技界を去り、現在は再び種馬になっている。この馬に望むことは、立派な子馬をもうけてくれることと、できればもう一度競技に出てほしいことである。

　　　　　　　　　　　　　　　　ヘルベルト・ククルック
　　　　　　　　　　　　　　　　(*Herbert Kuckluck*)

レムス号(Remus)：みすぼらしいドッペルポニーからグランプリ馬に

生　年：1955
生産地：ウェストファーレン
生産者：ステファン・グリューター，リースボルン
　　　　クライス・ベックム
所有者：グスタフ・ピュッター
主要成績：
　(18)東京オリンピック大会(1964)　個人2位
　　　　　　　　　　　　　　　　　　団体優勝
　世界選手権大会(1966)　個人2位
　　　　　　　　　　　　団体優勝
　ヨーロッパ選手権大会(1963, 1965, 1967)
　　　　　　　　　　個人2位　2回
　　　　　　　　　　　　3位　1回
　　　　　　　　　　団体優勝　1回
　ドイツ選手権大会(1966)　優勝
　　　　　　　　　(1967)　2位
　　　　　　　　　(1969)　2位
　馬場馬術ダービー(1963)　3位
　Sクラス入賞　143回

Remus	Ramzes (Anglo-Araber)	Rittersporn xx	Saint Saugge xx
			Molly Clarke xx
		Jordi ox	Shagya
			Demeter
	Astra von Haus Boge	Abd el Krim	Adrill
			Slakora
		Heldin von Hohenholte	Hersdorf
			R. v. Hohenholte

　レムス号は私が基本から完全なグランプリまで調教した初めての馬である。新馬の時、誰にもこの馬が後にオリンピック馬になるとは見えなかった。その3種の基本歩調は良かったが、めりはりに欠けていた。外観は大きなポニーと言ったところで、かなり見すぼらしかった。しかしその後、思いがけないような成長をとげ、6cmも体高が伸び、馬体の横幅も大きくなり、馬場馬術の調教のおかげで誰が見ても見違えるように立派になった。

　その次の欠点は後肢が後ろへ曲っていることで、そのため腱が弱かった。頚の幅は広いが特に長くはなく、そのため最初のうち審査員から、もっと頚を伸ばして乗るようにと言われた。背は馬場馬としてはもう少し長くあってほしかった。

　調教ではまず、正しく背に乗ることが難しかったので、従順性を良くする必要があった。その他、常歩でも困った。それは、この馬の常歩の歩幅が非常に広くて側対歩になる傾向が強かったのである。また口向きも問題であった。舌を口の奥まで引っ込めたり、下に伸ばして口から出したりした。レムス号は新馬にしてはそれほど前進好きではなくて、調教時間中に立ち止まりそれ以上1歩も前進しようとしなかった。

　レムス号の調教は全体としてはあまり手の焼ける方ではなかった。それと言うのも、この馬は非常に感覚が繊細であったためである。調教ができてからは、馬房から連れ出して特別な準備運動をしたり、課目の予行演習をしなくても、いきなりグランプリをすることができた。性格的には時々悪かったり、衝動的なところがあったが自分から暴れるようなことはなかった。

ハリー・ボルト
(Harry Boldt)

スリボヴィッツ号(Slibovitz)：新馬ですでに非凡な弾力性と大きな弾発力

生　年：1969
生産地：ﾊﾉｰﾊﾞｰ
生産者：ﾏﾝﾌﾚｯﾄﾞ・ﾗｲﾝｽﾄﾙﾌ，ﾌﾞｴﾄﾘﾝｹﾞﾝ
所有者：ﾄﾞｸﾀｰ　ｳｰｳﾞｪ・ｼｭﾙﾃﾝ-ﾊﾞｳﾏｰ(1974)
主要成績：
　　　世界選手権大会(1978) 個人2位
　　　　　　　　　　　　　　団体優勝
　　　ﾖｰﾛｯﾊﾟ選手権大会(1977) 個人3位
　　　　　　　　　　　　　　団体優勝
　　　　　　　　　(1979) 個人4位
　　　　　　　　　　　　　　団体優勝
　　　ﾄﾞｲﾂ選手権大会(1979) 優勝
　　　　　　　　　(1980) 優勝
　　　ｸﾞｯﾄﾞｳｯﾄﾞ馬場馬術ﾌｪｽﾃｨﾊﾞﾙ(1980)
　　　　　　　　　　　　　　個人2位
　　　　　　　　　　　　　　団体優勝
Sクラス入賞　80回
ｸﾞﾗﾝﾌﾟﾘ優勝　8回
(1979.12.31現在)

Slibovitz	Servus	Sesam	Senator
			Abendquelle
		Dombucht	Dominus
			Goldseele
	Angelina	Abhang	Aktionär
			Fischerheim
		Falkenburg	Faruk
			Ahnendolde

　スリボヴィッツ号は4歳でヘルデナーの秋の競売で私の厩舎へ来た。新馬で馬場馬術についてはまだ何も調教されていないのに、すでにスリボヴィッツ号は並々ならぬ弾力性と全く素晴らしい弾発力のある動きをした。性格の上では常に行儀が良くて厩舎では愛らしく、乗馬としてものみ込みの早い馬である。
　スリボヴィッツ号は馬場馬としてこうした非常に優れた天分に恵まれていたので、極端に早くしかも急上昇する頭角の現し方をした。5歳ですでにLクラスとMクラスで上位になり、6歳で初めてセントジョージ賞典とインターメディエイトに優勝し、7歳で国際グランプリに入賞している。
　8歳になった1977年には大きな競技会だけ出場させて、そこでは常に1位になった。ドイツ選手権では2位、セント・ガーレンのヨーロッパ選手権ではグラナート号とヴォイチェク号に続いて3位になった。マック・アンマン発行の世界ランクリストでは1977年度の3位にランクされている。これまでの最大の勝利は、1978年グッドウッドで開催された世界選手権の2位である。
　この馬はまだ若くて新鮮で、その素晴らしい弾発力と、豊かな表現力と、動きの軽快なことで、将来難しい課目をこなしてくれるように大きな望みを託している。

　　　　　　　　　　　　　　　　　　　ドクター　ウーヴェ・シュルテン・バウマー
　　　　　　　　　　　　　　　　　　　（*Dr. Uwe Schulten-Baumer*）

チーラ号（Thyra）：その当時は女性用の馬場馬術馬

生　年：1947
生産地：トラケーネン
生産者：クルト・ホルツ
　　　　Gr.レンナー
　　　　クライス・ゼーゲベルク
所有者：L.デトレフセン(1952)
　　　　ローゼマリー・スプリンガー(1954)
主要成績：
　ドイツ選手権大会(1959)　2位
　馬場馬術ダービー(1955)　優勝
　　　　　　　　(1956)　優勝
　　　　　　　　(1957)　3位
　　　　　　　　(1959)　優勝
　Sクラス優勝　68回
　　　入賞　144回
　グランプリ優勝　3回

Thyra	Trebonius xx	Dark Ronald xx	Bay Ronald xx
			Darkie xx
		Tactique xx	Rabelais xx
			Tanderagee xx
	Panela	Carneval	Astor
			Coutry
		Putzi	–
			–

　チーラ号は当時、全く女性向きの馬場馬に過ぎなくて、体高は158cm足らずでしかなかったが、大ぶりな体つきであった。体格はどっしりしていて頸が大きく、常に丸々と太っていて、毛づやの良い黒鹿毛であった。牝馬なのにいつでも乗ることができた。また扶助には軽く応じた。その速歩は驚くほど素晴らしくて、ピアッフェやパッサージュも非常に良く、また踏歩変換は堂々たるものであった。その気質は、願ってもないほど素晴らしかった。この牝馬はグランプリを汗ひとつかかずにできて、その後20分も経つと、またグランプリを踏むことができた。

　チーラ号はカール・ディールから調教を受け、1953年ノイミュンスターでSクラスに出場して初めて優勝した。1954年スプリンガー夫人がこの馬を譲り受け、その後チーラ号はスプリンガー夫人と共にトップクラスへと成長するのである。

　1955年、チーラ号に私が乗り、その年に制定された馬場馬術ダービーに出場して優勝した。同様に1956年と1959年にもダービーで優勝した。1951年のアーヘンのグランプリで、スプリンガー夫人はこの馬ですでに3位になっていた。その時点ではチーラ号はオリンピック馬としては十分の能力があったが、スプリンガー夫人はまだまだ経験不足であった。1960年、オリンピック委員会は馬場馬は馬場で大きく見えなくてはならないのにチーラ号は小さ過ぎるとの理由から不合格としたので、スプリンガー夫人はダブレッテ号で出場した。

　チーラ号とスプリンガー夫人のコンビが最高のコンディションにあったのは、オリンピックの中間期にあたり、その最も輝かしい活躍を見せたのは1957年であって、その年にアーヘンだけで4種目の優勝を果した。そしてその時は、後に東京オリンピックで優勝したスイスのアンリ・シャンマルタンとヴェルマン号のコンビを破っての優勝である。

ウィリー・シュルトハイス
(*Willi Schultheis*)

ウルチモ号(Ultimo)：この馬は絶対に挑発してはならない、必ずすぐに仕返しをされる

生　年：1965
生産地：トラケーネン
生産者：A.ネレンベルク, ローテンザンデ バイ マレンテ
所有者：マルトツァーン男爵夫人(1971)
　　　　マリータ・グリロ(1975)
主要成績：
　(21)モントリオール・オリンピック大会(1976)　個人4位
　　　　　　　　　　　　　　　　　　　　　　団体優勝
　　世界選手権大会(1978)　個人10位
　　　　　　　　　　　　　団体優勝
　　ヨーロッパ選手権大会(1977)　個人4位
　　　　　　　　　　　　　　　　団体優勝
　　　　　　　　　(1979)　個人8位
　　　　　　　　　　　　　団体優勝
　　馬場馬術ダービー(1977)　優勝
　　　　　　　　　(1980)　優勝
　　グッドウッド馬場馬術フェスティバル(1980)
　　　　　　　　　　　　　　　　　　個人5位
　Sクラス入賞　115回
　グランプリ優勝　8回
　(1979.12.31 現在)

Ultimo II	Heros	Humboldt	Hutten
			Bergamotte
		Toga	Totilas
			Sabine
	Undine	Gabriel	Gigant
			Erbin
		Ulla	Centurio
			Ursula

　1974年のドルトムント・ホール競技会で、私は初めてこの馬を見た。ハリー・ボルトがその時オリンピックカドリールの練習にこの馬を連れて来ていたのである。私はこの馬を見た瞬間その魅力と図々しさに強いインスピレーションを感じた。この馬には総てのものが備わっていたが、何となく雑然としている感じであった。1974年11月、ウルチモ号は私の厩舎に来た。この幸運は私の一目惚れの結果と心から信じている。

　最初の1週間、私とウルチモ号は総て好調そのものであった。しかしそのうちにウルチモ号は、私をテストし始めた。私はそれに正面から立ち向かってはならなかった。そうするとこの馬はたちまち私に逆襲をした。そのことについては、すでにハリーから馬仲間のよしみで忠告を受けていた。ウルチモ号は実際グランプリをマスターしていたが、やはりまだ未熟であった。しかも厚顔であり、従順性をもっとよくする必要があった。

　この馬の頚と肩の部分は馬場馬術をするために持って生まれてきたかのように思えた。しかし、多少長い背と直立気味の後肢はピアッフェのような若干の運動では骨が折れた。しかしそうした外観的な欠点も、そのたくましいエネルギーや強靱な意志や自信によって目立たなかった。この馬が時々見せた甘えた態度は、生まれた直後に母馬が死亡したので、その世話係のクロッサ氏が母馬代わりになって育てたことによるものと確信している。

　ウルチモ号に私の意図が理解できるようになってからは、私とこの馬は仲良く暮らしている。互いに自発的な基盤の上に立たなくては、互いの心情を知り合うことはできない。正しくたしなめるとよく受け入れる。しかし、この馬に挑みかかってはならない。必ずすぐに仕返しをされる。この馬の強い個性からは、常に教えられ、教材の種は尽きない。1978年にはこの馬も13歳になり、思慮分別もできているが、時にははしゃぎ過ぎて、全く間の抜けたことをすることもある。今私はこの馬が競技で良い成績を挙げることはもちろん、馬として幸多き将来を心から願う気持ちで一杯である。

　　　　　　　　　　　　　　　　　　　　ガブリエラ・グリロ
　　　　　　　　　　　　　　　　　　　　(*Gabriela Grillo*)

ベネチア号(Venetia)：以前は普通の馬であったが、勤勉なリーシェン嬢から優勝馬に

生　年：1961
生産地：ﾎﾙｽﾀｲﾝ
生産者：ﾘｰｾﾞﾛｯﾄ・ﾌﾗﾄﾌ
　　　　ﾋﾘｯﾋｸﾞﾙﾝﾄ種馬所
所有者：H.ﾍﾙﾂﾏﾝ(1966)
　　　　名誉ﾄﾞｸﾀｰ ﾖｰｾﾞﾌ・ﾈｯｶｰﾏﾝ(1973)
主要成績：
　(20)ﾐｭﾝﾍﾝ・ｵﾘﾝﾋﾟｯｸ大会(1972)　個人3位
　　　　　　　　　　　　　　　　　団体2位
　Sｸﾗｽ入賞　68回
　ｸﾞﾗﾝﾌﾟﾘ優勝　5回
　　　　2位　8回

Venetia II	Anblick xx	Ferro xx	Landgraf xx
			Frauenlob xx
		Antonia xx	Herold xx
			Adresse xx
	Rhea	Marder	Makler I
			Dornröschen
		Adele	Heideläufer
			Monika

　ベネチア号は偶然私の厩舎に来たが、まさかこの馬が私を乗せミュンヘン・オリンピックに出場するなどとは、最初は夢にも思わなかった。この馬の体高は174cmで、私には小さ過ぎた。また、その動きも特に素晴らしいところもなく、言わば普通の馬に過ぎなかった。その上ベネチア号の気質はどちらかと言うと、単純な方ではなく悪ふざけをして、この馬を競技場にひきとどめておくのがやっとといったことが多かった。ベネチア号を知っている私の馬の友人は、この馬をそれ以上調教を続けるなと強く忠告した。

　しかし、ブビー・ギュンターの絶大な支援を受けながら、この馬に馬場馬術の調教をしていると、物分りが良くなり、牝馬の特徴もはっきり現れてきた。

　ベネチア号は総てにわたり、特別よくしなければ気が済まない馬である。私の妻はしばしばこの馬を「私たちの勤勉なリーシェン嬢」と呼んでいたが、この名が最も適切にこの馬の性格を表現していた。

　私の妻が練習馬場でこの馬に乗ると、突然ピアッフェとパッサージュを始め、知っている総ての演技を披露するのであった。今日もその勤勉さには変りなく、私の孫が乗っても同じことをして見せる。また手綱を譲ったままでも、ピアッフェやパッサージュをするほどであった。

　ミュンヘン・オリンピックでベネチア号は、際限のない作業意欲を発揮するただ1回だけのチャンスに恵まれた。ベネチア号には過剰な要求をし過ぎないように気をつけなければならない。無条件で自発的にしようとする馬には、とかく次々と要求しがちなものである。

名誉ドクター ヨーゼフ・ネッカーマン
(*Dr.h.c. Josef Neckermann*)

ワルドフィー号(Waldfee)：あちこちで軽く障害を飛ばせると駈歩がよくなる

生　年：1952
生産地：ホルスタイン
生産者：ヘルマン・クレーマー，ハーゼラン
所有者：ヴロニ・マイア・ヨハン
主要成績：
　世界選手権大会(1966)　7位
　ヨーロッパ選手権大会(1967) 10位
　　　　　　　　　(1969)　9位
　ドイツ選手権大会(1960)　3位
　　　　　　　　(1961)　2位
　　　　　　　　(1962)　3位
　　　　　　　　(1963)　3位
　　　　　　　　(1965)　2位
　　　　　　　　(1966)　優勝
　　　　　　　　(1967)　優勝
　馬場馬術ダービー(1964)　3位
　　　　　　　　(1966)　優勝
　　　　　　　　(1967)　優勝
　　　　　　　　(1969)　優勝
　Sクラス入賞　249回
　グランプリ優勝　5回
　　　　　 2位　5回

Waldfee	Wanderfalk xx	Alchimist xx	Herold xx
			Aversion xx
		Wildrose xx	Prunus xx
			Wünschelruthe xx
	Brennerin	Trebonius xx	Dark Ronald xx
			Tactique
		Kommandeuse	Mirza
			Geheimrätin

　ワルドフィー号は3歳で私が買い求めた。その時この馬は全くサラブレッドのタイプであった。調教によって、頸と後肢の肉付きがとても良くなり、力強い筋骨になり、飼育者でさえ見違えるようになった。

　最初からこの牝馬の常歩は抜群であった。速歩も多少平板ではあったが、非常にめりはりがきいていた。駈歩はそれらに比べて、まず正しく素直にはできなくて、多少あわて気味であった。馬場馬術の調教をしているうちに、特にあちこちで軽く障害飛越の練習をすることで駈歩は非常に良くなった。ワルドフィー号は非常に喜んで、しかも上手に障害飛越をした。そしてよくAクラス障害飛越競技やLクラス障害飛越競技にも出たが、この馬には馬場馬術の才能があることがいよいよ明らかに分ったので、私は障害飛越をやめた。

　ワルドフィー号は特別愛らしい性格で、私の後にピッタリくっついて歩いた。まるで犬のように助手なしで馬場から厩舎まで、私の後にくっついて帰った。しかし、世話係が半メートルも後についてくると横にそれて、くるりと回って彼とは別に厩舎へ帰ってきた。

　この馬は何物にも物おじしない、実に落ち着いた気質の馬であった。ある時、馬運車の車輪が外れて横倒しになったことがある。その事故でもこの馬は倒れた車の中でおとなしくじっとしていた。そしてそのまま扉を開けて、外に引き出すまでおとなしくしていて、やがて高速道路に立つと一声いなないただけで、もう平気で物を食べていた。

　このように、素晴らしい気質と性格に加えて特別繊細な感覚で、作業意欲が旺盛でもあったので、この馬で私は数々の優勝を遂げることができたのである。また、ワルドフィー号は、競技場の雰囲気が好きで、特に大きな競技会では一段と高揚して動くのであった。

ヴロニ・マイア・ヨハン
(Vroni Meier-Johann)

ヴォイチェク号(Woyceck)：品格があって巨大な近代的馬場馬術馬の模範

Woyceck	Wunsch II	Wöhler	Flügeladjudant
			Flozia
		Schutzwelle	Schutzmann II
			Alte Welt
	Denkerdirndl	Deputant	Dolman
			Färberei
		S 25568	Abessinier
			Nixe

生　年：1966
生産地：ハノーバー
生産者：フリッツ・グルネグラス, ヘゼーペ
　　　　クライス・ベルゼンブリュック
所有者：ハンス・カンプ
　　　　バーバラ・ペーターセン
　　　　ハンス・J.デーネッケ
　　　　ウラ・デーネッケ
主要成績：
　(21)モントリオール・オリンピック大会(1976) 個人2位
　　　　　　　　　　　　　　　　　　　団体優勝
　世界選手権大会(1978) 個人5位
　　　　　　　　　　　　団体優勝
　ヨーロッパ選手権大会(1975) 個人2位
　　　　　　　　　　　　　　　団体優勝
　　　　　　　　　(1977) 個人2位
　　　　　　　　　　　　団体優勝
　　　　　　　　　(1979) 個人3位
　　　　　　　　　　　　団体優勝
馬場馬術ダービー(1975) 3位
Sクラス入賞 118回
グランプリ優勝 48回
(1979.12.3 現在)

　ヴォイチェク号はめりはりのきいた動きをし、前進気勢が旺盛でいつでもすぐに作業につけ、敏感で気立ての良い馬で、私が今まで調教した中で最良の馬である。また絶対信頼がおける、気品に満ちた賢明な大型の馬である。私が今日、私の記録映画を写して比べると、ヴォイチェク号がレムス号より明らかに数段上である。

　体格については、この馬で非難するべき点は全くない。ただ飛節が多少外に向いていた。専門家はまずこの馬は、長くもたないと注意した。しかし、この欠点は今日まで別に何の影響も出ていない。

　ヴォイチェク号が私の所へ来た時は、すでにグランプリまで調教されていた。この馬を調教したウド・ネッシュは素晴らしい調教をしてくれていたので、譲り受けてから2週間でSクラスの運動をした。私はただ、難しい課目を詳細に訓練するだけで済んだ。最初この馬のピアッフェとパッサージュは、まだ華麗ではなくて、とりわけ左後が少し強すぎた。しかし非常に早くピアッフェ、パッサージュは均等にできるようになった。

　ウド・ネッシュのもとにヴォイチェク号が来たのは、6歳の時であった。その時はただLクラスができるだけで、正しくスムーズにはできず全般に粗雑であった。しかし、そのいずれもが、数週間でよくなった。

　ヴォイチェク号は覚えが早くて非常に注意深く、その停止は背の上でスカート遊びをすることができるほど均斉がとれている。2年間の調教後、最初のグランプリに出場した。この馬は踏歩変換を覚えるのに多少長くかかった。しかし、単独の踏歩変換が確実にできるようになると、歩毎踏歩変換はもはや問題ではなかった。

ハリー・ボルト
(*Harry Boldt*)

第 Ⅲ 章

Mクラスからグランプリまでの馬場馬術の調教

馬場馬術の運動課目を分りやすく説明するには、言葉で表現するだけではなく、馬場で実地指導をしなくてはならない。この本ではその代わりに1秒間に9枚の速さで写真を撮り、運動の過程を連続写真として掲載した。

　さらに分りやすくするために、アルバート・ブランドルの著書①から借用した記号文字②をMクラスとSクラスの運動課目の説明に利用した。この記号文字には、どの瞬間に、どのような扶助を、どのように使うかがそれぞれ示されている。

　馬場馬術の専門用語もブランドルの著書①

に従った。その著書には新馬からLクラスまでの調教法について述べられている。

　私はそれに馬場馬術調教の基準(物指し)を追加したが、それがこの本の最も重要な馬術理論の基本になっている。

　また、読者はこの本で従来の馬術書とニュアンスの異なったところがあることに気づかれることと思う。その個所こそ私にとって非常に大切なところであり、私自身が実際に試みた上で、扶助の使い方と調教法について書いたのである。

① 〔編者註：Albert Brandl 著『Das Reitpferd(乗用馬)』(1977)〕
② 〔119頁参照〕

馬場馬術調教の基準（物指し）

　グランプリまでの馬場馬術の調教に適用できる基準すなわち物指しとは、拍子（リズム）①、リラックス(解放性)②、依倚③、弾発力、真直性、収縮である。この六つの要素はいずれも馬場馬術の運動課目が正しく行われているかどうかを判定する基準となる概念である。

　拍子とリラックスは調教の基本的な前提条件であり、馬を力ませることなく、リラックスさせることにより確実な依倚をさせることができ、これにより馬の口と騎手の拳との間に軽妙な連携が保たれ、馬の弾発力が一層よくなる。弾発力が満ちあふれて前進してこそ、馬は真直ぐに行進できる。最大限の収縮は真直性が正しく保たれて初めて得られる。馬場馬術の調教を進めていく上で、このような論理的な関連をよく理解しておく必要がある。

① 〔編者註：原語は「Takt」〕
② 〔編者註：原語は「Losgelassenheit」、澤田氏は「解放性」と訳されており、馬が精神的に自由でのびのびした状態のことである。シュテンスベックの著書『Reiten(馬術)』(1931)の30頁には、この状態のことを「keinen Zwang kennen」(zwanglos)と書かれている。またこれと反対に、馬が精神的に緊張して落ち着かず、筋肉も異常に緊張した状態のことを今村安氏は「どせき(努噴)」と言われていた。『シュテンスベック氏の馬術』33頁、36頁参照〕
③ 〔編者註：原語は「Anlehnung」。調教のできた馬においては、馬の口と騎手の拳とは互いに引かず引かれずの状態となり、手綱はそれ自体の重みで軽く湾曲し、拳は弾力ある物体を抱いているような感じを持つようになる。このような状態を「馬は手綱に依倚している」と言う。『今村馬術』（初版37頁、改訂版39頁）参照〕

拍　子（リズム）

　拍子とは、*3種の歩度での運動で歩調が規則正しいこと*、すなわち歩調が整斉としていることである。馬が野外で自然に運動しているときは、めったに拍子外れの動きをすることはない。馬が拍子外れの運動をするのは、騎手の乗り方が悪くて、馬の運動の邪魔をしているからである。拍子外れの馬の運動は、馬場馬術においては諸悪の根源とも言うべきことであり、調教を進めるためには絶対に排除しなければならないことである。

　*常歩は整った歩調でゆったりと歩く弾発力の強くない4節の歩法である。*例えば、１．左前肢、２．右後肢、３．右前肢、４．左後肢、の順序で離地し着地する。四肢が同じ時間的間隔で上下するとテンポも歩幅も一定となり、4拍子の整斉な歩調が保たれる。

　4拍子に合わなくなると、馬は側対歩あるいは側対歩的となり、例えば、１．左前肢と左後肢、２．右前肢と右後肢、のように同じ側の前後肢が同時に着地する。

　常歩で拍子が合わないのは、１．馬の背が硬くなっている場合、２．常歩で馬を無理やりに速く前進させようとする場合、あるいは、３．あまりにも早くから強く収縮させようとする場合、に生じる。私の経験からすると、特に広い歩幅で歩く馬、あるいは生まれつき後肢が前肢の蹄の跡を大きく踏み越して歩く馬は、側対歩あるいは側対歩的な歩様になりやすいので、このような馬に収縮常歩を行わせる場合には特に慎重を期さなくてはならない。

　*速歩は弾発力のある歩調で、常に同一斜対の前後肢が同時に離地し、同時に着地する。*更に、離地した斜対肢が着地するより先に、もう一方の斜対肢が離地し、馬は一瞬宙に浮き、空間期が生じる。そして、

1
同一斜対の前後肢が同時に上下し続けているとき
2
一方の斜対肢と他方の斜対肢の着（離）地する時間的間隔が同じであるとき

には、速歩の拍子は合っているのである。

　斜対上の前後肢の動きが互いに平行である場合には、速歩の拍子が合っていることが分る。拍子が外れるのは、特に後肢の着地がその斜対前肢より遅れる場合である。これを「後肢の出遅れ」①と言う。この原因の主なものは、後躯がまだ十分鍛錬できていないのに速歩の収縮をあまりにも早くからさせたか、あるいはまだ背の動きが十分で

ないのに前躯を早くから起揚させ過ぎたことにある。中間速歩では、馬の歩きをせかし過ぎると、馬が落ち着きを失って同じ過ちを犯す。生まれつき後躯が硬い馬、あるいは飛節が多少外に向いている馬は、どうしても後肢の出遅れる傾向が強い。

また、一方の後肢に比べて他方の後肢の踏み込みが悪い場合にも、拍子が合わなくなる。このような馬の歩きを「銜跛行(はみはこう)」②と言う。騎手が騎乗していないときには整斉とした速歩をするが、騎手が乗ると拳に反抗し、片方の銜を受けずに歩く。この原因は、しばしば騎手が無意識に一方の拳を強く使うことにある。この過ちの原因が騎手の側にない場合には、その銜跛行は側方屈撓を用いて馬体を真直ぐにすることにより矯正しなくてはならない。

駈歩は空間期のある3節の運動である。整斉とした駈歩は、はっきりとした3拍子で、個々の駈歩跳躍の時間的間隔が等しい。また、駈歩では一方の側対肢が他方の側対肢よりも大きく前に出る。右駈歩では右側対肢(右前肢と右後肢)が、左駈歩では左側対肢(左前肢と左後肢)が大きく前に出る。空間期に続いて、外方後肢が着地し、次いで内方後肢と外方前肢が同時に着地し、3番目に内方前肢が着地する。

もし外方前肢の着地が内方後肢の着地よりも遅れる場合には、肢を引きずるような4拍子の動きになる。このような誤りの原因は、駈歩を収縮させる際に、拳と同時に腰と脚とで強力に後躯を前方へ推進することなく、ただ拳のみを用いて前躯を抑えようとすることから生じる。

馬には駈歩の上手な馬もあれば下手な馬もあるのは当然であり、生まれつき調和のとれた落ち着いた駈歩をする馬を選べばよいことは自明の理である。

① 〔編者註：原語は「die Hinterbeine nachschwingen」〕
② 〔編者註：原語は「Zügellahm」。澤田氏は「手綱跛行(口跛行)」と訳されている〕

リラックス（解放性）

整斉とした運動をしている馬を推進すると、馬は頚を低くして背の緊張を解き、後肢をよく踏み込むようになる。そして動きが大きく、歩幅も広くなる。すなわち馬は十分にリラックスした状態で行進する。

馬がリラックスした状態にあると、*馬の背は躍動し*、騎手は深くて柔軟な騎座で乗ることができ、馬は落ち着いて整斉とした運動をする。その際、騎手がむやみに手綱を引いたりせず、馬が銜を味わうようにさせると、馬は徐々に頚を前下方に伸ばす①。最初このようにして*頚と背の筋肉の緊張緩和*が得られると、騎手は調教中に必要に応じて柔軟な緊張を再び求めることが可能となる。

馬は馬房の中で立ち続けていることが多いので馬体が硬くなり、ときには前日の厳しい訓練による筋肉の痛みが残っていたりするので、毎日の訓練の初めに準備運動を行ってリラックスさせる必要がある。準備運動としては、軽速歩、速歩と駈歩の交互転移、あるいはキャバレッティ（地上横木）の通過などがある。

さらにまた馬を精神的にもリラックスさせなければならない。熟練した騎手であれば、馬が精神的な安定感を取り戻すように、上手に調教計画を立てるものである。

騎手が新しい運動課目の調教を始め、何をせよと要求されているのかが分らないときにも、馬は多少不安になり緊張する。馬の緊張感を騎手が落ち着いた態度で和らげ、調教中は常にリラックスした状態を確保しておかなくてはならない。このことは実に大切なことである。その他、常歩で休めをさせて馬の緊張を解くことも重要である。それは、馬がリラックスしていない状態での調教は全く価値がないからである②。

① 〔編者註：今村安氏は「手を前下方に引く」と言われていたそうである〕
② 〔編者註：今村安氏は「努噴(どせき)をとる」ということを非常に重要視しておられたそうである〕

依　倚

馬がリラックスした状態で行進していれば、後躯から発生した推進力は、躍動する背と柔軟な項(うなじ)を通って静定した拳に働きかけることができる。これによって騎手は*左右均等で安定した拳と馬の口との連携*、すなわち*両拳に均等な強さの依*

倚を維持することができるのである。この連携は単に手綱を引くだけでできるものではなく、腰と脚による推進扶助が同調して初めて生じるものである。馬は推進扶助によって強く両拳へ圧し出されることが必要であり、これによって前駆と後駆とが互いに連携し合って動くのである。

その際、馬は **騎手の拳に重ってはならず**、下顎を譲り、銜を味わわなければならない。依倚が強すぎる場合には、半停止により再び軽く依倚させ直すことが必要である。騎手は強く腰を張り、脚を利かせて後肢を深く踏み込ませ、馬の姿勢を整えて銜を受けるようにさせる。

弾　発　力

調教が進むにつれて、馬の背がよく躍動し騎手の拳に確実に依倚するようになれば、**後駆の推進力**は一層活発となり、後駆の関節の柔軟性が増し、馬は弾発力のあふれる速歩や駈歩を行うようになる。

弾発力は **後肢の弾力的な着地と離地** となって示される。生まれつき特に天分に恵まれた馬では弾発力が自然に備わり、騎手はそれを伸ばしさえすればよい。そうでない場合も、後駆がよく屈伸するようになれば、弾発力がつくようになる。

馬の弾発力が強化されればされるほど、それによって後駆の搬送力も強化され、それだけ依倚が軽妙になる。馬は手綱に頼らずに平衡をとり、自分自身で姿勢を保つ。弾発力の向上が顕著になると、後駆は弾力的に動き騎手は深くて柔軟な騎座で乗ることができるようになる。

真　直　性

後駆の推進力と搬送力は、馬体への働きかけが真直ぐであればあるほど、その効果は大きい。

しかしながら多くの馬は生まれつき体が斜めになっているため、その後肢は正確に同じ側の前肢の方向へは着地しない。多くの馬の体は右後方から左前方に向けて斜めになっているので、左後肢は両前肢の足跡の中間に着地し、右後肢は右前肢のすぐ右外側に着地する。すなわち、右後肢は胴体の下にではなく、右横に踏み出すので、後駆の力は馬体に真直ぐには働きかけない。

このような場合、馬の左肩に大きく荷重が加わるために騎手の左拳に強く重り、頸の左側の筋肉を緊張させて右側の銜を受けず、頸を湾曲させることとなる。

従って真直性の訓練は馬場馬術における基本的な調教と言わなくてはならない。

正しい真直性を身につけた馬は、
◆直線運動中の馬体の長軸は真直ぐである
◆曲線運動中の馬体の長軸はその曲線に一致し、後肢の蹄は同じ側の前肢蹄の足跡上に着地する
◆二蹄跡運動では、後肢は横方向にではなく運動方向である斜め前方に踏み出す

真直性がよく保たれているときに騎手が受ける感覚は、
◆騎手は両拳に均等な依倚を感じる
◆輪乗と巻乗とを左右同じ程度の軽快さで実施させることができ、整地された地面上では1蹄跡の足跡のみが残る
◆馬は項を左や右に傾けることなく、両耳は同じ高さに保たれている
◆馬は騎手を鞍の中央に乗せ、一方へ偏らせることがないので、騎手は姿勢を正すために何度も座り直す必要がない

真直性の訓練手段は **垂直屈撓調教** である。この屈撓調教は馬体の全長にわたって実施される。正しい屈撓調教ができると、馬体の全長に屈撓が均等に行きわたり、馬の頭、頸、背骨、後駆は同一曲線上に正確に並ぶ。そのため、
◆項の抵抗がなくなる
◆側方屈撓している側の頸の伸筋の緊張が解け、柔軟になる
◆背骨はよく撓り、それによって背の弾力的な動きがますます良くなり、後肢は馬体の下に踏み込み、横へは踏み出さなくなる
◆股関節、後膝関節、飛節は一層よく撓る
◆馬の全身の筋肉の緊張が解かれる

側方屈撓している場合は、馬体の全長にわたって均等な湾曲ができていないと、後駆からの推進力も頸や背骨のどこかで中断され、馬の口まで十分に伝わらない。

そのような場合には、項を傾け、誤って頸を強く曲げ過ぎ、肋部がほとんど屈撓していないことが多い。

真直ぐにするための屈撓調教の重要な意味は、股関節と後膝関節のしなやかさが一段と増し、屈伸の度合いが増大して強力になる点にある。この股関節と後膝関節は後躯の最も強力な関節である。それらの関節がしなやかになると飛節への負荷が軽減されて、推進力と搬送力が改善される途が開ける。真直性を身につけた馬では、推進力、搬送力ともに完全に発揮でき、馬の歩調も美しくなる。

収　縮

後躯のしなやかさが増加するとともに、後肢を深く前方に踏み込み、半停止と推進扶助とを同時に使うことにより馬は収縮し、**より多くの荷重を後躯で負担することができる** ようになる。

騎手の拳もまた、馬の後躯に影響を及ぼすようになる。それはまず腰と脚による推進扶助との相乗効果によって、**力強い後肢の踏み込み** を可能にすることである。そして馬が大きな負荷に耐えられるようになると、それに応じて搬送力が強くなり、そのために後躯が更に一層鍛錬されることになる。また **後躯が沈み込み、それに応じて馬の前躯が一層起揚する** ため、後躯の屈伸力が更に強化され、しかも弾発力あふれる動きができるようになる。また、馬は前躯の一層強い起揚により初めて、騎手の拳に非常に繊細な依倚を保つことができるようになる。

収縮の調教での最大の誤りは、腰と脚による推進扶助を同時に使うことなしに、拳のみを強く使い過ぎることである。その結果、馬の歩調も、弾発力も、歩幅も窮屈になり、しかも高揚しなくなり、場合によっては歩様の美しさが失われるので、腰と脚による推進扶助は、収縮における弾発力が維持できるように絶えず注意して使わなくてはならない。

それがうまくできればできるほど扶助に対する従順性が増し、馬は騎手の推進扶助と抑制扶助とを途中で中断させることなく完全に透徹させるようになるので、後躯からの推進力は馬の口に達し、逆に負荷をかけて馬を屈撓させる手綱の抑制扶助は、それと同時に腰と脚による推進扶助を使うことにより後躯にまでその影響が及ぶのである。

調教を次の段階に進める前提条件

新馬の調教を始める時点からグランプリの馬場馬術に達する間の、それぞれの運動課目を理論的に考察する場合に、その基本になるのは馬場馬術調教の基準(物指し)である。そこで、Lクラスの調教を終えMクラスの調教に入る前に、馬と騎手とが馬術的に必ず完了しておかなくてはならない事項を簡単に述べることとする。

馬の調教段階

Mクラスの調教に入ろうとする時には、馬の運動能力はすでにLクラスの段階に達していて、次の表に示されている総ての調教内容を正確に実施できなくてはならない。この表はアルバート・ブランドルの『乗用馬』から引用したもので、それに多少考え方は違うが、Lクラスにおいても真直性と共にある程度の収縮ができなくてはならない、ということを付け加えたものである。

実際には、Mクラスの調教に入る前に、歩様の美しいこと、馬を真直ぐにすることの2点について特よく考慮しておく必要がある。この2点がまだ確実でないのに、困難な運動課目の調教を開始しても全く意味はない。特に馬を真直ぐにすることは、毎日の調教で必ず実施しなくてはならない課題であり、オリンピック用馬であっても、当然考慮しなくてはならないことである。

	最初の3年間における馬場馬術調教の基準					
	新馬調教		Aクラス水準までの調教		Lクラス水準までの調教	
調教基準	調教内容	トレーニングテスト	追加訓練	トレーニングテスト	追加訓練	トレーニングテスト
拍 子	性急でない行進 キャバレッティ通過 性急になるテンポを半停止で調整	性急になったり止まりかけたりしない、騎手の推進による歩きと跳躍	—	—	—	—
リラックス	軽速歩 速歩と駈歩との交互転移 キャバレッティ通過 坂の登降 調馬索運動	馬背の躍動 騎手の拳に依倚する手綱で銜を味わわせると馬は頭頚を徐々に前下方に伸展	斜横歩 隅角通過を小さくしたり大きくしたりする 前肢旋回	落ち着いて拍子に合わせて斜め前方へ進む	—	—
依 倚	運動に緩急をつける 推進扶助を静定した拳で受止める	均等で安定した馬の口との柔軟な連携 馬は口を閉じ、銜を味わう	—	—	—	—
弾発力	テンポの変化 速歩の伸長 同一テンポでの明確な扶助	後肢が躍動を開始 騎手は前進運動に随伴	中間速歩 中間駈歩	後肢の躍動 搬送力の強化	伸長速歩	後肢の躍動と搬送力 後躯の屈伸力が著しく強化される
真直性	輪乗	馬は両手綱に均等に依倚 曲線運動でも同側の前後肢が同一線上を踏む	速歩の巻乗、半巻、蛇乗 輪乗の手前変換	新馬調教と同じ 馬の従順性の改善	駈歩の巻乗、半巻	これまで通り
収 縮	—	—	—	—	収縮速歩 収縮駈歩 後肢旋回 (編集後記参照)	前上方への馬の動き 高揚した歩きと跳躍 腰の屈撓 落着いて拍子に合った歩様の踏込み

　また馬が *引きつったような歩き方* をすると、その歩様の美しさは失われる。そして馬は弾力的に躍動せず、緊張した不自然な歩様になる。テンポが速くなると、動きはゴツゴツとつっかかるようになったり、もがくようになったりして歩様は支離滅裂になる。その場合、騎手は特に身体が柔軟でない限り尻が鞍から浮き上がり、尻で鞍を叩くようになる。テンポが遅くなると、緊張した歩様で泳ぐような歩き方となる。いずれの場合も馬をリラックスさせない限り、矯正は不可能である。
　しかし *後肢を引きずるような歩き方* をする場合もまた、美しい歩調が損なわれる。その矯正には、腰と脚による推進扶助を強力に使わなくてはならず、時には鞭を使用することもある。

　この調教段階では、まず頻繁に輪乗、巻乗を行い、後には二蹄跡運動を行うことによって真直性が大きく改善される。真直性の改善によって新馬が両手綱に均等に依倚し、柔軟に誘導できるようになると、一方の拳を他方よりも強く使う必要がなくなる。
　多くの馬は右後方から左前方に向けて斜めになっているため、左手綱にもたれて左側の頚の筋肉が張っているので、この場合、真直性を良くするためには左手前で多く乗るとよい。但し、片側だけを疲労させないために、何度も手前を変えて行うことを忘れてはならない。
　真直性の改善を図るための垂直屈撓調教では、次の原則を守って行うとよい。

1

馬が強く重ってくる側の拳を、反対側の拳を静かに保持したままで、何回となく少しゆるめるようにする。例えば、左手前で乗っているとき、左拳で馬の姿勢の制御と側方屈撓をさせ、軽く握りしめたり少しゆるめたりして、騎手の拳に支点を求めさせる。このようにして徐々に、馬が右手綱に支点をとるようにさせる。

2

馬が項を右か左に傾けて、正面から見て鼻梁が地面に垂直になっていない場合には、馬の耳が低くなっている側の拳を一時的に多少高くする。

3

騎手の内方脚は、馬体の肋部の側方屈撓と、内方後肢をしっかりと深く踏み込ませるために使う。外方脚は待機させておき、曲線運動で馬が後肢を外方へ踏み出しそうになった時だけ使って、曲線上を正確に歩くように制御する。

4

脚の扶助だけで後肢を活発に働かせることができない場合には、小刻みに鞭を使って動きにくい方の後肢を大きく前方へ踏み込ませる。その鞭の扶助で、馬が急に騎手の左右の拳に均等に支点をとって歩くのが極めてよく感じとれる。

5

真直性の改善を図るための垂直屈撓調教は、常に弾発力に満ちた前進気勢を伴って行わなくてはならない。それによって馬は平衡を保ち、運動図形に応じた側方屈撓をすることができるようになり、後肢を横に踏み出して側方屈撓がしにくくなるようなことは解消される。

6

項の屈撓をしにくい馬は、停止させて側方屈撓の調教をする。すなわち、頚を真直ぐにしておいて、手綱の扶助で項を側方に屈撓させる。この調教で項はよく動くようになり、項が柔軟になると鬣(たてがみ)が頚の左右にひらひらとなびくようになる。

特に、背の硬い馬に服従することを教えるのは、この屈撓調教は有効な手段である。

騎手としての必要条件

MクラスやSクラスの調教を志す騎手としての基本的な条件は、騎手としての基礎訓練の段階で **深くて柔軟な騎座** で乗れるようにならなければならないことは当然である。更にまた、優れた馬場馬術の騎手としての一層の技量の向上を願うならば、非常に繊細な **運動神経** と、優れた **リズム感覚** も持っていなくてはならない。

騎手はまた騎手に適した体形であることが望ましいが、馬場馬術の騎手は必ずしも力が強くなければならないということはない。確かに特定の馬では強い力を必要とすることがあることは私も知ってはいるが、その馬を軽量の女性騎手がとてもよく乗りこなしているのも事実である。私の経験から言えば、このような馬には非常に軽妙な扶助を使える騎手が乗るのに適していると思う。

もちろん体重で馬を御すことも可能であるが、その前提条件は、体重を巧みに使って大きな効果を得られることである。上手な騎手はその体重を馬の後躯にかけて屈撓させるのである。

このように騎手はそれぞれ自分に適した馬を選ぶことが大切なのである。しかしそれは、軽量の騎手は小さな馬に乗るべきだというのではない。大きな馬に軽量の騎手がうまく乗っているのをよく見受けるが、そのような馬は銜受が素直で項に全く癖がなく、生まれつき後躯の動きが活発な馬である。体力に恵まれない騎手が大きな馬をうまく調教したいと思えば、そのような平衡の良い馬を求めなくてはならない。

馬場馬術に適した **理想的な騎手の体形** は、長身痩躯で脚が長く、腰と尻とが引き締まっていて、背がすらりとしたスマートな体形である。しかし全くその反対のこともあり得る。ブビー・ギュンターはどう見ても騎手タイプではなかったが、その重厚な腰を巧みに利用して、脚を使用する必要

のない馬さえいたほどであった。しかもどの馬も彼が乗った後では、非常に乗りやすかった。もともと多少とも太った人は、後躯を強く抑えることができて有利であることは経験上間違いないが、見た目にはスマートな騎手の方が馬場馬術にはふさわしい。

非常に重要なことは、馬場馬術の騎手は常に柔軟な騎座を鍛えることである。そのために私はしばしば鐙なしで乗っており、私の知る限りでは、優れた馬場馬術の騎手は総てそのようにしている。ウィリー・シュルトハイスはその良い例で、鐙のない鞍を用意していて、徹底して鐙なしで乗っている。

昔の騎手は騎座の柔軟性には無関心であったが、その無関心さを自らの経験で非常によく補っていた。しかし馬に対しては乗りやすさと旺盛な前進気勢を求めていた。

馬場馬術の騎手として最も重要なことは、**気持ちを集中できること**である。競技に出場する前から気が散っていてはならない。私の場合はいつも競技の直前に、演技する課題を順番に思い浮かべながら、最後まで頭の中で演技することで気持ちを集中させるのだが、このときに他人に話しかけられるのが最も困ることである。競技中は完全に気持ちを集中して乗らなくてはならない。たとえ馬が多少うまくできないからといって決していらだってはならない。これまでに私が模範としてきた人物は常にヨーゼフ・ネッカーマンであった。彼の素晴らしさは、競技中は馬の姿勢を見事に維持して演技を展開し、その間、馬に改めて姿勢をとり直させなくてはならないという感じを全く抱かせなかったことである。

気持ちを十分に集中することができるようになると、馬場馬術の騎手に必要な自制心も自然に身についてくる。この自制心こそは、感情を常に冷静に保つためにはどうしても必要な条件である。

若い騎手がＳクラスの馬場馬術を学ぶためには、以上のような肉体的ならびに精神的な特性を自分自身のものとする以外に、**経験豊かな練習馬**が必要である。私は私の父が戦後調教したブロカート号から学んだ。ライナー・クリムケはウィリー・シュルトハイスのスキピオ号から学んだ。ウィリー・シュルトハイスはオットー・レルケのクロノス号から教えられた。総ての馬場馬術の騎手は皆同様である。踏歩変換までは、指導者が馬と騎手とを同時に訓練することができるが、ピアッフェ、パッサージュ、ピルーエット、それに歩毎踏歩変換となると、どうしても経験豊かな練習馬に乗って、その感覚を自分で感じ取らなくてはならない。そのような練習馬には、まだ3、4年は大きな競技会に出すことができると思えるような馬を、もう出さないことにして早めに練習馬として使用するのがよく、そうすれば長期間使え、得るところも非常に多いものである。

Mクラス馬場馬術

Mクラスの馬場馬術を調教するには、まず何よりも収縮の程度を著しく向上させなくてはならない。もちろんLクラスでも収縮速歩と収縮駈歩をしなくてはならないが、Lクラスの運動での収縮の程度はわずかである。

調教目標

Mクラスでは、**新しい運動課目**として速歩での二蹄跡運動、伸長駈歩、収縮常歩と伸長常歩および踏歩変換が加わる。

二蹄跡運動は、馬が曲線運動でも両手綱（轡）を均等に受けて後肢を踏み込みながら、馬体を柔軟に、後方から前方へと屈撓させることができるように調教されていれば何ら問題なく行える。

しかし伸長駈歩で、中間駈歩とははっきりとした違いを示す広い歩幅で、しかも真直ぐに行進できる馬は非常に稀である。同じことが収縮常歩と伸長常歩についても言える。

弾発力あふれる踏歩変換を真直ぐに行うのも、新しく加わった運動課目の中では非常に難しいものである。踏歩変換を確実にできるようになると、次は非常に難しい新しい運動課目であるピアッフェ、パッサージュ、歩毎踏歩変換に取り組むということになる。

Mクラスの調教における**最も重要で新しい運動課目**は速歩での二蹄跡運動であり、その基本となるのが肩を内へである。指示された姿勢と側方屈撓を確実にして、馬が項を傾けたり、拍子と弾発力を失わずにこの運動課目ができるようになれば、腰を内（外）へやハーフパスを行うことは困難なことではない。そしてこれらの運動課目を正確に行うことで、馬の弾発力、真直性、それに収縮の程度はますます向上する。

Mクラス水準の馬場馬術調教の基準		
調教基準	追加訓練	トレーニングテスト
拍　子 リラックス 依　椅	— — —	拍子、リラックス、依倚の維持 ・高度な収縮と大きな弾発力 ・それを新しい運動課目で
弾発力	伸長駈歩 速歩の二蹄跡運動	中間駈歩との明確な違いを示す広い歩幅で 二蹄跡運動で躍動力を維持し、徐々に高める
真直性	速歩の二蹄跡運動 直線上の踏歩変換	二蹄跡運動で弾発力を維持し徐々に高める 二蹄跡運動で項を傾けずに、正しい内方姿勢と側方屈撓 真直性の向上による結果としての弾発力の増加 直線上で横揺れせずに踏歩変換 収縮と伸長テンポで真直ぐに行進
収　縮	収縮常歩 速歩の二蹄跡運動	Lクラスに比べて、著しく収縮の程度を高め、後駆の屈撓と前駆の起揚、肩の自由を促進

記号文字	
✊✊	拳を軽く握りしめる扶助、手綱を保持か待機させている状態
🖐🖐	手綱を軽くゆるめる扶助
●●	体重をかける扶助
●●	腰を強く張る扶助
⊜⊜	体重を軽くかける扶助
▮▮	脚による推進扶助
▦▦	脚を待機させている状態

常歩歩調

中間常歩 では、はっきりした4拍子の歩法で、広い歩幅で活発に歩き、後肢の蹄は前肢の蹄の跡を少し越えて前を踏む。

収縮常歩 は中間常歩よりも歩幅は狭く、後肢の蹄は前肢の蹄の跡を越えて前を踏んではならず、最も前を踏んだとしても前蹄の着地した跡を踏まなければならない。そして後躯は屈撓して深く沈み込み、前躯は強く起揚して、鼻梁は垂直に近くなる。

伸長常歩 では広い歩幅で歩き、後肢の蹄は前肢の蹄の跡を大きく越えて前を踏む。騎手が拳をゆるめ、手綱を柔らかく滑らして伸ばすと、馬は頸を十分に伸ばして、ゆるめられた騎手の拳に自ら支点を求め、口との連携を失わないようにしなければならない。

常歩では収縮、中間、伸長の区別をはっきりして、注意深く歩かせなくてはならない。常歩は他の歩調よりも大きな誤りを犯しやすく、また犯した誤りを矯正するのが非常に難しい。

一般に常歩は調教中の息抜きに利用すべきものであるが、多くの騎手はあまりにも多く常歩をさせ過ぎている。

常歩で拳をあまり強く使い過ぎると非常に悪い影響がある。それは、常歩がいわゆる歩く歩調であって、殆ど弾発力がないために、速歩や駈歩のようには、手綱の操作で誤りを矯正することがで

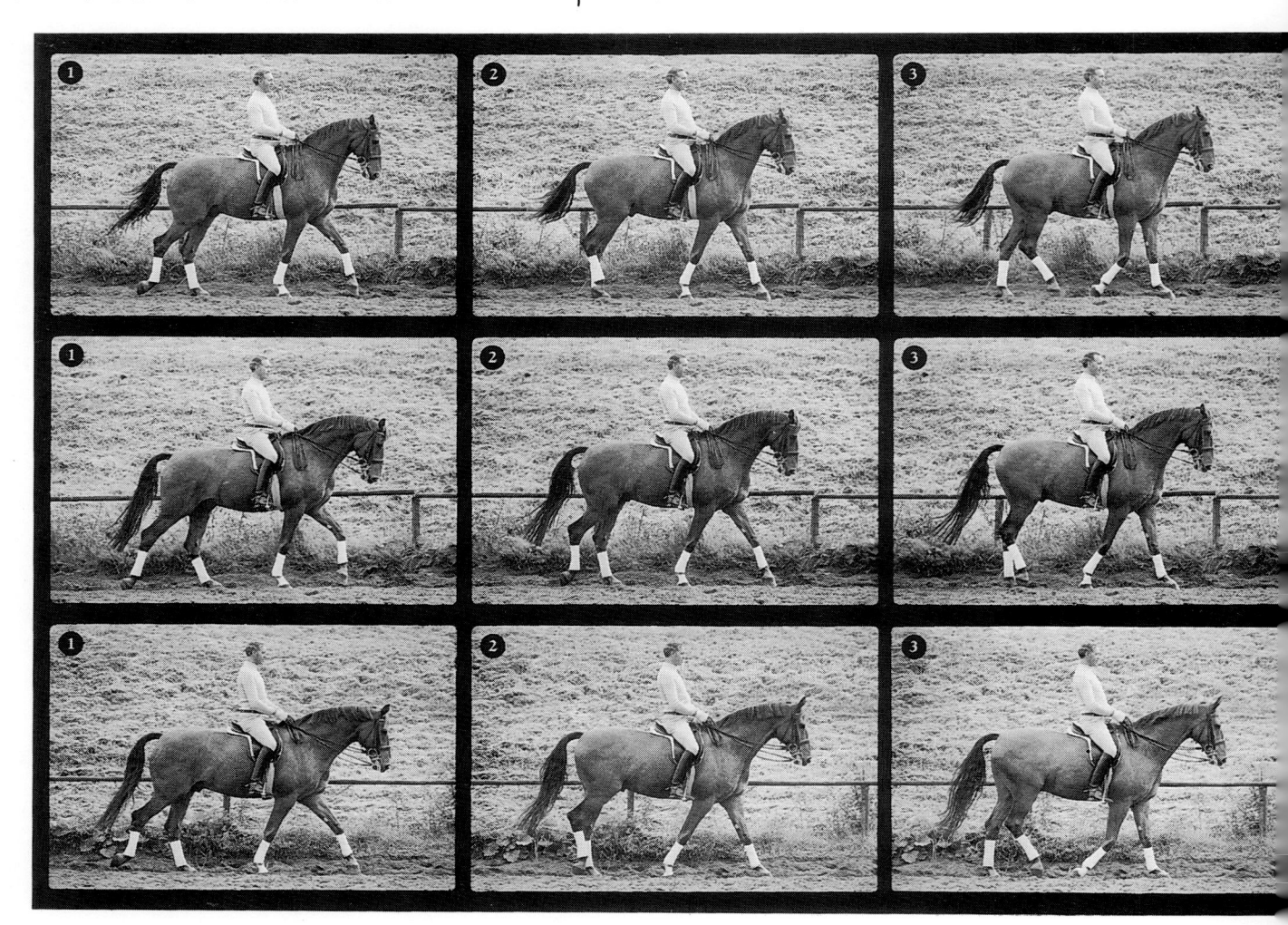

上より、収縮常歩、中間常歩、伸長常歩。

きないからである。

　収縮常歩と伸長常歩の調教を開始するのは、馬が完全にリラックスして扶助に対する従順性が良くなり、速歩と駈歩で後躯が柔軟に動くようになってからである。そして高揚した歩様や、広い歩幅で歩かせるために必要な整斉とした拍子が必ず保たれるように注意しなくてはならない。

　私はいつも競技の前に、十分な競技経験のある私の馬を調整するために、2、3日間常歩運動を行うことにしている。時には速歩と駈歩の収縮をよくするように調教することによって、常歩の肢の動きが非常に良くなるのを経験することがある。これは収縮によって後躯の動きが非常に良くなったためである。また常歩は調教時間の初めよりも、駈歩の調教を行った後の方が、広い歩幅で歩かせやすいことが多い。

速 歩 歩 調

収縮速歩 では、半停止と同時に腰と脚による推進扶助を加えることにより、強く収縮させる。その歩幅は広くはないが高揚し、活発で歯切れのよい動きである。馬は後躯を屈撓して荷重を受け、精力的で弾力的な動きを示し、前方よりも上方に向けて大きな弾発力を示す。

　収縮させるのに拳だけを使い、それと同時に使

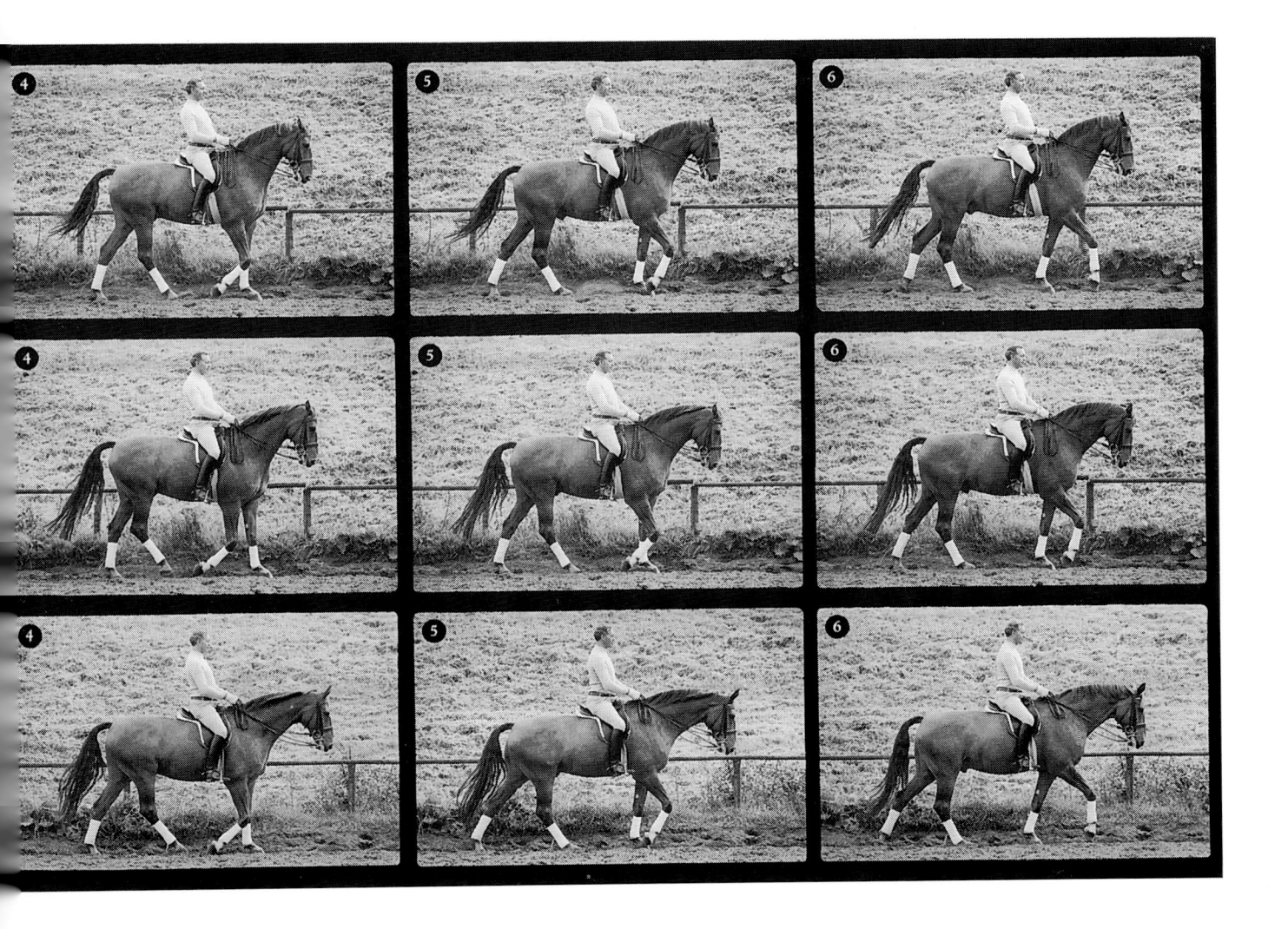

うべき腰と脚による推進扶助を使わずに歩度をつめるのは誤りであり、馬はリラックスできず、浮動的な歩様を示す。

収縮速歩は、最初の間は馬を多少楽にした速歩をまじえながら短時間ずつ行う。その場合、非常に訓練効果があるのは、中間速歩から収縮速歩への移行、およびその反対である。上手な騎手はこれによって中間速歩の推進力を収縮速歩に取り入れ、収縮速歩の弾発力を中間速歩の歩幅の広い歩様に変えることができる。

尋常速歩 は、前進気勢に満ちあふれた活発な歩様が特徴であり、後躯の屈撓と前躯の起揚は収縮速歩よりも少ない。歩調が性急になってもならないし、止まりかけても良くないので、その歩調は常に半停止と推進扶助によって調整しなくてはならない。

中間速歩 では、大きく踏み込む後肢の強力な推進によって、歩幅の広い、高揚した歩様を示す。後躯の屈撓によって大きな荷重がかかることのない前肢は、振り出すように軽やかに前方へ伸び、肩は弾力的によく動く。馬は自ら平衡のとれた姿勢を保ち、鼻梁は垂直よりもやや前に出る。中間速歩では馬をリラックスさせることに重点を置かなくてはならない。そのためには、騎手は中間速歩へ徐々に移行させるようにし、性急な推進扶助を加えて馬があわててつまずくようなことがない

上より、収縮速歩、中間速歩、伸長速歩。

ようにしなくてはならない。中間速歩でリラックスしなくなると、拳に重って不規則な歩様になったり、後肢を広げたり、横へ踏み出しやすくなり、あるいはまた肢の運びが行進方向から横へぶれるようになる。

伸長速歩 は、収縮速歩と中間速歩の相互間の移行が確実にできるようになって初めて開始する。伸長速歩では性急になったり、拍子が外れたりすることがないように、できる限り弾発力のある、歩幅の広い歩様を維持しなければならない。騎手が拳の位置を少し低くしてやると、馬は拳に支点をとりながら頸を伸ばし、後肢を深く踏み込んで歩幅を広げ、背をよく躍動させる。騎手はよく躍動する馬の背にあってその運動に随伴しなければならず、そのためには柔軟な騎座が必要で、全身の筋肉がリラックスしていなければならない。

完全に収縮した速歩も、最大限度に展開した伸長速歩も、後躯がよく鍛錬されて十分に屈撓し、後肢が人馬の重心下に向かって真直ぐに働きかけるようになった馬でなくては望むことはできない。従って、真直性の調教がまだ完全に終っていないのに、いくら収縮や、中間あるいは伸長の速歩を繰り返し訓練しても、全く意味はない。

その他、収縮速歩では馬が非常に疲労しやすいので、その訓練には馬を楽にした速歩をまじえるように注意し、その頻度も控えめにして四肢の損傷を防がなくてはならない。

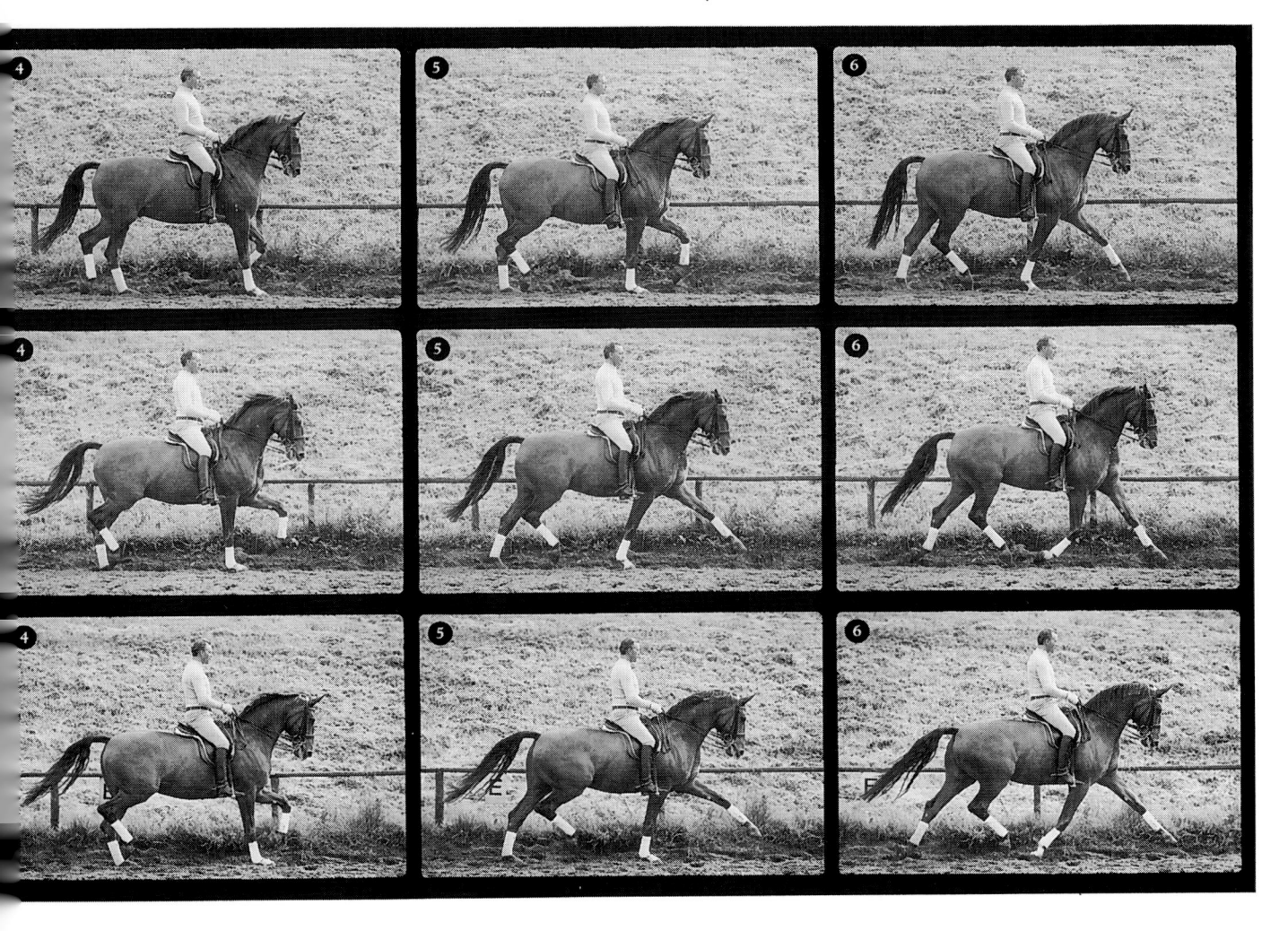

駈歩歩調

　駈歩では、馬体が生まれつき斜めになっていることがよく分る。それは、多くの馬は右手前で右駈歩をすると、右後肢を馬体の真下に踏み込まずに横に踏み出し、後躯が蹄跡より内側に入る傾向がある。この傾向は収縮駈歩を始める前に、尋常駈歩の段階で矯正しておかなくてはならない。

　具体的には、駈歩で輪乗を何度も繰り返し、内方後肢の屈伸力を強くさせるようにする。後躯を内側に入れる傾向が非常に強い場合は、軽く肩を内への姿勢をとり、手綱の扶助を使って前躯を内側に入れ、前躯と後躯とを同一線上に保つようにする。また左手前で反対駈歩の右駈歩を行い、馬体が斜めになっているのを矯正する。こうすると、柵により後躯を横に出すことが妨げられるので矯正がしやすい。

　真直性を矯正するには、内方座骨に体重をかけて内方脚で強く推進し、大きく弾発力をつけて前進させなくてはならない。さもなければ、斜めになり方がより一層強くなる。

　両後肢を重心下に深く踏み込ませて跳躍させることにより、*収縮駈歩* に移行することができる。収縮駈歩は後躯を十分に屈撓して跳躍し、弾発力に満ちて高揚した正確に3拍子の整斉とした歩様を維持できなくてはならない。はっきりとした3

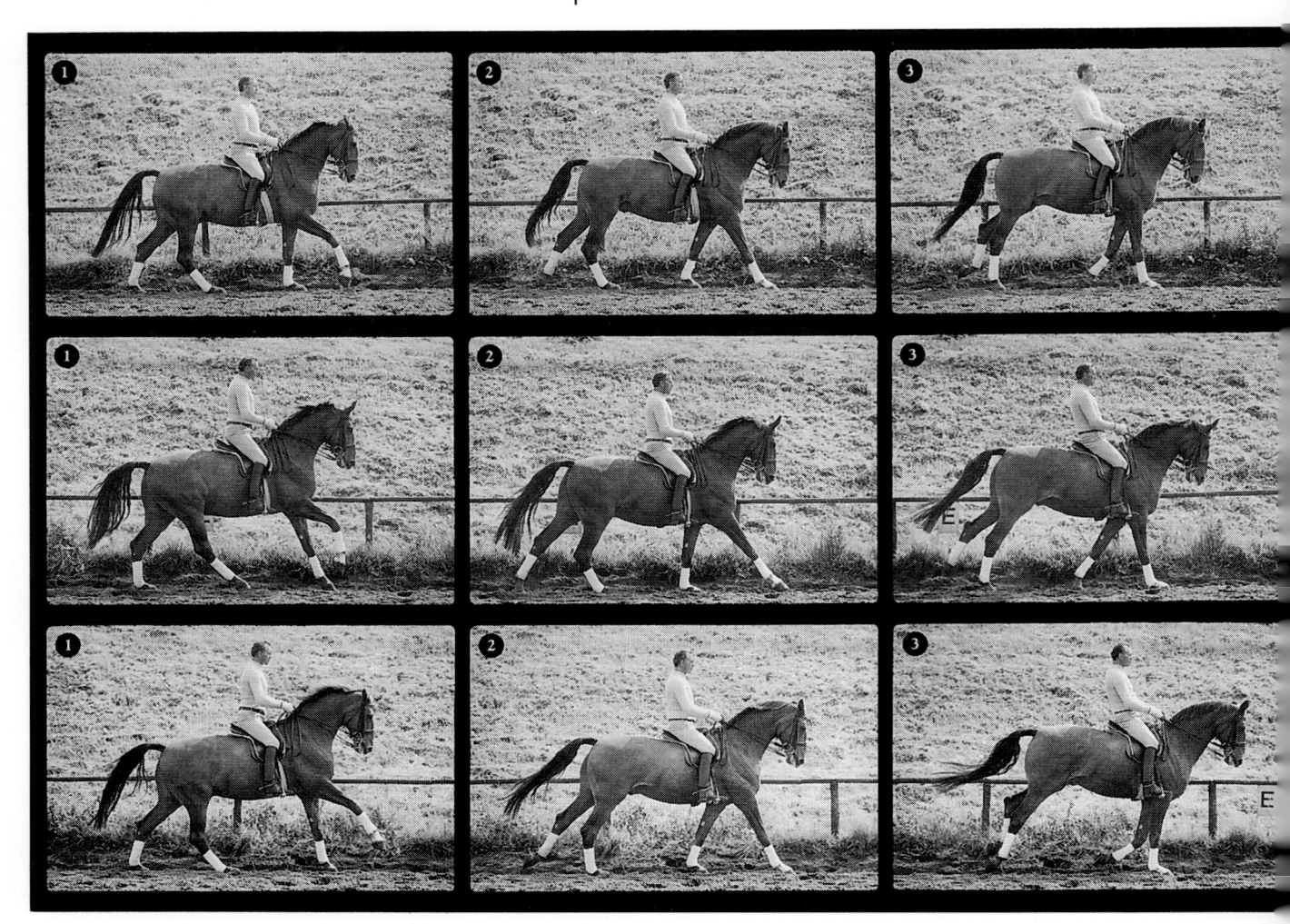

上より、収縮駈歩、中間駈歩、伸長駈歩。

拍子でなくなり、4拍子の駈歩になった場合には、元の整斉とした歩様に戻した上で、改めて収縮駈歩に発進させなければならない。

収縮駈歩は、常歩から駈歩発進をして、2、3歩駈歩跳躍をした後に歩度をつめるか、あるいは、尋常駈歩を徐々につめて移行することができる。尋常駈歩をつめる場合には、腰と脚の推進扶助よりも両手綱の抑制扶助の方が強くなり、4拍子の歩様になったり、後肢を内方へ踏み込むおそれがあるので、経験があまりない騎手には前者の方法がよいと思う。

駈歩の歩度を伸ばして *中間駈歩* に移行するのも伸長駈歩に移行するのも、徐々にしなくてはならない。騎手は腰と脚の推進扶助の効果を高めるために、拳を低くして手綱を保持するが、馬の口との連繋は保っていなければならない。馬は頚を伸ばし、鼻梁は垂直線より多少前に出る。そしてまた歩幅も広くなる。

伸長駈歩 では性急になることなく、最大限に駈歩の全能力を発揮させなければならない。また、中間駈歩との違いを明確にして、伸長駈歩では歩幅を一段と広げることが大切である。

騎手が馬の動きについて行けず、馬が跳躍するたびに尻が浮き上がり、その反動で鞍を叩くようなことがないように、騎手自身がリラックスした姿勢で、馬の動きに遅れないように、跳躍ごとに重心を前へ移動させなくてはならない。

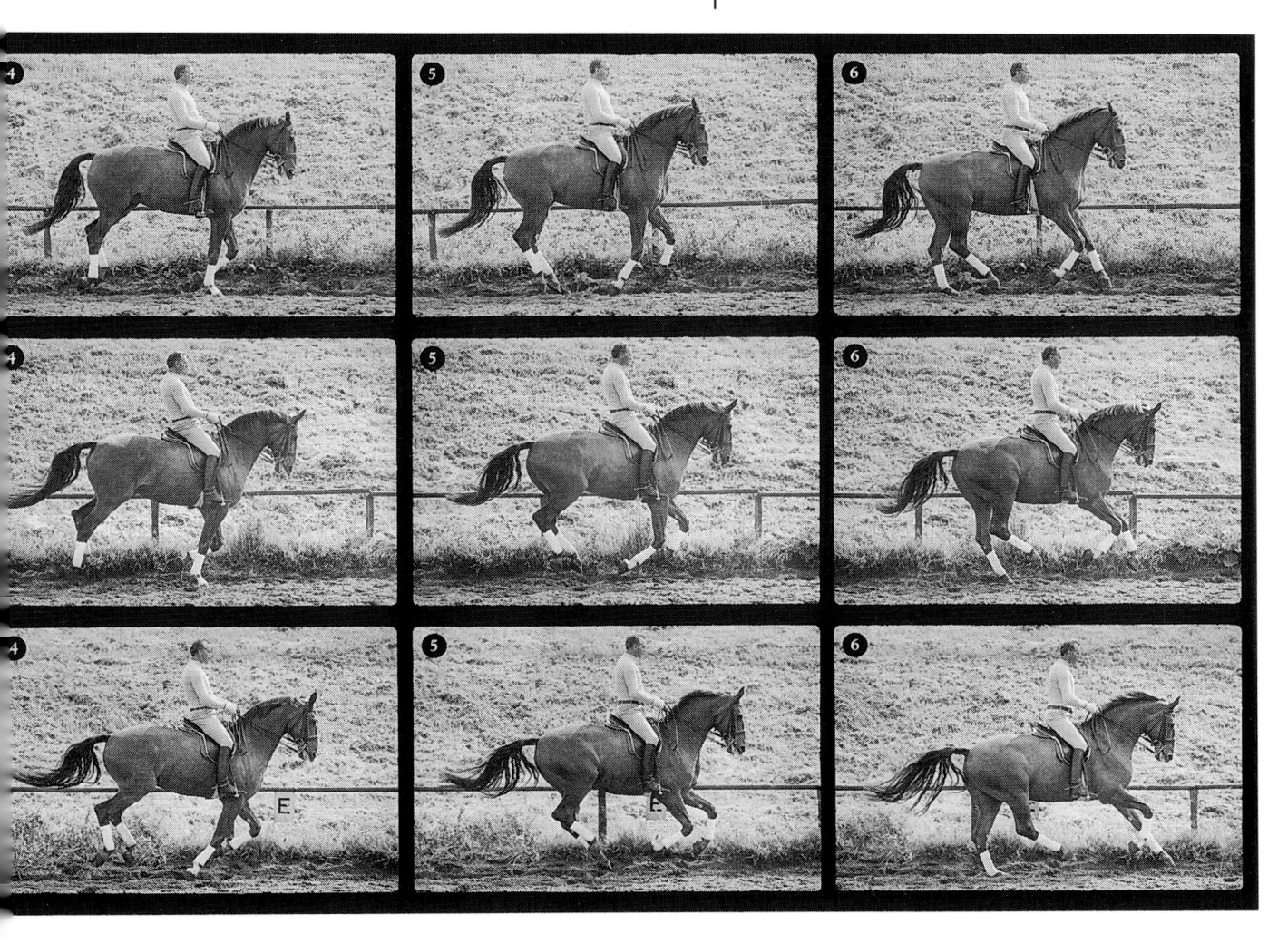

停止

Mクラスでは、停止、停止から発進、およびその移行がスムーズにできなくてはならない。これが正確にできていれば、審査員は馬がリラックスしているものと見なす。

停止で重要なことは、*前進運動を後躯で柔らかく受止め、馬が前躯にぶつかってはね返されるような感じにならないことである。その際、後肢は十分に深く馬体の下に踏み込んでいなければならない。*

そのためには、騎手は腰を強く張り、両脚で十分に推進して、後肢をしっかりと踏み込ませた後、完全に停止するまでの極めて短い一瞬を拳でとらえなくてはならない。腰の柔軟な馬にこの扶助を使うと、馬は後肢を弾力的に踏み込み、前進運動を柔らかく滑らかに受止めて停止する。

停止した後、馬は*四肢に均等に体重*をかけ、柔らかく銜を受けた状態で不動の姿勢を保つ。騎手は、馬の口との連繋を失わないようにしながら手綱を少しゆるめ、脚は軽く馬体につけたままにしておく。

停止した後、少しでも前進するのは一寸した誤りと見なされる。馬が後肢を後ろへ踏み下げるときは腰を改めて張り直して積極的に脚を使い、ときには鞭を使ってそうさせないようにしなくてはならない。なお、この場合に馬が後退するのは、騎手が拳をゆるめるのが遅れたり、ゆるめ方が不十分なために生じることが多い。

停止からの発進

馬は停止から、遅滞なく、円滑に速歩や駈歩に発進できなければならない。その場合、速歩では

停止の扶助

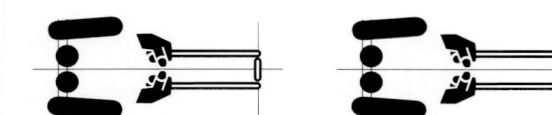

1. 馬が停止するまで、何回かの半停止で前進運動を受止める。
2. 一瞬拳を少しゆるめて馬が後退するのを防ぎ、馬が大きく頚を伸ばせるようにする。
3. 停止の扶助。馬の口との連携を正しく保ち、脚は馬体に軽くつける。

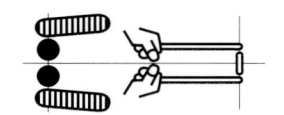

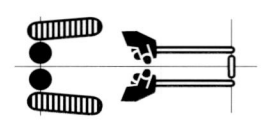

停止から常歩と速歩の発進の扶助

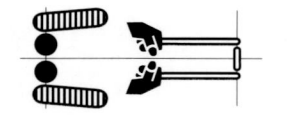

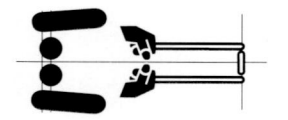

1. 停止の扶助。
2. 腰を張り、脚による圧迫を少し強めて馬に発進の準備をさせる。
3. 腰と脚による推進扶助を強め、拳を少しゆるめて発進を促す。
4. 常歩と速歩の扶助。

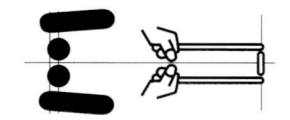

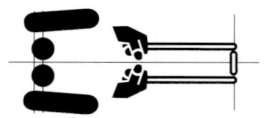

停止から右駈歩発進の扶助

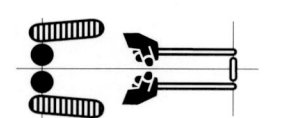

1. 停止の扶助。
2. 腰を張り、拳で馬体を軽く右に向け、右座骨に体重をかけ、右脚を少し圧迫して馬に駈歩発進の準備をさせる。
3. 腰と脚による推進扶助を強め、右拳を少しゆるめて右駈歩の跳躍を促す。
4. 右駈歩の扶助。

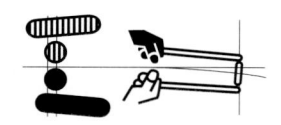

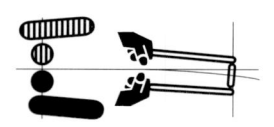

最初の第1歩から速歩の運歩 であり、駈歩では *最初の第1歩から駈歩跳躍* でなくてはならない。このことは停止している間に馬の全神経を騎手に集中させておくことによってのみ可能となる。発進する前に騎手はやや強く腰を張り、脚の圧迫をわずかに強めておく。そうすれば、更に腰と脚の扶助を強めて手綱を譲ることにより、待機していた馬は停止から発進することになる。この手順を踏まずに突然推進扶助を使うと、馬は驚いて興奮し、真直ぐには発進しない。

歩度の移行

ある歩度から他の歩度への移行および同一歩度でのテンポを変える場合、変えたことが *はっきりと分るように、しかしスムーズに移行し、突然変ったという印象を与えてはならない*。競技では、歩度とテンポは規定された地点まで同一の状態に保ち、*その地点で正確に* 移行しなくてはならない。

収縮テンポに移行するときは、馬体を後方から前方へと強く収縮させなくてはならず、伸長テンポに移行するときは、収縮している馬体をゆるめ、馬の頸はよく伸び、鼻梁が大きく垂直線の前へ出るようでなければならない。

移行が性急に行われるのは、馬が扶助に十分に従順でないか、騎手の扶助が強すぎたり突然であったためである。その際、拍子も乱れるが、それは馬の平衡が崩れるからである。

私は、例えば収縮速歩から伸長速歩へ移行する時には、拳で馬を軽く抑えながら腰を強く張り、歩幅が広くなるのが分ってから拳を少しゆるめて、完全な伸長速歩に移行するようにしている。

収縮速歩から伸長速歩へ移行の扶助

1. 収縮速歩の扶助。
2. 半停止により伸長速歩の準備扶助。
3. 腰と脚による推進扶助を強め、拳を少しゆるめて伸長速歩への移行を促す。
4. 伸長速歩の動きを大きくする。

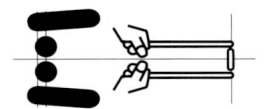

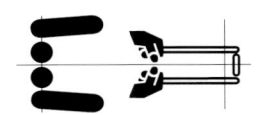

伸長速歩から収縮速歩への移行の扶助

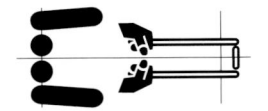

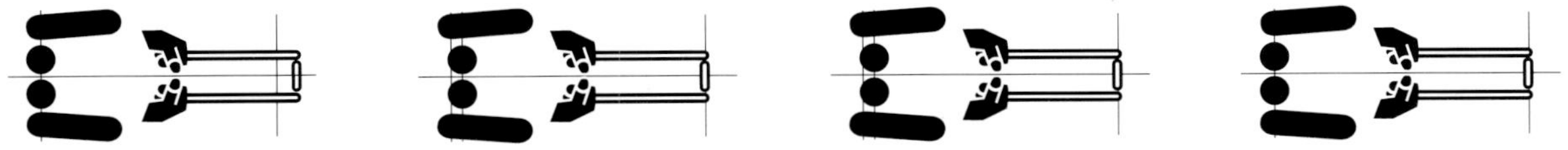

1. 伸長速歩の扶助。
3. 1回または数回の半停止で収縮速歩へ移行。
3. 収縮速歩の扶助。

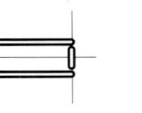

収縮駈歩から伸長駈歩へ移行の扶助

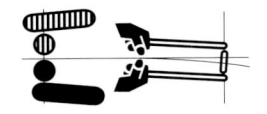

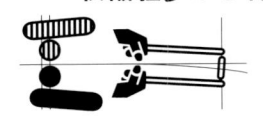

1. 右収縮駈歩の扶助。
2. 半停止で伸長駈歩の準備扶助。
3. 右側の腰と脚による推進扶助を強め、右拳を少しゆるめて伸長駈歩へ移行を促す。
4. 伸長駈歩の動きを大きくする。

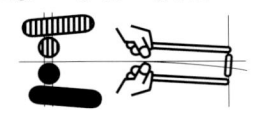

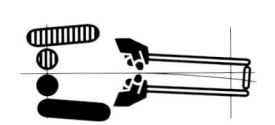

伸長駈歩から収縮駈歩への移行の扶助

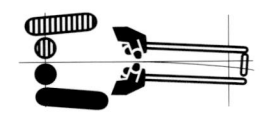

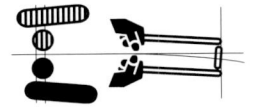

1. 伸長駈歩の扶助。
2. 1回または数回の半停止で収縮駈歩へ移行。
3. 収縮駈歩の扶助。

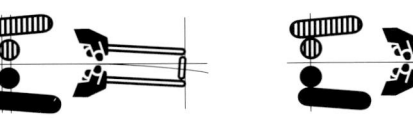

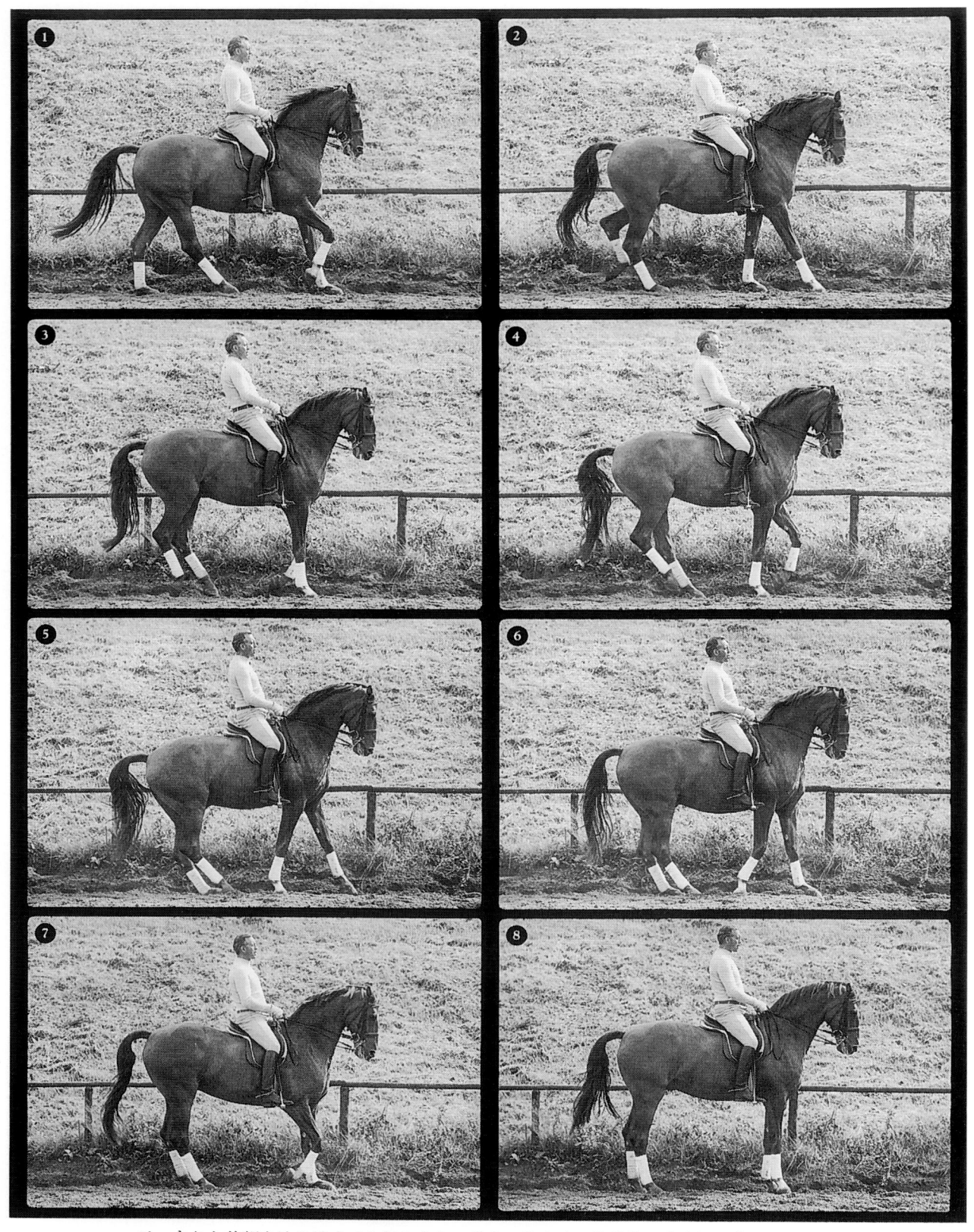

はっきりと後躯を沈み込ませた駈歩からの停止。停止時の前後肢は全く同じ高さではない。

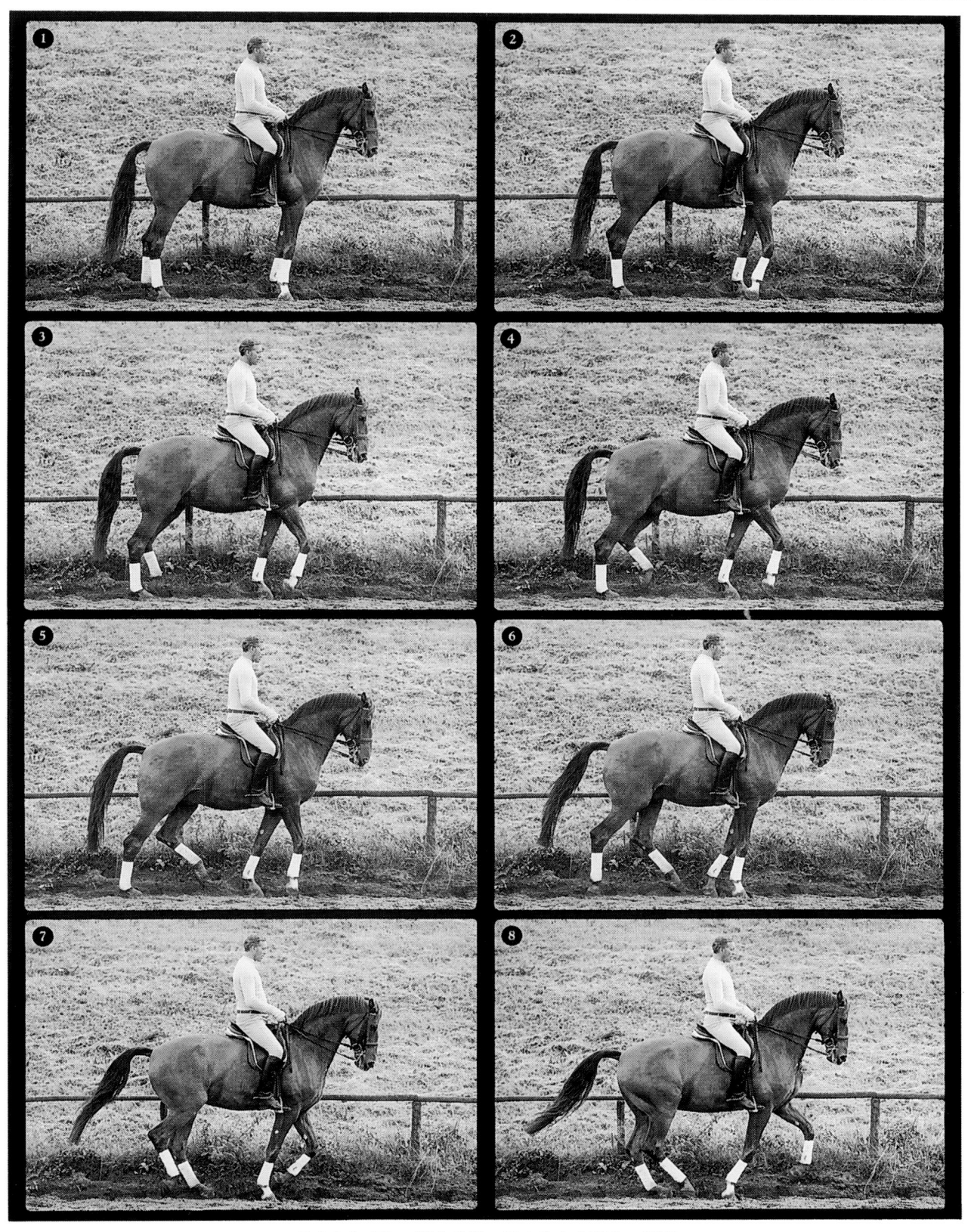

停止から直ちに駈歩発進。第1歩から駈歩の跳躍。

130　第Ⅲ章　Mクラスからグランプリまでの馬場馬術の調教

収縮速歩から伸長速歩への移行。

伸長速歩から収縮速歩への移行。

132　第Ⅲ章　Mクラスからグランプリまでの馬場馬術の調教

収縮駈歩から伸長駈歩への移行。

Mクラス馬場馬術　　　133

仲長駈歩から収縮駈歩への移行。

後肢旋回
（あとあしせんかい）

　後肢旋回は、内方後肢を軸として、旋回の前後に停止をさせることなく、その周囲を常歩で1歩ずつ横に歩かせて馬体を180度旋回させる運動である。

　後肢旋回を行うには、まず半停止で馬を強く収縮させ、次いで内方拳で馬をやや内方に向け、内方斜め前方に向けて側方屈撓をさせる。外方拳は譲って馬の肩を前に出させると共に、側方屈撓が強くなり過ぎた場合に備えて待機させておく。外方脚は腹帯のやや後方で、内方脚は腹帯の直後で、軽く馬腹につけ、体重は内方座骨にかける。

　私の方法は、多くの専門書に書いてあり、また多くの騎手が行っている外方脚だけで推進する方法とは違って、*後肢旋回では左右の脚を交互に使って行う*。その方法は、まず外方脚で外方後肢を前に踏み出させ、内方脚は待機させる。次いで、内方脚を使い内方後肢を斜め前に踏み出させる。こうしてまた再び外方脚を使う。

　馬が性急に旋回しようとする場合は軽い半停止でこれを抑えなければならない。騎手の肩は馬の肩と平行に保ち、また騎手は馬の動きに遅れないように随伴しなければならない。後肢旋回をした後は、馬を真直ぐに向け、拳をゆるめ、腰と脚とで推進し、一瞬と言えども停止させることなく、直ちに真直ぐ前進させる。

　後肢旋回を正しく行うと、馬は内方後肢での負荷をさらに大きくし、それに応じて前躯が軽くなる。また馬は旋回中も常に前進気勢を保たなければならない。

　内方後肢で小さな円を描くのは一寸した誤りである。これとは反対に、内方後肢を上下に動かさず、地面に着けたままで旋回するのは、内方後肢の負荷が強くならないので運動の効果がない。

　旋回で馬が後退するのはもちろん非常に大きな誤りである。腰の操作を誤ったり、拳を後方へ引くような誤りを犯すと前進気勢がなくなり動きが悪くなる。よく見かけるのは、常歩で肢を1歩1歩運んで旋回するのではなく、馬が体を投げ出すように性急に旋回する後肢旋回で、これでは拍子が合わず、後肢を地面につけたままで無理に旋回しているだけである。

後肢旋回の扶助

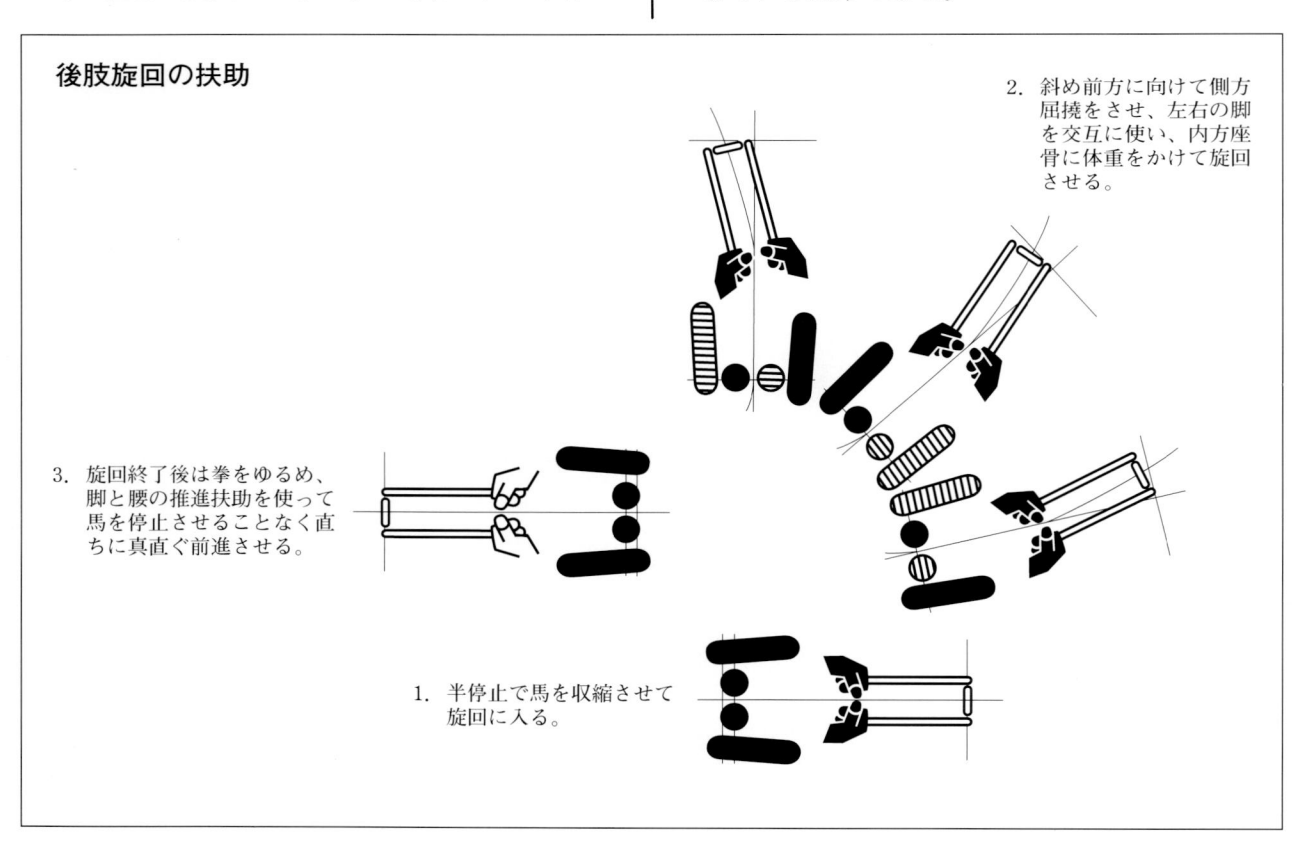

1. 半停止で馬を収縮させて旋回に入る。
2. 斜め前方に向けて側方屈撓をさせ、左右の脚を交互に使い、内方座骨に体重をかけて旋回させる。
3. 旋回終了後は拳をゆるめ、脚と腰の推進扶助を使って馬を停止させることなく直ちに真直ぐ前進させる。

Mクラス馬場馬術

後肢旋回：内方後肢を軸として、馬を停止させることなく、その周囲を常歩で180度旋回させる。

回転運動

　回転運動（輪乗、巻乗、半巻、蛇乗）についてはMクラスの調教中に、馬がその *回転する曲線の湾曲度に正確に一致した側方屈撓* ができるようにしておかなくてはならない。そして、同じ側の前後肢は同一曲線上を通過し、回転中は拳に重らず、両手綱に均等に軽く依倚するようにならなければならない。

　内方手綱の役割は、馬の頭頸を内方に向けて屈撓させることである。外方拳はわずかに前へ出して外方の肩を前に出させると共に、側方屈撓の程度を維持するために一定の位置で保持して待機させておく。また、馬が平衡を崩さないように、外方手綱で態勢を整える。内方脚は腹帯の直後で強力に推進して肋部を屈撓させると共に、内方後肢が活発に動作するように働きかける。体重は内方座骨にかけ、必要に応じて内方後肢に働きかける。外方脚は腹帯のやや後方で軽く馬腹につけ、馬が外方後肢を横に踏み出すのを防ぐために待機させる。騎手の腰は馬の腰に、騎手の肩は馬の肩にそれぞれ平行に保つ。騎手は馬の肩に近く、できるだけ鞍の前方に乗らなくては体が遅れ、馬の動きに随伴できない。

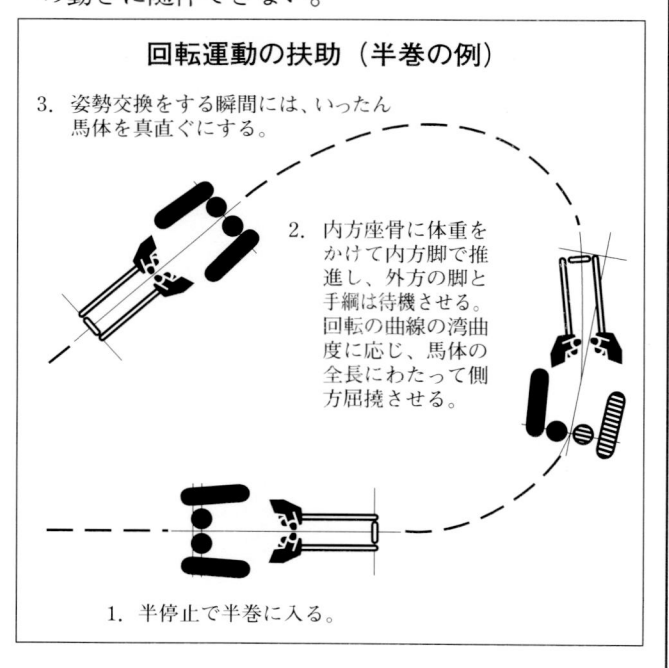

回転運動の扶助（半巻の例）

3. 姿勢交換をする瞬間には、いったん馬体を真直ぐにする。
2. 内方座骨に体重をかけて内方脚で推進し、外方の脚と手綱は待機させる。回転の曲線の湾曲度に応じ、馬体の全長にわたって側方屈撓させる。
1. 半停止で半巻に入る。

回転する曲線の湾曲度に一致した美しい側方屈撓

停止で収縮させてから回転に入る。そのためには、強力な後躯の推進力と、十分な収縮を欠かすことはできない。

速歩での二蹄跡運動

　二蹄跡運動では馬体の全長にわたって均等に屈撓する内方姿勢をとらせる。*同じ側の前後肢は同一の蹄跡（1蹄跡）を踏まず、斜め前方へ向けて別々の蹄跡（2蹄跡）を踏む*。その際、後肢は相接して斜め前を踏む。

　収縮速歩で行う二蹄跡運動では、原則として拍子と弾発力は直線上や曲線上の行進時と同様に正確に維持されていなければならない。まだ十分な収縮ができていない馬に二蹄跡運動をさせると、その多くは肩に重り、整斉とした歩様を失う危険性がある。これを防ぐために、二蹄跡運動の調教を始める前に、内方後肢が大きな負荷に耐えられるように、輪乗と巻乗とでよく鍛錬しておかなくてはならない。

　私は、新馬に速歩での二蹄跡運動をさせる準備として、まずその扶助に馴れさせるために、常歩で二蹄跡運動をさせている。そうすると、常歩での二蹄跡運動は動きが遅いので、馬には斜め前方に歩く場合の肢の運び方が分りやすく、肢ももつれずに歩けるが、それだからと言ってそうたやすくも歩けない。この常歩での二蹄跡運動の訓練価値は大きくはないが、馬の関節が柔軟になり、速歩での二蹄跡運動の準備として効果のあるものである。

　二蹄跡運動で騎手が注意しなければならないことは、できるだけ鞍の前方に乗り、騎手の肩と腰をそれぞれ馬の肩と腰に正確に平行になるように保持することである。そうすることによって馬の動きに随伴することができ、また馬の自由な歩行

肩を前へは肩を内への準備訓練である。馬はわずかに内方に向き、かつ側方に湾曲する。内方後肢は両前肢の中間を、外方後肢は外方前肢の横を踏む。

肩を内へでは、馬体は内方脚を支点に湾曲し、3蹄跡上を頭の向いている方向とは反対の方向へ行進する。前から見ると内方後肢は外方前肢の後ろに隠れて見えない。

を妨げることもないので馬が平衡を崩すこともない。騎手は体重を内方座骨に強くかけなければならないが、多くの騎手は腰が曲がっているため、無意識に体重が外方座骨にかかって、馬が拍子に合った動きをしなくなりやすい。

肩を内へ

　肩を内へは二蹄跡運動のうちで最も簡単な運動課目であるので、二蹄跡運動の最初に調教し、それを腰を内(外)へおよびハーフパスの準備として役立てる。従って、腰を内(外)へとハーフパスの調教は、馬が肩を内へを完全にマスターしてから開始する。

正しい実施方法とその目標

　肩を内へは、内方脚を支点に馬体を湾曲させて内方姿勢をとらせ、前躯を蹄跡の1歩内方に入れ、内方の前後肢を外方の前後肢の前へ踏み出させて、頭の向いている方向とは反対側の方向へ行進させる。

　以前外国では4蹄跡上を行進していたこともあるが、現在の国際規程では3蹄跡上を行進することになっている。従って肩を内への運動を前方から見ると肢は3本しか見えない。すなわち、内方前肢、外方前肢、外方後肢の3本は見えるが、内方後肢は外方前肢の後ろに隠れて見えない。

　肩を内へは私が調教を行う場合に必ず最初に行

腰を内へでは、後躯が蹄跡の内側に入り、馬は行進方向に向けて側方に湾曲した姿勢で4蹄跡上を行進する。その湾曲度は肩を内へよりも強い。

腰を内へと反対の腰を外へでは、前躯が蹄跡の内側に入り、馬は行進方向に湾曲した姿勢で行進する。馬は進行方向に向けて側方に湾曲した内方姿勢で4蹄跡上を行進する。その湾曲度は腰を内へと同程度である。

う運動である。それは肩を内へには次のような調教効果があるからである。

1

馬体が斜めになるために後躯の搬送力がより多く必要となる。すなわち、後躯は一層強く負荷に耐えて屈撓し、馬は収縮するようになる。

2

馬体が斜めになるので、推進力が途切れないように推進扶助を一層強く与えることとなり、馬の弾発力が改善される。

3

馬体の全長にわたって左右に側方屈撓を行わせるので、馬の真直性が向上する。

4

後躯の鍛練、垂直屈撓調教および肩の鍛練の強化により、肩がより自由に動くようになる。

5

斜め前方への運動を行うことにより脚の扶助に従順となり、またその結果として馬の一般的な従順性が向上する。

6

要するに肩を内へはまた馬の項を柔軟にする優れた手段でもある。

肩を内への前段階の訓練は **肩を前へ** である。この運動では馬はわずかに内方を向き、内方後肢を両前肢の間に踏み込み、外方後肢を外方前肢の横へ踏み出し、馬体をきわめてわずかに湾曲させる。

肩を内への扶助

半停止で肩を内へに導き、内方手綱で前躯を内方に入れる。外方手綱は少しゆるめて外方の肩を前に出させると共に、側方屈撓が強くなり過ぎた場合に備えて待機させる。回転運動と同じように内方手綱で方向を指示し、馬が平衡を崩さないように外方手綱で支持する。

騎手は体重を内方座骨に大きくかけると共に、肩が後ろに残らないように気をつける。内方脚は腹帯の直後で軽く馬腹につけ、肋部の側方屈撓を維持すると共に内方後肢を深く踏み込むように促して、横への運動を継続させる。外方脚は待機させておき、外方後肢を横へ踏み出しそうになった時にだけ積極的に使う。外方脚を待機させている時は、腹帯のやや後方に引いて軽く馬腹につけておくが、外方後肢を踏み込むように指示する場合はやや腹帯の近くで使う。肩を内へを終る場合は、外方手綱と内方脚とで前躯を蹄跡上に戻す。

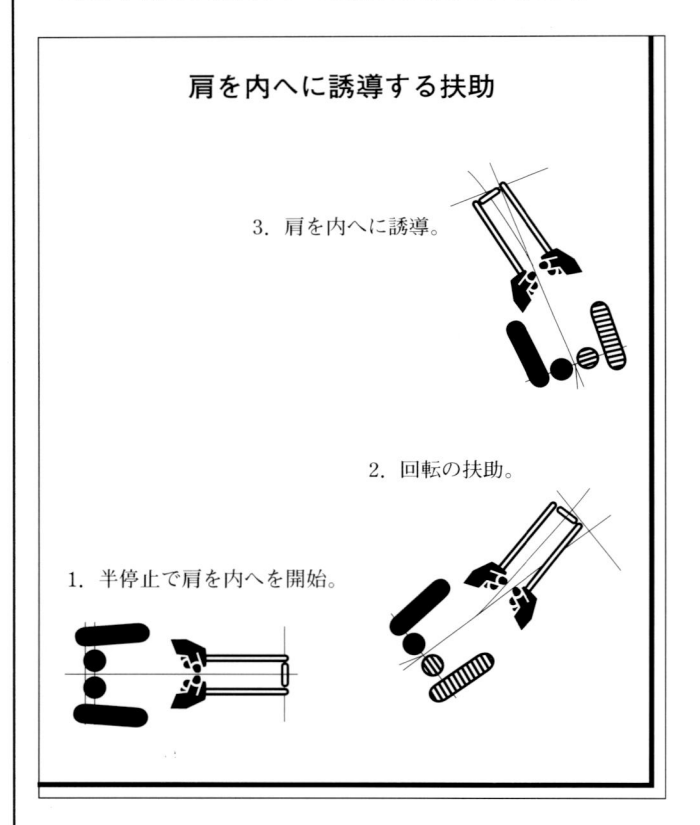

肩を内へに誘導する扶助

3. 肩を内へに誘導。

2. 回転の扶助。

1. 半停止で肩を内へを開始。

肩を内へに関する助言

肩を内への訓練を行うには、*縦蹄跡へ入る隅角から* 運動を開始するのが最も合理的である。その理由は、隅角で馬はすでに回転運動の姿勢をとり、騎手は内方後肢をよく支配できるからである。従って、隅角から引き続き回転運動を続けるつもり

で乗り、内方の手綱と脚で横の方向へ移動させるように誘導するとよい。

　最初は馬をわずかに斜めにするだけで十分である。そしてまず、何回か肩を前へをしてから、馬体を斜めにする度合いを強くして、肩を内へを2、3歩するだけで満足しておく。馬が拍子を外したり、弾発力を失ったり、あるいは必要な側方屈撓が維持できなくなった場合は、馬をいったん蹄跡上に戻して両手綱を均等に受けさせ、弾発力をつけた前進運動をさせた後、改めて肩を内への運動に入る。

誤りとその矯正方法

　肩を内へで非常に多い誤りは、**外方の肩を突き出すこと**①である。その原因は、馬が十分収縮していないか、あるいは内方手綱の操作が強すぎて頚が横に向き過ぎているためである。これを矯正するには、外方の手綱と脚とで強く抑えるのであるが、内方脚の扶助を少し控えて頚の向きを正し、外方手綱で軽く半停止の扶助を加えるだけで十分なことが多い。

　肩を内へでの大きな問題は、馬が **項を左や右に傾ける** ことである。それは特に右手前での運動中に起こりやすく、右の耳が低くなる。その原因は、騎手が外方拳を強く使い過ぎて外方手綱で馬を抑え過ぎているか、あるいは馬がまだ両手綱を均等に受けて歩いていないことにある。その矯正は、右手前で右拳を少し高くして乗るか、場合によっては後躯を強く踏み込ませて、必要な強さの側方屈撓をさせることでできる。それでも十分に矯正ができないのは、肩を内への運動をするのに十分な調教がまだできていないためであるので、まずは曲線上で側方屈撓の調教をして真直性を向上させ、両手綱に均等に連携をとって行進できるようにしなくてはならない。

　左手前で肩を内へをした時によく見られる誤りは、肋部を屈撓せずに頚だけを横に向けて、**外方後肢を外方へ踏み出す** ものである。この誤りの原因は、騎手がほとんど内方脚を使わずに、拳だけで馬の頚を強く曲げることにある。もしそうでない場合は真直性に問題があるので、曲線上で十分な肋部の側方屈撓の調教をしなくてはならない。

　肩を内へで馬が頭頚を **巻き込む（轡後に来る）** 場合は、馬をいったん蹄跡上に戻して態勢を立て直し、**拍子が合わなくなった時** も同様に蹄跡上に戻して拍子を整え直さなければならない。またこのように改めて肩を内へをする場合は、馬の動きによく随伴して、安定した騎座で乗るように気をつけて、馬の平衡を崩さないように十分に注意しなくてはならない。

①〔編者註：馬体が頚の付根で折れた状態。「肩で逃げる」とも言う〕

肩を内へで行ういろいろな運動

　肩を内へが縦蹄跡上で正しくできるようになると、他の運動と組み合わせたいろいろな運動を中央線上で行うことができる。その良い例は **肩を内へから巻乗** をして、**巻乗から肩を内へ** に再び戻る運動である。この運動によって馬の従順性が非常に良くなる。

　中央線上での肩を内へ を行うのは、馬が外方後肢を横に踏み出すのを防ぐ柵などがないので難しい。従って、この運動は馬が扶助を正しく受け入れているかどうかを判断するための良い材料になる。停止をさせたときに後肢が揃わず、片方の後肢を後ろに残す傾向がある場合は、**肩を内へからの停止** をさせるとよい。例えば、左後肢を後ろに残して停止する傾向がある場合は、左手前で肩を内へからの停止を2、3回させるとよい。

　ある馬術書では、**隅角通過や輪乗あるいは巻乗での肩を内へ** をすることを推奨している。しかし私はこれには賛成しかねる。なぜならば、そうすると後肢を外方へ踏み出しやすくなるからである。私が肩を内へで隅角を通過させるのは、何らかの理由で隅角の通過を嫌う馬の矯正のためだけである。

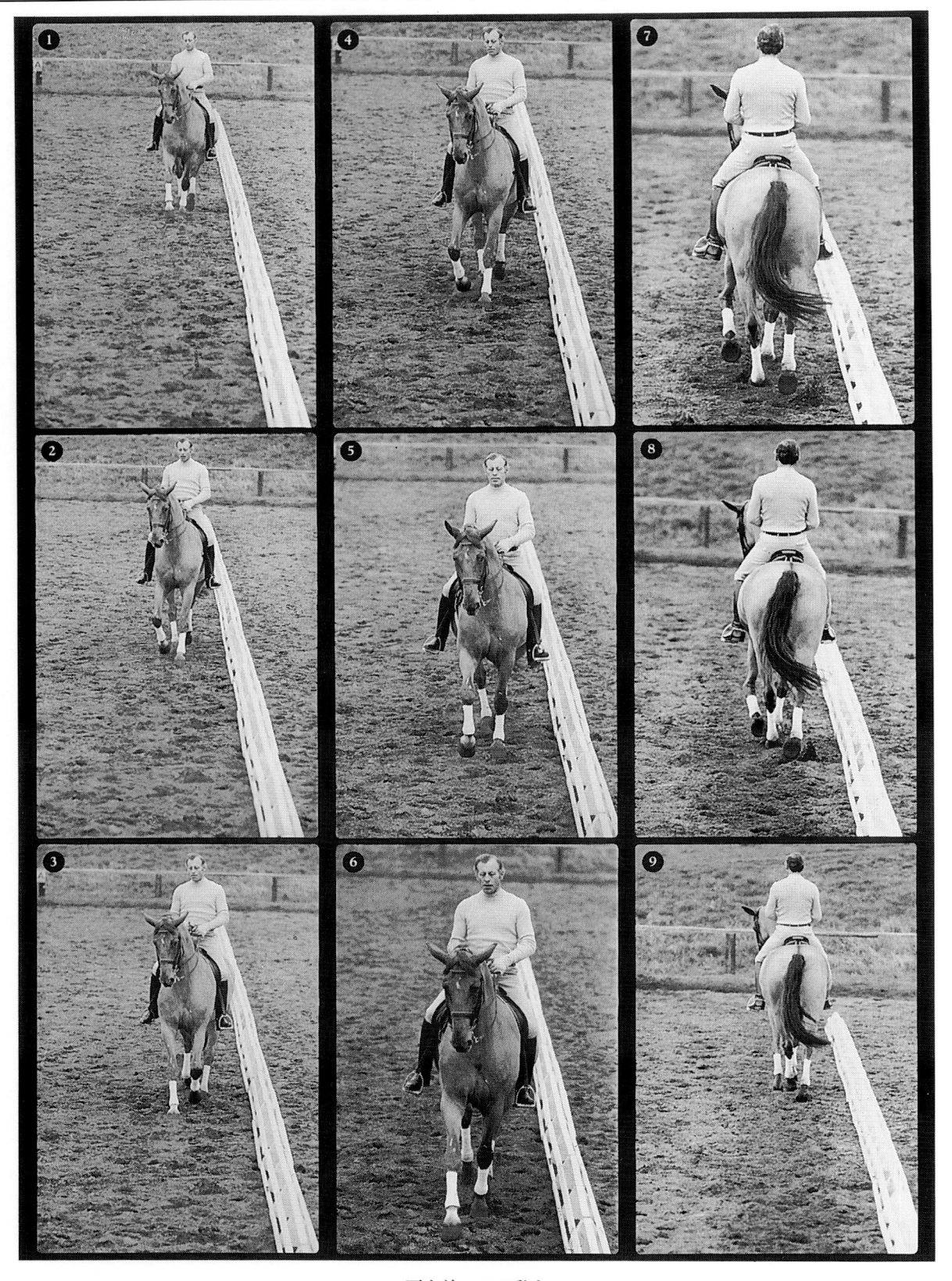

142　第Ⅲ章　Mクラスからグランプリまでの馬場馬術の調教

肩を前へでの動き。

肩を前へでの馬の姿勢と側方屈撓。

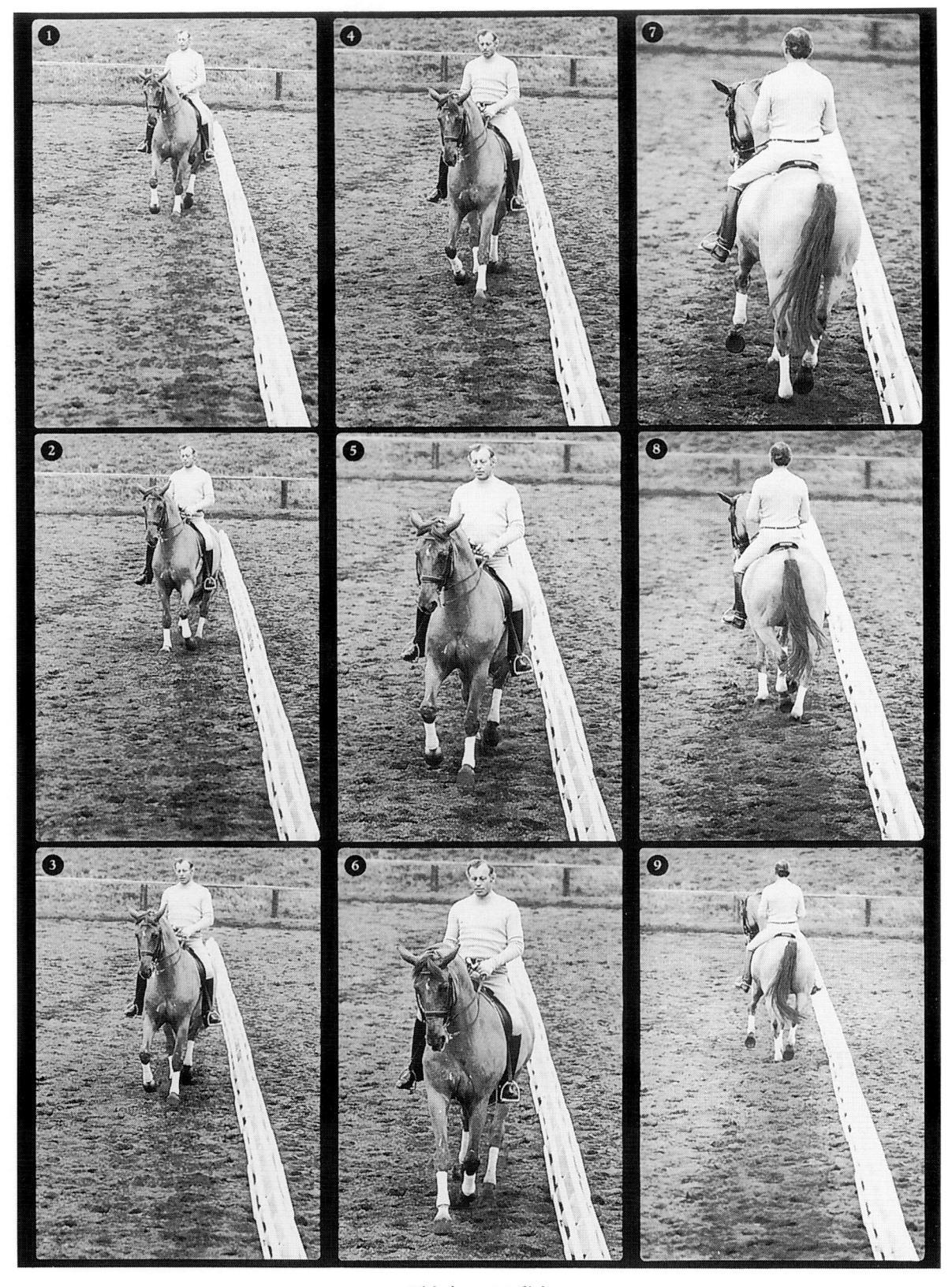

第Ⅲ章　Mクラスからグランプリまでの馬場馬術の調教

肩を内へでの動き。

肩を内へでの馬の姿勢と側方屈撓。

腰を内へと腰を外へ

腰を内へと腰を外へで、馬は行進する方向に向けて側方に湾曲し、内方姿勢をとる。腰を内へでは後躯が蹄跡の内方に入り、腰を外へでは前躯が蹄跡の内方に入る。

正しい実施方法とその目標

肩を内への場合よりも強く側方に湾曲する。前から見ると4本の肢が互いに重なることなく総て見える。外方の前後肢は内方の前後肢の前方へ斜めに踏み出す。腰を内へで馬の外方の腰が内方の肩の後方に来ていれば、騎手は正しい内方姿勢になっていることが分る。行進方向に対する馬体の角度は約30度である。

腰を内へと腰を外への訓練目標は、肩を内への訓練目標と全く同じであるが、収縮と側方屈撓の度合いは肩を内への場合よりも大きい。そして、内方姿勢と側方屈撓の向きが行進の方向と一致しているので、外方後肢は重心下に踏み込み、内方後肢には強く荷重がかかり、全重量を受止めて行進する。

馬にとって腰を内へと腰を外へは、肩を内へに比べ非常に努力を必要とする運動であるので、肩を内への運動を行った後に実施し、その時間も短くしなければならない。

腰を内(外)への扶助

ここでは腰を内への扶助だけについて述べる。腰を外へではその反対の扶助を行えばよい。

腰を内への運動に入るには、多少強く内方姿勢をとらせ、半停止で入る。後肢を蹄跡の内側へ踏み込ませるには、外方脚を腹帯の後方につけて馬腹を圧迫し、斜め前方への運動を促進するには、内方脚を支点にして側方屈撓をさせる。内方拳で馬体を斜めに向け、外方拳は前に出して、側方屈撓が強くなり過ぎた場合にすぐにこれを矯正できるように待機させておく。内方座骨に強く体重を

腰を内へに誘導する扶助

3. 脚の扶助により馬体の向きを変える：外方脚で後躯を蹄跡の内方に入れ、内方脚を支点として側方屈撓させ、馬を斜め前方へ行進させる。

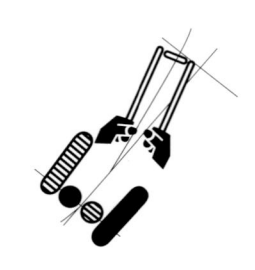

2. 回転における扶助。

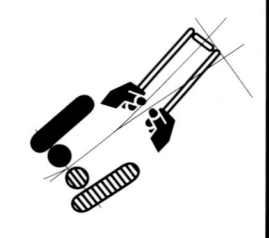

1. 半停止で腰を内へを準備。

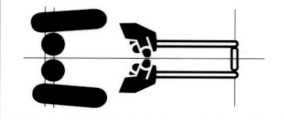

かけ、内方脚は馬の動きが性急になったり、後躯が内方に入り過ぎた場合にだけ腹帯の直後で積極的に使う。運動を終るには、内方脚と外方手綱で後肢を蹄跡に戻す。

腰を内(外)へに関する助言

腰を内への運動は、縦蹄跡へ入る隅角から開始するのが最も良い。その時点では、馬体はすでに内方脚を支点にして側方屈撓しているので、外方脚で後肢を内方へ踏み込ませさえすれば腰を内への態勢となる。但し最初の間は、馬を行進方向に向けて側方屈撓をさせるのが困難なので、内方脚を支点として側方屈撓をさせる度合いは徐々に強くしなくてはならない。

腰を外への運動は、縦蹄跡に入る隅角で軽く肩を内への態勢をとってから、拍子を狂わせたり、弾発力を失ったりすることのないように注意しな

腰を外へに誘導する扶助

4. 腰を外へに向きを変える。馬の内方姿勢と側方屈撓を行進方向に向けてとらせ、新内方座骨に強く体重をかける。新外方脚は腹帯の後方に引いて推進し、新内方脚は腹帯の直後で待機させる。

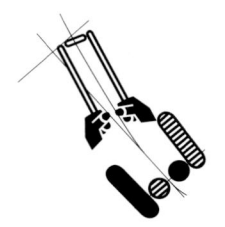

3. 馬を肩を内へに誘導。

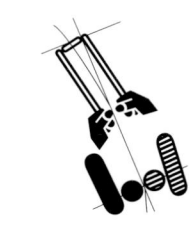

2. 回転における扶助。

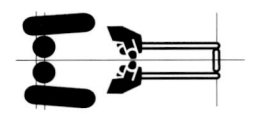

1. 半停止で腰を外へを準備。

がら、馬の向きを慎重に行進方向に変えてから始めるのがよい。**腰を外へは腰を内へよりも難しい**と言われるのは、前躯を蹄跡の内側に入れてから、馬の内方姿勢と側方屈撓を行進方向に向けなくてはならないからである。また、腰を外へには後肢旋回から入るように勧める人もあるが、私はそれには反対である。その理由は馬が駈歩になりやすく、腰を外へができにくいからである。

誤りとその矯正方法

腰を内へと腰を外へでよく見られる誤りは、**肋部の側方屈撓が不十分で、頸だけを強く曲げ過ぎること**である。また、行進方向に対する馬体の角度が大きくなるのも誤りである。この場合、馬は斜め前方よりも真横に歩き、前進気勢を失って正しい姿勢を保てない。これを矯正するには、内方脚を強く使い、外方手綱を少し引きしめて側方屈

撓を制限する。項を傾け、あるいは頭頸を巻き込むなど、拍子が合わなくなるような誤りは、肩を内への場合と同じような方法で改善する。腰を内へや腰を外への運動中に、速歩から勝手に駈歩に移ることがある。この場合は、直線運動に戻して矯正するのではなく、腰を内へ、あるいは腰を外への運動をそのまま続けながら、速歩に戻すのが最も良い矯正方法である。

二蹄跡運動間のいろいろな移行

馬が、肩を内へ、腰を内へ、および腰を外へ、を完全にできるようになれば、これらの二蹄跡運動間の移行の訓練を数多く繰り返すことが非常に有効である。馬はその扶助の違いに対してよく注意をするようになり、扶助への従順性が良くなる。二蹄跡運動に巻乗を組み合わせて訓練するのも合理的である。例えば、*肩を内へ──巻乗──腰を内(外)へ──巻乗──肩を内へ* を行う。このような乗り方は競技の課目にもなっている。よく調教できた馬では、調教状態を再確認するために、*後肢旋回から腰を外へ*、あるいは *腰を内へ──後肢旋回──腰を外へ* の移行をさせることも必要である。

中央線上で行う腰を内へと腰を外へ は、中央線上で肩を内へを行う場合と同じように、後肢を横に踏み出すのを防ぐ柵などがないため難しく、万全の注意を払わなければならない。さらにこの移行を、馬場の中心点で巻乗あるいは8字乗①と組み合わせて何度も訓練することもできる。例えば中央線上で腰を内へを行い、馬場の中心点で8字乗を行い、さらに中央線を腰を外へで通過する。

隅角を腰を内(外)へで通過すること に対し、私は肩を内へで隅角通過するのと同じ考えである。それが可能なのは、完全に調教ができた馬だけだからである。

①〔編者註：この場合の8字乗は、8の字の真中から左右に行う巻乗のこと〕

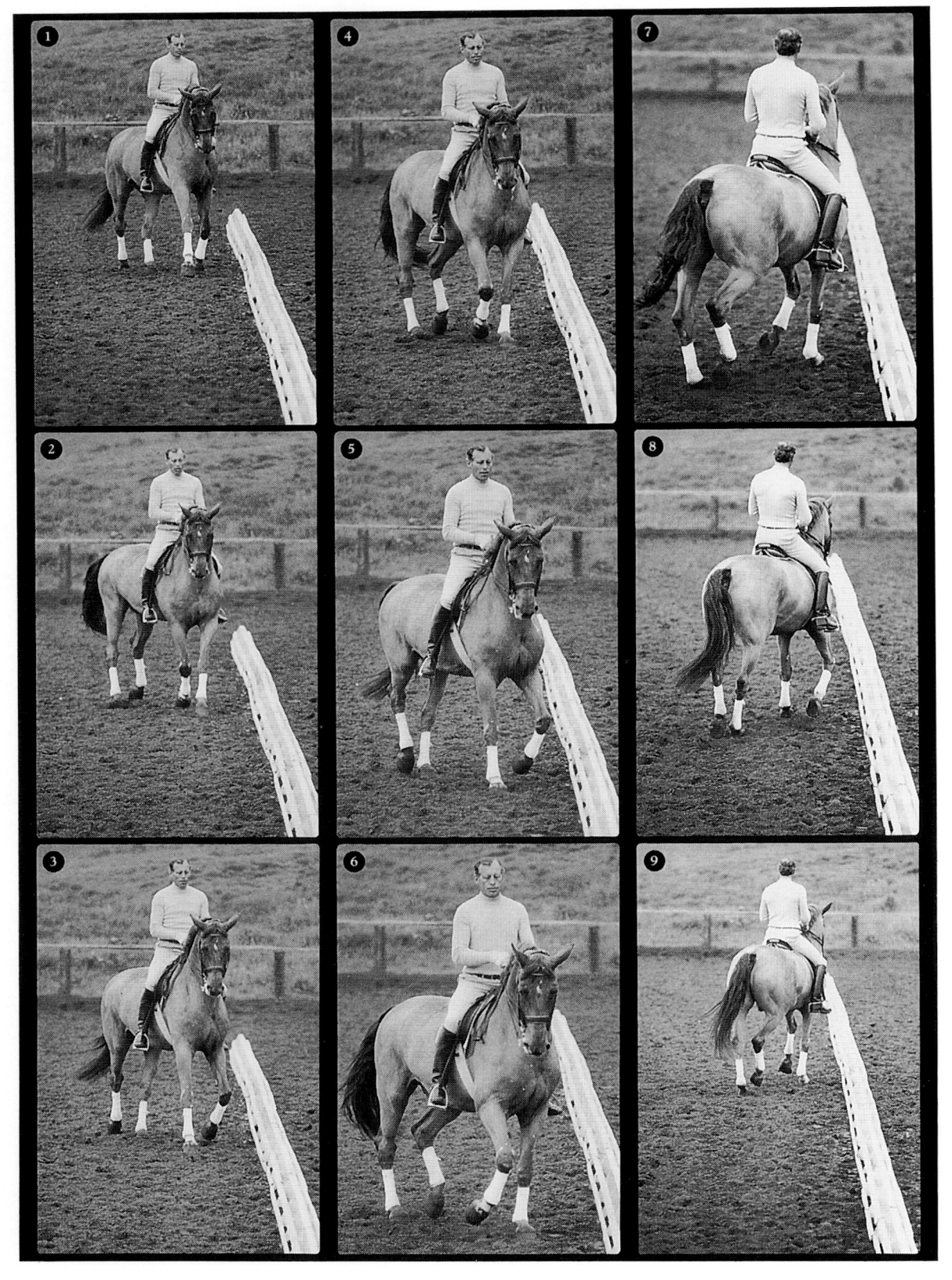

148　　　　　　　　　　　第Ⅲ章　Mクラスからグランプリまでの馬場馬術の調教

腰を内へでの動き。

腰を内への馬の姿勢と側方屈撓。

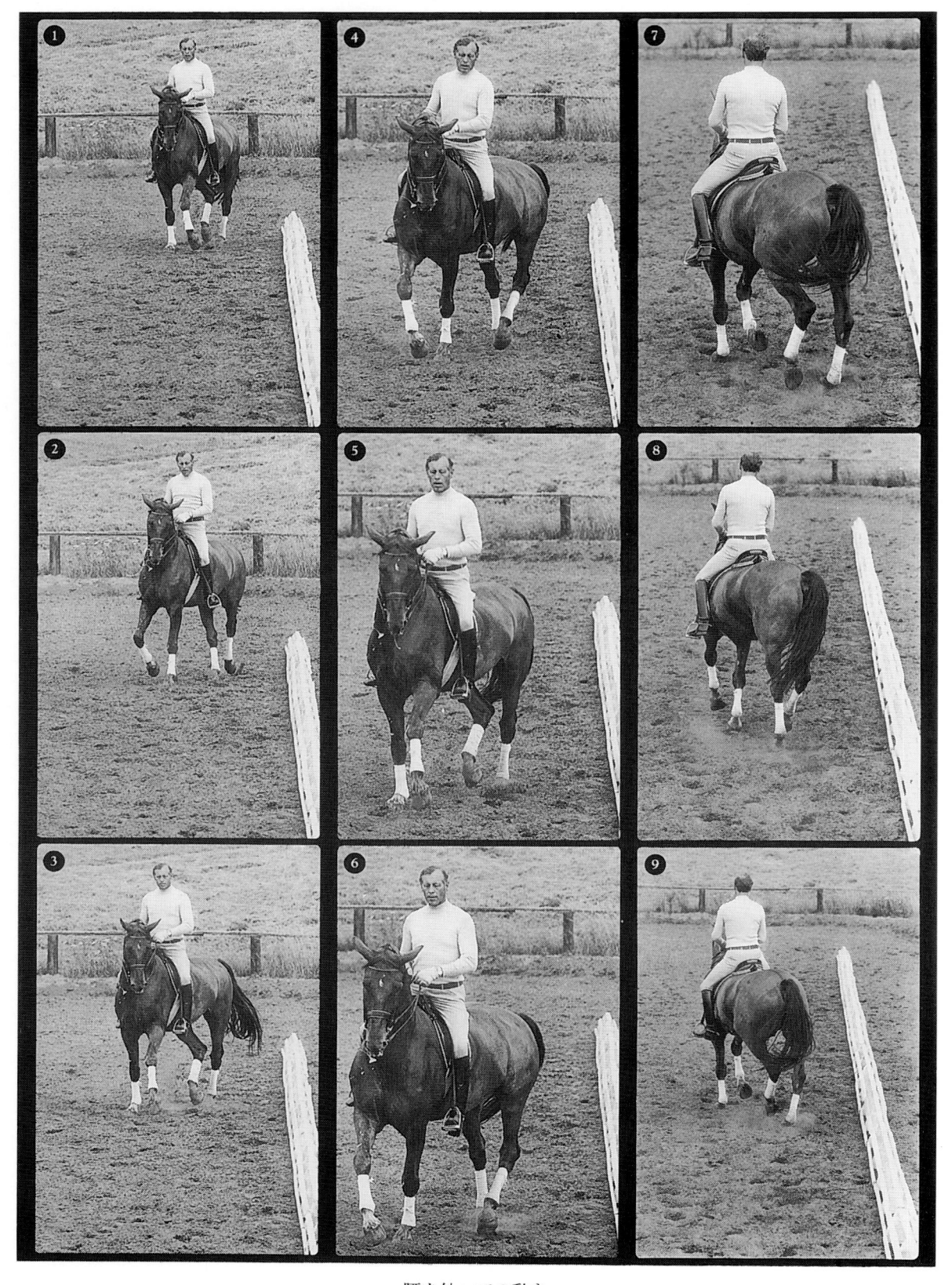

第Ⅲ章　Mクラスからグランプリまでの馬場馬術の調教

腰を外への動き。

腰を外への馬の姿勢と側方屈撓。

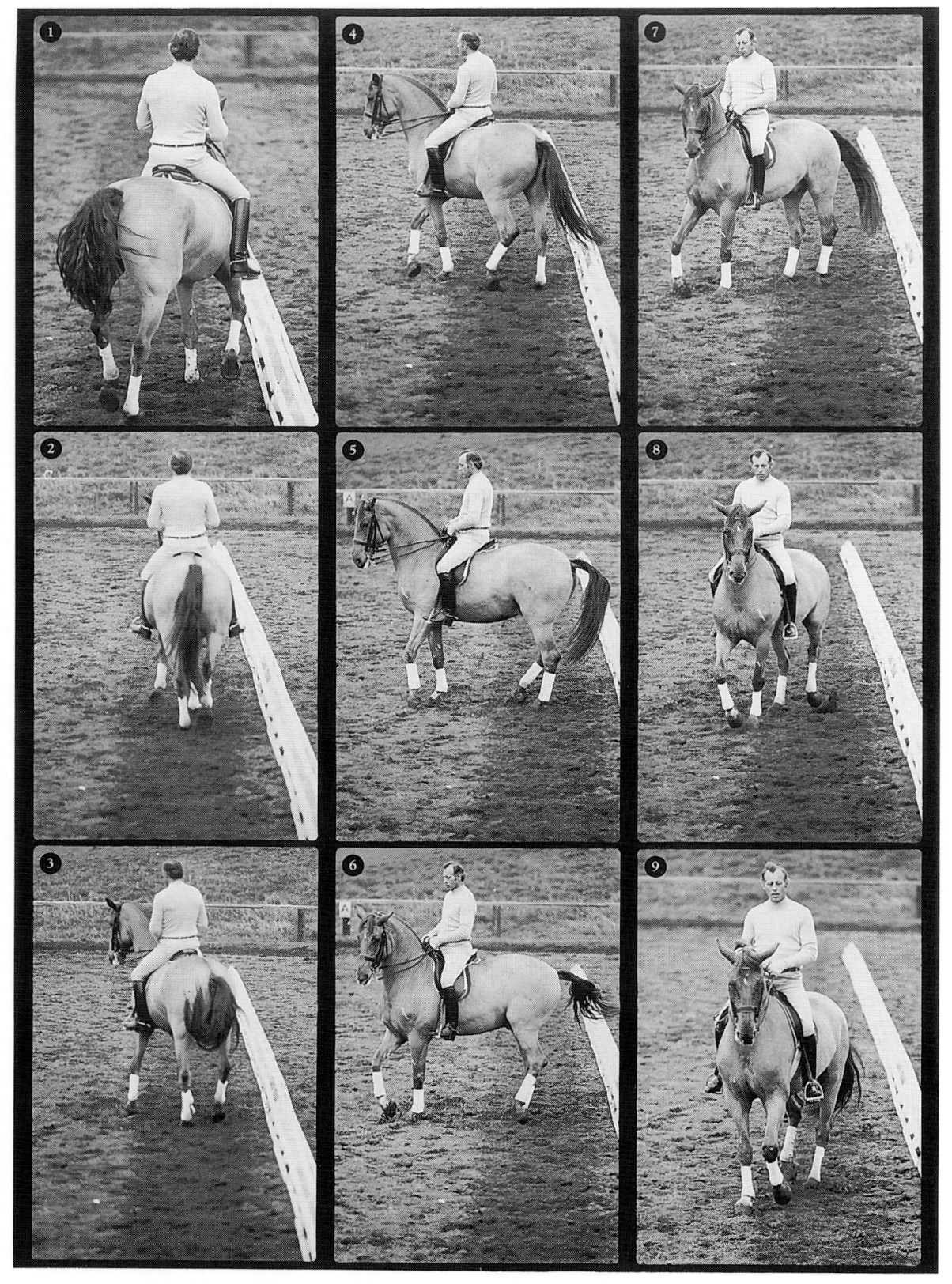

152　　　　　　　　　　第Ⅲ章　Mクラスからグランプリまでの馬場馬術の調教

腰を内へ／後肢旋回／腰を外へ：よく調教できた馬の従順性の適切な訓練の成果。

Mクラス馬場馬術

肩を内へ／巻乗／腰を内へ：馬がよく扶助を受け、従順であるかどうかを知る良い方法。

ハーフパス（横歩、アピュイエ）

ハーフパスは、腰を内への態勢で斜め前方へ行進する運動である。それには、全ハーフパス、半ハーフパス、二重全ハーフパス、二重半ハーフパス、それにジグザグハーフパスがある。

全ハーフパス は、縦蹄跡から反対側の縦蹄跡へ、**半ハーフパス** は縦蹄跡から中央線へ、あるいは中央線から縦蹄跡へ移動する。

二重全ハーフパス は、20m×60mの馬場で行うグランプリ（大賞典）馬場馬術の運動課目である。単なるハーフパスは、縦に30mだけ移動し、40mを越してはならない。グランプリスペシャル（特別大賞典）では 24mだけ移動することになっている。この場合、馬の側方屈撓は変らないが、外方前後肢は内方前後肢の前を大きく踏み越してこれと交差しなくてはならない。そのためには、馬の肩が非常に柔軟でなくてはならず、またこのように馬体を深い角度で斜めにするハーフパスでは、後躯が極めてよく動かなければならない。

二重半ハーフパス は縦蹄跡から中央線に移動して再び縦蹄跡に戻るか、反対に中央線から縦蹄跡に移動して再び中央線に戻る。**ジグザグハーフパス** は中央線を挟んだ左右への運動で、中央線からの距離はそのつど示される。

正しい実施方法とその目標

ハーフパスは馬体を柵と平行にして行われることが多い。そして前躯が少し先行し、馬体は行進方向に向かって側方屈撓をする。外方前後肢は内方前後肢の前を大きく踏み越して交差する。馬の内方姿勢と側方屈撓の度合いは腰を内へと同等である。

ハーフパスの調教目標は腰を内（外）への目標と同様である。この調教による効果は、馬体の両側が均等に柔軟になり、騎手の意のままに制御できるようになることであり、また馬の内方姿勢と側方屈撓、および軽快で流暢な肢の運びをどちらの側でも同じようにできるようにすることである。

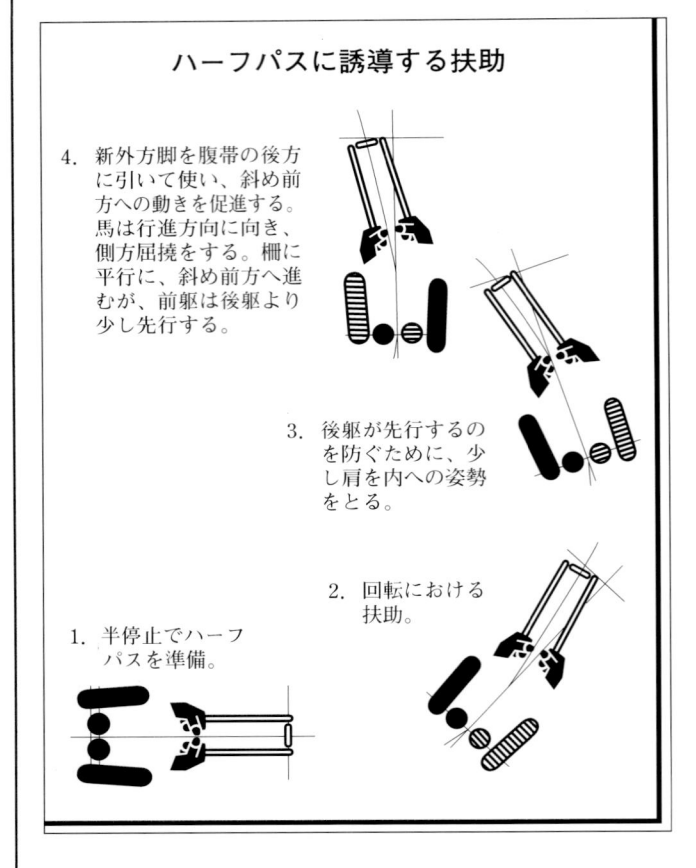

ハーフパスに誘導する扶助

4. 新外方脚を腹帯の後方に引いて使い、斜め前方への動きを促進する。馬は行進方向に向き、側方屈撓をする。柵に平行に、斜め前方へ進むが、前躯は後躯より少し先行する。

3. 後躯が先行するのを防ぐために、少し肩を内への姿勢をとる。

2. 回転における扶助。

1. 半停止でハーフパスを準備。

ハーフパスの扶助

ハーフパスの扶助は、腰を内への扶助と同様であるが、わずかに異なるのはこの運動に入るところである。

1

私は、腰を内へに入るには、縦蹄跡に入る隅角通過で馬が自然にとる姿勢と側方屈撓の態勢を利用して、外方脚で後躯を蹄跡の内方に入れるだけである。

2

ハーフパスでは前躯が後躯より先行すべきであるが、多くの騎手はハーフパスに入る時に、外方脚の使い方が早すぎて、後躯が先行する誤りを犯す。これを防ぐには、ハーフパスに入る時に肩を内へをさせるつもりで運動を始め、前躯が後躯より少し先行した時点で初めてハーフパスの扶助を使う。

左ハーフパスから右ハーフパスへの移行 あるいはその反対の場合に、急に扶助を使うと馬がよじれる①ので、そのようなことのないように気を

左ハーフパスから右ハーフパスに向きを変える扶助

3. 右ハーフパスの扶助。

2. 移行を柔軟かつスムーズにするために、右ハーフパスに変える前に、馬を一瞬真直ぐにする。

1. 左ハーフパスの扶助。

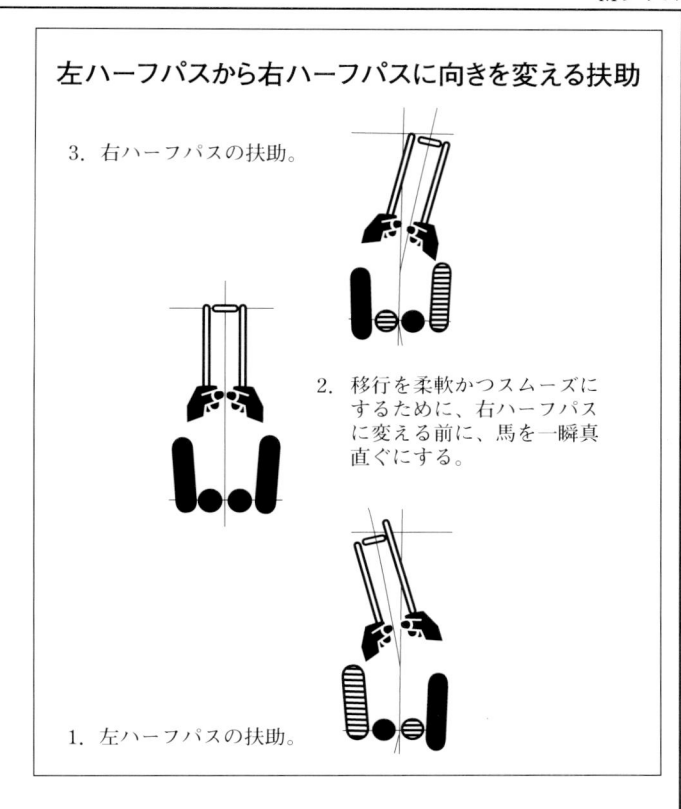

つけなければならない。移行はあくまでも柔軟にしかもスムーズに行い、新しい方向に向きを変える前に馬体を一瞬真直ぐにしなければならない。

　それまでの内方後肢と外方前肢が着地する時に扶助を使って馬の向きを変え、前躯が後躯より少し前に出るまで新内方脚で馬の後躯をしっかり抑えておくのであるが、このような扶助の使い方をすると馬がよじれて、後躯が先行することがあるので、私は単に外方脚で推進するだけにしている。

① 〔編者註：原語は「herumschmeißen」〕

ハーフパスに関する助言

　ハーフパスを実施するための絶対的な前提条件は、肩を内へと腰を内へとが正しくできることである。これらの運動が正しくできるように調教されていると、ハーフパスを実施するのは全く困難ではない。

　曲線からハーフパスに入るのが合理的である。隅角通過中、または輪乗で乗っている時に、馬が左右両手綱を均等に受けていて、その側方屈撓の湾曲が隅角または輪乗の湾曲に等しくなったところでハーフパスに入るのが最も合理的な入り方である。但し隅角から入る場合は、前躯を先行させやすいように、隅角を特に深く通過するようにしなくてはならない。しかし未熟な騎手や馬では、最初の５、６歩は馬体の向きも側方屈撓も正しく保っていることができるが、それ以降は側方屈撓が非常に弱くなりやすい。その場合はそのままハーフパスを続けずに、まず馬を真直ぐにして２、３歩行進し、馬をよく扶助に従わせておいてから再びハーフパスを行う。

誤りとその矯正方法

　ハーフパスでは、腰を内(外)へで犯す誤りと同じ誤りを犯しやすい。その誤りの原因が騎手の側になく、短期間に取り除けない場合には、そのままハーフパスを繰り返さずに、まず腰を内へや肩を内へおよび曲線上での騎乗を正しく行うことに努力しなくてはならない。また調教過程に立ち戻り、そこでそれに関する誤りを矯正すべきである。

　ハーフパスで *後躯が前躯よりも先行* すると、後肢を行進方向に踏み出せず、横の方向へ踏み出すため馬は弾発力を失う。これを防ぐには内方脚を強く使い、後躯をしっかりと抑えておかなくてはならない。また、規定された地点に到達するためには、腰を強く張り、拳をゆるめ、内方脚で推進して、馬がスムーズに肢を交差させるようにしなければならない。頭頸を強く曲げ過ぎたために肋部の側方屈撓が十分にできず、後躯が正しく曲線上に来ていない場合は、内方脚を支点に、外方脚を使って側方屈撓させる。外方手綱でこれが強くなり過ぎないように規制し、また肋部の側方屈撓を強化する必要がある場合は輪乗で肩を内への訓練を行う。

　特に左ハーフパスでは右へ項を傾けやすく、右の耳が低くなる。その場合には正しいハーフパスの姿勢をとらせ、右拳を一時的に少し高くする。

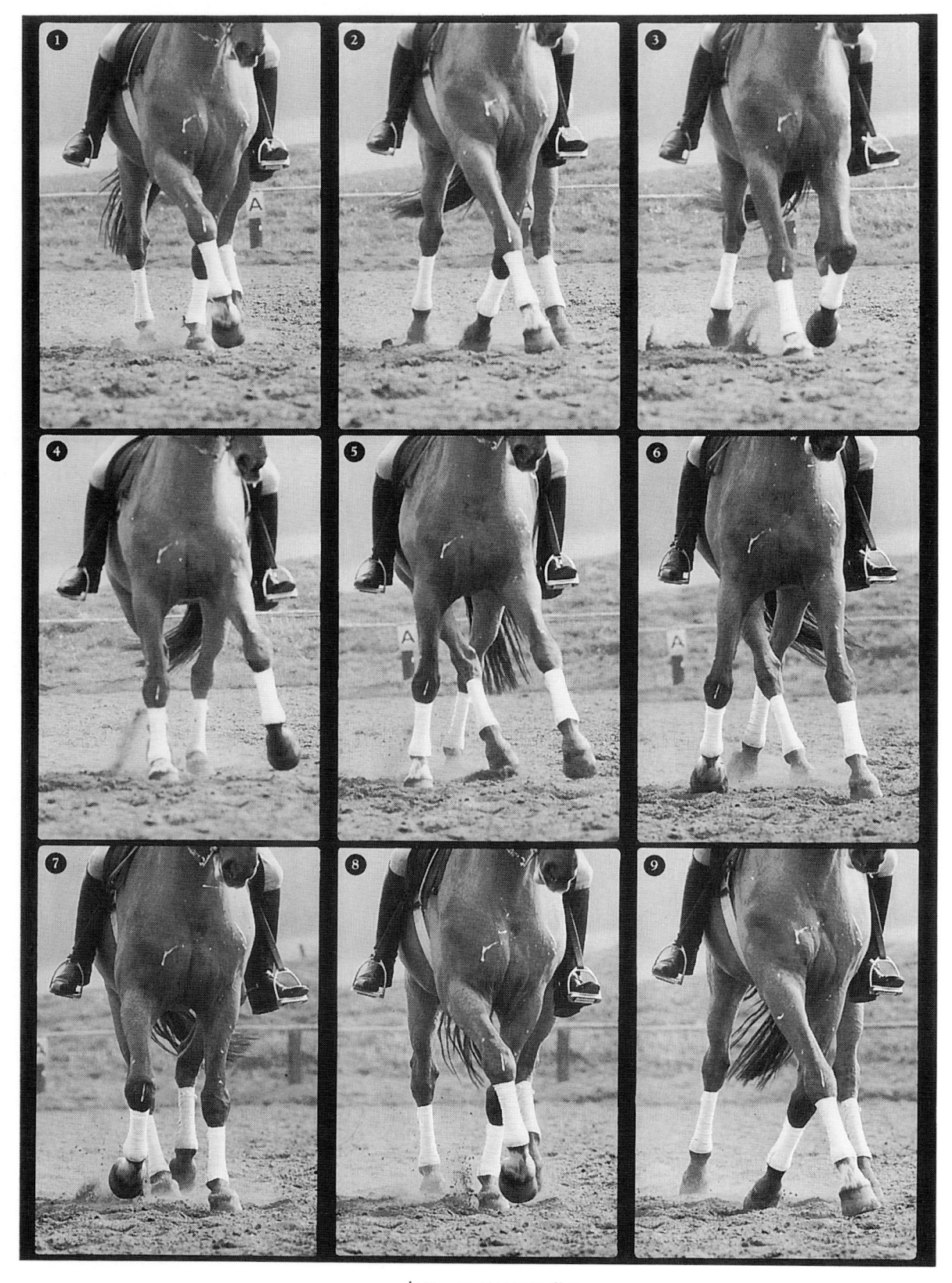

156　第Ⅲ章　Mクラスからグランプリまでの馬場馬術の調教

左ハーフパスでの動き。

外方前肢が内方前肢の前を大きく踏み越して交差する。

深い角度で馬体を側方屈撓させたハーフパスでは、馬の向きと側方屈撓は左に向き、外方の前後肢は弾発力とリズムを

保ったままで、内方の前後肢の前を大きく踏み越して交差する。

160　第Ⅲ章　Mクラスからグランプリまでの馬場馬術の調教

右ハーフパスから左ハーフパスへ柔軟かつスムーズに向きを変える。馬は新しい方向に向く前に、一瞬真直ぐになる。前駆は後駆より少し先行する。

Mクラス馬場馬術

踏歩変換

　駈歩の上手な馬は、新馬の時からすでに自由なテンポでしばしば踏歩変換を行っている。このような馬では、馬場馬術的に見て正しい踏歩変換をさせることは問題ではない。しかしそうでない馬では、踏歩変換は調教上での一つの難関である。

正しい実施方法

　馬場馬術的に正しい踏歩変換は、高揚した弾発力のある収縮駈歩から行うものである。変換は空間期に引き続いて行われる。その際、馬は外方後肢とその斜対内方前肢を、新たな内方後肢と外方前肢に変換する。

　踏歩変換は落ち着いて、しかも活発な前進気勢を伴って、直線上で行わなくてはならない。特に後躯を揺り動かしたり、後肢を棒のように硬くして尻を高くしたまま狭い歩幅で行う変換は大きな誤りであり、このような癖がつくと、後に歩数を限定した踏歩変換で非常に困ることになる。

踏歩変換の扶助

　踏歩変換を行うためには、馬の頭頸の向きを少し変えさせなくてはならない。しかし変えるといっても極めてわずかなものであり、新しく内方になる側の馬の目尻が光るのがわずかに見える程度である。向きを変えるのは、新しく内方になる拳をほんの少しゆるめるだけでできるのであるが、実際によく見られる大きな誤りは、これはすでに歩毎踏歩変換ができる馬においても見られることであるが、向きを変えるたびに頭頸を振り子のように振ることである。

　馬の向きを変えると共に、騎手の脚の位置も変える。これまで後方に引いて待機させていた外方脚を腹帯のところまで滑り出させると共に、*これまで腹帯の直後につけていた内方脚を、腹帯の後方に大きく下げて使い、踏歩を変えるように促す。*脚の位置の変更と共に、騎手は新たに内方になった腰を多少前に移動させ、いわば前に圧し出すようにして馬を前方に出し、拳を少しゆるめて駈歩の跳躍を促す。

　これらの扶助を空間期の直前の着地期（第2節次）すなわち、それまでの内方後肢と外方前肢の着地期に行う。両手綱、腰、脚の扶助は実際には同時に使うが、馬体の向きを変えるのは、脚の位置の変更と腰を前に移動するのより一瞬早くするのが原則である。騎手は安定した騎座で静かに乗り、脚の位置を変える際に、上体が動いてはならない。踏歩変換で上体がよじれたり、尻が横へぶれたり、騎座が鞍から浮いたりすることは、大きな誤りである。

　私がここで一言っておきたいのは、ここに述べた扶助は、必ずしも全部が全部、馬術書に記載されてある扶助とは同じでないことである。シュタインブレヒトとヴェッチェンは脚の位置を変える時に、新外方脚ではなく、新内方脚で強く馬体を圧迫するように主張しているが、私は多くの騎手は私がここに述べた方法で扶助を使っているもの

踏歩変換の扶助

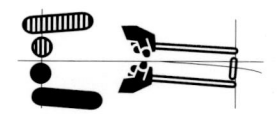

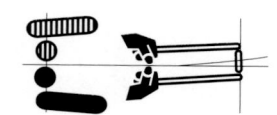

1. 右駈歩の扶助。
2. 他の扶助を使うよりも一瞬早く、新しく内方になる側の目尻が光るのがわずかに見える程度だけ馬の頭頸の向きを変える。
3. 脚の位置の変更。新外方脚を腹帯の後方にずらし、強く使って踏歩を変えるように促す。新しく内方になる腰を少し前に移動し、内方座骨に体重を強くかけ、内方拳を少しゆるめる。
4. 左駈歩の扶助。

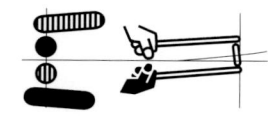

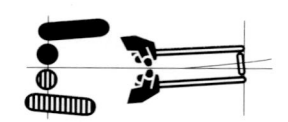

と確信している。私は私の方法が、次の理由から合理的であると思っている。今、左駈歩から右駈歩に踏歩を変換する場合を考えると、空間期の次にまず着地するのはそれまでは右後肢であった。それが今度は左後肢がまず着地すべきであるから、馬体の左側を脚で圧迫することが必要である。このために脚の圧迫を腹帯の後方で用いるのである①。

① 〔編者註：参考までに踏歩変換に関する他の馬術書の記載は次の通りである。

　『今村馬術』：新内方拳と外方脚および内方脚(97頁)を第3時期(100頁)に使用。

　『フィリス氏の馬術』：新外方脚を第2時期に使用(139頁)。ここの「遊佐氏註」には、第3時期を採用するのがよい、と書かれている。

　『遊佐馬術』：新内方拳と外方脚(106頁)。時期については、上記の通り第3時期。

　『サンファール大尉の馬術』：新内方拳と外方脚および両拳(130頁)を、第3時期(139頁)に〕

踏歩変換のいろいろな調教方法

一般に踏歩変換の調教を始めるのは、馬が確実にしかもたやすく駈歩発進をし、駈歩から上手に停止ができ、規則正しく、高揚した反対駈歩が完全にできるようになってからである。例外として十分な素質に恵まれた馬は、早くから踏歩変換の調教を開始して、間もなくよく平衡を保って活発に跳躍する駈歩を行い、騎手はその重心の位置を変えるだけで、踏歩変換をさせることができる場合もある。しかしこのような調教の方法は、かなりの熟練を要し、経験の少ない騎手には絶対にできないことである。

踏歩変換の調教はまず、**右駈歩から左駈歩に変換**することから始める。その理由は、そうする方が多くの馬にとってはたやすいからである。右から左への変換を完全にできるようになってから、初めて左から右への変換の調教を始めるのが合理的である。また、最初は常に一定の地点で踏歩変換の訓練をするのがよいが、その地点では他のいろいろな運動も繰り返し行っておかないと、その地点に来ると騎手の指示なしに馬が勝手に踏歩変換をする癖がつく。そうして踏歩変換が多少確実にできるようになると、任意の地点で実施する。

この調教を始めた最初のうちは、踏歩変換の訓練を何度も繰り返し行わないよう忠告しておきたい。踏歩変換はその日の調教の最後に行い、たとえ正確でなくても、何とか2、3回できれば、それでその日の調教を終るのが合理的である。少なくとも踏歩変換の調教を終ると直ちに静かに常歩をさせて、緊張を解いてやるべきである。そうすることは、初めての運動を行わせると興奮しやすい神経質な馬には特に大切なことである。

初めて踏歩変換の調教をする場合、蹄跡上を **半巻からハーフパスのように** 行進し、腰を曲げることなく、内方座骨で馬を蹄跡の内側へ斜め前方に押しやるようにして変換することができる。馬がこの要領を覚えれば、更に調教を進めて、斜め前方へ向けての変換ではなく、直線上での変換を行えるようになる。

馬が正確に反対駈歩を行えるようであれば、**反対駈歩から正駈歩へ** 変換することができる。その場合は輪乗で反対駈歩を行い、馬場の中心または蹄跡に到達する直前に変換する。私の経験からすると、あまり好ましくない方法ではあるが、隅角で反対駈歩から正駈歩に変えることもできる。しかし、この場合には後駆が多少左右によじれることがある。

また、多くの騎手は **輪乗を変え、あるいは輪乗の手前を変える時** を利用して踏歩変換の訓練をしているが、扱いが特に難しくない馬や、ある程度調教のできた馬では、踏歩変換はできる限り直線上でするのがよい。その場合、馬場全体、あるいは馬場の半分を使って斜めに手前を変え、縦蹄跡に入ると同時に踏歩変換をして手前を変える。

どの方法で変換するかはもとより一定しない。私はいろいろと試みた上で、その馬に最も適した方法で行っている。いずれにせよ、直線上で踏歩変換をすることを一層たやすく覚えられる方法を選ぶことである。

誤りとその矯正方法

踏歩変換で非常に多く犯す誤りは、正しい肢の運びはするものの、**弾発力**がなく、**歩幅が狭く、**

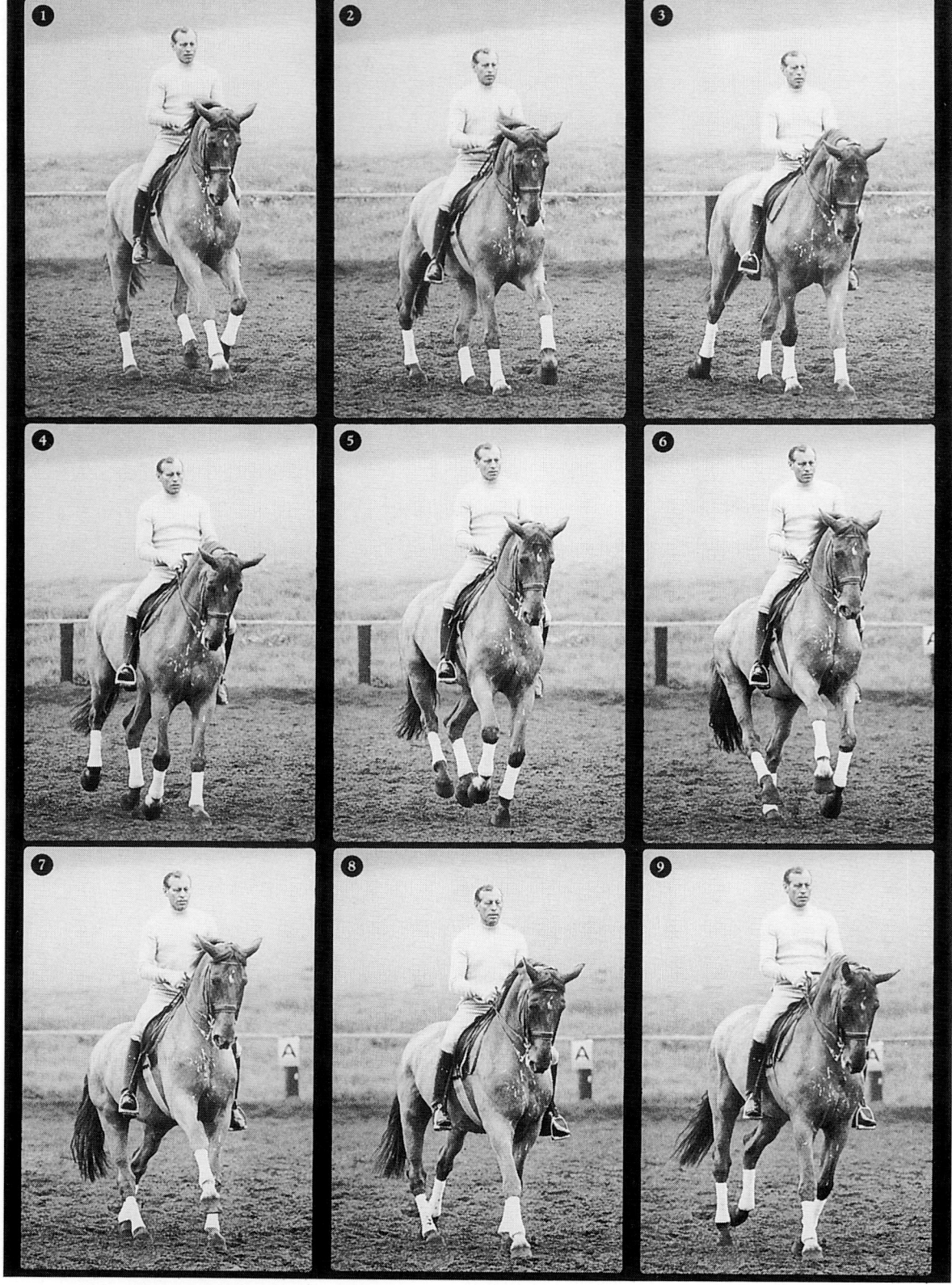

164　　第Ⅲ章　Mクラスからグランプリまでの馬場馬術の調教

高揚した跳躍の踏歩変換。馬体が真直ぐなままであり、頭頸の姿勢を変えているのが全く分らない。

半巻から駈歩で腰を内へをした後の踏歩変換。これも踏歩変換の一つの手段である。

尻を高く上げた変換 をすることである。馬は立ち止まりそうになったり、馬体が真直ぐにならず、後躯がよじれたりする。

その場合はまず、踏歩変換を行うのに必要な調教ができているかどうかを考える必要がある。言い換えると、馬がよく収縮できているか、高揚して活発な弾発で真直ぐに駈歩ができるかどうか、ということが問題になる。その場合、馬の収縮度を高め、後肢を馬体の下に深く踏み込ませ、拳に軽く依倚させる。踏歩変換では、腰と脚を強く使って馬を前に出す。その場合、拳は軽く保って馬の動きを邪魔することなく、弾発力をつけなくてはならない。そのとき馬の動きが少しでも速くなるのは誤りで、馬は確実な動きができない。ここで大切なことは前進気勢が強く出ることである。

まず前肢の踏歩を変えてから次に後肢の踏歩を変える のも、また不正駈歩で１、２歩駈歩跳躍をするのも同じ原因であって、それを矯正する方法も同じである。このような時は、力強く真直ぐな駈歩をすることに努め、踏歩変換では強く前方へ推進することに重点を置くべきである。それでも矯正できない場合には、私は反対駈歩で輪乗をして、蹄跡に入るすぐ手前で正駈歩に変える方法で良い結果を得ている。その際、変換する直前に後方へ引き下げる外方脚のところで鞭を使うと、馬は外方後肢を使って強く駈歩跳躍をする。

踏歩変換の際に、*後躯がよじれる* 馬や後肢が遅れる①馬は、縦蹄跡上で正駈歩から反対駈歩に踏歩変換をするとよい。

神経質な馬は踏歩変換の前に暴れたり、扶助を使う前に勝手に変換したりする。そのような馬は、いったん常歩に戻してから改めて駈歩に発進させ、落ち着いた規則正しい駈歩の跳躍をさせる。そしてまず踏歩変換をせずに蹄跡図形の運動を行い、馬が完全に落ち着いてから初めて踏歩変換をさせる。その他、踏歩変換を全く異なった場所で行うのも良いことである。

馬が踏歩変換で性急になるのは、扶助に対する従順性が十分でないか、あるいは扶助が粗暴なため馬が扶助を信頼していないからである。従って、踏歩変換の調教を始めるまでに、全般的な調教の程度を向上させておくことが必要である。

踏歩変換で馬が尾を振り過ぎるのは、怠惰な馬か、騎手が拍車を強く使い過ぎるのが原因である。しかし馬がある程度緊張した場合には、尾を振ることもある。

① 〔編者註：原語は「hinten nachspringen」〕

馬場馬術調教の補助用具

普通一般には騎手は補助用具を使わずに調教をするべきであるが、場合によっては使う方がよいと思われる補助用具もあるので、その内の二つについて述べる。一つは折返し手綱であり、他方はキャバレッティである。折返し手綱は私も特殊な馬でよく利用しており、キャバレッティは収縮運動に利用されている。これに反して、調馬索による調教は、新馬調教には特に有効ではないと思う。

折返し手綱(韁)①

折返し手綱を使用するときには、次の点に注意しなければならない。*折返し手綱は、馬の頸を下に引っ張るためのものではなく、頭と鼻を高く上げて騎手の扶助から逃れようとする馬に上方の限界を示し、馬に反抗を諦めて下顎を譲らせるものである*。折返し手綱の操作で馬が下顎を譲ったならば、それ以上折返し手綱を操作し続けてはならない。

もし、下顎を譲らせる目的以外に使用すれば、例えば折返し手綱で馬にある姿勢をとらせようとすれば、馬は頸を巻き込んで窮屈な姿勢をとり、このような姿勢で長時間乗っていると頸に「誤った折れ目」を生じることになる。従って騎手は、下顎を譲らせるとき以外は、折返し手綱に力が加わっていないことを常に確かめなければならない。

特に小勒手綱をつめる場合に、折返し手綱も同時につめることのないように注意しなければならない。

　折返し手綱が特にその効果を発揮するのは、手綱に反抗して項を容易に譲らない場合である。力のない騎手がこのような馬に乗れば、拳で馬の頭を下げようとして手綱を交互に引く②ことになる。このような乗り方をすればたちまち馬の舌に悪い癖がつき、これを矯正するのは非常に難しい。しかし、折返し手綱を上手に使えば馬は再び頭頸を低くし、その結果として頸と背の緊張が解かれる。

　馬場馬術の調教が高度に達すると、収縮の調教で馬の前駆が起揚し過ぎて、扶助が正しく伝達されない傾向が生じる。レムス号はその例であり、その矯正に折返し手綱を使用することが多かった。その場合、注意しなければならないことは、小勒で馬を抑えると共に、腰と脚とで強く推進して収縮させることである。折返し手綱には、強く起揚し過ぎる馬に限界を設ける作用があるだけである。従って折返し手綱は、馬を収縮させる場合に非常に熟練した騎手が拳を上手に使って初めて効果が期待されるのである。

① 〔編者註：『国際馬事辞典』41・4「折返し轡(手綱)」、ⅩⅤ・5参照〕
② 〔編者註：原語は「riegeln」〕

キャバレッティ(地上横木)

　キャバレッティは新馬の調教を始める時と、肢の運びを矯正する場合に使う。この訓練により、馬はリラックスして拍子が合うようになると共に、背筋の緊張が解け、一段と筋力が強化される。

　最近ライナー・クリムケがその著書『キャバレッティ(Cavaletti)』を著して、古馬の *収縮速歩の改善とパッサージュの準備* に利用するよう提唱している。その場合、35cmの高さのキャバレッティを4個並べ、力強く肢を上げさせてその間を通過させる。

　これは確かに興味ある考え方である。残念ながら私はまだ、キャバレッティを利用した経験がないが、この訓練により、馬の肩の動きが良くなるのは想像できる。特に肢を高く上げない馬では効果があるであろう。ただ一つ懸念されるのは、馬が後肢をあまり強く屈曲し過ぎる結果、背における扶助の透過性が悪くなるのではないかということである。これをどのような馬に利用できるかは、騎手がそれぞれ考えなくてはならないことである。

大　　勒

　大勒はその強い作用により、手綱の扶助を非常に軽く使えるので利用されているものである。従って騎手は非常に軽妙な手綱さばきができなくてはならないので、指の関節を柔らかくして、大勒が強く作用しないように、常によく気をつけていなくてはならない。特に回転では、外方の大勒手綱が短くなり過ぎて強く作用しないように注意していなければ、すぐに馬が項を傾けるようになる。

　多くの馬では、あまり強くない大勒を使って乗る方が無難である。銜身の太さはLPO①では、小勒は最小限10mm、大勒は16mmと決められており、大勒銜の下枝は5cmから10cmの間で、それ以上長くしてはならないとされている。私は、力のない騎手が大型で鈍感な馬に乗る場合は、銜身が細く下枝の長い、強い大勒を使う方が御しやすいと考えている。しかし、この場合も、その騎手が非常に繊細な大勒の使い方ができることが前提条件である。

　普通、大勒は馬が *舌を自由に動かす余地* の少ないものを選ぶ。それは、大勒の作用が、舌に平均して加わり、その負担が分散するからである。それに対して、舌に悪い癖のある場合には、銜の作用が強い、舌を自由に動かせるものを選ぶ。

　大勒を着けるには、大勒銜の上に小勒銜を重ね

てかませ、大勒手綱を引きしめたときに銜の下枝と馬の口との角度が45度になるようにグルメット（轡鎖(くつわぐさり)）の長さを調節する②。グルメットを短めにすると大勒は強く作用し、長めにすると効き方が弱くなる。グルメットは右のＳ環に内側からかけて、右にねじって左のＳ環に外からかける。グルメットは下顎全体に当るようにつける。そして１ヵ所でも強く接触するところがないように注意する。敏感な馬ではグルメットを革あるいはゴムで覆うとよい。

現在では普通、国際的にも大勒は両手で **手綱を分けて** 持ち、小勒手綱は小指か薬指の下に、大勒手綱は薬指の下か中指の下に持つ③。私自身は小勒手綱を薬指の下に、大勒手綱を中指の下に持っている。そうすると手綱を柔軟に使うことができる。

いわゆる **フィリス式保持法** ④は、これはしばしばウィリー・シュルトハイスが使用するが、大勒手綱を小指か薬指の下に、小勒手綱を人差し指の上に持つ。このように持つと必要に応じて、ある時は小勒を、ある時は大勒を強く使うことができる。特に上を向く馬に使うとよい。

「１：３」 あるいは **「小勒分離」手綱保持法** ⑤は、騎手は右手に右小勒手綱だけを持つ。そして右大勒手綱を左の大勒手綱の上にして左手で持つ。この持ち方は扶助が馬の項までよく透過しているかどうか、また実際によく銜を受けているかどうかを見る良い方法である。なぜならば大勒手綱を持つ拳は特に静定していなくてはならないからである。

しかしこの持ち方の欠点は、回転で外方の大勒手綱を長くし、内方の大勒手綱を短くしなくてはならないことである。あるいはまた、大勒手綱を持つ拳をねじらなくてはならないのも欠点である。

古い写真で、大勒だけで乗っているのを見ることがある。これには極めて軽妙な手綱さばきが必要で、前躯をよく起揚させ、しかも頭を上げさせることができなくてはならない。また昔の馬術書には、左手に大勒手綱を、右手に小勒手綱を持つ乗り方も書いてあるが、私はこれまでに、ロシアのカリータ(Kalita)選手⑥がそうしているのを見たことがあるだけである。

① 〔訳者註：能力検定試験規程：乗馬としてどの程度の能力があるかを調べるために新馬調教の諸段階に行う試験の規程〕
② 〔編者註：『馬術教範抄』第２図「大勒の装法」(8頁)参照〕
③ 〔編者註：『馬術教範抄』第６図「大、小勒轡(手綱)を両手に分ける時」(15頁)参照〕
④ 〔編者註：『国際馬事辞典』20-37「(昔の)フランス式，古典的保持法」、ⅩⅠ-2参照〕
⑤ 〔編者註：『国際馬事辞典』20-38「軍隊式保持法」、ⅩⅠ-4参照〕
⑥ 〔編者註：(18)東京オリンピック団体３位、(19)メキシコシティ・オリンピック団体２位、(20)ミュンヘン・オリンピック団体優勝〕

総合調教計画

馬場馬術調教の一般計画を作ろうとすると、どうしても大まかな指針に止まるのは当然である。実際には各馬の個々について熟考し、その馬のその時点における調教段階での能力、気質に応じた調教計画を立てなくてはならない。

Ｍクラス馬場馬術の準備としてのＬクラス馬場馬術の調教には、一般に約半年を必要とする。夏の終りから秋のシーズンオフの後、翌年の春までの間に５、６歳馬にＭクラスの調教をすることができる。悪い癖もついておらず、物覚えがよく、性質の良い馬では、それより早くなるのは当然で、逆にいろいろと癖を矯正しなくてはならない馬では、６ヵ月以上もかかることがある。

毎日の調教時間を、リラックスさせるための準備運動と、本番の調教時間と、最後に鎮静させるための終末運動とに分ける。中でも準備運動には十分時間をかけなくてはならない。馬がリラックスしていなければ、どのように馬の訓練をしても、矯正をしても、また綿密な調教をしても、全く効果がない。馬をリラックスさせるには平均して10

Mクラス水準までの総合調教計画

時間の配分	調教内容	10月	11月	12月	1月	2月	3月
準備運動 (約10分間)	・長手綱の常歩での準備運動 　速歩、駈歩の交互転移 　キャバレッティ通過 　斜横歩	───────────────────────────▶					
	・これらの訓練に毎日変化をつけて行う	───────────────────────────▶					
	・調教時間の初めに準備運動として肩を内へを行う			───────────────▶			
	・調教時間の初めに準備運動として腰を内(外)へを行う			───────────────▶			
調　教 (約40分間)	・Lクラス水準の運動の欠点改善 　特に真直屈撓、収縮の向上、弾発力の強化	───────────────────────────▶					
	・縦蹄跡上で肩を前・内へ	───────────────────────────▶					
	・中央線上で巻乗をまじえて肩を内へ			───────────────▶			
	・縦蹄跡上で腰を内へ			───────────────▶			
	・縦蹄跡上で腰を外へ				───────────▶		
	・中央線上で腰を内(外)へ、および巻乗をまじえて肩を内へ				───────────▶		
	・半ハーフパス				───────────▶		
	・全ハーフパスと二重半ハーフパス					───────▶	
	・しやすい側へ(多くは左へ)踏歩変換をして調教終了	──────────▶					
	・困難な側へ踏歩変換をして調教終了			───────────────▶			
	・左右への踏歩変換を確実に任意の地点で弾発力をつけて真直ぐに			───────────────▶			
	・常歩で速度の変更(収縮常歩は短時間のみ)			───────────────▶			
	・大勒を着ける					───────▶	
	・Mクラスの常歩、速歩、駈歩の課目をそれぞれ通して行う					───────▶	
	・Mクラスの課目全部を通して行う						───▶
終末(沈静)運動 (約10分間)	・長手綱の常歩あるいは引馬	───────────────────────────▶					
	・野外での逍遥騎乗で沈静運動	───────────────────────────▶					

から15分を必要とするが、私は、扶助が馬の背をよく透過せず頭を上げ過ぎる馬には、半時間以上をかけてリラックスさせる。一方、私がよく調教した馬であれば、たいてい2、3分で十分にリラックスさせられる。また、調教時間中も常に繰り返して馬の緊張を解き、十分な休憩時間を挟んで調教しなければならない。そうして45分あるいは更に長時間、調教時間を延長することもある。いずれにしろ、連日集中的に猛烈な調教をし続けるのは合理的ではない。少なくとも週に1日か、2日の休養日を設け、その日は子供を乗せたり、10分間程度集中的に運動させた後、野外で逍遥騎乗をする。特に高齢の馬場馬にはそのようなリラックスできる休養日が必要で、そうしておくと、馬はいつまでも作業意欲が衰えない。

Mクラスの調教では、肩を内へと踏歩変換の調教を同時に開始できる。肩を内へが完全にできるようになれば、腰を内へと腰を外への調教に移ることもできる上に、調教時間の初めの準備運動に、肩を内へを利用して馬の緊張を緩和してもよい。3ヵ月もすると、肩を内へ、腰を内へ、腰を外へが非常に確実にできるようになり、いよいよハーフパスを始めることができる。

どれほど早く踏歩変換ができるようになるかは、馬によって非常に差がある。良い駈歩をする馬で基本調教が確実にできていると、上手な騎手ではほとんど困難を感じるようなことなしに踏歩変換ができる。しかし馬が踏歩変換で反抗したり強く興奮するようであれば、しばらくこの調教を中止し、何ヵ月か経ってから調教を再開する。また、馬を矯正する場合には、この程度の期間を必要とするものである。特に、変換の扶助が遅過ぎるために後肢が遅れる癖がついた場合は、その矯正に長期間かかる。

新しい運動課目の調教は普通小勒で行い、初めて競技に出場する1、2ヵ月前になって、時々大勒で乗る。またMクラスの運動課目を時には部分的に乗り、競技直前に全課目を通して乗る。競技近くになれば、収縮常歩に馴れさせておく。しかし常歩の部で述べたように、収縮常歩はあまりしばしば乗るべきではない。それは、常歩の歩様は非常に乱れやすいからである。

セントジョージ賞典と インターメディエイトⅠ

調教目標

　セントジョージ賞典およびインターメディエイトⅠの水準のSクラス馬場馬術では、新しい運動課目として、駈歩ハーフパス、駈歩ピルーエット、2歩毎までの踏歩変換、前進後退運動(シャウケル)が加わる。この水準のSクラスではセントジョージ賞典の方が容易であり、インターメディエイトⅠでは多少要求が高度になる。セントジョージ賞典では駈歩での二重半ハーフパス、半ピルーエット、3歩毎までの踏歩変換をしなくてはならないが、インターメディエイトⅠには駈歩でのジグザグハーフパス、全ピルーエット、2歩毎までの踏歩変換が含まれる。しかし両者間の相違は決定的なものではない。セントジョージ賞典を大きな過失なしにできる馬はインターメディエイトⅠも容易にできるであろうし、また2歩毎踏歩変換が確実にできれば、更に高い水準のSクラスでの歩毎踏歩変換も極めて容易にできるはずである。

　Mクラスに比べて著しく強化されるのは、駈歩ハーフパスやピルーエットにより、駈歩でより大きな負荷に耐えられるようになる内方後肢であり、速歩での二蹄跡運動よりも更に強く鍛えられる後躯である。従ってこれらの運動を正しく実施すると、馬の弾発力と収縮は著しく改善される。

インターメディエイトⅠ水準の馬場馬術調教の基準

調教基準	追加訓練	トレーニングテスト
拍子 リラックス 依倚	— — —	駈歩ハーフパス、駈歩ピルーエット、2歩毎までの踏歩変換、前進後退運動で拍子、リラックス、依倚を維持する
弾発力	駈歩ハーフパス 駈歩ピルーエット	弾発力を維持しながら、後躯を鍛錬して徐々に強化する
真直性	—	馬体が左右に揺れることなく、直線上で行う2歩毎までの踏歩変換
収縮	駈歩ハーフパス 駈歩ピルーエット	後躯の屈撓を増加すること、特に駈歩ピルーエットで収縮の度を高める 2歩毎までの踏歩変換で収縮を保ち、前進後退運動で収縮を調整する

駈歩ハーフパス

駈歩ハーフパスは駈歩で腰を内へをして馬が斜め前方へ行進する運動である。速歩でのハーフパスと同じように、駈歩ハーフパスでも、全ハーフパス、半ハーフパス、二重全ハーフパスと二重半ハーフパス、ジグザグハーフパスがある。ジグザグハーフパスでの中央線から左右両方向への駈歩歩数は、速歩での場合と同様にそのつど示される。

正しい実施方法とその目標

駈歩ハーフパスで馬は行進方向に向けて側方屈撓を行い、前躯を後躯よりわずかに先行させ、殆ど柵と平行に行進する。この運動で特に困難なことは、常に弾発力を維持することである。弾発力を失うと、それ以上ハーフパスを続けることができなくなり、4拍子になったりテンポが性急になったりする。

駈歩ハーフパスの調教目標は、内方後肢の搬送力を強化することにある。馬が駈歩ハーフパスを正しく実施することを覚えると、後躯が非常に強力かつ柔軟になり、ピルーエットができるようになる。

駈歩ハーフパスの扶助

駈歩ハーフパスを行うには、多少強く内方姿勢をとらせ、半停止をしてハーフパスに入る。

騎手は内方拳で内方姿勢をとらせ、外方拳は前に出して、側方屈撓を制限する必要を生じた場合に備えて待機させる。外方脚は腹帯の後方に引き、馬を前進させるように推進すると同時に、内方脚を支点として馬体を側方屈撓させるのに使う。内方脚は、弾発力がある場合は、軽く馬体につけて待機させておく。しかし弾発力がなくなると、軽

左ハーフパスから右ハーフパスに変える扶助

4. 右ハーフパスの扶助。

3. 踏歩変換をして左から右ハーフパスに変える。

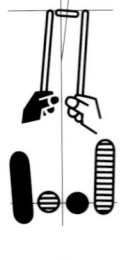

2. 向きを変える前の最後の跳躍で真直ぐに向く。

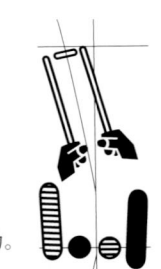

1. 左ハーフパスの扶助。

快な3拍子が失われるおそれがあるので、その場合は内方脚を使い、力強い駈歩跳躍をするように内方後肢の踏み込みを促進する。

回転から駈歩ハーフパスに移行する場合は、速歩ハーフパスでも述べたように、後躯が前躯よりも先行しないように、特によく注意しなければならない。例えば縦蹄跡へ入る隅角から駈歩ハーフパスに移行するとすれば、隅角で外方脚を使わず

に、まず肩を内へをするつもりで、内方脚で後躯をしっかり抑え、前躯が後躯より少し先行してからハーフパスの扶助を使う。

左ハーフパスから右ハーフパスへの移行 あるいはその逆の場合は *踏歩変換* をしなくてはならない。その踏歩変換で騎手は新しく内方になる腰に弾みをつけて強く前に出し、駈歩の弾発力をつけ、新内方拳で駈歩跳躍を促し、新内方脚で前躯が後躯より先行するまで後躯を抑えておかなければならず、踏歩変換直前の駈歩跳躍も真直ぐにしなくてはならない。そして真直ぐになってから初めて新しいハーフパスに移行する。

駈歩ハーフパスに関する助言

速歩ハーフパスが上手に行え、収縮駈歩ができる馬では、駈歩ハーフパスをするのは困難ではない。その訓練は、駈歩ハーフパスを繰り返し行うよりも、速歩ハーフパスを正しくできるように努力する方が合理的である。

最初はあまり強く馬体を斜めにせず、縦蹄跡に入る隅角から駈歩ハーフパスを始めて、ほぼ中央線の終りまで乗り、まず馬に横へ移動する運動の肢の運びに馴れさせなければならない。

駈歩ハーフパスの準備に、駈歩で腰を内へをするのもよい。その際、新馬では特に右手前で後躯が内へ入る誤りを犯しやすい。しかしこの水準の馬では、縦蹄跡で駈歩の腰を内へを行い、次の縦蹄跡で再び駈歩で直行進を行うことができなければならない。

駈歩ハーフパスでは、速歩ハーフパスでの助言がそのまま適用される。ハーフパスは縦蹄跡へ入る隅角から開始するのが合理的である。それは、すでに馬は内方脚を支点として側方屈撓しているから、隅角を深く回り込んで駈歩で通過することとなり、前躯を先行させるのに都合が良いからである。

ジグザグハーフパスは、左右へのハーフパスが両方とも同じ程度によくできるようになってから開始する。

誤りとその矯正方法

馬の弾発力がなくなれば、まず腰と脚を強く使い、駈歩跳躍の改善に努めなければならない。特に内方脚を強く使い、内方後肢を力強く踏み出させなければならない。推進扶助を使っても良くならない場合は、いったんハーフパスを中断して直線運動で改めて弾発力をつけた後、再びハーフパスを開始する。

後躯が前躯より先行するのは、多くは騎手が手綱で馬に正しい姿勢をとらせないで、外方脚で無理に馬体を斜めに向けようとするためなので、内方脚で後躯をしっかり抑えていなければならない。反対に後躯が遅れる場合は、内方脚を支点として外方脚で馬体を強く屈撓させる。

速歩ハーフパスと同じように、駈歩ハーフパスでよくある誤りは、項を右や左に傾けることである。その場合多くの馬は弾発力を失い、どちらか一方の手綱を正しく受けずに行進する。この誤りは、いったんハーフパスを中断して直線運動で改めて弾発力をつけて矯正するか、あるいは耳が低くなっている側の拳を一時的に少し高くして矯正する。

左から右あるいはその逆の駈歩ハーフパスの変換で、踏歩変換の際に後躯が先行し、そのまま新しいハーフパスに移行することがよくあるが、駈歩ハーフパスが左右とも正しくできている馬がそのようになるのは、扶助が正しくないからである。馬が踏歩変換で引っかかるような動きをして正しく前方へ跳躍しない時は、騎手は新しく内方になる腰を意識的に強く前に出して推進すると共に、拳で駈歩跳躍を促さなければならない。

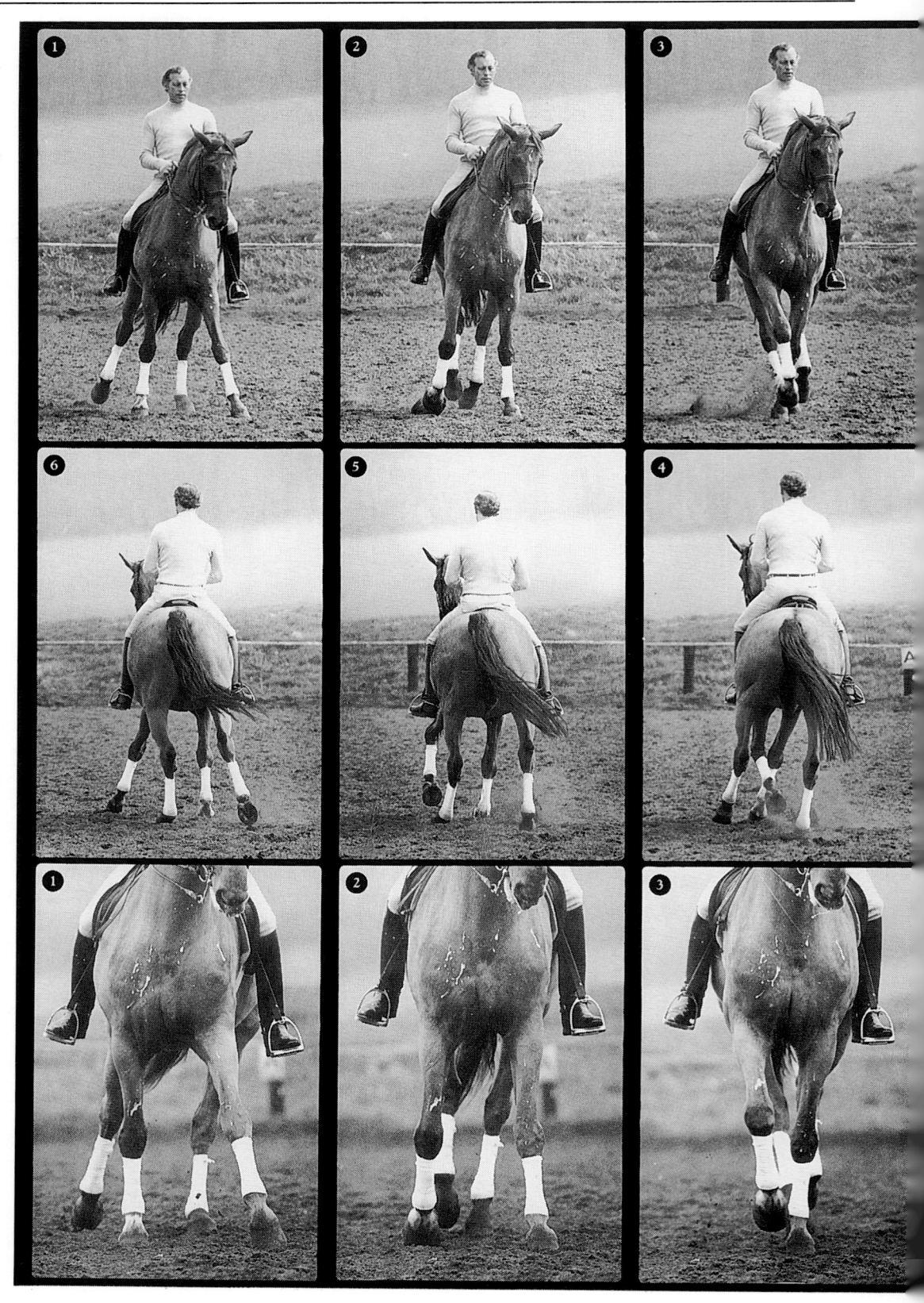

左駈歩ハーフパスの動き。馬は行進方向を向き、かつ側方屈撓をする。前躯は後躯よりわずかに先行。

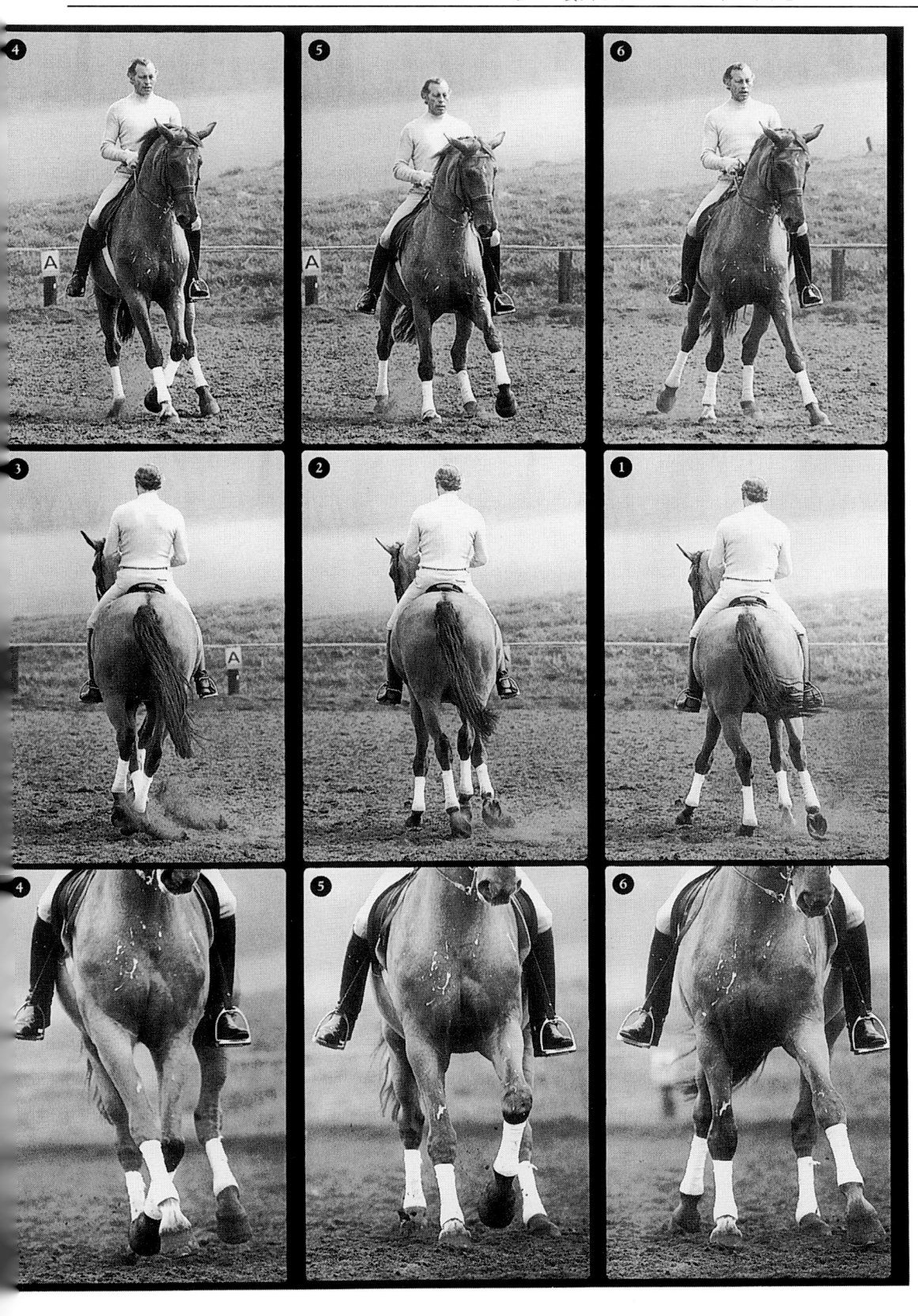

セントジョージ賞典とインターメディエイトI 175

176　　第Ⅲ章　Mクラスからグランプリまでの馬場馬術の調教

左駈歩ハーフパスから右駈歩ハーフパスへスムーズに移行。左駈歩に変る前に馬体は一瞬真直ぐになる。前駆は後駆よりわずかに先行。

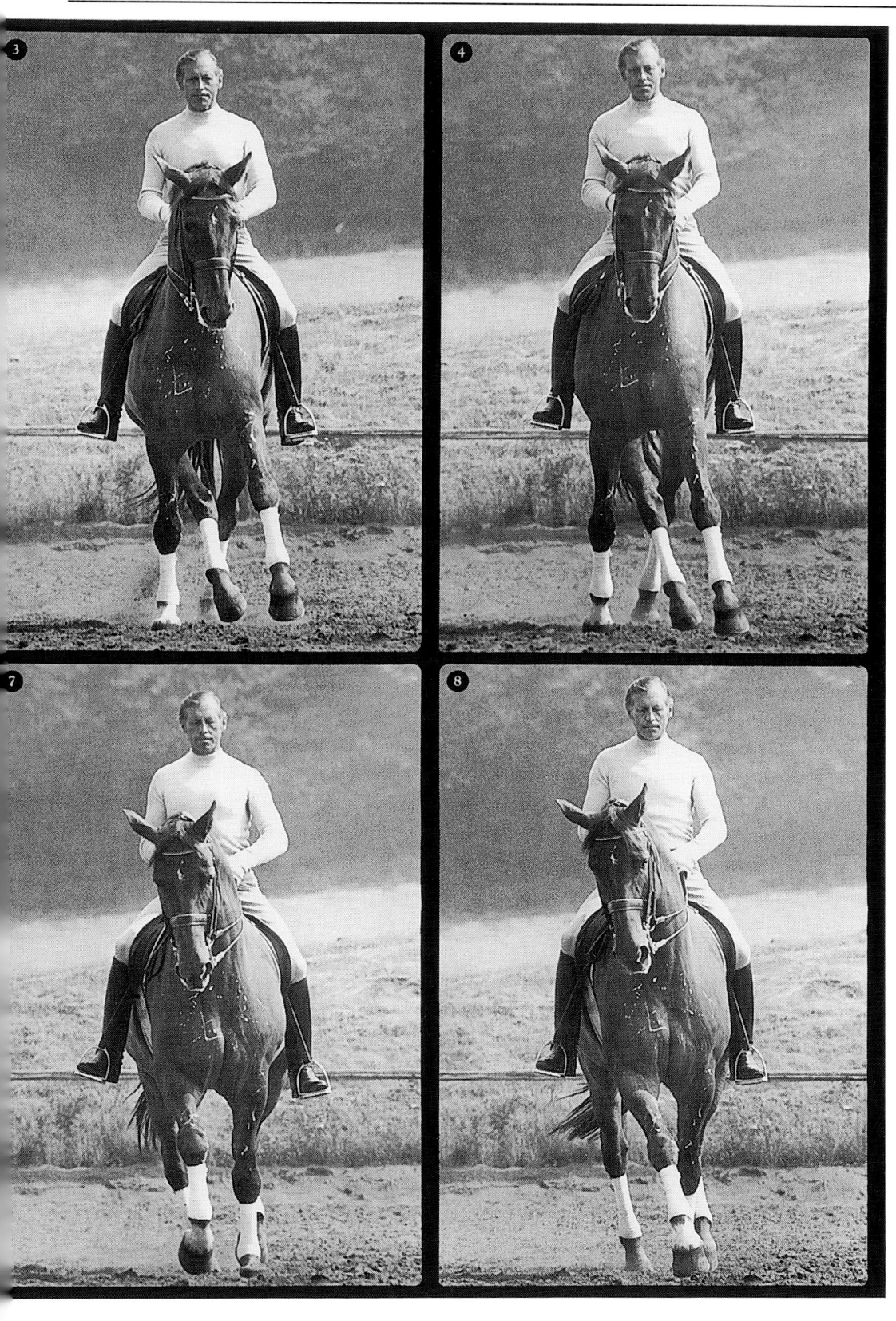

セントジョージ賞典とインターメディエイトⅠ

ピルーエット

ピルーエットは駈歩で①、後肢を軸として180度あるいは360度旋回する運動である。通常は収縮駈歩で行い、馬を行進方向に向けて側方屈撓し、駈歩で腰を内への姿勢で行う。正しく行えば5、6歩で360度旋回する。

① 〔編者註：ピルーエットは通常収縮駈歩で行う運動であるが、収縮常歩で行ったり、ピアッフェと併用して行うこともある〕

正しい実施方法とその目標

ピルーエットで、後肢はできるだけ小さな円を描く。その際決して3拍子のリズムを崩してはならない。駈歩跳躍は後躯を低くして前躯を起揚し、しかも落ち着いて実行できなければならない。内方後肢は重い負荷によく耐え、ピルーエット中の駈歩跳躍は、ピルーエットをする前より性急になっても遅くなってもよくない。後躯がよく屈撓できて力強く、人馬の重量を高く跳ね返せるほど力強い馬でなくては、Sクラス馬場馬術の運動課目としてのピルーエットを実施することは不可能であり、この運動は後躯を強く屈撓する鍛錬により初めて可能となる。

ピルーエットは、馬にとって非常に労力を必要とする運動であり、後躯の関節や腱、靭帯などに大きな負担がかかるので、いかなる場合も決して数多く行ってはならない。もし過剰な訓練をしばしば行えば、馬は損耗することとなる。

ピルーエットの扶助

*ピルーエットは何回か半停止を行って準備をする。馬はそれによって十分に態勢を整え、強く収縮し、力強く跳躍する。*その場合、馬には腰を内へではなく、軽く肩を内への姿勢をとらせた駈歩をさせるとよい。そのようにあらかじめ態勢を整えさせることなく、いきなりピルーエットの扶助を使うと、馬はよじれて3、4回の駈歩跳躍で360度の旋回をすることになる。

その場合にはもう一度半停止を行って馬の態勢を行進方向に向けてから、ピルーエットに移行する。外方脚は腹帯の後方に引いて使い、横方向への運動を維持しながら内方脚を支点にして馬体を側方屈撓させ、外方後肢を横に踏み出さないようにする。内方脚は腹帯の直後につけ、正しい内方姿勢を保つと共に、内方後肢の力強い跳躍を促す。

内方手綱で内方姿勢をとらせ、外方手綱は側方屈撓を制限する必要を生じた場合に備えて待機させる。また半停止でリズムを規則正しく整えて後肢が描く円をできるだけ小さくする。騎手の拳の握りが軽くなければ後躯は十分に活動できない。また馬の跳躍がしやすいように、騎手は特に馬の行進方向に騎座するようにしなければならない。

ピルーエットを終えるには、外方手綱と内方脚とでピルーエットの横方向の動きを中断し、馬を再び直線上に戻す。

*ピルーエットでの駈歩跳躍を規則正しく、均等な拍子で続けるために、内方と外方の扶助をどれほどの強さで、どのような順序で使うかに関しては、同じ馬でも、また左右のピルーエットでも非常に異なっている。*例えばリド号は左ピルーエットで性急になりやすいので、そうならないように左脚と右手綱を使った。また、右ピルーエットでも旋回を急ぐ傾向が強く、それで左脚をより強く使わなくてはならなくて、結局左右とも同じ脚を使った。ウルチモ号も同じような扶助を使った。それに対してヴォイチェク号では、左右のピルーエットで扶助を交互に使用した。

ピルーエットのいろいろな調教方法

ピルーエットの調教を開始するには、十分に収縮した駈歩ができなければならない。また駈歩ハーフパスによく馴れていなければならない。更に、ピルーエットの調教をどの方法でするかとは無関係に、常に次のことに配慮しなくてはならない。

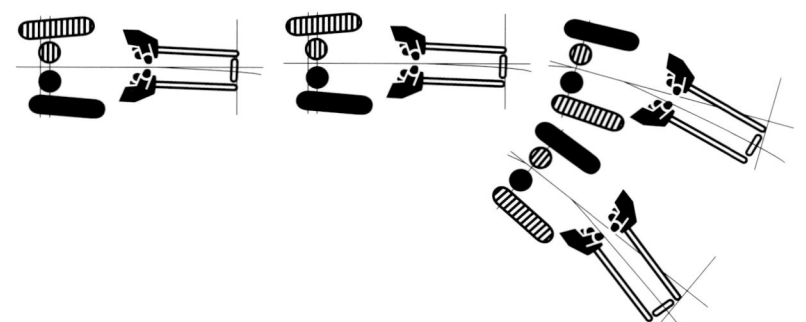

ピルーエットの扶助

1. 何回かの半停止で馬に態勢を整えさせる。
2. 旋回の動きが悪い馬には、外方脚を優先的に使う。

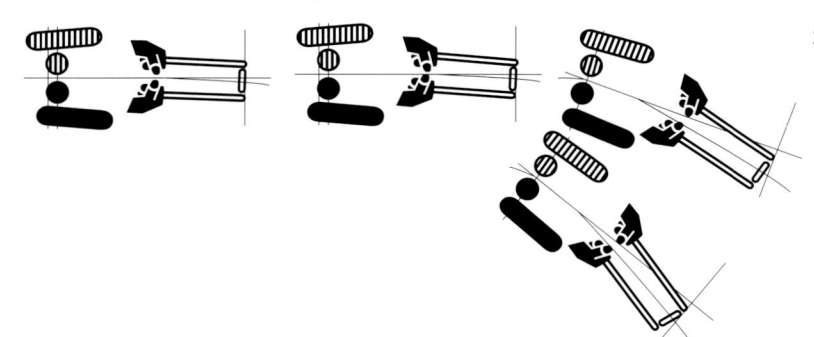

1. 何回かの半停止で馬に態勢を整えさせる。
2. 性急になる馬や旋回の動きが速すぎる馬では内方脚を優先的に使う。

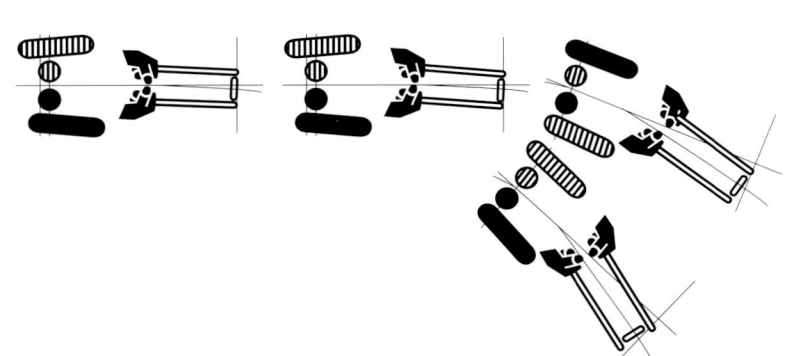

1. 何回かの半停止で馬に態勢を整えさせる。
2. 脚の扶助は交互に使う（典型的な場合）。外方脚で横への動きを維持し、内方脚で内方後肢の跳躍を促す。

1

後肢が描く円は、最初は大きくして行い、それを徐々に小さくする。その理由は、後肢が描く円を最小にして旋回させることよりも、拍子と弾発力を保ちながら行うことの方が大切だからである。

2

最初は特に側方屈撓の度合いを少なくして、外方手綱でよく支持しなければ、馬は平衡を失いやすい。

私は普通、**駈歩の腰を内へをして輪乗をつめ** をしてピルーエットの調教をしている。それがよくできれば、輪乗をピルーエットの大きさまで小さくする。その場合うまくできないか、あるいは明快な3拍子でなくなるようであれば、再び輪乗を大きくする。

時々私は、*縦蹄跡上*で収縮駈歩から *半ピルーエット* も行っている。その場合、縦蹄跡上の行進中に、馬に態勢をよく整えさせることができるという利点がある。しかしこの場合、後肢を横に踏み出させないで行うことは多くの馬では困難である。

6跳躍でのピルーエット。内方後肢に多くの負荷がかかっている。後躯はよく沈み込み

セントジョージ賞典とインターメディエイトⅠ

兆躍は性急になることなく高揚しており、馬は旋回方向に向けて側方屈撓をする。

また、**縦蹄跡で駈歩の腰を内へ**をして、**横蹄跡へ入る隅角で半ピルーエット**①**を行う**こともできる。ただしこの場合には、隅角での半ピルーエットが単なる半巻になりやすいので、まだLクラス水準の馬ではこの方法は避けるべきである。

① 〔編者註：この原文は「Pirouette」であるが、内容から考えて「半ピルーエット(halben Pirouette)」とした〕

誤りとその矯正方法

新馬はピルーエットで **弾発力を失い**やすく、後肢の弾発力がなくなると、地面にへばりついた感じとなる。そして多くの場合、後肢が速歩に落ちたり、手前が変ったりする。その矯正には、内方脚を強力に使い、内方後肢で強く跳躍させる。その場合の扶助は、内方脚と外方脚を交互に使う。それで矯正できない時は後肢が描く円をやや大きくして旋回させる。

しかし馬が弾発力を失う原因は扶助の使い方にあり、騎手の扶助が馬の動きにうまく同調していないか、騎手の上体が前傾し過ぎていて推進扶助がきいていないためである。

ピルーエットにおける第2の大きな誤りは **馬体がよじれること** である。その場合は、外方手綱と内方脚とで対応するか、あるいは側方屈撓を弱くして、馬に再び平衡を回復させなければならない。

また、内方後肢で負荷に十分耐えることができないためによじれる馬では、後肢が描く円をやや大きくする。

多くの馬はピルーエットで後躯に強く負荷し過ぎており、そのために後肢を前肢のすぐそばに引き寄せて、兎のように両後肢で同時に跳躍する。そうして大きく前方へ高く跳ね上がり、頭を上げる①。その矯正には、もう一度馬の頭頸を低くし直し、騎座を正して最初からやり直す。

よく調教できた馬で、ピルーエットが巻乗のように大きくなるのは、準備が不十分なためである。

① 〔編者註：原文は「über dem Zügel」である〕

駈歩の腰を内へで輪乗をつめる：ピルーエットを徐々に実施する合理的な一つの方法。

第Ⅲ章　Mクラスからグランプリまでの馬場馬術の調教

更にもう一つのピルーエットの調教方法は、縦蹄跡では駈歩で腰を内へをしておき、横蹄跡に入る隅角で半ピルーエットを行う。

セントジョージ賞典とインターメディエイトⅠ

2歩毎までの踏歩変換

3歩毎や2歩毎の踏歩変換ができるには、単独の踏歩変換が確実に、しかも正確にできなければならない。即ち、馬は真直ぐに、しかも十分に弾発力を保ちながら、確実に扶助を受けて、馬場内の任意の地点で踏歩変換ができなくてはならない。それに反し、馬が踏歩変換で拳にかかったり、テンポが速くなったり、馬体をコチコチにこわばらせて力むようであれば、それは駈歩運動において馬が平衡を保てないことが原因であるので、常に平衡を保てるように駈歩の調教をやり直してから、改めて踏歩変換の訓練を始めなくてはならない。

2歩毎までの踏歩変換の扶助

単独の踏歩変換で非常に大切なことは安定した騎座である。騎手の騎座が安定していなくては、馬は平衡を保つことが難しい。騎手は新しく内方になる側の腰を少し前に出すだけで、上体を動揺させないように静かに乗る。そして馬の口との連繋は左右均等に柔らかく保つが、新しく内方になる側の拳は多少軽く握る。両脚はあまり大きく動かさず、軽く馬腹につけて馬の動きを感じ取りやすくし、特に新たに内方になる脚は伸ばし過ぎないようにしなくてはならない。

2歩毎までの踏歩変換に関する助言

一定数の間歩を挟む踏歩変換の調教を始める前に、騎手は単独の踏歩変換で騎座の感覚を学び、馬は扶助を確実に受けながらテンポと弾発力を変えずに踏歩変換することを繰り返し訓練しなければならない。

それが確実にできれば、6歩毎、5歩毎の踏歩変換を開始する。私は最初の間は柵に沿って変換させる。そうした方が馬を真直ぐにしたままで変換しやすい。ゾイニッヒとヴェッチェンは、私と反対で、数歩毎までの踏歩変換は柵に頼らずにすべきであると言っている。しかし私の考えでは、そのようにすると、馬体が必ずと言ってよいほど動揺すると確信している。そのようなことはたいして重要なことではなく、各人それぞれ、自分で試みて、最も良いと信じる方法を選べばよいのである。

その際大切なことは、まず収縮をさせ過ぎないことである。そうでなければ馬はすぐに弾発力を失い、真直ぐなままで変換するのが困難になる。その他、駈歩のテンポが性急になると馬が拳にかかるので、注意しなくてはならない。

馬が落ち着いて6歩毎、5歩毎の踏歩変換をするようであれば、更に要求を高める。4歩毎、3歩毎および2歩毎の踏歩変換では、初めのうちは2、3回させるだけで止め、そこで常歩にして愛撫し、調教を終る。

踏歩変換での間歩の数をどれほど速やかに減少できるかは、その馬が落ち着いて、正しく踏歩変換ができるかどうかにより、大差が生じる。

その他の方法で、馬が拳にかかろうが、性急になろうが、大きな誤りをしようがおかまいなしに、一応は4歩毎、3歩毎ないし2歩毎の踏歩変換をすることはできる。しかしその場合は一定歩数毎の、言うならば機械的な踏歩変換であって、後で矯正することが困難な癖がつく。

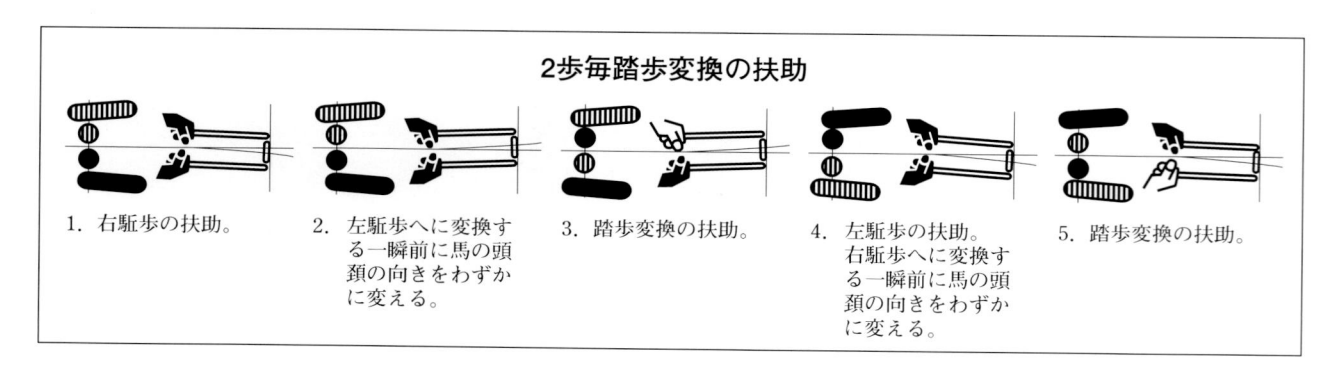

2歩毎踏歩変換の扶助

1. 右駈歩の扶助。
2. 左駈歩へ変換する一瞬前に馬の頭頸の向きをわずかに変える。
3. 踏歩変換の扶助。
4. 左駈歩の扶助。右駈歩へ変換する一瞬前に馬の頭頸の向きをわずかに変える。
5. 踏歩変換の扶助。

セントジョージ賞典とインターメディエイトⅠ

2歩毎踏歩変換、駈歩の跳躍時における前躯の起揚と弾発力は変らない。

踏歩変換を落ち着いて、扶助に応じて正しく行うことのできる馬が、全く困難を感じないで6歩毎、5歩毎の踏歩変換ができるようになれば、1週間以内に2歩毎の踏歩変換ができるようになるのが普通である。

リズムに合った扶助を使い、変換後も馬に扶助を受けたままの状態を続けさせるのは、騎手の技量が非常に優れていなくてはできないことである。しかしその半面、性格の難しい馬で踏歩変換を行う場合に、思いがけなく良い勉強をさせてもらうものであるが、私にとってはこのトラケーネン産の牝馬イルージョン号がそうであった。

誤りとその矯正方法

神経の過敏な馬は、時には騎手の扶助を待たずに勝手に運動を始めることがあり、踏歩変換では、変換を終った後に、何の扶助も加えていないのに、また変換をすることがある。そのような馬は、その場でいったん停止させてから改めて自然のままの駈歩に発進させ、馬が勝手な行動をしなくなってから、数歩毎の踏歩変換を再開する。そのような馬には特別繊細な扶助を使わなくてはならない。

単独の踏歩変換で停止しそうになったり、狭い歩幅で、尻を高くしたままで変換する傾向のある馬は、3歩毎や2歩毎の踏歩変換をするのはもとより困難で、更に一層ひどい誤りを犯すものである。従って何よりもまず、単独の踏歩変換を矯正しなくてはならない。後躯のよじれる馬の場合も同じことが言える。これは歩毎踏歩変換で非常に多く見られることである。

前進後退運動（シャウケル）①

前進後退運動では、一定の歩数だけ後退し、次に一定歩数だけ常歩で前進し、再び一定歩数だけ後退して、その最後の後退から、常歩、速歩あるいは駈歩で発進する。

①〔編者註：原語は「Schaukel」。この運動は、これまでに日本で出版されている馬術書では紹介されたことがな

かったようであり、「シャウケル」という言葉は私達も本書で初めて知ったのであるが、馬を収縮させるためには非常に有効な手段であると思う。浅岡精一氏がよく実施しておられたのを荒木氏は学生時代に拝見しておられ、現在でもよく利用されているそうである〕

正しい実施方法

前進後退運動で重要なことは、直線上で前進と後退を中断することなくスムーズに次々と繰り返し、**馬を絶対に停止させてはならないこと**である。従って正しい前進後退運動では、馬の肢がピッタリと揃うことは決してない。

また前進後退運動は、後退においてもなお前進気勢が十分に保たれているかどうかを知る良い方法である。正しい前進後退運動では、前躯が後躯を後方へ押し下げるのではなく、十分に屈撓して沈み込んだ後躯が前躯を後方に誘導するのであり、いつでも前方への発進ができる状態でなければならないのである。それゆえ正しい後退運動は収縮の訓練になり、馬は落ち着いて、両斜対肢をそれぞれ同じように高く上げては後方へ踏み下ろし、明確な2拍子の動きをする①。

①〔編者註：この運動で大切な点は、前進、後退共に、馬体が完全に真直ぐな状態で、ゆっくりとしたテンポで、大きくスムーズに行うことであると思う〕

前進後退運動の扶助

後退させるには、拳をゆるめず、腰と脚とで推進し、馬が後退の第1歩を踏み出すと同時に拳を少しゆるめ、その後は握りしめてはゆるめる操作を繰り返して予定していた歩数だけ後退させる。その際私は、一部の馬術書に書いてあるような交互に手綱を使うことはせず、両手綱を同じ強さで同時に使う。

脚は馬腹につけ、馬体を真直ぐに保つ。運動を中断することなく、後退から直ちに前進運動に移るために、腰を一層強く張り、両脚で推進して拳をゆるめ前進を促す。

前進から再度後退に移行するには、騎手は再び腰を張り、馬が後退し始めるまで両脚で推進する。

前進後退運動の扶助

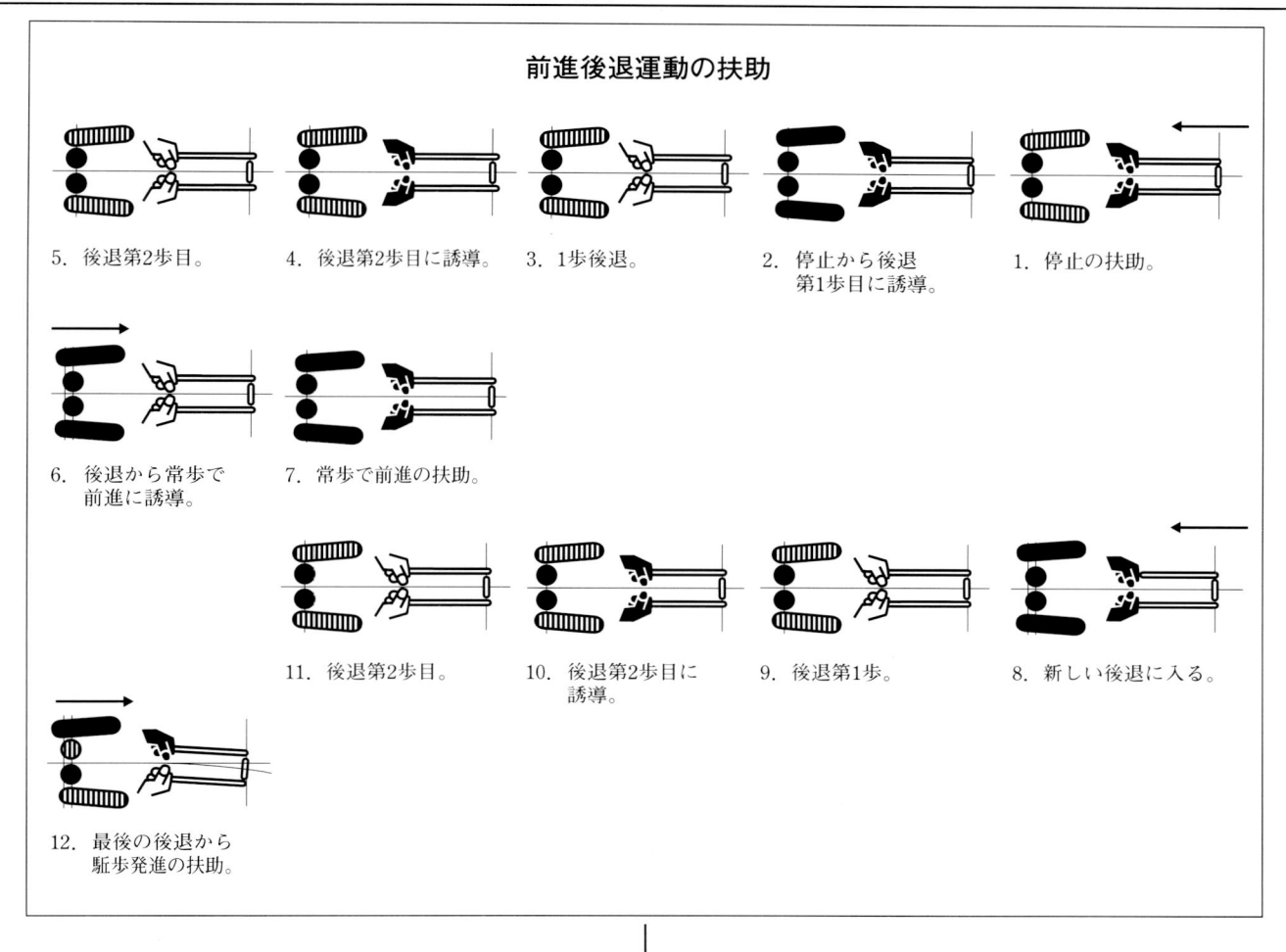

1. 停止の扶助。
2. 停止から後退第1歩目に誘導。
3. 1歩後退。
4. 後退第2歩目に誘導。
5. 後退第2歩目。
6. 後退から常歩で前進に誘導。
7. 常歩で前進の扶助。
8. 新しい後退に入る。
9. 後退第1歩。
10. 後退第2歩目に誘導。
11. 後退第2歩目。
12. 最後の後退から駈歩発進の扶助。

誤りとその矯正方法

　最高の馬場馬が行うグランプリにおいても、実際に正しい前進後退運動をする馬はわずかに1、2頭に過ぎない。**前進後退運動でよく見られる誤りは、前進から後退あるいはその逆の後退から前進へ移行する前に、馬が歩幅などの動きを小さくして騎手の扶助を待つ、いわゆる待ちの姿勢になってためらうこと**、である。そのため私は、前進後退運動はあまり頻繁には行わず、その歩数も競技の規定通りには行わない。そして競技前の最後の週に、馬をこの運動に馴らすために規定に書かれている歩数で数回行うだけである。

　移行前にためらうことと同じように、後退運動でよくある誤りを前進後退運動でも犯すのは当然で、それらの多くは騎手が必要に応じて直ちに腰と脚の扶助を使えるように心構えをしていなかった場合に起きる。

　馬体が左右いずれか一方にそれるのは、手綱と脚の扶助が片寄っているか、または馬が項を傾けていて、それに対して騎手が何の処置もとっていない場合である。

　大股で後退するのは、馬を収縮させるための脚の使い方が弱すぎるからである。馬がはいつくばうような姿勢をして後退するのは、一般的な従順性が欠けているためである。そうなるのは、まだ馬に正しい姿勢がとれず、停止もよくできないことが主な原因である。もしそうでなければ、騎手が手綱だけで馬を後退させようとしているのである。また後退で馬があわてるのも、頭頸を低くし過ぎるのも、あるいは鞦後に来るのも、拳を強く使い過ぎるのが原因で、その時は、腰と脚とを適当に使って落ち着きを取り戻させなくてはならない。

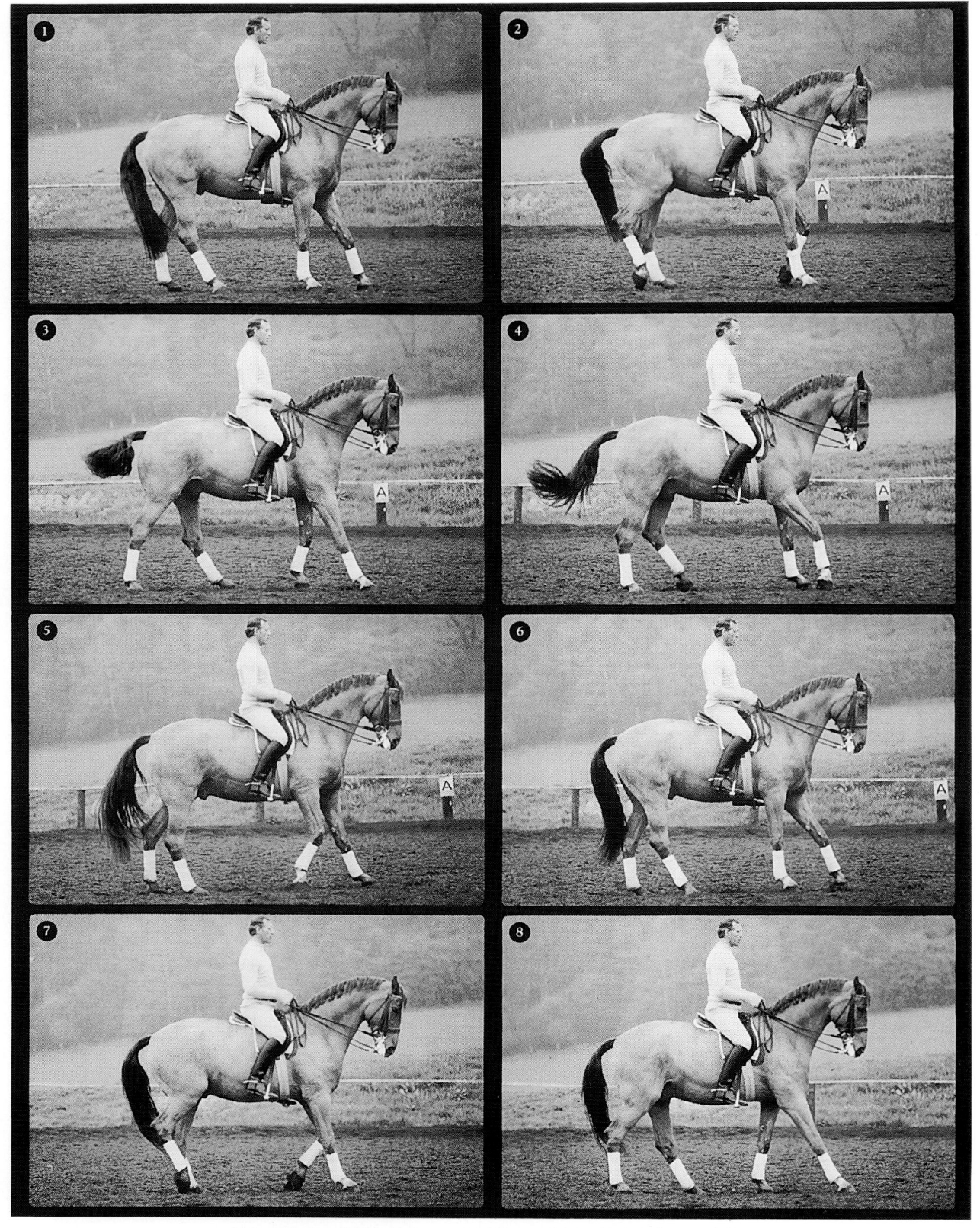

最初の後退。後躯を沈めてよく屈撓し、後肢が前肢を後退に誘導。

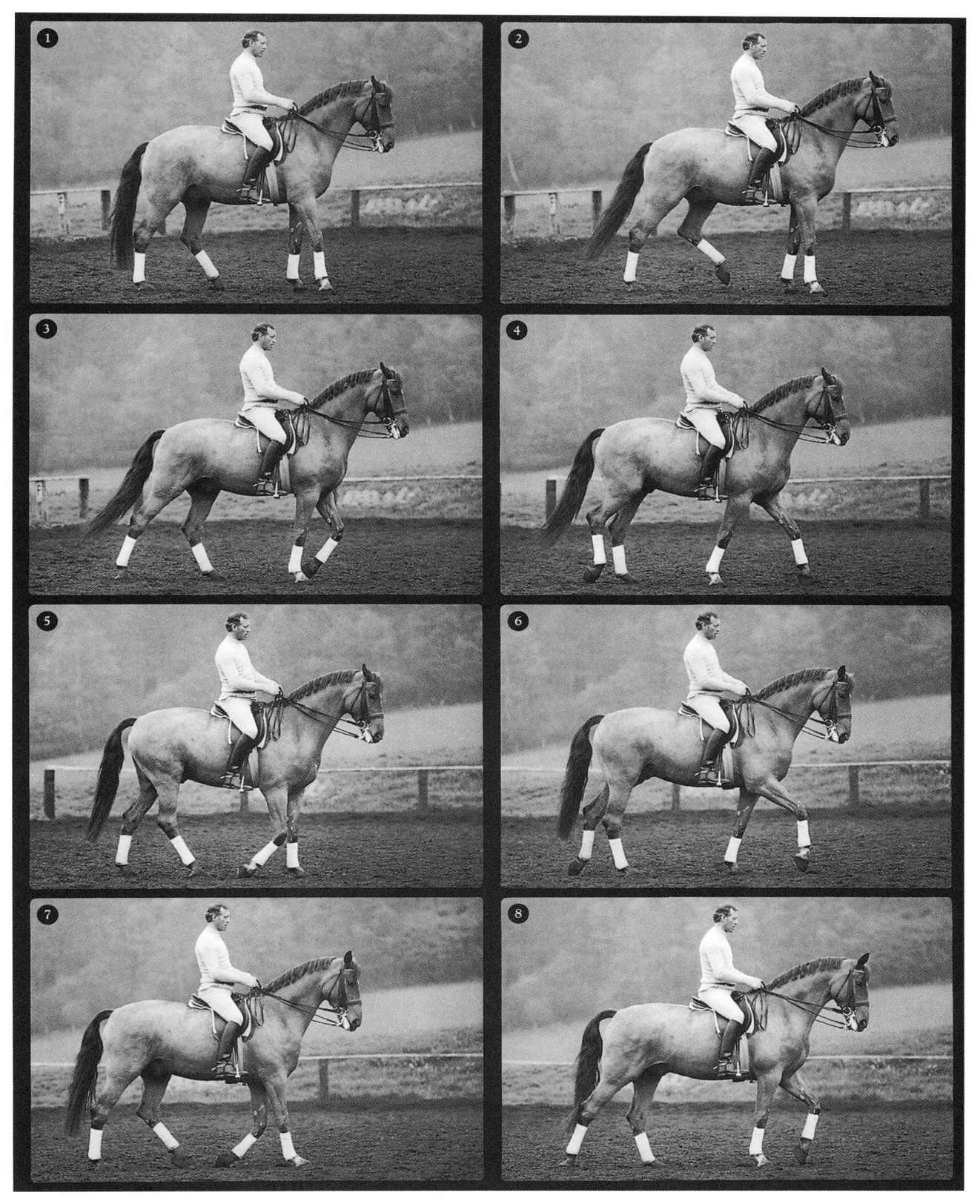

セントジョージ賞典とインターメディエイトⅠ

後退から前進へ停止せずにスムーズに移行。

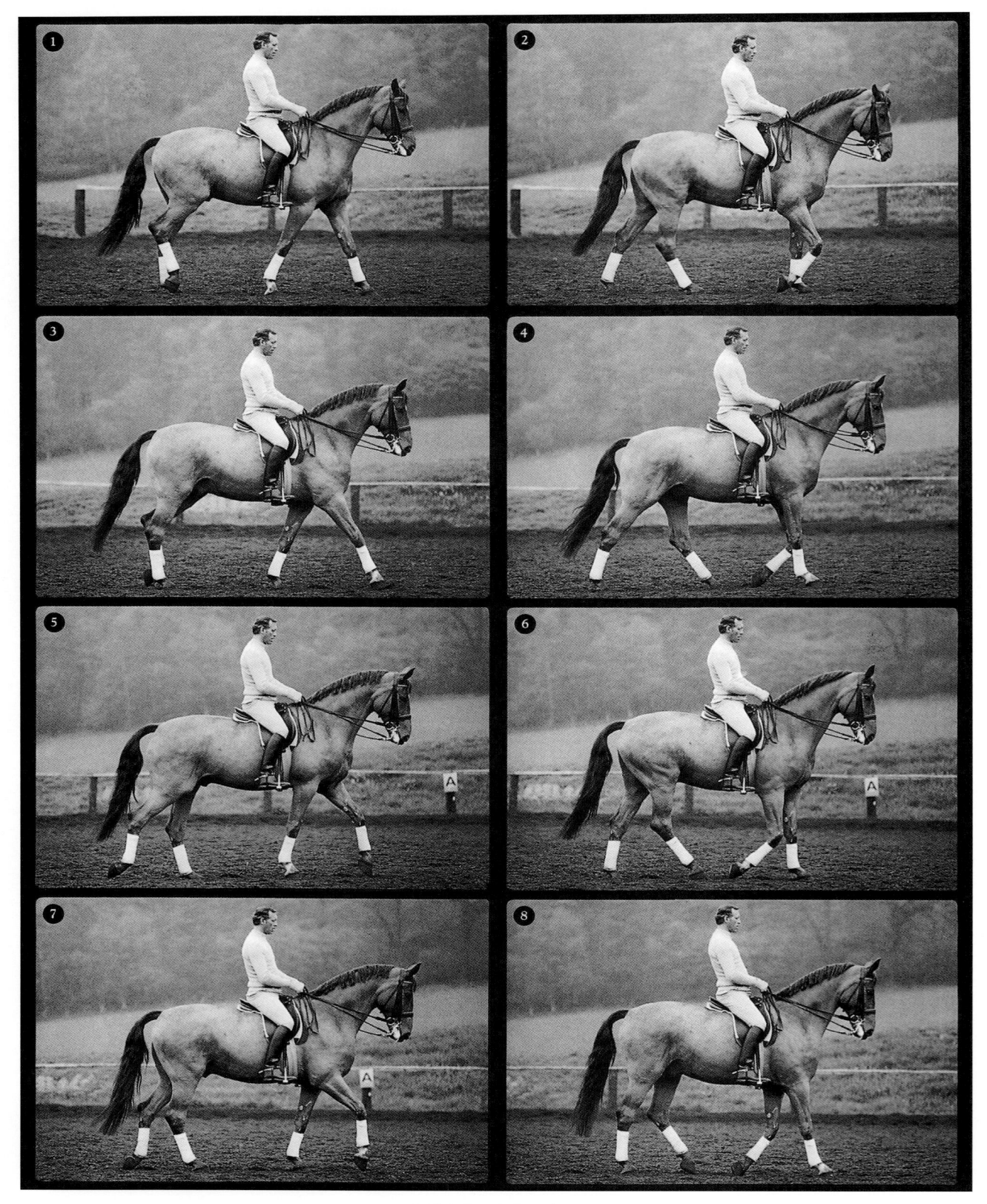

第Ⅲ章　Mクラスからグランプリまでの馬場馬術の調教

収縮常歩で自由な前進。

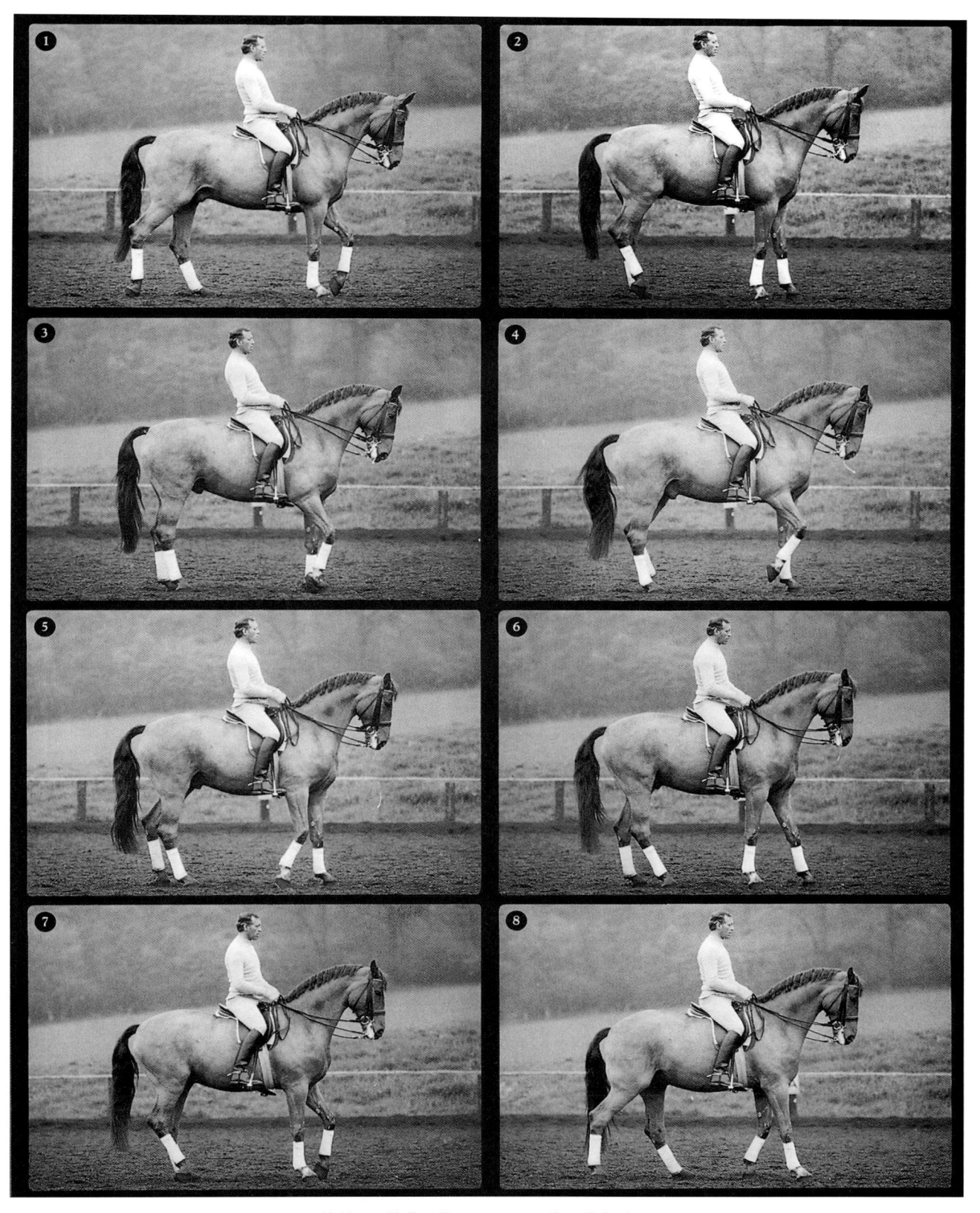

セントジョージ賞典とインターメディエイトI

後退から前進へ移る。3と4の拳は強すぎる。

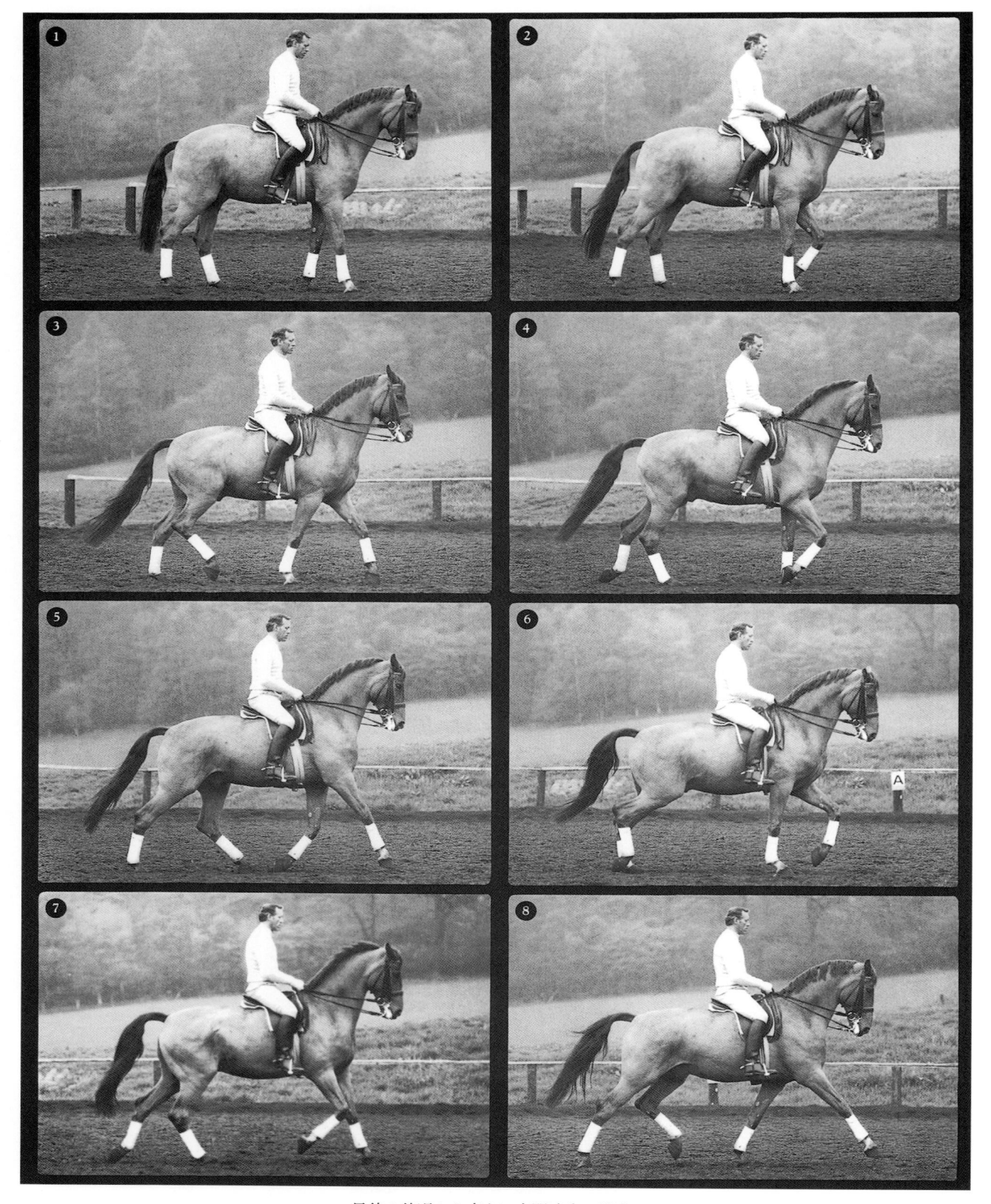

第Ⅲ章　Mクラスからグランプリまでの馬場馬術の調教

最後の後退から直ちに中間速歩で発進。

総合調教計画

　MクラスからSクラスに進むのは、LクラスからMクラスに進むのよりも長い日数を必要とする。その期間は平均して約9ヵ月はかかる。非常に良い駈歩をする馬では、それより調教期間を短縮することが可能であるが、それは新しい運動課目のほとんどが駈歩の運動課目であることによる。

　駈歩ハーフパスと数歩毎の踏歩変換の調教は同時に開始できる。駈歩ハーフパスを2、3ヵ月間調教して確実にできれば、ピルーエットの調教を開始し、左右のハーフパス間の移行の訓練をする。良い駈歩をする馬では、訓練の初めの準備運動に駈歩ハーフパスを利用することもできる。

　この水準の調教段階では、新しい運動課目の調教に私は常に小勒を使っている。しかしその間、週に1、2回大勒を使い、最初のSクラス馬場馬術競技に出場する前にはしばしば大勒で乗り、競技課目の訓練をする。

インターメディエイトⅠまでの総合調教計画									
時間の配分	調教内容	8月	9月	10月	11月	12月	1月	2月	3月
準備運動 (約10分間)	これまで通りの準備運動	────────────────────────────▶						
	速歩の二蹄跡運動も含めて良い駈歩をする馬では、調教時間の最初に準備運動として駈歩ハーフパスを行う			────────────────────▶					
調　教 (約40分間)	Mクラスの運動における欠点の改善	────────────────────────────▶						
	最初は馬体の斜行する角度を小さくして、左および右への駈歩ハーフパス	────────────────────────────▶						
	左右の駈歩ハーフパス間の移行			────────────────────▶					
	中央線の左右に一定歩数のジグザグハーフパス						──────────▶		
	軽い側方屈撓で、後肢が大きな円を描くピルーエット			──────────────				
	両手前での精密なピルーエット					──────────────▶			
	2歩毎までの踏歩変換。その調教に要する時間の長短は、馬の能力と気性による	────────────────────────────▶						
	そのつど歩数を変えて前進後退運動を時々						- - - - - - ▶		
	規定通りの歩数で、前進後退運動を時々							- - ▶	
	大勒を着ける				- - - - - - - - - - - - - - ▶				
	競技課目の一部、または全部を通して行う							- - ▶	
終末(沈静)運動 (約10分間)	これまで通り	────────────────────────────▶						

セントジョージ賞典

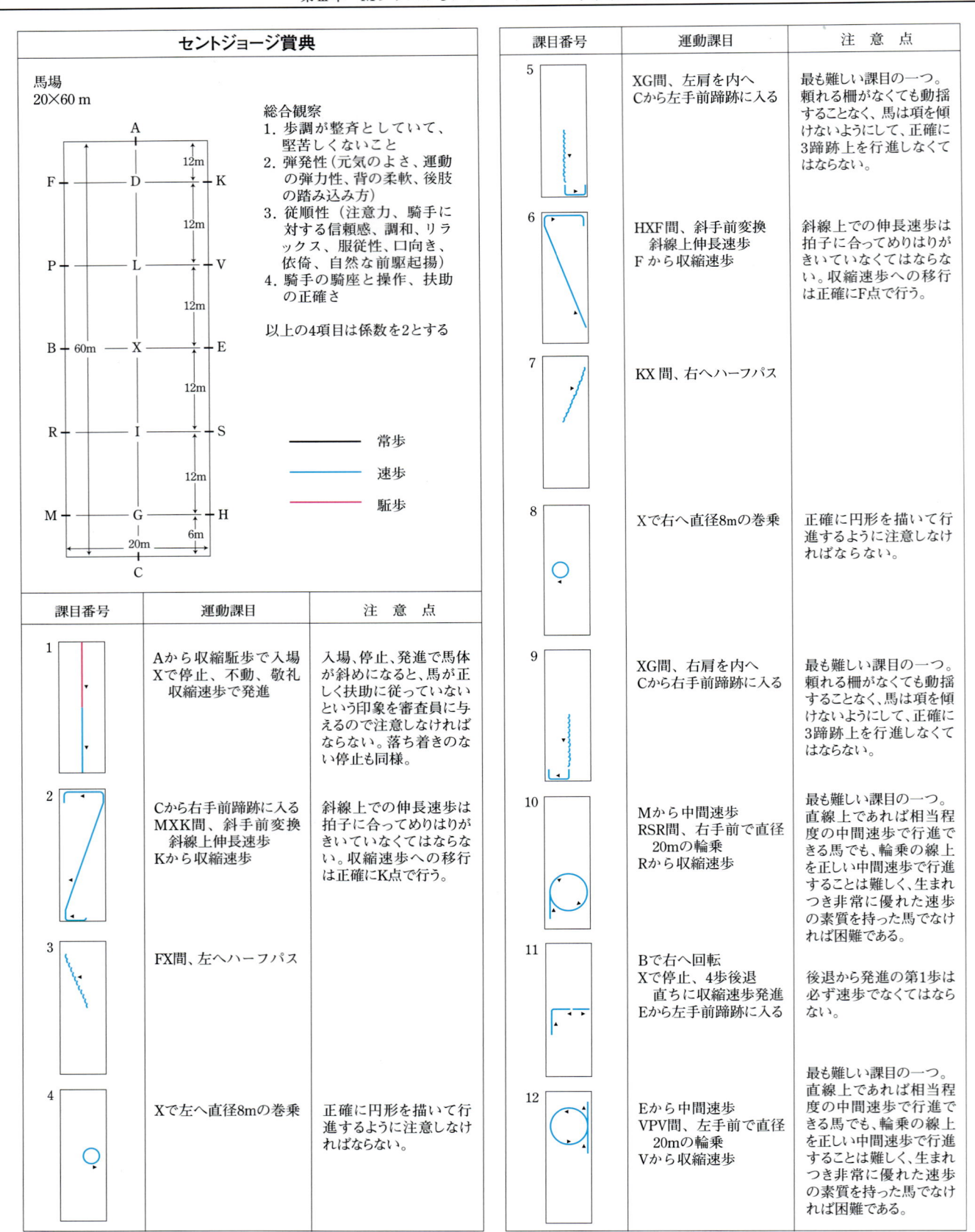

馬場 20×60m

総合観察
1. 歩調が整斉としていて、堅苦しくないこと
2. 弾発性（元気のよさ、運動の弾力性、背の柔軟、後肢の踏み込み方）
3. 従順性（注意力、騎手に対する信頼感、調和、リラックス、服従心、口向き、依倚、自然な前駆起揚）
4. 騎手の騎座と操作、扶助の正確さ

以上の4項目は係数を2とする

— 常歩
— 速歩
— 駈歩

課目番号	運動課目	注意点
1	Aから収縮駈歩で入場　Xで停止、不動、敬礼　収縮速歩で発進	入場、停止、発進で馬体が斜めになると、馬が正しく扶助に従っていないという印象を審査員に与えるので注意しなければならない。落ち着きのない停止も同様。
2	Cから右手前蹄跡に入る　MXK間、斜手前変換　斜線上伸長速歩　Kから収縮速歩	斜線上での伸長速歩は拍子に合ってめりはりがきいていなくてはならない。収縮速歩への移行は正確にK点で行う。
3	FX間、左へハーフパス	
4	Xで左へ直径8mの巻乗	正確に円形を描いて行進するように注意しなければならない。
5	XG間、左肩を内へ　Cから左手前蹄跡に入る	最も難しい課目の一つ。頼れる柵がなくても動揺することなく、馬は項を傾けないようにして、正確に3蹄跡上を行進しなくてはならない。
6	HXF間、斜手前変換　斜線上伸長速歩　Fから収縮速歩	斜線上での伸長速歩は拍子に合ってめりはりがきいていなくてはならない。収縮速歩への移行は正確にF点で行う。
7	KX間、右へハーフパス	
8	Xで右へ直径8mの巻乗	正確に円形を描いて行進するように注意しなければならない。
9	XG間、右肩を内へ　Cから右手前蹄跡に入る	最も難しい課目の一つ。頼れる柵がなくても動揺することなく、馬は項を傾けないようにして、正確に3蹄跡上を行進しなくてはならない。
10	Mから中間速歩　RSR間、右手前で直径20mの輪乗　Rから収縮速歩	最も難しい課目の一つ。直線上であれば相当程度の中間速歩で行進できる馬でも、輪乗の線上を正しい中間速歩で行進することは難しく、生まれつき非常に優れた速歩の素質を持った馬でなければ困難である。
11	Bで右へ回転　Xで停止、4歩後退　直ちに収縮速歩発進　Eから左手前蹄跡に入る	後退から発進の第1歩は必ず速歩でなくてはならない。
12	Eから中間速歩　VPV間、左手前で直径20mの輪乗　Vから収縮速歩	最も難しい課目の一つ。直線上であれば相当程度の中間速歩で行進できる馬でも、輪乗の線上を正しい中間速歩で行進することは難しく、生まれつき非常に優れた速歩の素質を持った馬でなければ困難である。

課目番号	運動課目	注意点	課目番号	運動課目	注意点
13	KAF間、収縮常歩	歩幅の狭い高揚した常歩を保ち、性急な歩様や側対歩様になってはならない。	20	Aから中央線に入る DB間、右へハーフパス Bで踏歩変換	踏歩変換は馬体を真直ぐにしたままで行う。
14	FPXSH間、伸長常歩、斜手前変換 Hから中間常歩	収縮常歩、伸長常歩、中間常歩は明確に区別して乗る。伸長常歩では、馬は頭頸の位置を肩の高さに保ち、十分に馬体を伸ばし、ゆるめられた拳に自ら支点を求めて銜を受ける。中間常歩への移行の際には軽く銜を受けていなくてはならない。（係数2）	21	BG間、左へハーフパス Cから左手前蹄跡に入る	踏歩変換後、後躯を先行させてはならない。
			22	Hから中間駈歩 Kから収縮駈歩	中間駈歩では馬体を真直ぐに保ち、特に収縮駈歩への移行の際には、馬体が斜めにならないように注意する。
15	Cから収縮常歩 MR間で右へ半ピルーエット	手綱を短く持ち直し、前躯の起揚と後躯の屈撓を強化して明確に移行する。半ピルーエットでは、よく収縮して、中断することなく正しい姿勢と屈撓を保って行う。	23	AからCへ向かい、馬場全体で4湾曲の蛇乗 第2湾曲を終えてXで踏歩変換 第1と第4の湾曲は正駈歩、第2と第3の湾曲は反対駈歩になる Cから右手前蹄跡に入る	踏歩変換は、X点で反対駈歩から反対駈歩へ確実に行わなければならない。
16	HS間で左へ半ピルーエット	よく収縮して、中断することなく正しい姿勢と屈撓を保つ。	24	MXK間、斜手前変換 斜線上伸長駈歩 Kから収縮駈歩 直ちに踏歩変換	伸長駈歩への移行は明確でなければならない。伸長駈歩の跳躍は歩幅を広く、馬の頸には中間駈歩より多少自由を与え、馬体を真直ぐにして、歩調を乱さないように、安定した騎座によって圧し出す。K点から収縮駈歩に移行し、直ちに踏歩変換をするが、早くから馬をつめ過ぎてはならない。
17①	CMGHC間、収縮常歩	歩幅の狭い高揚した常歩を保ち、性急な歩様や側対歩様になってはならない。			
18	Cから右収縮駈歩で発進	馬体を真直ぐにしたままで駈歩発進をしなければならない。	25	FからXに向けて収縮駈歩 FX間で左へ半ピルーエット、Fへ向かう Fで踏歩変換	半ピルーエット前に多少強く馬をつめて正確に斜線上を行進し、半ピルーエット後も正確に斜線上を行進する。半ピルーエットでは旋回し過ぎないように注意。（係数2）
19	Mから中間駈歩 Fから収縮駈歩	中間駈歩では馬体を真直ぐに保ち、特に収縮駈歩への移行の際には、馬体が斜めにならないように注意する。	26	KからXに向けて収縮駈歩 KX間で右へ半ピルーエット。Kへ向かう Kで踏歩変換	課目番号25と同じ。

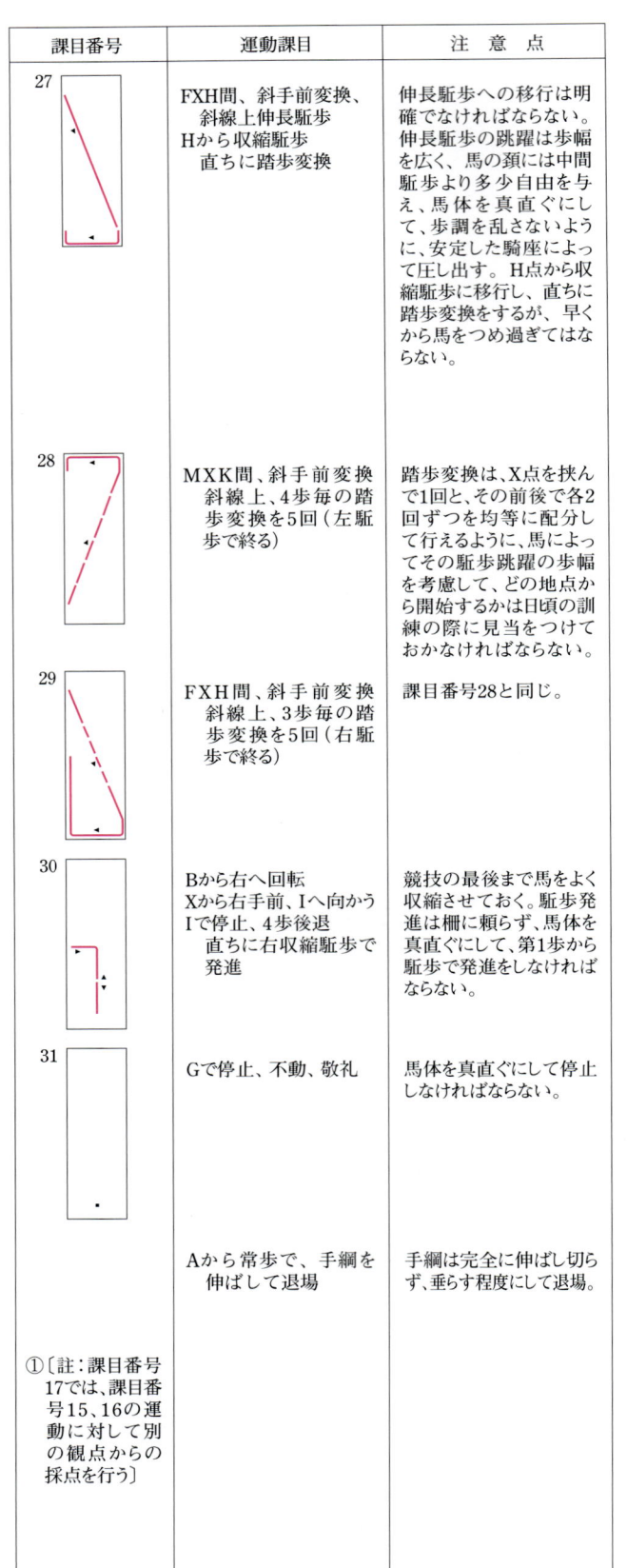

課目番号	運動課目	注 意 点
27	FXH間、斜手前変換、斜線上伸長駈歩 Hから収縮駈歩 直ちに踏歩変換	伸長駈歩への移行は明確でなければならない。伸長駈歩の跳躍は歩幅を広く、馬の頸には中間駈歩より多少自由を与え、馬体を真直ぐにして、歩調を乱さないように、安定した騎座によって圧し出す。H点から収縮歩に移行し、直ちに踏歩変換をするが、早くから馬をつめ過ぎてはならない。
28	MXK間、斜手前変換 斜線上、4歩毎の踏歩変換を5回(左駈歩で終る)	踏歩変換は、X点を挟んで1回と、その前後で各2回ずつを均等に配分して行えるように、馬によってその駈歩跳躍の歩幅を考慮して、どの地点から開始するかは日頃の訓練の際に見当をつけておかなければならない。
29	FXH間、斜手前変換 斜線上、3歩毎の踏歩変換を5回(右駈歩で終る)	課目番号28と同じ。
30	Bから右へ回転 Xから右手前、Iへ向かう Iで停止、4歩後退 直ちに右収縮駈歩で発進	競技の最後まで馬をよく収縮させておく。駈歩発進は柵に頼らず、馬体を真直ぐにして、第1歩から駈歩で発進をしなければならない。
31	Gで停止、不動、敬礼	馬体を真直ぐにして停止しなければならない。
	Aから常歩で、手綱を伸ばして退場	手綱は完全に伸ばし切らず、垂らす程度にして退場。

①〔註：課目番号17では、課目番号15、16の運動に対して別の観点からの採点を行う〕

インターメディエイトⅠ

馬場 20×60 m

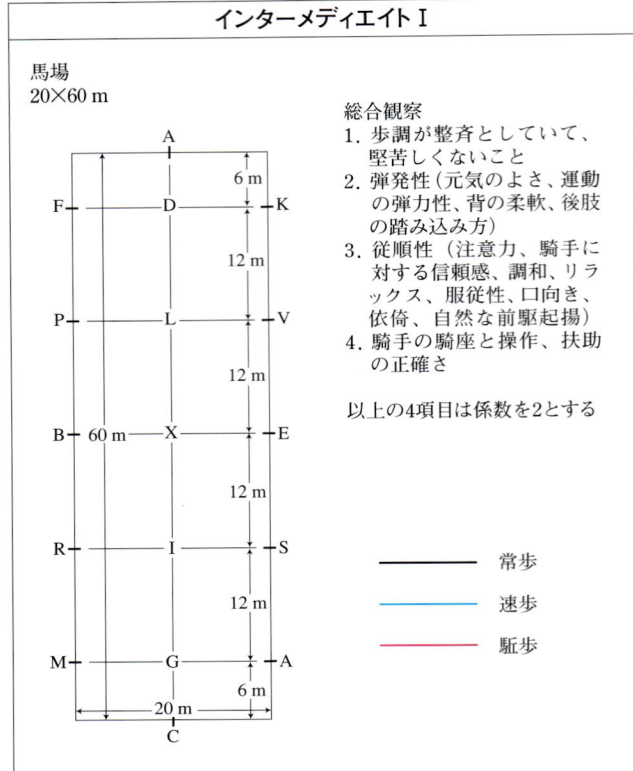

総合観察
1. 歩調が整斉としていて、堅苦しくないこと
2. 弾発性(元気のよさ、運動の弾力性、背の柔軟、後肢の踏み込み方)
3. 従順性(注意力、騎手に対する信頼感、調和、リラックス、服従性、口向き、依倚、自然な前駆起揚)
4. 騎手の騎座と操作、扶助の正確さ

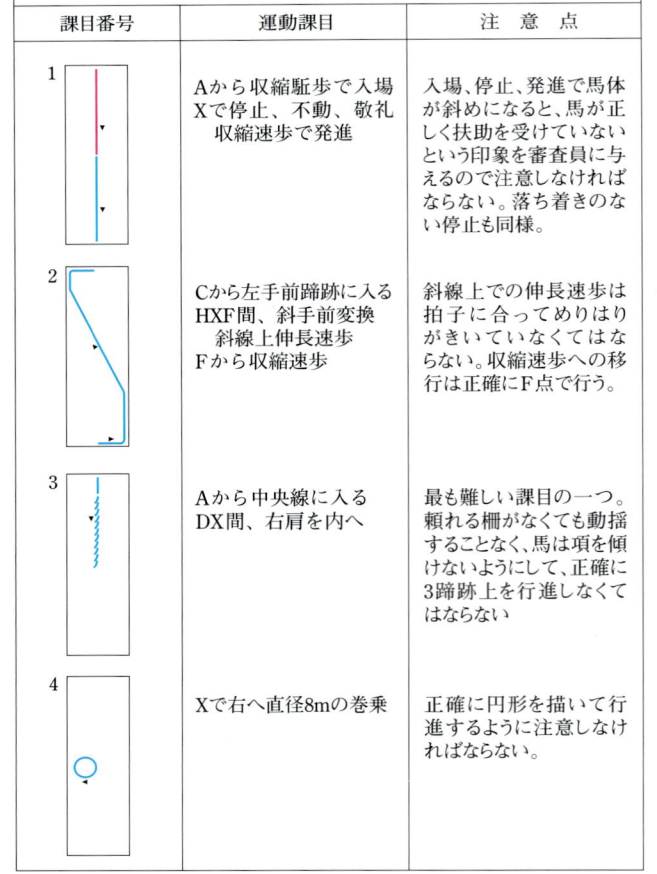

以上の4項目は係数を2とする

― 常歩
― 速歩
― 駈歩

課目番号	運動課目	注 意 点
1	Aから収縮駈歩で入場 Xで停止、不動、敬礼 収縮速歩で発進	入場、停止、発進で馬体が斜めになると、馬が正しく扶助を受けていないという印象を審査員に与えるので注意しなければならない。落ち着きのない停止も同様。
2	Cから左手前蹄跡に入る HXF間、斜手前変換 斜線上伸長速歩 Fから収縮速歩	斜線上での伸長速歩は拍子に合ってめりはりがきいていなくてはならない。収縮速歩への移行は正確にF点で行う。
3	Aから中央線に入る DX間、右肩を内へ	最も難しい課目の一つ。頼れる柵がなくても動揺することなく、馬は項を傾けないようにして、正確に3蹄跡上を行進しなくてはならない
4	Xで右へ直径8mの巻乗	正確に円形を描いて行進するように注意しなければならない。

課目番号	運動課目	注 意 点	課目番号	運動課目	注 意 点
5	XG間、右腰を内へ Cから右手前蹄跡に入る	最も難しい課目の一つ。頼れる柵がなくても動揺することなく、馬は項を傾けず、内方後肢が中央線上を進むようにしながら、正確に4蹄跡上を行進しなければならない。	13 ①	Xでの収縮速歩から1挙動で停止への移行と、後退から収縮速歩での発進への移行	移行に特に重点を置く。
6	RK間、斜手前変換 斜線上中間速歩 Kから収縮速歩	斜線上での中間速歩は拍子に合ってめりはりがきいていなければならない。収縮速歩への移行は正確にK点で行う。	14	FAK間、収縮常歩	常歩は歩幅を狭くして高揚させ、性急な歩様になったり側対歩様になってはならない。
7	Aから中央線に入る DX間、左肩を内へ	最も難しい課目の一つ。頼れる柵がなくても動揺することなく、馬は項を傾けないようにして、正確に3蹄跡上を行進しなければならない。	15	KVXRM間、伸長常歩 斜手前変換 Mから中間常歩	収縮常歩、伸長常歩、中間常歩は明確に区別して乗る。伸長常歩では、馬は頭頸を低くして肩の高さに保ち、十分に馬体を伸ばし、ゆるめられた拳に自ら支点を求めて銜を受ける。中間常歩への移行の際には軽く銜を受けていなくてはならない。（係数2）
8	Xで左へ直径8mの巻乗	正確に円形を描いて行進するように注意しなければならない。			
9	XG間、左腰を内へ Cから左手前蹄跡に入る	最も難しい課目の一つ。頼れる柵がなくても動揺することなく、馬は項を傾けず、内方後肢が中央線上を進むようにしながら、正確に4蹄跡上を行進しなければならない。	16	Cから収縮常歩 Hから左へ回転 GM間で左へ半ピルーエット	常歩は歩幅を狭くして高揚させる。頼れる柵がないので半ピルーエットはセントジョージの場合よりも難しい。規定の線を正確に守ること。
10	HXF間、斜手前変換 斜線上伸長速歩 Fから収縮速歩	斜線上での伸長速歩は拍子に合って、めりはりがきいていなくてはならない。収縮速歩への移行は正確にF点で行う。	17	GH間で右へ半ピルーエット	課目番号16と同じ。
11	KXM間、斜手前変換 斜線上伸長速歩 Mから収縮速歩	課目番号10と同じ。	18 ①	CH(M)(H)G間、収縮常歩	常歩の収縮に特に重点。
12	Eから左へ回転 Xで停止、5歩後退、3歩前進、3歩後退 直ちに収縮速歩で発進 Bから右手前蹄跡に入る	前進後退運動は非常に難しく、特に3歩前進と3歩後退は難しい。3歩以外の歩数で行ったり、何回もやり過ぎると、馬はスムーズにできなくなり、1、2歩だけの前進後退しかしなくなる。	19	Gから右収縮駈歩で発進 Mから右手前蹄跡に入る	駈歩発進は馬体を真直ぐにして行う。

課目番号	運動課目	注意点
20	Mから中間駈歩 Fから収縮駈歩	M点で直ちに中間駈歩へ移行。中間駈歩でも、収縮駈歩への移行でも、馬体は真直ぐのままでなければならない。
21	Aから中央線に入る Dから中央線の両側にハーフパスで4回の往復手前変換、各頂点で踏歩変換、最初と最後は4歩、他の2回は8歩 Gで往復手前変換を終る（左駈歩で終る）	最も難しい課目の一つ。各踏歩変換毎に馬体は真直ぐのままでなければならず、後躯がよじれてはならない。
22	Cから左手前蹄跡に入る Hから中間駈歩 Kから収縮駈歩	中間駈歩、収縮駈歩への移行は馬を真直ぐにしたままで、明確に行う。
23	AからCへ向かい、馬場全体で6湾曲の蛇乗。第1、第3、第5湾曲を終えて中央線と交差する地点で踏歩変換。第1と第2湾曲は正駈歩、第3と第4は反対駈歩、第5と第6は正駈歩になる Cから右手前蹄跡に入る	第3湾曲を終えたX点では、反対駈歩から反対駈歩への変換を行う。
24	MXK間、斜手前変換斜線上伸長駈歩 Kから収縮駈歩、直ちに踏歩変換	伸長駈歩への移行は明確でなければならない。伸長駈歩の跳躍は歩幅を広く、馬の頸には中間駈歩より多少自由を与え、馬体を真直ぐにして、歩調を乱さないように、安定した騎座によって圧し出す。K点から収縮駈歩に移行し、直ちに踏歩変換をするが、早くから馬をつめ過ぎてはならない。
25	FXH間、斜手前変換 FX間で左へ全ピルーエット	ピルーエットの前には馬体を斜線の方向に向けて正しく整え、よく高揚した5、6歩の跳躍で行うが、旋回し過ぎないように注意して、正しく元の斜線に戻る。（係数2）

課目番号	運動課目	注意点
26	Xで踏歩変換 XH間で右へ全ピルーエット	課目番号25と同じ。
27	MXK間、斜手前変換斜線上、3歩毎の踏歩変換を7回（左駈歩で終る）	踏歩変換は、X点を挟んで1回と、その前後で各3回ずつを均等に配分して行う。馬の歩幅にもよるが、M点の直後で開始し、馬体を真直ぐに保ち斜線上で正確に行う。
28	FXH間、斜手前変換斜線上、2歩毎の踏歩変換を7回（右駈歩で終る）	踏歩変換の配分は前項に準じて均等に行う。開始地点はFX間のほぼ中間点となる。
29	Mから伸長駈歩 Fから収縮駈歩	伸長駈歩は歩幅を広く、伸長駈歩も収縮駈歩も馬体を真直ぐに保ち、移行は明確に行う。
30	Aから中央線に入る Xで停止、5歩後退、直ちに右収縮駈歩で発進	競技の最後まで気をゆるめず、馬をよく収縮させておく。駈歩発進は最初の第1歩から駈歩で、柵がなくても馬体を真直ぐにして発進をしなければならない。
31	Gで停止、不動、敬礼 Aから常歩で、手綱を伸ばして退場	馬体を真直ぐにして停止しなければならない。 手綱は完全に伸ばし切らず、垂らす程度にして退場。

①〔註：課目番号13では課目番号12の運動に対し、課目番号18では課目番号16、17の運動に対し、それぞれ別の観点からの採点を行う。
（　）内の地点は、その地点より手前の地点を意味する〕

インターメディエイトⅡとグランプリ

調教目標

　グランプリ馬は歩毎踏歩変換、ピアッフェ、それにパッサージュができなくてはならない。またグランプリの前段階のインターメディエイトⅡでもすでに、ピアッフェと歩毎踏歩変換ができなくてはならない。この調教段階に達した馬では、歩毎踏歩変換はさほど困難ではないが、ピアッフェ、パッサージュは極めて困難で、特別優れた馬の能力と、調教する人の非常に高度な技術と豊富な経験が必要になる。

　ピアッフェとパッサージュでは、後躯がよく屈撓し、特に飛節が柔軟でなくてはならない。後肢が直立した形に近く突っ立っていて、飛節が硬い馬はこれらの運動をするのが困難で、後躯が沈まずに前躯だけを上下させてピアッフェやパッサージュをする。これを「肩でピアッフェやパッサージュをする」と言う。

　全般的に言って、多くのグランプリ馬はパッサージュはよくできるが、ピアッフェのよくできる馬の数は非常に限定される。その理由は、ピアッフェでは非常に柔軟に働く後躯の構造と、馬の特別繊細な感覚を必要とするためである。しかも馬は鞭や音声の扶助を受けずに、ただ脚の圧迫だけでピアッフェをしなくてはならないのである。もっともその点については、脚の扶助だけでできなくてはならない運動課目は他にもある。

グランプリ水準の馬場馬術調教の基準		
調教基準	追加訓練	トレーニングテスト
拍　子 リラックス 依　倚	— — —	歩毎踏歩変換とピアッフェ、パッサージュにおける拍子とリラックスと依倚の維持
弾発力	ピアッフェ パッサージュ	ピアッフェ、パッサージュでの弾発力の維持と高揚 それによる速歩の弾発力の改善 歩毎踏歩変換での弾発力の高揚
真直性	—	歩毎踏歩変換とピアッフェ、パッサージュを左右に揺れることなく真直ぐにできること
収　縮	ピアッフェ パッサージュ	ピアッフェ、パッサージュで馬の肩がより一層自由に動くようにし、後躯の屈撓をより強くすることで収縮の程度を更に高める 歩毎踏歩変換で収縮を高める

歩毎踏歩変換

　2歩毎までの踏歩変換を真直ぐに、しかも活発な前進気勢を発揮しながら、軽い扶助でできる馬の多くは、数日中に歩毎踏歩変換ができるようになる。しかしその場合、前提条件となるのは馬が興奮しないことである。そして、よく平衡を保った駈歩をして、いかに速やかに歩毎踏歩変換をすることができるかは、実に騎手の手腕の巧拙にかかわることである。

　踏歩変換をする場合、どちらか一方の側で行いやすいものである。私はそれを利用して、例えば右から左へ変換しやすい馬では、左から右に変えると直ちに左へ変えるようにしている。

　2、3回歩毎踏歩変換ができれば徐々に要求を高くする。最終的に、歩毎踏歩変換は動きに強くめりはりをつけ、高揚した駈歩で行わなくてはならない。しかし、しばしば目にするのは、確かに

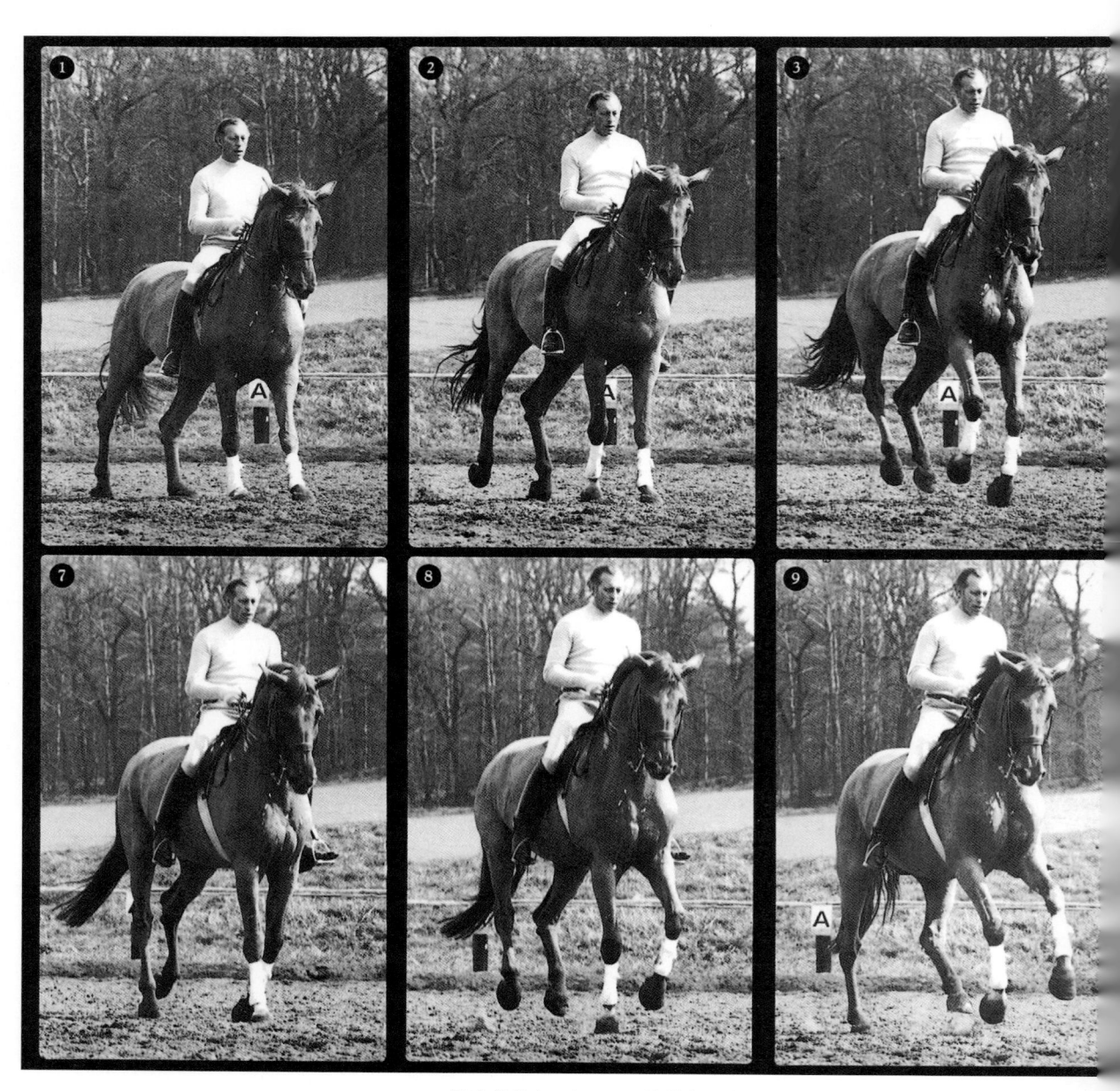

馬は真直ぐに向いて、弾発力の強い歩毎踏歩変換をしている。

踏歩変換をしてはいるが、前肢の動きが硬く円滑さを欠き、高揚しない跳躍をすることである。時には、すでに述べたような、個々の踏歩変換で見受けられる多くの誤りも現れる。

歩毎踏歩変換の扶助

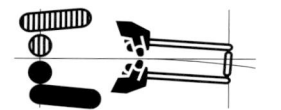

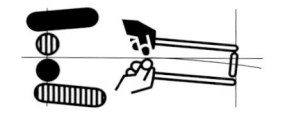

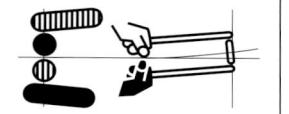

1. 右駈歩の扶助。

2. 左へ踏歩変換の扶助。
ここでは頭頸の向きを変えた瞬間に続いて、間髪を入れずに残りの踏歩変換の扶助を使わなくてはならない。

3. 右へ踏歩変換の扶助。

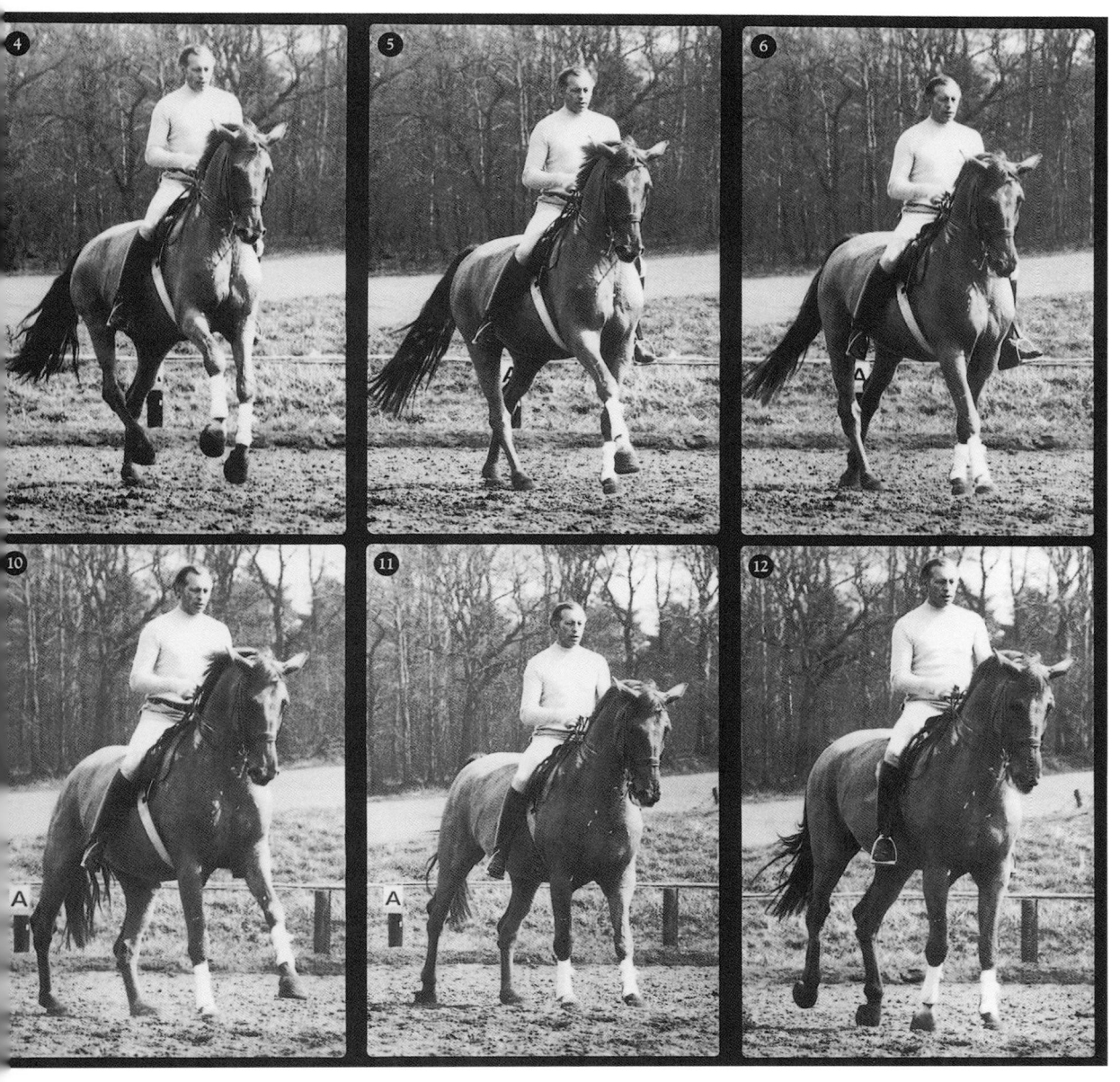

4. 左へ踏歩変換の扶助。

弾発力が強くて、しかも性急にならずに活発な前進気勢がうかがえる。

ピアッフェ

ピアッフェは、高揚した速歩歩様の肢の運びをしながら、腰、飛節、球節を強く屈曲させ、斜対肢を力強く弾力的に拍子に合わせてその場で上下させる運動である。

正しい実施方法とその目標

ピアッフェではただ尻が軽く上下に動くだけで、後肢はよく沈み込んだまま強く負荷を受ける。その場合、後肢は大きく踏み込み、後蹄は大腿の真下で離着地する。前肢は高く上がり、頚は起揚し、項は馬体の中で最も高い位置を占める。背筋は弾力的に緊張し、腰部はわずかに隆起する。後肢は、上がっている側の蹄尖が着地している側の後肢の球節の高さまで上がる。前肢は、生まれつき膝の動きの良い馬で理想的な場合であれば、その前腕が水平まで上がるが、速歩の肢の運びが平板な一般的な馬では、よく上がっても着地している側の前肢の管のほぼ中央の高さに蹄尖が上がる程度で、あまり高くは上がらない。前後肢が最も高く上がった瞬間、凝縮したかのように動きが止まる。

ピアッフェは後躯の搬送力を高度に必要とする運動であるが、それが最高度に発揮されるのはルバードである。ルバードでは後躯の総ての関節を最も強く屈曲して荷重の全部を引き受け、前肢を地面から上げて胸元へ引き寄せる。この運動は現在ではスペイン乗馬学校で見ることができるだけである。

騎手は拳を柔軟に保ち、運動の流れを妨げてはならない。またあくまでも安定した騎座で、馬の上下運動に合わせて柔軟に乗る必要がある。

ピアッフェの扶助

ピアッフェに移行するには、騎手は腰を強く張り、馬の背を強く圧迫する。すなわち、速歩発進のように両脚を使い、同時に半停止によって前進気勢を強化し、その馬の調教程度に応じて、抑制するか促進するかしてピアッフェに移行する。

両脚の扶助は柔らかく、決して唐突な使い方をしてはならないが、力強くなければならず、時には拍車を小刻みに使って馬を励ますことも必要である。また、**脚の扶助はよく拍子に合わせて使い、決して性急に使ってはならない。そうでなければ馬の動きは性急となりピアッフェの高揚性は失われる。**

騎手は拳を柔軟に保ち、リズミカルでスムーズな馬の動きを絶対に妨げてはならない。また特に安定した騎座で、馬の上下運動に合わせて柔軟に乗ることが必要であり、決して尻を鞍から離してはならない。その他ピアッフェで非常に大切なことは、拍子に合わせて動き、決して平衡を失わないことである。その感覚を習得するためには、よく調教された練習馬に乗り、完全に受け身の状態でいて、補助員に地上からピアッフェの扶助を使ってもらうのが最上の方法である（次項参照）。

準備としての徒歩調教

一般的にピアッフェの調教は、徒歩で行うと騎手の体重が加わらないため後躯が屈撓しやすく、最も容易である。その後、騎乗してピアッフェを調教し、ピアッフェからパッサージュへ移行する。しかしパッサージュを先に覚えやすい馬は、パッサージュからピアッフェへ移行するのがよい。レムス号ではパッサージュからピアッフェに移行させたが、ゴロー号ではそれができず、中間速歩でパッサージュの浮遊感覚を覚えさせてパッサージュを出した。それゆえ実際には、どの方法が最もよいかを試みてみることが必要である。

私は、徒歩調教は馬が十分リラックスした時点で開始することにしている。神経質な馬ではピアッフェで非常に興奮しやすいので、徒歩調教は、訓練時間の終りに、馬がある程度疲労してから

ピアッフェの扶助

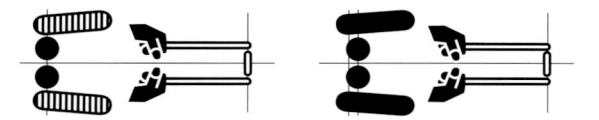

1. 停止の扶助。
2. 強く腰を張り、ピアッフェに移行するように両脚を使って馬を励ます。
3. 1期：斜対両肢が地面を離れる。
4. 2期：斜対両肢が上下する。

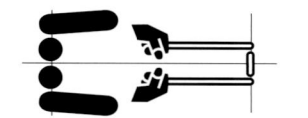

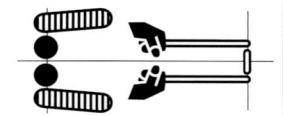

実施するのが合理的である。徒歩調教では、手綱をあまり窮屈に固定すると後肢が上がりにくくなるので、鼻梁が垂直線より少し前へ出る程度に手綱を固定する。

私はその場合、補助用具として調馬頭絡と引き手①を使う。引き手を小勒環に取り付けたり、あるいは外方の小勒環から馬の頭の上を越して内方の小勒環に付けたりすると、馬が項を傾けるおそれがあるので、引き手は鼻革の部分に付ける。

馬を柵と平行にして馬体を真直ぐにする。調教者は馬の肩の所に立ち、一方の拳で引き手を持ち、反対側の手で、長さが約2.2mで先端に長さ約30cmの革ひもが付いている鞭を、その先が馬の両後肢に届くようにして持つ。熟練した助手がいれば、それに馬を引かせ、調教者は後肢の斜め後ろを歩く。鞭はその先端が常に飛節の下のあたりに届くようにして持つのが一般的である。しかし必要に応じて飛節の上、尻あるいは両後肢の間に届かなくてはならない。鞭に対する反応は馬によって異なるため、どの程度の強さの扶助を使えばよいかを試しておく。馬に鞭に対する恐怖感を抱かせないように、初めの間に鞭の先端で馬の尻、脇腹、後肢を撫でて馴れさせておく。新馬に初めて鞭を当てたときに蹴るのは悲観すべきことではない。むしろ鈍重でなく、反応が鋭い証拠である。

馬にはまず舌鼓と鞭の扶助だけで、前へ歩くことを教えなければならない。その場合、大切なことは、決してピアッフェ的な歩様をとらせないで、短縮速歩で活発に前進させることであり、また停止や後退をさせないことである。鞭を使う強さはもちろん馬の気質に合わせなくてはならない。しかし鞭の扶助はできるだけ使わないように努め、特に鞭を同じような強さで恒常的に使うことは避けなければならない。そのうち馬は拍子に合った舌鼓に対し一層よく反応して動くようになり、鞭は歩調が活発でなくなった時に使うだけでよくなる。そして後には、舌鼓だけで停止から発進し、鞭はただ後躯に触れるだけでよいようになる。

馬が活発な短縮速歩で前方へ踏み出すことを覚えた後、手綱をつめると同時に推進扶助を使うと、馬はピアッフェ的な歩様をとるようになる。ここで難しいのは、控える扶助と推進扶助とのかね合いである。この際、絶対にしてはならないことは、往々にして見受けられるのであるが、拳で馬を推進させようとすることである。

この調教段階の馬は常に前へ出ようとする。*その場に止まってのピアッフェをさせるのは、確実に拍子に合ったピアッフェ的な歩様をして、それが徐々に高揚した後に初めてさせるべきである。*

2、3歩ピアッフェ的な歩様ができれば、そこで直ちに訓練を一時中断して愛撫する。そうすれば馬は、何をせよと要求されているかを理解する。また、馬を過労にさせて作業意欲をなくさせないよう注意しなければならない。神経質な馬であれば再びピアッフェをしたがるようになるが、その歩数を2、3歩にとどめておけば、馬が自らピアッフェをするように仕向けることは容易である。

ピアッフェでは馬が後躯を強く働かせる必要があるので非常に疲労し、そのため馬が反抗しやすくなるので、この訓練はせいぜい5分以内に限定しておかなくてはならない。

重要なことは、馬体を真直ぐにしたままでピアッフェをすることである。馬が肩から内方に逃げようとすれば、下顎を圧迫して前躯を蹄跡上に引き戻す。後躯を内方へ逃げようとするのは、鞭の使い方が強すぎて鞭に反抗している場合が多い。その場合は多少前進を許し、またわずかに肩を内へをするような姿勢をとらせる。鞭を使う場合は、鞭を当てる場所も時々変えるなど十分な注意を払うことが必要である。

馬が前へ出ようとしないときは、あまりにも高度な要求をし過ぎているためである。あるいはまた、馬をあまりにも窮屈な状態にしているか、調教者の拳が硬すぎる場合である。時には馬が扶助を嫌い、前方へ暴走することがある。それはたいてい馬が鞭を恐れているのである。その場合はまず馬を停止させて鎮静させなくてはならない。そうしておいて、軽く扶助を使って、特に強く動きにめりはりをつけないでピアッフェ的な歩様を2、3歩させた後、徒歩調教を一時中断する。

馬が前方へ暴走するような悪い癖がついた場合には、調教者は直ちに要求を更に強め、強い扶助で2、3回停止をさせ、あるいは少し長い距離を後退させることを繰り返してこれを矯正する。

ピアッフェで馬が頭頸を巻き込み、いわゆる轡(きょう)後に来ることは、調馬頭絡に引き手をつけて徒歩調教する限りにおいては極めて稀なことで、馬を窮屈な状態にしない限りめったに見られないことであるが、その場合には、手綱を2、3回上に引き上げると同時に、推進扶助を多少強く使うようにする。

①〔編者註：原文は「Führzügel」で、「調馬索（Longe）」のことではない〕

騎乗してのピアッフェ

徒歩でのピアッフェをさせて1、2週間経てば、なるべく軽量な騎手を乗せてピアッフェをさせて、騎乗してのピアッフェに馬を馴れさせる。その時の騎手の役目は、あくまでも受け身の状態でいて、絶対に馬の動きを邪魔せず、ただ馬を真直ぐにすることのみである。

そして騎手が徐々に扶助を用いるようにし、調教者が鞭を使うのは、馬の歩調に活気がなくなり、馬を励ます必要が生じたときだけにする。

誤りとその矯正方法

ピアッフェで前躯を **高く起揚し過ぎる** と背を圧迫しやすく、後肢は後方で踏歩することになる。このような場合は、まず正しく背の上に騎座し、馬の頭頸を低く背を丸くするように態勢を整え直してから、もう一度ピアッフェの調教を始めなくてはならない。体力の弱い騎手はこの矯正に際して折返し手綱を補助用具として使うと便利である。

その他、後躯を十分に屈撓せず、**尻を高く振り動かす** のも誤りである。また前躯が高く上がらず、肩でピアッフェをすることもある。その場合、多くは馬体が伸びて後肢を後方へ突っ張っている。このような馬は、まず後肢を強く踏み込ませて十分に収縮させるか、あるいは頭頸を多少低くしなくてはならない。

その逆の誤りは、**後肢を強く踏み込んで収縮し過ぎる** ことである。その場合には、着地する後肢の蹄が腰の線より前を踏み、前肢はよく動いている場合が多いが、後肢は殆ど動かず地面から離れない。このような場合は、馬体を少し伸ばしてやり、しばらくの間は無理にピアッフェをさせないで、多少前進させるか、あるいは少し騎座を楽にして乗るとよい。

ピアッフェで **後肢が横に揺れる** のは、飛節がよく動いていないためであることが多いが、騎手の一方的な脚の扶助の使い方に原因があることも多い。

ピアッフェで馬が性急になる と、歩様の高揚や動きのめりはりが失われたり、明快な2拍子の動きでなくなったりする。これは後躯が負荷に耐え

られないためなので、このような場合には、徒歩調教をもう一度やり直すことを繰り返して徐々に後躯が負荷に耐えられるようにするとよい。

しかしまた騎手が扶助を使うのをあせり過ぎるために性急になることもある。それはピアッフェで馬が活気を失うのを心配して、騎手が両脚の扶助を拍子に合わせて使えなくなるからである。

パッサージュでも同じであるが、ピアッフェでどれほどめりはりのきいた動きができるかは、その馬の体の運動機構そのものに関係があるのは当然である。生まれつき平板な歩様の馬は、ある程度ここで述べたような正しいピアッフェをさせることができるが、生まれつき丸やかな歩様の馬ほど良いピアッフェを求めるのは無理である。ファナル号の写真に見られるような極めてよくめりはりのきいたピアッフェは、非常に素晴らしい速歩をする馬でなくては不可能である。

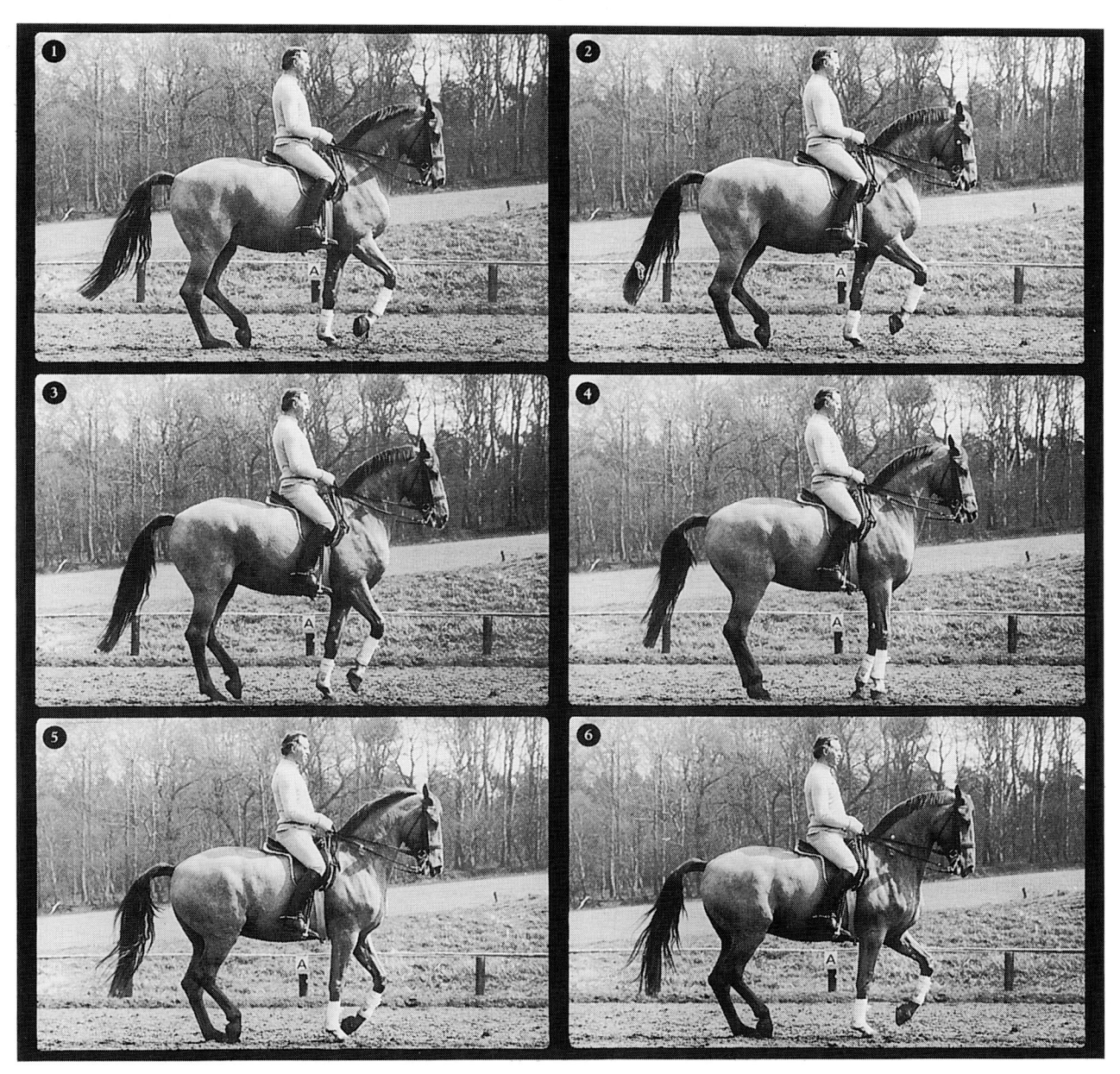

ピアッフェの動き。斜体の前後肢が地面を離れ、最も高い位置に上がった一瞬。凝縮したまま停止するかのように見える。

素晴らしくめりはりのきいたピアッフェ。四肢は力に満ちて地面を蹴る。腰、飛節、球節は強く屈曲し、後躯で荷重を受け、前躯はそれに応じて高く起揚し、項が馬体の最も高い位置を占める。

インターメディエイトⅡとグランプリ

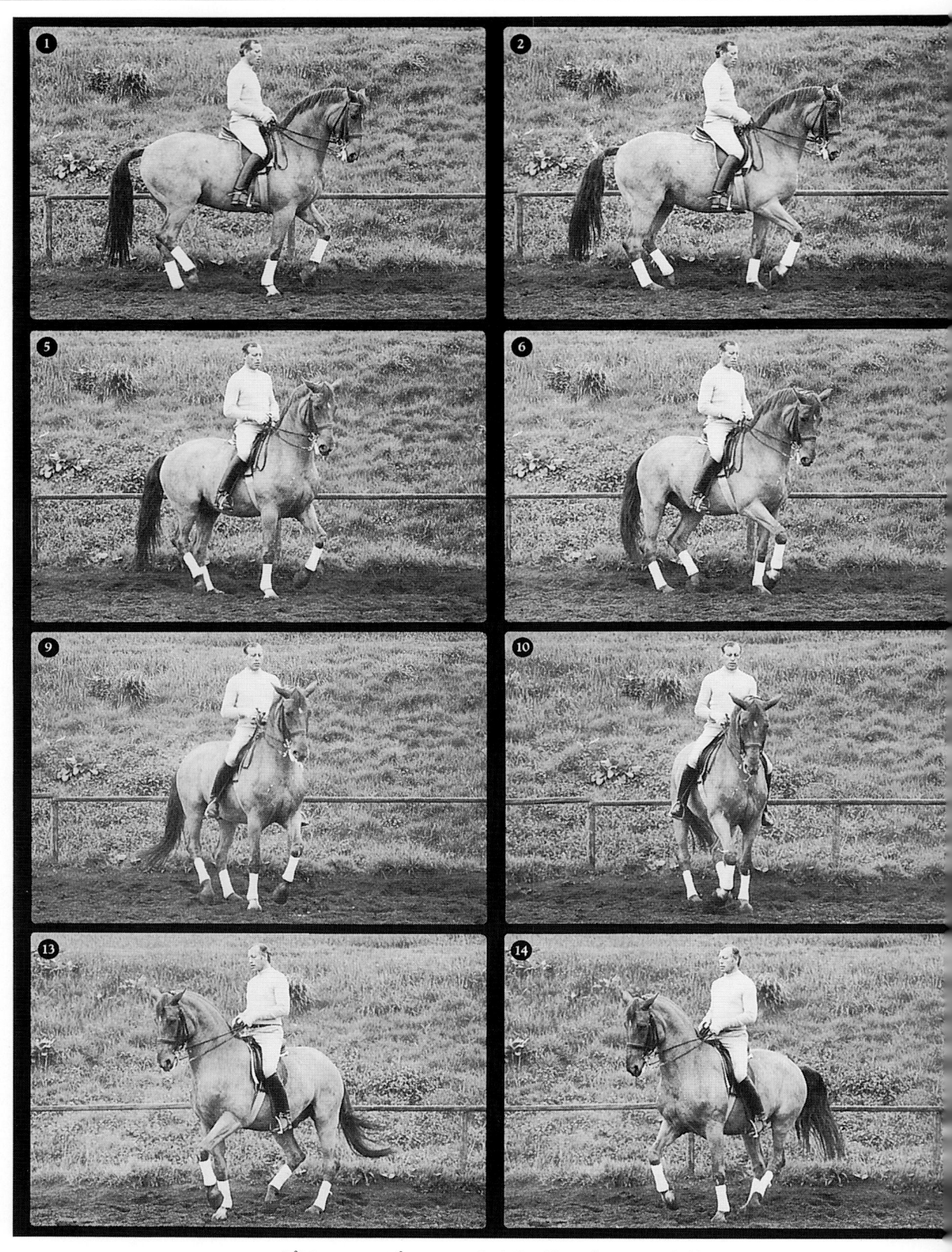

第Ⅲ章　Mクラスからグランプリまでの馬場馬術の調教

ピアッフェ・ピルーエットはその場でピアッフェと併用して、絶対的に確実な拍子に
〔編者註：ピルーエットは駈歩で行うのが普通であり、常歩で行うこともあるが、

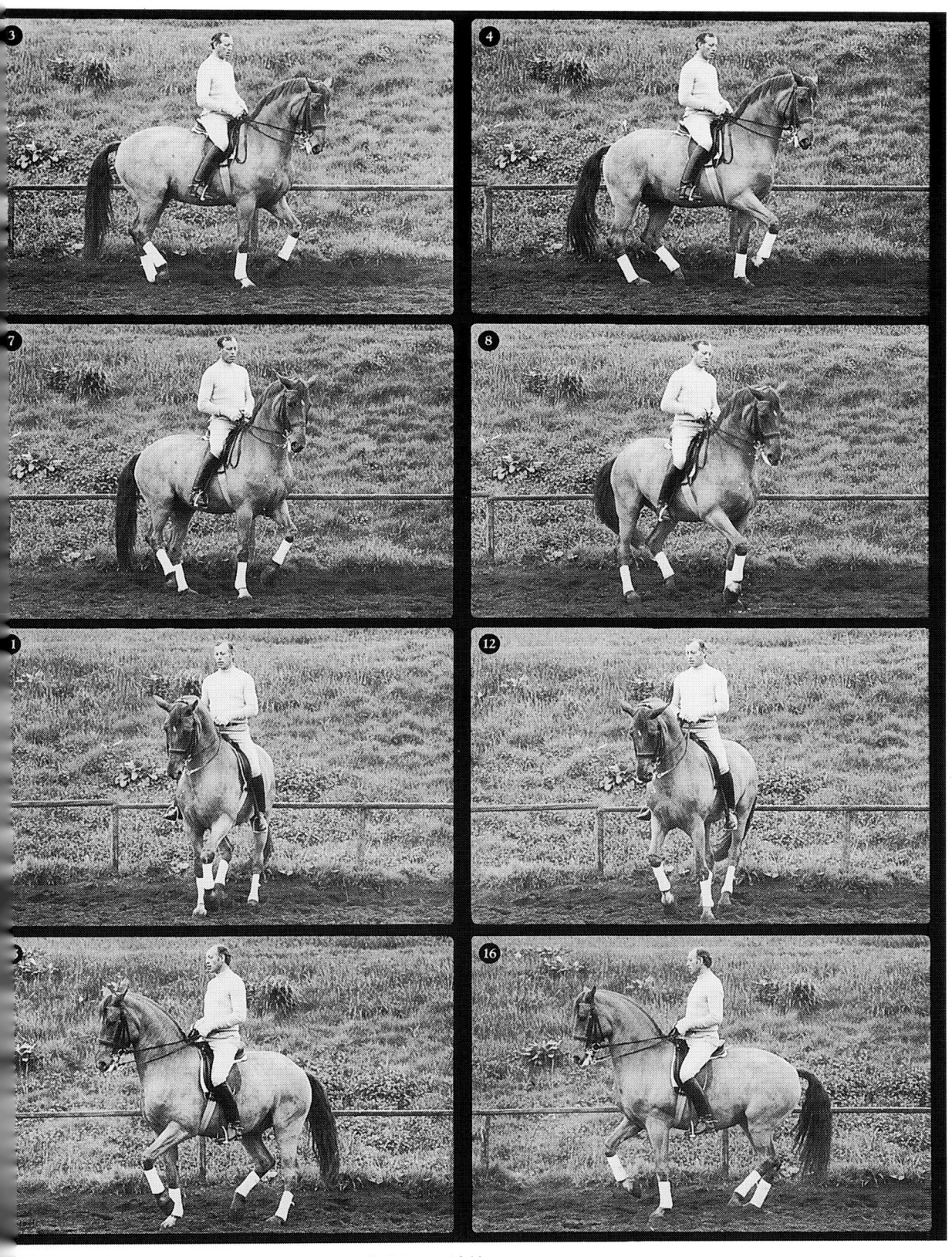

インターメディエイトⅡとグランプリ

合った動きが必要。自由課題と供覧馬術での素晴らしい演技。
ピアッフェで行うピルーエットは非常な高等馬術である〕

パッサージュ

パッサージュは両斜対肢が交互に高揚して浮遊する歩幅の狭い速歩の運動であり、高揚した斜対肢は速歩よりも長く浮遊した状態を保つ。そのため運動過程に見られる2拍子のリズムが一層強調される。

正しい実施方法とその目標

パッサージュでは四肢で強力に地面を蹴らなければならない。理想的には、前肢はピアッフェのように前腕が水平まで上がり、後肢は上がった側の蹄が着地している側の球節の上あたりまで上がる。またパッサージュでもピアッフェと同じように、馬体が収縮、起揚、高揚しなくてはならない。そして沈み込んだ後躯から、最高度の搬送力と推進力が生じ、弾発力は前方斜め上方向に向く。

パッサージュの扶助

ピアッフェからパッサージュに移行するには、腰を多少強く張り、拳を軽く譲り、前方へ推進する。また収縮速歩からパッサージュに移行するには、1回または数回の強く腰を張った半停止をして、馬を高度に収縮させる。

この移行では拍子が維持されていなければならない。そのために騎手は馬の平衡を失わないように、騎座を柔軟に保つことに気をつける必要がある。そして馬がパッサージュ歩調に移行しやすいように手綱を軽く保ち、パッサージュ歩調に移行すれば腰の張りをゆるめる。後肢がまさに地面を離れようとする瞬間に、脚の扶助を軽く交互に使うことにより、パッサージュの歩様に抑揚をつけ、もう一方の、待機させている脚で馬の真直性を保つ。

パッサージュの発進

パッサージュに発進するための鉄則などというものはあるはずがない。その古典的な方法は、もちろん**ピアッフェからパッサージュ**に移行することである。しかし、美しいピアッフェはするが、これに強く固執してパッサージュへの移行が困難な馬もある。

馬が非常にめりはりのきいた収縮速歩をするようであれば、*収縮速歩を徐々に短縮してパッサージュに移行する*。その場合は前もって十分に速歩運動

パッサージュで浮上した瞬間は一段と際立っていなくてはならない

速歩とピアッフェからパッサージュへ移行の扶助

1. 速歩の扶助。
2. 半停止でパッサージュへ移行。
3. 左後肢の推進。
4. 右後肢の推進。

1. ピアッフェの第1期。
2. ピアッフェの第2期。
3. パッサージュへ誘導。
4. 交互に脚を使う。
5. 交互に脚を使う。

を行って準備しておく必要があり、また馬が完全に従順であり、また前進気勢が盛んでなければならない。

軽妙な脚の扶助で収縮速歩から直ちに中間速歩に移行するような馬であれば、中間速歩で2、3歩歩かせ、その弾発力を更に強めてパッサージュ歩調に移行させることにより、**中間速歩からパッサージュ** に移行させることもできる。

誤りとその矯正方法

しばしばある誤りは、ピアッフェの場合と同じく、前躯を高く起揚し過ぎて背が圧迫され、後肢が後方で踏歩することである。このような場合は、馬の頭頸を低くして馬体を丸くすることである。

パッサージュで馬体が揺れる のは飛節がよく動かないためであることが多いが、この矯正は難しい。しかし交互に使う扶助があまり強すぎても馬体は揺れる。

後肢の動きが均等 でない のは、脚の扶助が不均等だからである。しかしまた、馬の真直性がまだ十分でないために、後肢を無意識に強く外方へ踏み出して離地するために生じることもある。

馬が拳にかかってパッサージュをしようとしないときは、一時的に強く腰を張り、半停止で調整しなくてはならない。

それによって2拍子のリズムはより一層強調される。

パッサージュで弾発力は前方斜め上方向に向く。後躯は最大限に推進力と搬送力を発揮し、弾力的な後肢はピアッフェよりも強く踏み込み、上げた後肢の蹄は、着地している後肢の球節の上あたりまで上がる。

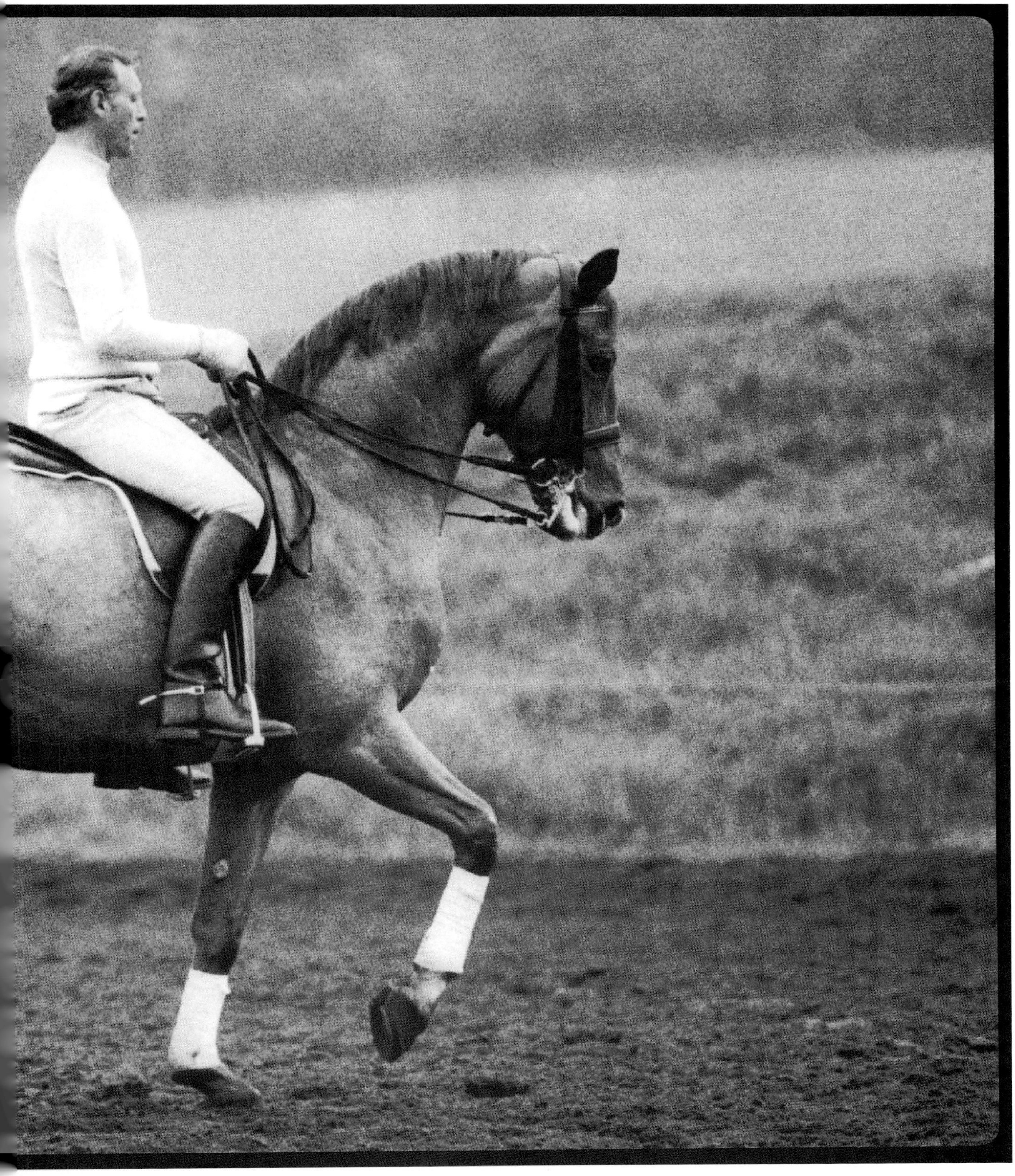

馬はぎくしゃくすることなくパッサージュからピアッフェにスムースに移行し、後躯上に腰を据えた形になるが、多くの馬ではこれが非常に難しい。馬はパッサージュの後、一瞬停止してからピアッフェに移行するか、あるいはそのままスムーズにピアッフェに移行するかに見えるが、後肢は全くパッサージュのままであることが多い。

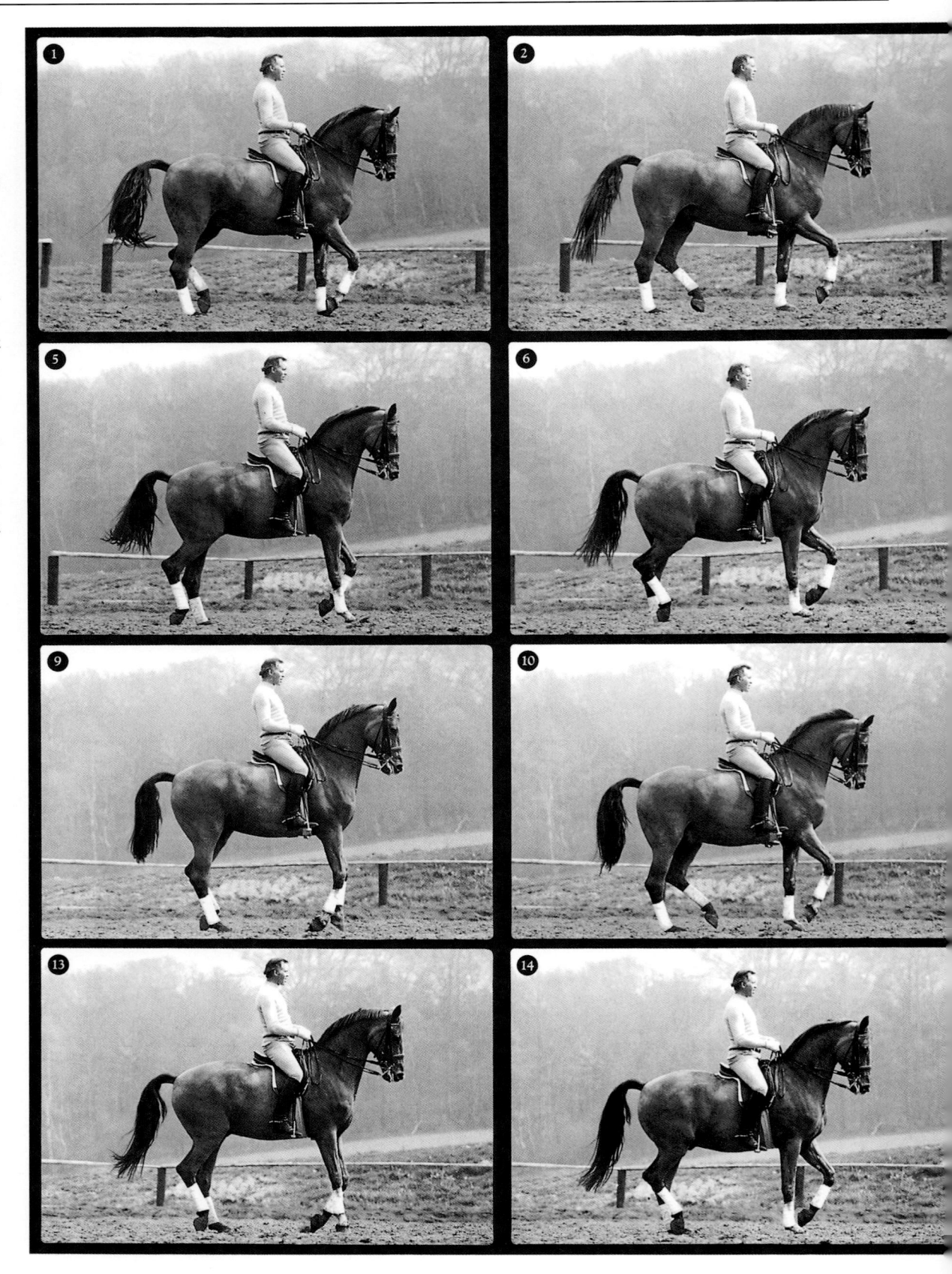

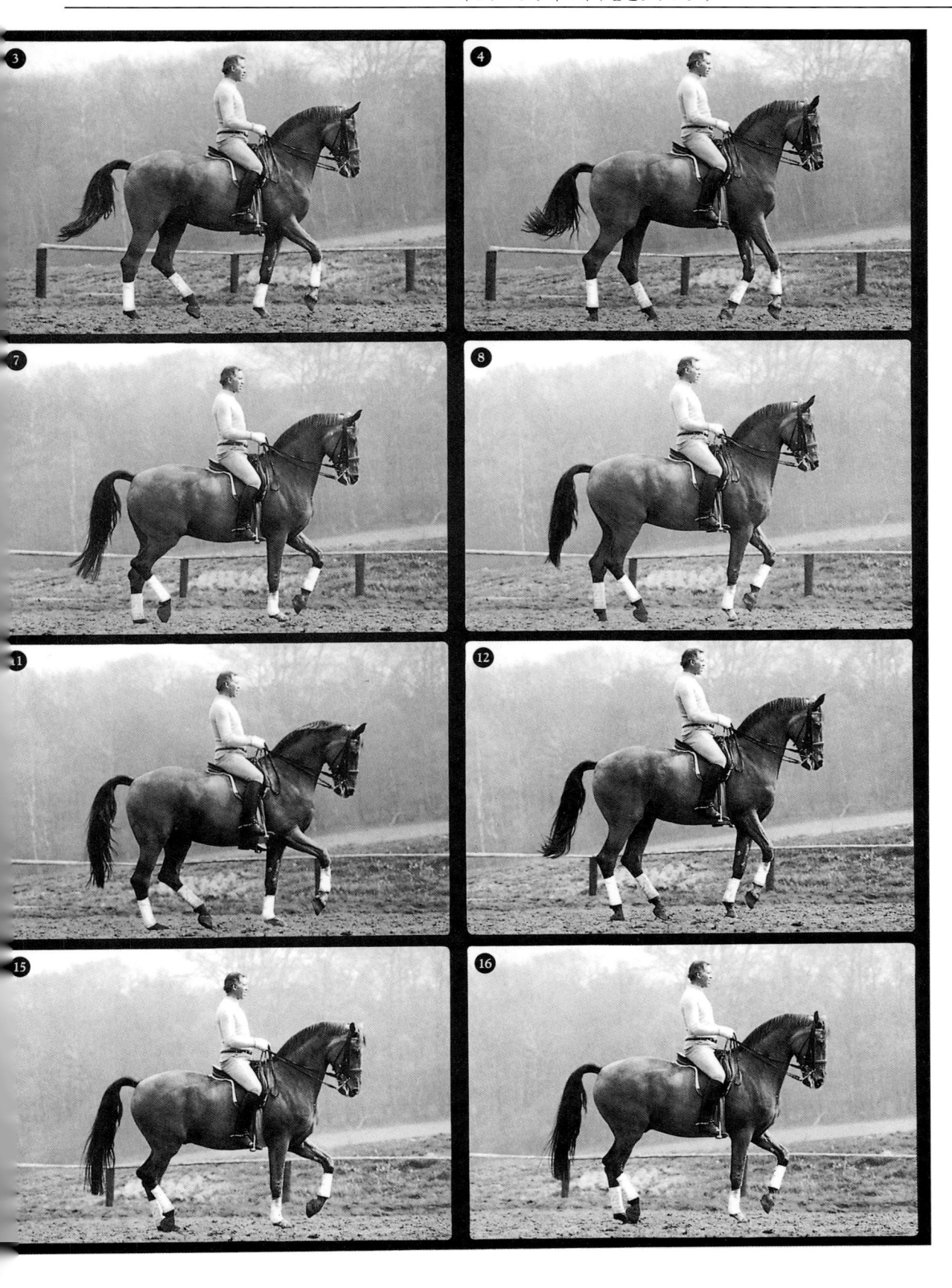

インターメディエイトⅡとグランプリ

ピアッフェからパッサージュへの移行。後躯の搬送力はスムーズに搬送力と推進力とに置き換わる。騎手は少し緊張をゆるめ、拳を譲りながらよく気をつけてパッサージュの歩様に移行する。この際、ピアッフェの後に常歩を1、2歩してからパッサージュに移行するようなことをさせてはならない。

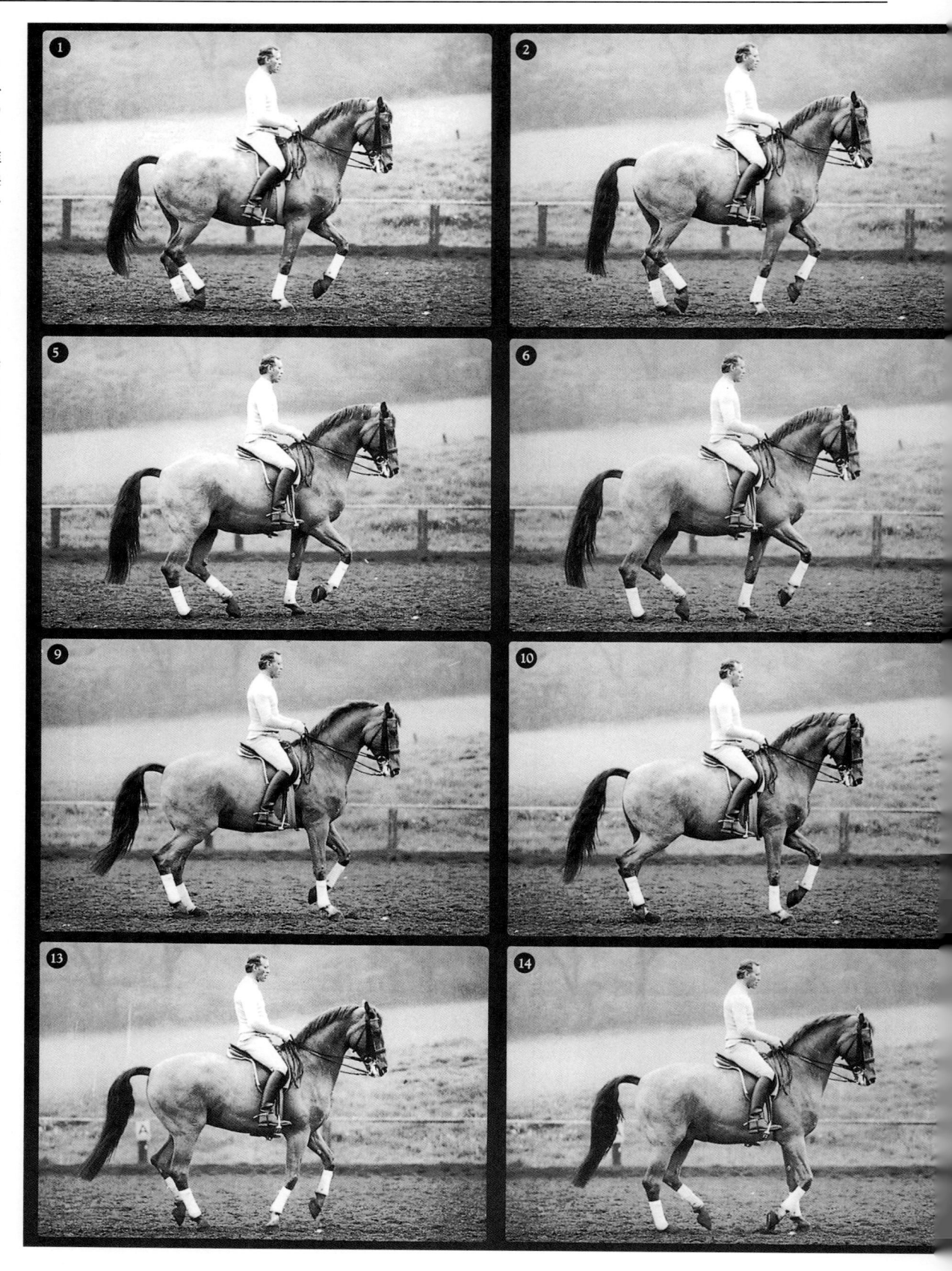

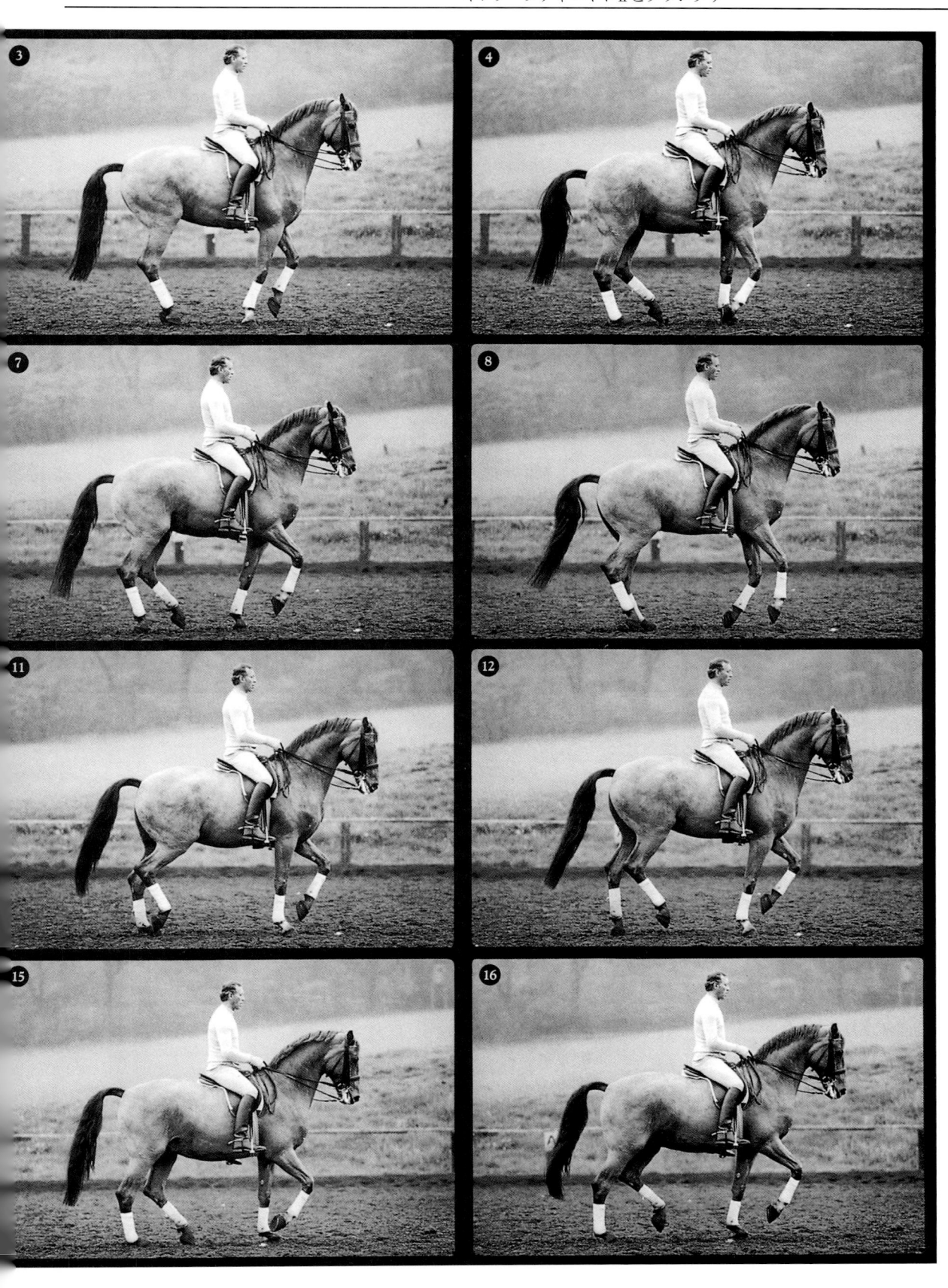

インターメディエイトⅡとグランプリ 219

総合調教計画

　グランプリまでの調教の時間的な計画は、Mクラス、セントジョージ賞典、インターメディエイトIまでの調教計画に比べて正確でなく、また確実でもない。そこでは馬の天性の能力が大きく影響して、それぞれの馬によって非常に差が出る。ある馬では見たところ全くグランプリ馬とは思えないのに、ある機会に突然学習能力に非常に優れ、他の欠点を補うに足るような作業意欲があることが発見される馬がいるかと思うと、全く反対に、すばらしい素質のある馬と思って乗っていても、長く調教する間に、性格的にも不可欠な要素面での良い点が全く見えてこない馬もいる。

　従ってここに掲げた時間的調教計画は大体の想定によるもので、昔の基準通りパッサージュはピアッフェから移行する方法に従ったものである。それを1年間としたのは、決して一般的に見て長すぎるものではない。とりわけピアッフェとパッサージュの間の移行の調教を綿密に行うと、それには途方もない時間を必要とする。

　セントジョージ賞典からインターメディエイトIへの移行、インターメディエイトIIからグランプリへの移行が極めて流動的であるのは実際に経験するところである。あまり難点のない馬は、早期からピアッフェの準備のために、徒歩調教を開始することができる。それに反して、駈歩ハーフパス、数歩毎の踏歩変換を上手にさせるのが困難な馬では、あまり馬と闘争せずにしかも作業意欲をなくさないようにしながら、ピアッフェをどうにかさせるのは、大問題である。

　個々の調教時間をその馬の能力に応じて上手に配分するのは、調教者の腕の見せ所である。

時間の配分	調教内容	グランプリまでの総合調教計画												
		4月	5月	6月	7月	8月	9月	10月	11月	12月	1月	2月	3月
準備運動（約10分間）	これまで通り												
	駈歩で馬をリラックスさせる：緊張をほぐすための準備運動に駈歩でのハーフパスを行う												
調教（約40分間）	セントジョージ賞典とインターメディエイトIの運動における欠点の改善												
	騎乗してのピアッフェをまず騎手からの扶助で行う												
	ピアッフェを正確に行う												
	ピアッフェからパッサージュへ移行												
	パッサージュで正確な輪乗を行う												
	ピアッフェとパッサージュ間の移行												
	歩毎踏歩変換、調教時間は馬の気質と能力による												
	大勒を着ける												
	インターメディエイトIIとグランプリおよびグランプリスペシャルの課目の一部または全部を通して行う												
終末（沈静）運動（約10分間）	これまで通り												

競技シーズンと競技参加計画

　秋と冬の競技のない期間は、馬の運動の欠点の改善と、次の競技シーズンに備えての訓練に活用する。その場合に注意することは、その時点で馬を最高の状態にする必要はないので、馬への要求も、あくまでも控えめにして訓練する必要がある。このことは古馬にとって特に大切なことで、古馬では作業意欲と前進好きな状態を維持するのに、非常にこれが有効である。

　私のヴォイチェク号のように完全に調教ができた馬では、競技のない休養期に、グランプリの難しい運動課目を、いくつも繰り返し訓練するのは全く誤りである。私はこの期間にはコンディションから言うと控えめにして、収縮を控えめに、言わば待機姿勢とも言える姿勢で、いつでもグランプリができる状態にとどめておくだけにしている。

　また他の騎手に乗ってもらうことも非常に合理的なことである。そうすることで、灯台下暗しの例えの通り、全く気がつかなかったような欠点を発見してもらうことができて、非常に有難いことが多い。騎手が変わることで馬が非常に注意深くなるのも事実である。その場合、騎手は互いによく気持ちが通じ合っている必要があるのは言うまでもない。その点私は、ウィリー・シュルトハイスとは非常にうまくいき、互いに馬を取り換えて乗り、常に極めてうまくやっている。

　初めて競技会に出場する場合は、4ヵ月前から徐々に馬のコンディションを整える。そうして出場の約2週間前になって集中的に馬を訓練し始める。まず中央線上の騎乗とか移行の一つ一つの訓練から始めて、ある日には踏歩変換を、他の日にはピアッフェとパッサージュをと、集中的に訓練する。最後の週には、課目の一部の訓練を行った後、全課目をその順序に従って2、3回乗る。重大な失敗があると、失敗のあった課目あるいは全課目をもう一度やり直す。その場合経験のある騎手に観てもらって、馬の姿勢や動きについてアドバイスを受けると非常に得るところが大きい。

　シーズン当初の競技会に参加するときに、馬の状態を最高にしてはならない。その状態をそのシーズンで最も重要な時点まで維持し続けることは困難なためである。このことは馬場馬だけでなく、障害飛越馬、総合馬術馬総てに言えることで、特に経験の浅い騎手では、馬場馬を最良の状態のままで保つことは不可能である。

　また私は、馬をたびたび競技会に参加させることには反対である。毎週末に競技会に出すと、特に古馬は競技疲れを起こす。従って競技会の後に一定の休養期間を置き、その期間には野外騎乗をしたり、放馬をして自由に遊ばせるなりして、短くても1週間以上経過した後の週末に再び出場させるとよい。

　最も適切な時点で馬を最高の状態に仕上げることがいかに困難であるかは、大きな競技会の際にいつも痛感させられている。東京オリンピックとモントリオール・オリンピックでは私たちは、馬と共に出場の約4週間前にトレーニング宿舎に到着した。これは確かに馬をその地の気候に馴れさせるには適している。しかし騎手としての私の考えからすると、開催地での準備期間としては長くて、問題があるものと思う。そうすることによって早くからトレーニングをしなくてはならない羽目になり、競争相手の目につき、また常に馬の状態が崩れはしないかと、心配し続けなくてはならない。私の考えでは、出場の3、4日前に開催地に到着して、その間に馬の集中的トレーニングを行うのが最も好ましいと思う。

　初めての競技場でその雰囲気に馴れさせなくてはならない馬は多い。特に新馬はその必要性が高い。しかし、古馬でも神経質な馬は競技場の雰囲気で常に多少興奮気味になりがちである。そのような馬はしばしば競技会に出すべきである。そう

して多くの競技会で雰囲気に馴れさせ、大事な競技会までに落ち着くようにする。

　競技会の参加申し込みをする際には、その馬の特殊性を十分考慮して行わなくてはならない。私の馬イルージョン号とサラブレッドの牡馬セントジョージ号とはそうした配慮をすることが非常に重要であった。ヴォイチェク号はその点、グランプリの前に他の競技に出るとうまくいくので都合が良かった。しかし3回も国際グランプリに優勝していながら、国際インターメディエイトⅡには1回も出場していない。

　馬場馬術競技に出す馬にどのような準備運動をさせるかは、非常に個人差があり、馬の気質によるのも当然である。経験があるおとなしい馬では20〜30分も乗れば十分である。前進気勢に乏しい馬では、その馬に合わせて控えめに乗って、いきいきとした演技ができるようにしなくてはならない。反対に容易にリラックスさせられることができない馬、あるいはまた、競技場で興奮しやすい馬は、長時間にわたって乗らなくてはならない。いずれにせよその場合、馬の力を使い過ぎてはならない。決して疲労させないで、ただ緊張を解くだけにする。神経質な馬では、スタートの2、3時間前に一度乗っておいて、いったん厩舎に帰して、スタートの直前に再び乗るとよい場合が多い。

　スタートの前の準備運動では、その競技の課目の運動をさせることはよいが、その馬の欠点を矯正しようとすると馬が怒りやすいので無理をしてはいけない。インターメディエイトⅡではピアッフェから収縮速歩への移行や、グランプリではピアッフェからパッサージュへの移行、あるいはインターメディエイトⅡでは中央線上の最後の後退から駈歩発進、グランプリではパッサージュの発進などをスタート直前にしておくと、馬にはそれが良い印象として残り、競技場で全く失敗をしないようになる。

インターメディエイトⅡ

馬場 20×60 m

総合観察
1. 歩調が整斉としていて、堅苦しくないこと
2. 弾発性（元気のよさ、運動の弾力性、背の柔軟、後肢の踏み込み方）
3. 従順性（注意力、騎手に対する信頼感、調和、リラックス、服従性、口向き、依倚、自然な前駆起揚）
4. 騎手の騎座と操作、扶助の正確さ

以上の4項目は係数を2とする

― 常歩
― 速歩
― 駈歩

課目番号	運動課目	注意点
1	Aから収縮駈歩で入場 Xで停止、不動、敬礼 収縮速歩で発進	駈歩の手前は騎手の任意。肢を揃えた真直ぐな停止で審査員は馬が扶助に従っているかどうかを判定する。真直ぐな発進も同様。発進は第1歩から速歩でなければならない。
2	Cから左手前蹄跡に入る SF間、斜手前変換 斜線上中間速歩 Fから収縮速歩	拍子に合ってめりはりのきいた中間速歩。収縮速歩への移行は正確にF点で行う。
3	Aから中央線に入る Xで右へ直径6mの巻乗 直ちに左へ同じ大きさの巻乗 Cから右手前蹄跡に入る	巻乗は同じ歩調と同じ内方姿勢を維持して行う。後駆を逃さないようにして、X点で明確に内方姿勢を変換する。
4	MXK間、斜手前変換 斜線上伸長速歩 Kから収縮速歩	M点で収縮速歩から伸長速歩へ正確に移行し、K点で正確に収縮速歩へ移行する。

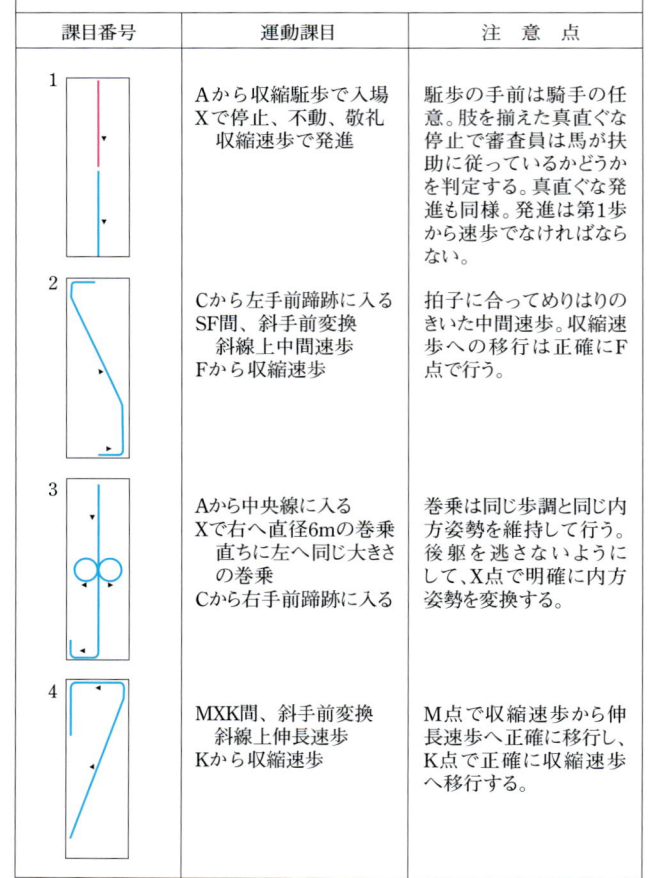

インターメディエイトⅡとグランプリ

課目番号	運動課目	注 意 点
5	PX間、左へハーフパス Xで手前変換 XR間、右へハーフパス	両手前を通じて同じ歩調、同じ姿勢を保ち、X点では明確に内方姿勢を変換する。
6	SX間、左へハーフパス Xで手前変換 XV間、右へハーフパス	課目番号5と同じ。
7	FXH間、斜手前変換 斜線上伸長速歩 Hから収縮速歩	F点で収縮速歩から伸長速歩へ正確に移行し、H点で正確に収縮速歩へ移行する。
8	RK間、斜手前変換 斜線上中間速歩 Kから収縮常歩	中間速歩と伸長速歩との区別を明確につけて乗る。K点での移行は難しい。
9	KAF間、収縮常歩	歩幅の狭い高揚した常歩を保ち、性急な歩様や側対歩様になってはならない。
10	FPXSH間、伸長常歩 斜手前変換 Hから中間常歩	収縮常歩、伸長常歩、中間常歩は明確に区別して乗る。伸長常歩では馬は頭頸を低くして肩の高さに保ち、十分に馬体を伸ばし、ゆるめられた拳に自ら支点を求めて銜を受ける。中間常歩への移行の際は軽く銜を受けていなければならない。（係数2）
11	Cから収縮常歩 Mで右へ回転 GH間で右へ半ピルーエット	前駆の起揚と後駆の屈撓を強くして明確に収縮常歩に移行する。項は柔軟でなければならない。ピルーエットを始める前に手綱を短く持ち直して馬を手の内に入れておく。
12	GM間で左へ半ピルーエット	課目番号11と同じ。
13①	CM(H)(M)G間、収縮常歩	常歩の収縮に特に重点。
14	Gから左収縮駈歩で発進 Hから左手前蹄跡に入る	駈歩発進は馬体を真直ぐに保って行う。
15	Hから中間駈歩 Kから収縮駈歩	中間駈歩への移行は正確にH点で行う。駈歩跳躍は馬体を真直ぐに保ち性急になることなく高揚し、収縮駈歩へ移行の際も馬体を真直ぐに保つ。
16	Aから中央線に入る Dから中央線の両側にハーフパスで4回の往復手前変換 各頂点で踏歩変換、最初と最後は4歩、他の2回は8歩 Gで往復手前変換を終る（左駈歩で終る）	両手前を通じて同じ歩調、同じ姿勢を保って行う。踏歩変換では馬を真直ぐに保ち、後駆がよじれてはならない。
17	Cから右手前蹄跡に入る MXK間、斜手前変換 斜線上伸長駈歩 Kから収縮駈歩 Aで踏歩変換	伸長駈歩への移行は正確にM点で行い、移行後は中間駈歩とは明確な差をつけて乗る。K点では踏歩変換をせずに収縮駈歩へ移行するので、馬が踏歩を変えないように、外方脚を腹帯の後方に引いたまま収縮駈歩へ移行する。
18	Bから左へ回転 Xで停止、6歩後退、4歩前進、4歩後退、直ちに右収縮駈歩で発進 Eから右手前蹄跡に入る	前進と後退はスムーズに規定の歩数どおり正確に行う。後退は後駆がよく沈み、項を馬体の最も高い位置に置いた姿勢で行う。駈歩発進は最後の後退から停止することなく直ちに行う。
19①	Xにおける、収縮駈歩から停止への1挙動での移行と、後退から収縮駈歩発進への1挙動での移行	移行に特に重点。
20	CからAへ向かい馬場全体で6湾曲の蛇乗。第1、3、5湾曲後の中央線で踏歩変換、第1、2は正駈歩、第3、4は反対駈歩、第5、6は正駈歩	第3湾曲をX点で終えて反対駈歩から反対駈歩への踏歩変換を行う。正駈歩、反対駈歩は同じ歩調で乗り、後駆は外方へ逃さないようにして、前駆と同一の曲線上を行進させる。

課目番号	運動課目	注 意 点	課目番号	運動課目	注 意 点
21	FXH間、斜手前変換 斜線上伸長駈歩 Hで収縮駈歩 Cで踏歩変換	伸長駈歩への移行は正確にF点で行い、移行後は中間駈歩とは明確な差をつけて乗る。H点では踏歩変換せずに収縮駈歩へ移行するので、馬が踏歩を変えないように、外方脚を腹帯の後方に引いたまま収縮駈歩へ移行する。	28	Rから右へ回転 Rから収縮常歩 Iでピアッフェを1m以内の前進で7、8歩行った後、直ちに収縮速歩で前進 ② Sから左手前蹄跡に入る	十分にグランプリの調教をされた馬はその場でのピアッフェに馴れているので、前進しつつのピアッフェには不慣れであり、またピアッフェからパッサージュへの移行には馴れているが、収縮速歩への移行は不慣れであるので、いずれもよく訓練しておく必要がある。
22	MXK間、斜手前変換 MX間、右へ全ピルーエット	ピルーエットの前には馬体を斜線の方向に向けて正しく整え、よく高揚した5、6歩の跳躍で行うが、旋回し過ぎないように注意して、正しく元の斜線に戻る。（係数2）	29 ①	Iで収縮常歩からピアッフェへの移行とピアッフェから収縮速歩への移行	移行に特に重点。
23	Xで踏歩変換 XK間、左へ全ピルーエット	課目番号22と同じ。	30	Vから左へ回転 VL間、収縮常歩 Lでピアッフェを1m以内の前進で7〜8歩行った後、直ちに収縮速歩で発進 Pから右手前蹄跡に入る	課目番号28と同じ。
24	FXH間、斜手前変換 斜線上、3歩毎の踏歩変換を7回（右駈歩で終る）	踏歩変換は、馬の歩幅を考慮し、X点を中心に前後ほぼ均等にその回数を配分できるような地点から開始する。馬体は真直ぐに保ち、正確に斜線上で踏歩変換を行う。	31 ①	Lで収縮常歩からピアッフェへの移行とピアッフェから収縮速歩への移行	移行に特に重点。
25	MXK間、斜手前変換 斜線上、2歩毎の踏歩変換を9回（左駈歩で終る）	課目番号24と同じ。	32	Fから収縮駈歩 Aから中央線に入る Xで停止、6歩後退 直ちに右収縮駈歩で発進	従順性の最後の審査。馬は最後までよく扶助に従い、歩調を乱したり、馬体が斜めになってはならない。
26	FXH間、斜手前変換 斜線上、歩毎の踏歩変換を7回（右駈歩で終る）	課目番号24と同じ。	33	Gで停止、不動、敬礼	特に難しくはない。
27	Cから短縮速歩	移行は特に難しくはない。		Aから常歩で、手綱を伸ばして退場	手綱は完全には伸ばし切らず、垂らす程度にして退場。
			①〔註：課目番号13、19、29、31では、それぞれその前の番号の課目の運動に対して別の観点からの採点を行う。（　）内の地点は、その地点より手前の地点を意味する〕	②〔註：ピアッフェはその場で行うのが原則であるが、わずかな前進は許容される〕	

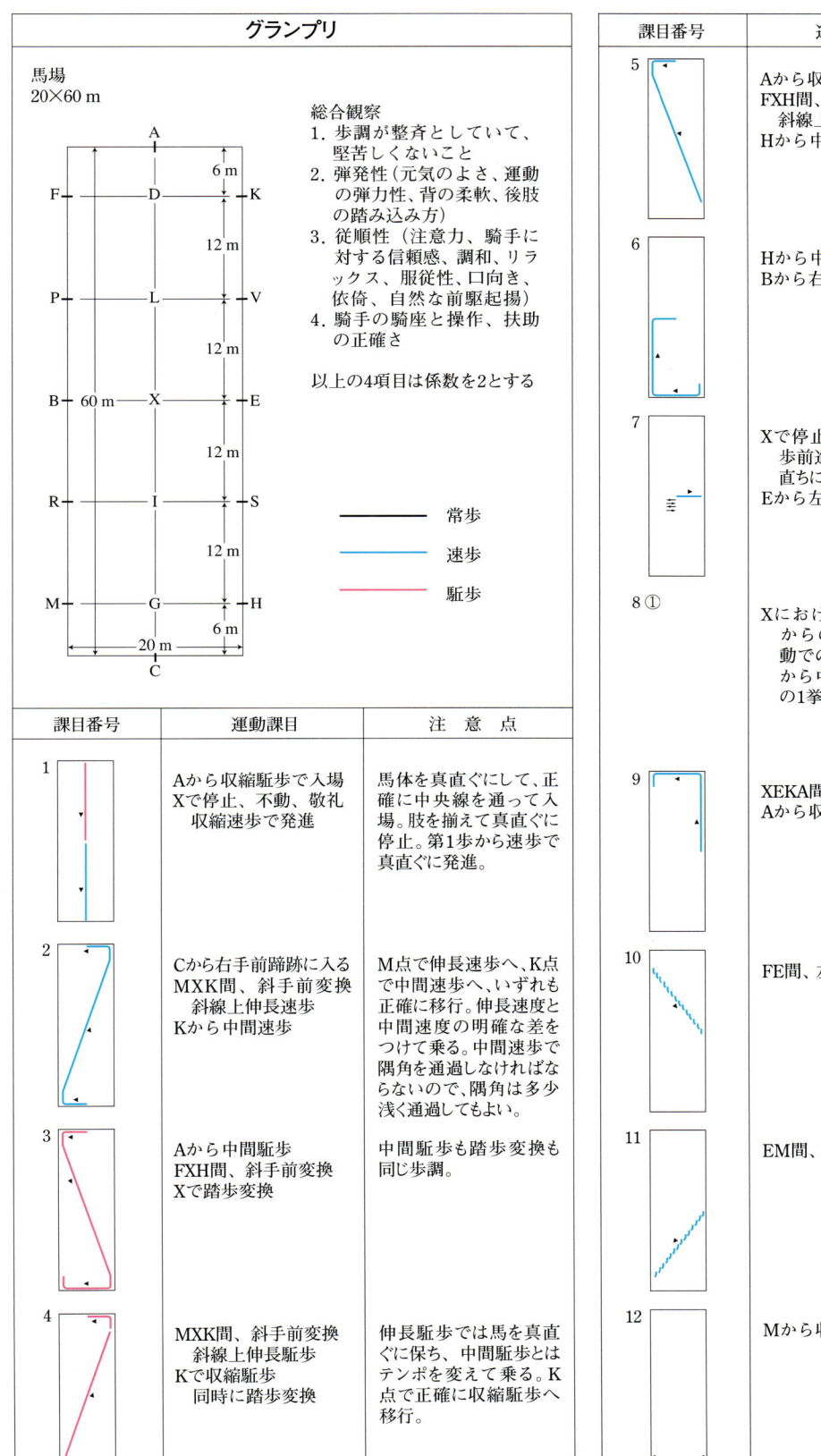

グランプリ

馬場
20×60 m

総合観察
1. 歩調が整斉としていて、堅苦しくないこと
2. 弾発性（元気のよさ、運動の弾力性、背の柔軟、後肢の踏み込み方）
3. 従順性（注意力、騎手に対する信頼感、調和、リラックス、服従性、口向き、依倚、自然な前駆起揚）
4. 騎手の騎座と操作、扶助の正さ

以上の4項目は係数を2とする

凡例：常歩／速歩／駈歩

課目番号	運動課目	注 意 点
1	Aから収縮駈歩で入場 Xで停止、不動、敬礼 収縮速歩で発進	馬体を真直ぐにして、正確に中央線を通って入場。肢を揃えて真直ぐに停止。第1歩から速歩で真直ぐに発進。
2	Cから右手前蹄跡に入る MXK間、斜手前変換 斜線上伸長速歩 Kから中間速歩	M点で伸長速歩へ、K点で中間速歩へ、いずれも正確に移行。伸長速度と中間速度の明確な差をつけて乗る。中間速歩で隅角を通過しなければならないので、隅角は多少浅く通過してもよい。
3	Aから中間駈歩 FXH間、斜手前変換 Xで踏歩変換	中間駈歩も踏歩変換も同じ歩調。
4	MXK間、斜手前変換 斜線上伸長駈歩 Kで収縮駈歩 　同時に踏歩変換	伸長駈歩では馬を真直ぐに保ち、中間駈歩とはテンポを変えて乗る。K点で正確に収縮駈歩へ移行。
5	Aから収縮速歩 FXH間、斜手前変換 斜線上伸長速歩 Hから中間速歩	収縮速歩は高揚した歩調。F点で正確に伸長速歩へ移行。中間速歩と伸長速歩は明確に差をつけて乗る。
6	Hから中間速歩 Bから右へ回転	中間速歩では隅角も同じテンポで乗る。中間速歩で隅角を通過しなければならないので、隅角は多少浅く通過してもよい。
7	Xで停止、4歩後退、4歩前進、6歩後退 直ちに中間速歩で発進 Eから左へ回転	4歩の前進と後退は同じテンポの高揚した常歩歩調で。
8①	Xにおける、中間速歩からの停止への1挙動での移行と、後退から中間速歩発進への1挙動での移行	移行に特に重点。
9	XEKA間、中間速歩 Aから収縮速歩	課目番号6と同じ。 A点で正確に収縮速歩へ移行。
10	FE間、左へハーフパス	運動図形を正確に保つ。同じテンポと、正しい姿勢で。E点のやや手前で蹄跡に入り、直ちに右ハーフパスへの姿勢変換。
11	EM間、右へハーフパス	課目番号10と同じ。
12	Mから収縮常歩	M点で正確に高揚した収縮常歩に移行。

課目番号	運動課目	注意点
13	HSXPF間、伸長常歩 斜手前変換 Fから中間常歩	常歩の収縮、伸長、中間は明確な差をつけて乗る。伸長常歩で馬体を伸ばす。騎手は馬が歩幅を広く歩けるように拳をゆるめる。中間常歩への移行で馬をつめて再び収縮姿勢をとらせ、よく踏み込んだ流暢な歩調で歩かせる（係数2）。
14	Kから収縮常歩 Vから右へ回転 LP間、右へ半ピルーエット	K点で高揚して活発な、しかし歩幅の狭い歩調に明確に移行する。半ピルーエットの前に馬をつめる。正しい姿勢と側方屈撓に交互に扶助を使うと馬の動きは中断しない。
15	LV間、左へ半ピルーエット	半ピルーエットについては課目番号14に同じ。
16 ①	KV(P)(V)L間、収縮常歩	常歩の収縮に特に重点。
17	Lからパッサージュ	パッサージュの前に馬をつめ、第1歩からパッサージュ歩調。速歩を入れてパッサージュに移行することがよくあるので注意。
18	LPBX間、パッサージュ	四肢が同じように高揚したパッサージュ。パッサージュでは高揚よりも四肢の上げ方が均等であることが重要。
19	Xでピアッフェ（10〜12歩）	ピアッフェへ柔軟に移行。規定された歩数を確実に守り、その場でめりはりのきいた規則正しいピアッフェを行う。
20 ①	Xからパッサージュ パッサージュからピアッフェへ、ピアッフェからパッサージュへの移行	移行に特に重点。
21	HESI間、パッサージュ	課目番号18と同じ。
22	Iでピアッフェ（10〜12歩）	課目番号19と同じ。
23 ①	Iからパッサージュ パッサージュからピアッフェへ、ピアッフェからパッサージュへの移行	移行に特に重点。
24	IRMG間、パッサージュ	課目番号18と同じ。
25	Gから左収縮駈歩で発進 Hから左手前蹄跡に入る	G点で真直ぐに駈歩発進。グランプリ競技によく出場する馬は、この運動で扶助より先に発進する傾向がある。
26	HK間、伸長駈歩 Kから収縮駈歩	H点で伸長駈歩に移行するのは難しい。K点で正確に収縮駈歩へ移行。
27	Aから中央線に入り、DからGまでの中央線の両側に6回のハーフパスで往復手前変換。方向変換時に踏歩変換。最初は左へ最後は右へ各3歩。他の4回は各6歩（右駈歩で終る）	騎手は馬の運動に逆らわないように騎座を柔軟に保ち、馬は正しい姿勢で活発な駈歩跳躍を維持して、踏歩変換は後躯がよじれないように馬体を真直ぐに保って行う。
28	Cから右手前蹄跡に入る MXK間、斜手前変換 斜線上中間駈歩 Xで踏歩変換 Kから収縮駈歩	同じテンポの歩調での踏歩変換と中間駈歩。K点で正確に収縮駈歩へ移行。

インターメディエイトIIとグランプリ

課目番号	運動課目	注 意 点	課目番号	運動課目	注 意 点
29	Aから中央線に入る Lで左へ全ピルーエット	ピルーエットの前に馬を収縮させる。腰を内へのようにはせずに、軽く肩を内へのようにして準備。正確に中央線上でピルーエットを行う。旋回し過ぎず、姿勢を正しく保ち、活発で落ち着いた駈歩で行う。（係数2）	36	Xで右へ直径8mの巻乗、続いて左へ直径8mの巻乗	巻乗中も同じテンポの歩調を維持し、後肢は前肢の蹄跡を踏む。
30	Xで踏歩変換 Iで右へ全ピルーエット	馬体を真直ぐにして中央線上で正確に踏歩変換を行う。ピルーエットは課目番号29と同じ。	37	Iでピアッフェ（10〜12歩）	ピアッフェへ柔軟に移行。中央線上で馬体を真直ぐに保つ。規定された歩数を正確に守り、その場で抑揚のついた規則正しいピアッフェ。
31	Cから右手前蹄跡に入る。MXK間、斜手前変換 斜線上、2歩毎の踏歩変換を9回（左駈歩で終る）	踏歩変換は、馬の歩幅を考慮し、X点を中心に前後ほぼ均等にその回数を配分できるような地点から開始する。	38	Iでのパッサージュからピアッフェ、ピアッフェからパッサージュへの移行	移行に特に重点。
32	FXH間、斜手前変換 斜線上、歩毎の踏歩変換を15回（右駈歩で終る）	間歩の少ない踏歩変換を回数多く続けると、馬が性急のなりやすいので注意。課題番号31も同じ。	39	Gで停止、不動、敬礼	馬体を真直ぐにして、動かずに立っていること。
33	Mから中間駈歩 Fから収縮駈歩	M点とF点の移行では馬体を真直ぐに保たなければならない。		Aから常歩で、手綱を伸ばして退場	手綱は完全に伸ばしきらず、垂らす程度にして退場。
34	Aから中央線に入る Lで停止、4歩後退 直ちにパッサージュで発進	後退からのパッサージュ発進は難しく、後退の後に1、2歩の速歩またはピアッフェが入りやすいので、よく訓練しておくことが必要。	①〔註：課目番号8、16、20、23、35では、それぞれその前の番号の課目の運動に対して別の観点からの採点を行う。（ ）内の地点は、その記号の地点より手前の地点を意味する〕		
35 ①	Lにおける、収縮駈歩からの停止への1拳動での移行と、後退からパッサージュ発進への1拳動での移行	移行に特に重点。			

グランプリスペシャル		
番号	運 動 課 目	注 意 点
1	Aから収縮駈歩で入場 Xで停止、不動、敬礼 収縮速歩で発進	正確に中央線上を通って入場。馬体を真直ぐにして肢を揃えて停止し、最初の第1歩から速歩で発進する。 斜めに停止したり、馬体を左右に揺らせながら入場したり発進すると審査員は馬が正しく扶助に従っていないと判定する。
2	Cから左手前に入る HXF間、斜手前変換 斜線上伸長速歩 Fから収縮速歩	F点で正確に収縮速歩へ移行。

インターメディエイトIIとグランプリ

第Ⅲ章　Mクラスからグランプリまでの馬場馬術の調教

番号	運 動 課 目	注　　意　　点
3	VXR間、右へハーフパス	馬を十分に収縮させ、馬体を適度に斜めにして24mのハーフパス。ハーフパス間は後躯をよく使わせなくてはならないが、前躯より先行しないように特に注意。
4	Cから伸長速歩 Sから収縮速歩 Vから伸長速歩 Aで収縮速歩 （写真は次の233頁まで）	伸長速歩で隅角を通過しなくてはならないので難しい課目であるが、隅角は多少浅く通過してもよい。 馬はS点で収縮速歩に移行することに馴れていないからよく訓練しておく。 次のVKA間での伸長速歩もCHS間と同様。

インターメディエイトIIとグランプリ

番号	運動課目	注意点
5	PXS間、左へハーフパス	馬を十分に収縮させ、馬体を適度に斜めにして24mのハーフパス。ハーフパス間は後躯をよく使わせなくてはならないが、前躯より先行しないように特に注意。

インターメディエイトIIとグランプリ

番号	運動課目	注意点
6	Cから伸長速歩 Rから収縮速歩 Pから伸長速歩 Aから収縮速歩	伸長速歩で隅角を通過しなくてはならないので難しい課目であるが、隅角は多少浅く通過してもよい。 馬はR点で収縮速歩に移行することに馴れていないからよく訓練しておく。 次のPFA間での伸長速歩もCMR間と同様。
7	KLBIH間、伸長常歩 Hから収縮常歩	伸長常歩では明確に歩幅を広くして歩かせる。馬は頭頸を低く、肩の高さに保って馬体を伸ばし、ゆるめられた拳に自ら支点を求めて徐々に銜を受けなくてはならない。騎手は手綱を軽く垂らしてもよい。 収縮常歩への移行は正確にH点で行う。(係数2)

インターメディエイトⅡとグランプリ

番号	運 動 課 目	注 意 点
8	HCMG間、収縮常歩	歩幅は狭く、よく高揚した収縮常歩。 G点の前でピアッフェの準備に一度強く収縮させ、十分に銜を受けさせる。
9	Gでピアッフェ(10〜12歩)	その場でめりはりのきいた、規則正しいピアッフェ。 規定通りの歩数を正確に。
10	Gからパッサージュ 収縮常歩からピアッフェへ、ピアッフェからパッサージュへの移行	移行に特に重点。
11	GHSIRBX間、パッサージュ	四肢が均等に高揚したパッサージュ。 高揚することよりも、四肢が均等に上がっていることに重点を置く。
12	Xでピアッフェ(10〜12歩)	めりはりのきいた、規則正しいピアッフェ。 規定通りの歩数を正確に。
13	Xからパッサージュ パッサージュからピアッフェへ、ピアッフェからパッサージュへの移行	移行に特に重点。
14	XEVLPFA間、パッサージュ	四肢が均等に高揚したパッサージュ。 高揚することよりも、四肢が均等に上がっていることに重点を置く。

インターメディエイトⅡとグランプリ

番号	運動課目	注意点
15	Aから伸長速歩 KXM間、斜手前変換 　斜線上伸長速歩 Mから収縮速歩	パッサージュから伸長速歩へ移行はこれまでになかった移行で、馬は馴れていないが、はっきりと、明確に行わなくてはならない。 伸長速歩から収縮速歩への移行は正確にM点で。

インターメディエイトⅡとグランプリ

番号	運 動 課 目	注 意 点
16	Cから収縮駈歩 SXP間、左へハーフパス Pで踏歩変換	正確にC点で収縮駈歩に発進。しばしば扶助に先立って勝手に駈歩発進することがあるので注意。 馬を十分に収縮させて歩度を伸ばさず、後駆が前駆より先行しないように注意。

インターメディエイトⅡとグランプリ

番号	運動課目	注意点
17	VXR間、右へハーフパス Rで踏歩変換	難しさは課目番号16と同じ。ハーフパスでの馬の姿勢は左右とも同じように保ち、X点では明確に内方姿勢を変換する。

インターメディエイトⅡとグランプリ

番号	運 動 課 目	注 意 点
18	HXF間、斜手前変換 　斜線上、2歩毎の踏歩 　変換9回（右駈歩で終る）	駈歩は直線上でめりはりをきかせ、強い前進気勢と規則正しい歩調でなければならない。 馬の歩幅に合わせて、X点の前後の踏歩変換の回数の配分に注意する。

インターメディエイトⅡとグランプリ

番号	運動課目	注意点
19	KXM間、斜手前変換 斜線上、歩毎の踏歩変換15回（左駈歩で終る）	特に最後の15回の歩毎踏歩変換では、性急になる馬が多いので注意。
20	Hから伸長駈歩 Kから収縮駈歩	伸長駈歩は最大限に歩度を伸ばす。その際、馬体は真直ぐでなければならない。収縮駈歩への移行は正確にK点で行う。

インターメディエイトⅡとグランプリ

番号	運 動 課 目	注 意 点
21	Aから中央線に入る Dで左へ全ピルーエット	D点で直ちにピルーエットができるように、十分に収縮して正確に中央線上を行進しなければならない。(係数2)
22	DG間、中央線上で歩毎の踏歩変換9回	X点の前後の踏歩変換の回数の配分に注意。多くの馬の場合、ほぼL点から開始すればよい。この運動は、3人の審査員から踏歩変換が真直ぐであるかどうかがよく見える。
23	Gで右へ全ピルーエット Cから右手前蹄跡に入る	このピルーエットの難しさは、横蹄跡に達する前の全く頼れるもののない地点でも正しく旋回することである。(係数2)

インターメディエイト II とグランプリ

第Ⅲ章　Mクラスからグランプリまでの馬場馬術の調教

番号	運 動 課 目	注　意　点
24	Mから伸長駈歩 Fから収縮駈歩	できるだけ歩度を伸ばした伸長駈歩。その際、馬体は真直ぐでなければならない。 収縮駈歩への移行は正確にF点で行う。
25	Aから中央線に入る Dから収縮速歩 Lからパッサージュ	多くの馬はDL間でパッサージュを開始する傾向があるので、速歩の歩調を少し楽にさせてやるとよい。
26	Gでピアッフェ(10～12歩)	騎手が気をゆるめると馬は競技が終了したものと勘違いすることが多く、その場合は次の運動への移行が難しくなるので、最後まで気をゆるめてはならない。
27	Gでパッサージュからピアッフェへ移行	特に移行に重点。
28	Gでピアッフェの後 　停止、不動、敬礼	特には難しくはない。

インターメディエイトⅡとグランプリ

第 Ⅳ 章

1978年 世界選手権大会馬場馬術競技リポート
於：イギリス　グッドウッド
（抜粋）

1966年以来オリンピック大会の間に、4年毎に馬場馬術の世界選手権大会が開催され、これまでにベルン、アーヘン、コペンハーゲンで行われた。3回の選手権で、ドイツチームが2回、ソ連チームが1回優勝し、個人の優勝者はヨーゼフ・ネッカーマン、エレーナ・ペチュコヴァおよびライナー・クリムケであった。

　1978年の世界選手権大会はサセックス南方のグッドウッドの会場で行われ、12ヵ国から選手および審査員計50名が参加した。チームとして参加した国はドイツ、デンマーク、イギリス、オランダ、スウェーデン、スイス、ソ連およびアメリカであった。

　グッドウッドで行われた5日間の馬場馬術競技会は立派な成功を収め、野外騎乗や障害飛越、そして競馬の盛んなこの国の

馬術界に馬場馬術を普及させることに役立った。

　この5日間は実に素晴しいスポーツの祭典であり、参加した選手たちはこの会場の雰囲気の素晴しさに酔いしれたのである。競技場は立派であり、大会の組織は格式ばらず、しかも正確に運営されており、観客の目は実に肥えていた。競技は最後の最後まで目を離すことができないスリルに富んだ内容で、実に世界選手権大会の名にふさわしい大会であった。

厩舎の中庭に、元気一杯で最初に姿を見せた馬と選手とグルームの一団。この豪華な施設は英国の最も美しい建造物の一つで（ジョージⅢ世時代の宮廷建築家）によって建てられた。（原著：264〜265頁）

厩舎の中庭

馬やグルームを受け入れるにしては、実に贅沢なものである。これは1756年から1763年の間にウィリアム・チャンバー

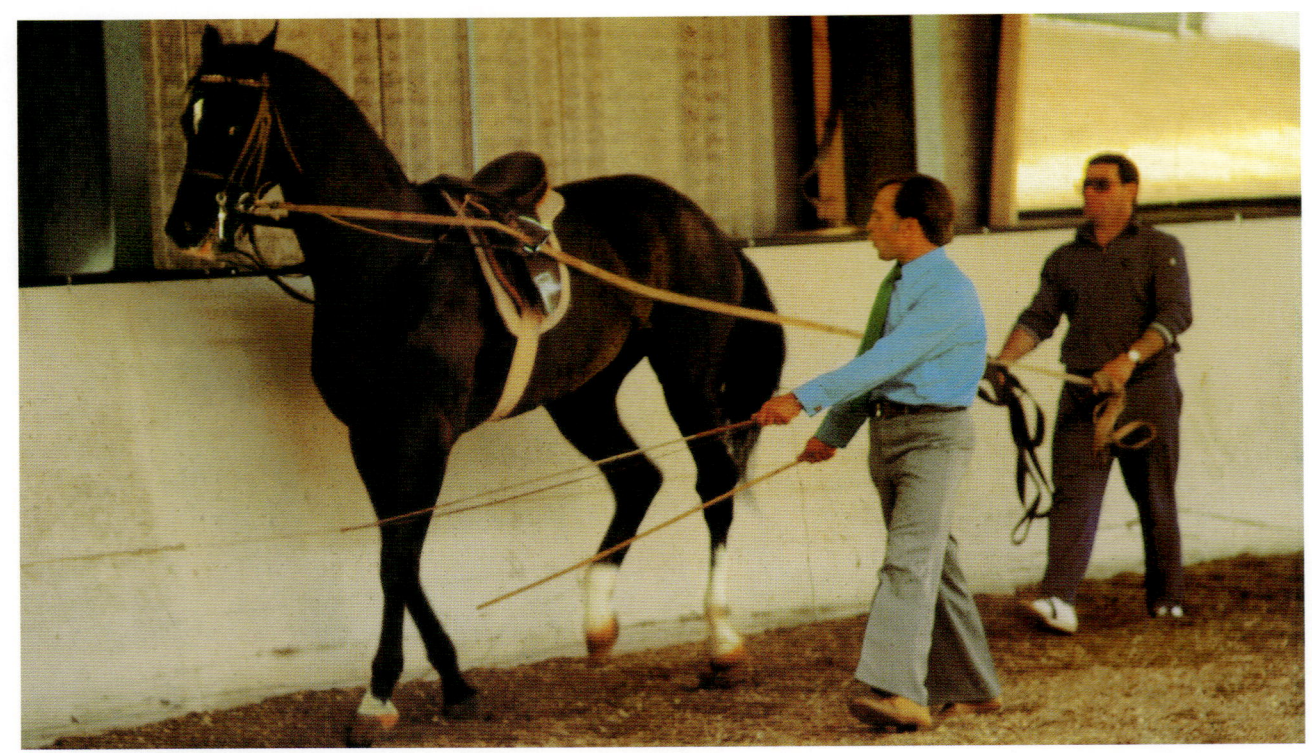

イワン・カリータによるアバカン号の猛烈な訓練。この9歳の青毛の牡馬は、ローマ・オリンピック大会の馬場馬術競技で優勝をしたアプサン号の血をひく馬である。(原著：272頁)

グリロかあさんとトレーナーのパウル・ステッケンはガビー号とガラポゴス号でご満悦の様子。(原著：272頁)

ここには 5 面の練習馬場があり、今スウェーデンの次の時代を担う女性選手エバ‐カーレン・オスカルソン‐ムンクがランサード号に乗っているように、出場選手が心置きなく練習できる設備が整っている。(原著：273頁)

スイスのウルリッヒ・レーマンはこのウェルダー号ともう一頭の馬を厩舎に置いている。この大会のセントジョージ賞典で 4 位、インターメディエイトⅠで 3 位からも彼の能力をうかがい知ることができる。(原著：273頁)

第Ⅳ章　1978年世界選手権大会馬場馬術競技リポート

ゲオルグ・ワールは彼の女子生徒であるクリスチーヌ・スチュッケルベルガーから片時も目を離さず、彼女に的確な助言を常に与えている（写真上）。
彼女はグラナート号がこの競技場の環境に馴れるように、場内のどこででも乗っている（写真右）。
（原著：274～275頁）

最後の練習

練習馬場に行くには、正装した上で、厩舎の建物の大きな門をいくつもくぐって行かなければならないのだから選手も大変である。上の写真はデンマークのビルギト・カーステンコイルドとストラジバリウス号。競技開始直前の練習馬場に入れるのは選手とトレーナーとグルームだけ。ここではウーヴェ・ザウアーがヒルテントラウム号でグランプリの準備運動をしている（右写真上）。
1966年の世界選手権に出場したソビエトのミハイル・コペイキンは今回は自由演技で9位になったが、数ヵ月前から優雅なイグロック号に乗り始め、将来の飛躍を期している（右写真下）。
（原著：280頁）

出場前

進行係のデビット・プラハムは競技前の練習馬場で騎手の1人1人について術の点検をしている（写真上）。
イギリスのザーラ・ホワイトモアーとゼーレ・ビショップそれぞれがダッチマン号とユンケル号に跨って、今日の競技のことなどどこ吹く風と言わんばかりに全くご機嫌のご両人（写真左）。
（原著：281頁）

このような勝利の場内一周は私達の好むところである。
ウーヴェ・シュルテン-バウマー、乗馬スリボヴィッツ号、ガブリエラ・グリロ、乗馬ウルチモ号、ハリー・ボルト、乗馬ヴォイチェク号。このメンバーで1977年のセントガレンにおけるヨーロッパ選手権大会団体競技で優勝し、今また同じメンバーで1978年グッドウッド世界選手権大会団体競技で優勝した。
（原著：292〜293頁）

グランプリ馬場馬術の表彰式

1位：
クリスチーヌ・スチュッケルベルガー、スイス、乗馬グラナート号。
この日のグラナート号のグランプリスペシャルの演技は、終始平素の演技よりも間違いなく劣っていた。私からするとせいぜい8位か10位がよいところと思った。この日のグラナート号は肢の動きに円滑さを欠き、そのため運動が投げやりになって態勢が崩れ、選手は所定の課目を演じるのに上体を後方に傾けて乗るなど、苦労をしていた。この日グラナート号をリラックスから評価すると全く問題にならず、グラナート号を推す人でも1位になるとは誰も予期してはいなかった。但し、私のこの評価はこの日の演技についてだけであって、グラナート号の本来の能力について述べているのではなく、グランプリでのグラナートの1位は妥当なところだと思っている。しかしヴォイチェク号およびスリボヴィッツ号との点の開きはもっと小さくなくてはならない。グラナート号はグランプリで2、3失敗をして、私の知っているほどの素晴らしい出来ではなかったが、ヴォイチェク号もグランプリでは前進気勢に欠け、スリボヴィッツ号もこの種目で大きな失敗をした。
（ウィリー・シュルトハイス）
（原著：308〜309頁）

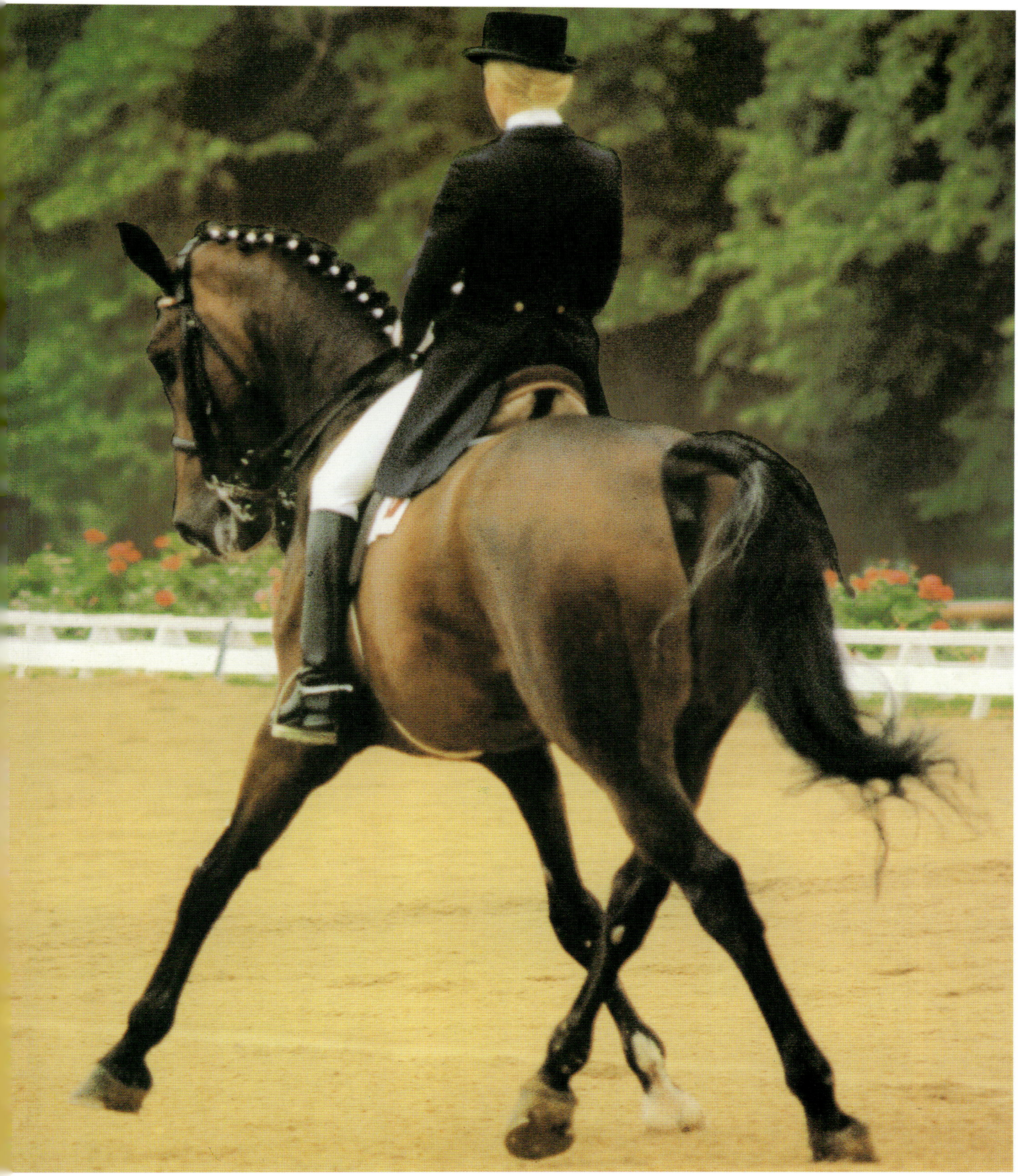

2位：
ウーヴェ・シュルテン-バウマー、ドイツ、乗馬スリボヴィッツ号。

この日、ウーヴェ・シュルテン-バウマーはとても力強く、本当に素晴らしい姿勢でスリボヴィッツ号に乗った。このような乗り方はめったにできないような素晴らしいもので、理想的にはあまりにも鋭すぎると言われるおそれさえある乗り方であった。

私は、先日のアーヘンの競技会で審査員に、もっと強く前進気勢をつけて乗るようにと選手たちにそれとなく伝えるべきだと言いたかった。そして私も、もっと力強い歩調で乗れと注文したかった。それをウーヴェ・シュルテン-バウマーが今回実際に演じて見せてくれたのである。ウーヴェが世界選手権を獲得できなかったのは、ただ世界選手権に値する選手と審査員の眼に映らなかっただけの理由である。確かに彼は若い。オリンピックの出場経験は一度もない。国際経験にも乏しい。それでこのただ1回の今日の演技だけで、世界選手権のタイトルを与えるのは危険であると判断したのである。審査員は当然その日の演技で判断すべきである。しかしそれは、世界選手権に相応しい選手を選び出すには不適当な方法だと思う。ウーヴェ・シュルテン-バウマーはいずれにせよこの度は、世界選手権のタイトルを与えるのに相応しい選手とは審査員の眼に映らなかったのである。
（ウィリー・シュルトハイス）
（原著：310～311頁）

ウーヴェ・シュルテン‐バウマー

3位：
ジェニー・ロリストン・クラーク、イギリス、乗馬ダッチカレッジ号。
今回の世界選手権での大きな発見はダッチカレッジ号である。この優雅な黒鹿毛の牡馬は大きな動きをして、正しく扶助を受け、馬場馬として総てにわたり繊細に調教された馬である。汗一滴もかかずに演技し、汗をかかないまま退場して行った。ジェニー・ロリストン・クラークは馬の扱い方をよく心得ている選手である。非常に優雅な騎座で乗り、全然目立つような扶助の使い方をせず、総ての演技は軽快で自信に満ちあふれている点で優れていた。
(ウィリー・シュルトハイス)
(原著：312〜313頁)

ジェニー・ロリストン・クラーク

4位：
ウルリッヒ・レーマン、スイス、乗馬ウィディン号。今回の世界選手権での第2の大きな発見はウルリッヒとウィディン号であった。
この人馬は猛烈に前方へ跳躍し、パッサージュは素晴らしかったが、ピアッフェは整然としていなかった。最初のピアッフェはとてもよくできた。9歩行ったが、6、7歩目はできなくて上体が動揺し、馬は後肢を地面に突き刺してしまった。
第2の悪い点は頚が多少据りにくいことである。最初は頭頚が低くなり、その後また高くなってやっと安定した。頭頚が安定すればこの馬はもっと上位になることができるはずである。
(ウィリー・シュルトハイス)
(原著：314〜315頁)

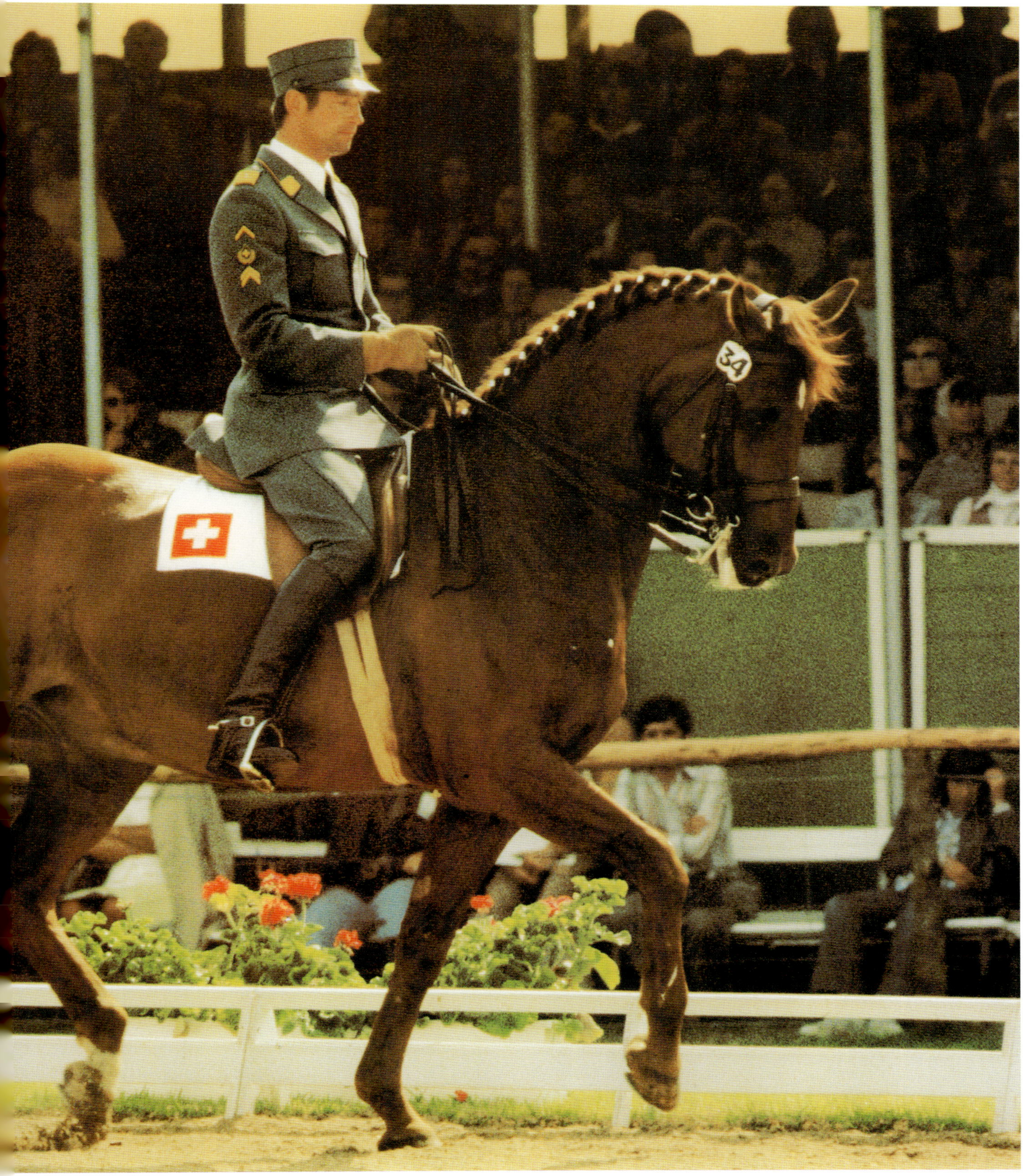
34

5位：
ハリー・ボルト、ドイツ、乗馬ヴォイチェク号。
ハリー・ボルトこそは世界選手権の保持者に相応しい選手であり、負傷していない時のヴォイチェク号の動きであればグラナート号を全く寄せつけなかったであろう。しかし不運にも、ただ1回だけの演技を見て、それで判断するのが世界選手権のシステムであるので、実際には全く逆の結果に終ったのである。
私は世界選手権の行われる年度の1年間の成績を考慮するシステムを採用することで一層信頼がおけて公平になるものと考えている。そうすればこの日のグラナート号のような不調や、ヴォイチェク号の負傷といった予測できない不運を避けることができる。私達はヴォイチェク号を出場させるのを長らく迷った。そしてようやくハリーはヴォイチェク号をなんとかある程度うまくやれると判断したが、競技中のヴォイチェク号の動きはハリーにとって非常な負担になった。しかしそれは誰も知るはずはなかった。
（ウィリー・シュルトハイス）
（原著：316～317頁）

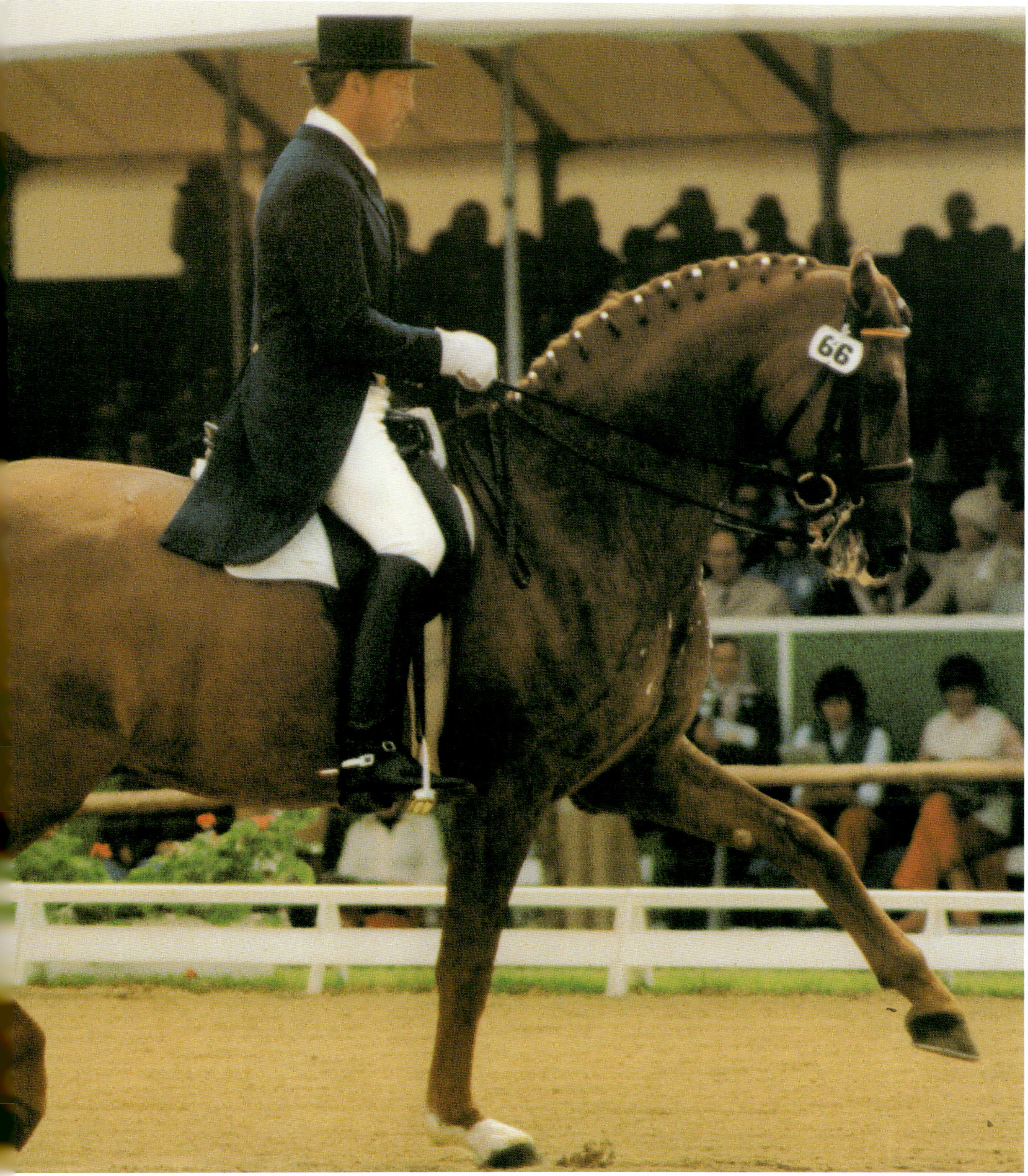
66

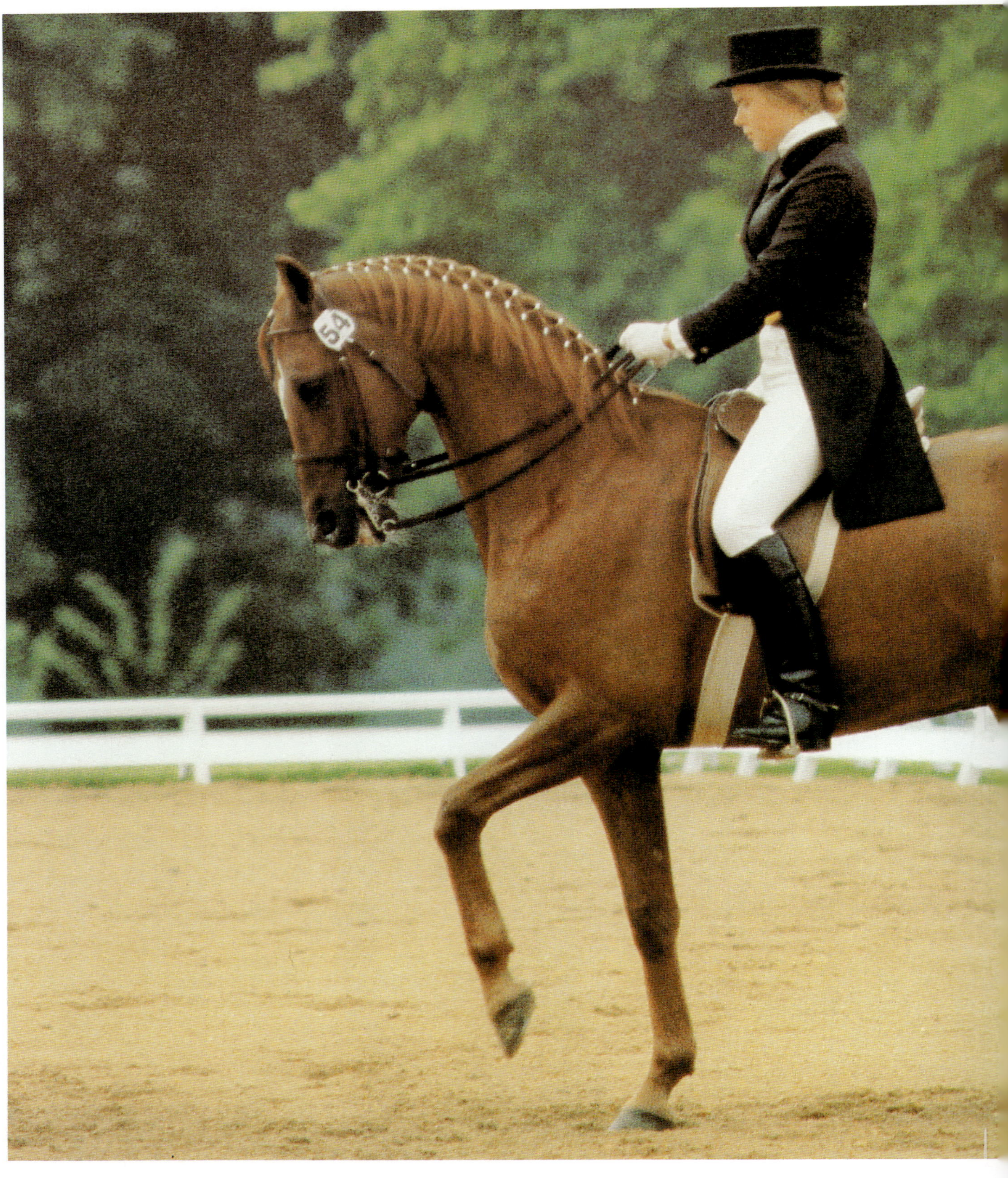

6位：
イリナ・カラチェワ、ソビエト、乗馬サイド号。
可愛らしくて上品な栗毛の騙馬を私は以前からよいと見ていた。グッドウッドではかなりよくできたが、多少不十分な点もあった。サイド号はグッドウッドで見た中でも最も美しいピアッフェとパッサージュをした。しかし基本歩調は著しく悪かった。常歩は不十分で、速歩では前肢がよく動かないため大股で歩けず、もがくようになり硬かった。そして駈歩でも前肢の動きにめりはりを欠いていた。
（ウィリー・シュルトハイス）
（原著：318～319頁）

第Ⅳ章　1978年世界選手権大会馬場馬術競技リポート

ヒルダ・ガーニー

7位：
ヒルダ・ガーニー、アメリカ、乗馬キーン号。
キーン号は先のブロモントでも注目の的で、再びグッドウッドでも専門的な観衆の注意をひいた。この騙馬はもちろん純血種であるが、骨太で大型なためそれとは見えなかった。ただその前進意欲とめりはりのきいた動きからはサラブレッドあるいはそれに近いことが確実にうかがえた。
この馬は間違いなく非凡な馬である。その速歩と駈歩は素晴らしく優れていて、堂々としたピアッフェとパッサージュをした。ピアッフェとパッサージュで軽くうなずく癖は拳を上手に使えばすぐにも直すことができる。
この栗毛は女性選手の扶助が時々正確でなかったにもかかわらず、よくこれをカバーして全然失敗をしなかった。この馬は熟練した選手が乗れば必ず馬場馬術のトップクラスになれる馬である。
(ウィリー・シュルトハイス)
(原著：.320〜321頁)

8位：
シンチア・ネーレ、カナダ、乗馬マルチル号。
かつてカナダの最高の馬マルチル号と私の古い女生徒シンチア・ネーレには私は本当に驚いた。マルチル号は非常に躍動力があって審査員に良い印象を与えた。この時の彼女は多少ハッスルして乗り、グランプリの12位からグランプリスペシャルでは8位に上がった。シンチアのピアッフェの能力とは無関係にマルチル号はピアッフェが非常によくできた。それに引き換えパッサージュは未熟で、もっとめりはりをはっきりとしなければならない。
（ウィリー・シュルトハイス）
（原著：322〜323頁）

シンチア・ネーレ

9位：
ウーヴェ・ザウアー、ドイツ、乗馬ヒルテントラウム号。ヒルテントラウム号は良い動きで演技した。私からすると口の動きと、リラックスに欠けた項に難点があるように思えた。ヒルテントラウム号のピアッフェはめりはりはきいているが前肢が交差して高得点ではなかった。そしてまた正確にその場にとどまってできなかったが、これは騎手のせいではなくて、馬の前肢が交差し、冠毛部に蹄が接触することにもよるのである。
ウーヴェはいつものようにとても深い騎座で乗り、しかも精神を十分に集中し、と言うよりも集中しすぎて硬くなっていた。このように言うと非難することになりかねないが、先にジェニー・ロリストン・クラークが示したような軽快さとゆとりある演技をしてほしかった。
(ウィリー・シュルトハイス)
(原著：324～325頁)

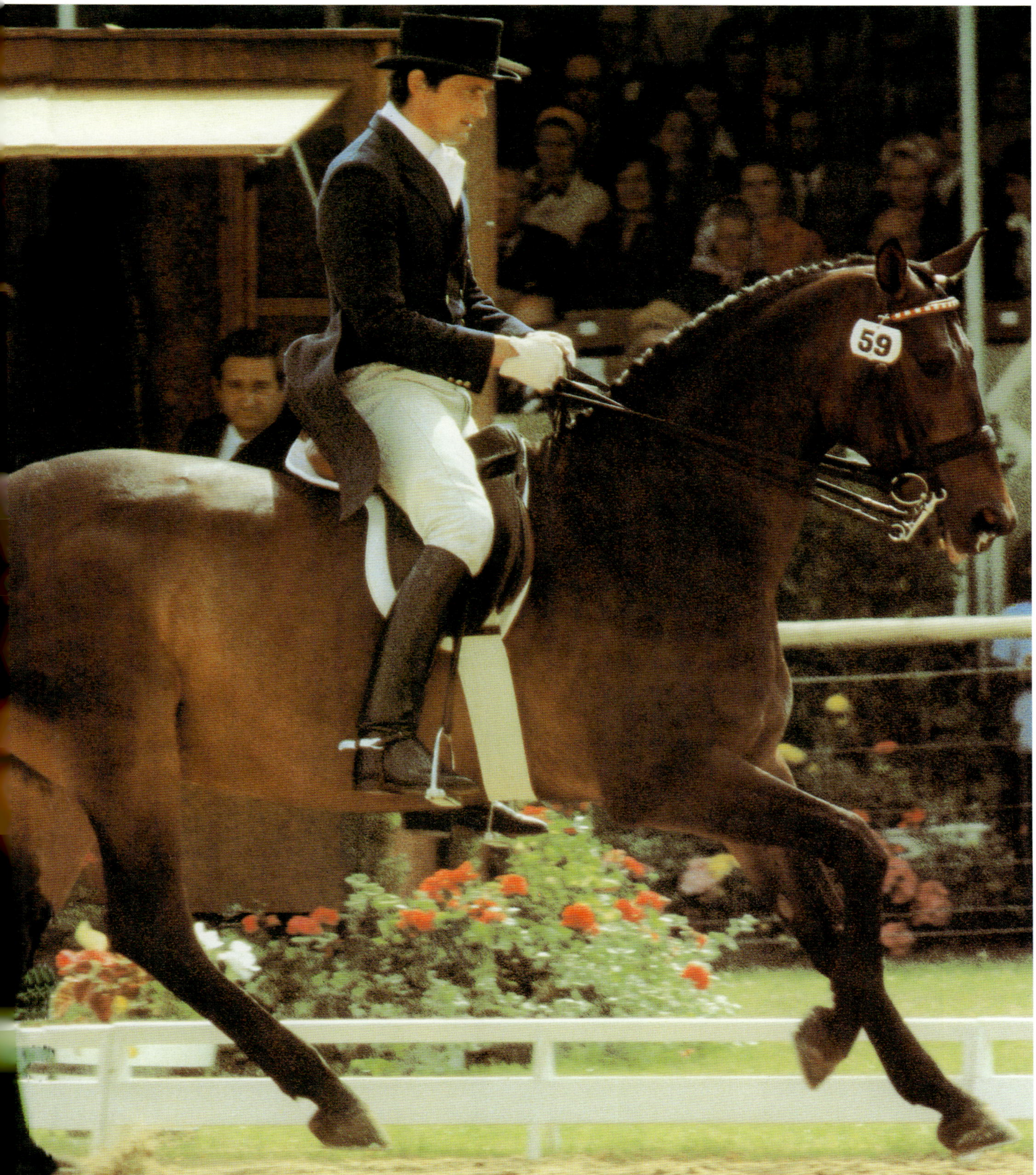
59

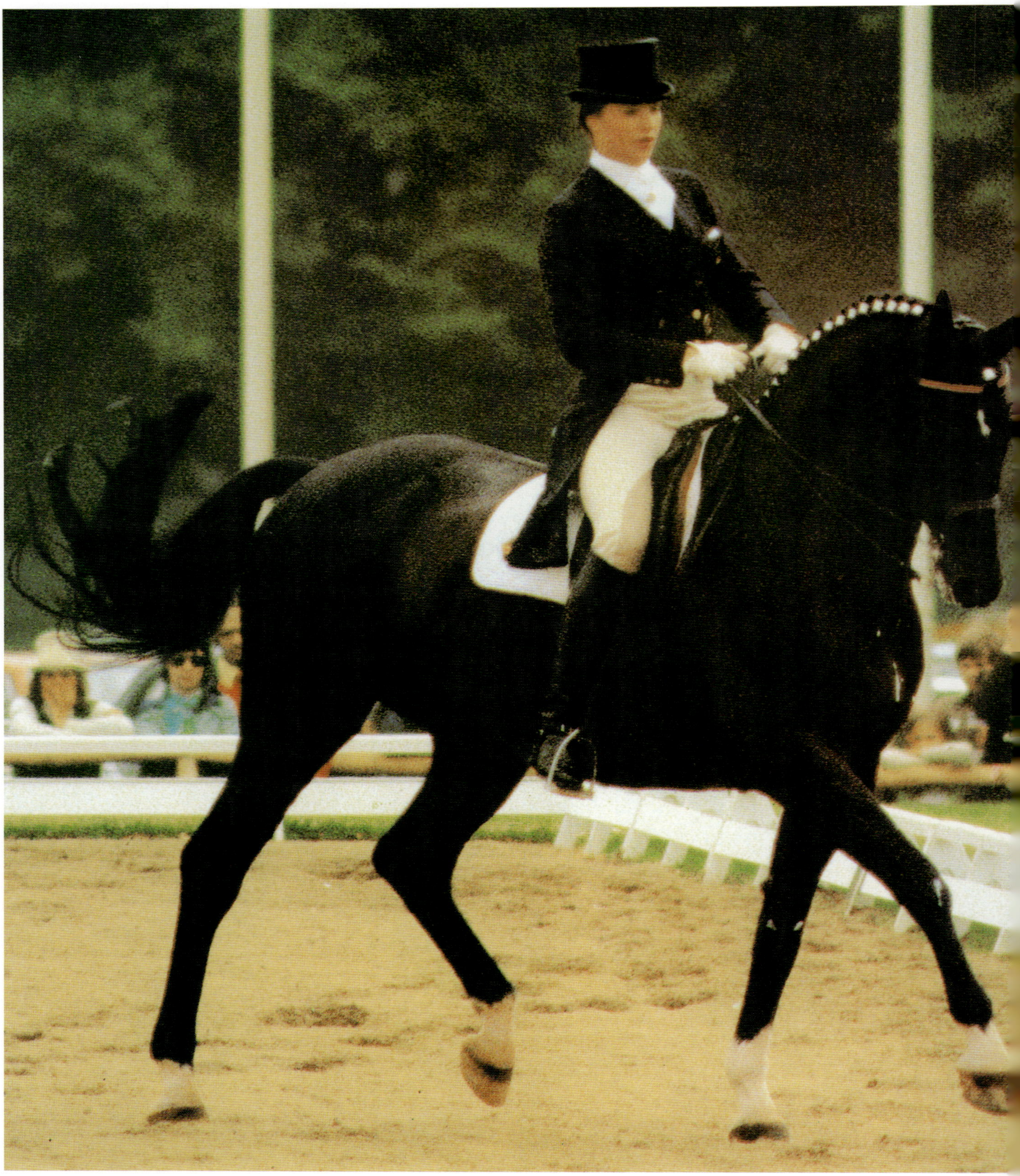

10位：
ガブリエラ・グリロ、ドイツ、乗馬ウルチモ号。
ウルチモ号はグランプリスペシャルを平素の状態ではできなかった。これはガブリエラ・グリロが団体競技の日に腹痛を起こし、日曜日もまだすっきりしていなかったことと無関係ではない。胴の長いウルチモ号は競技中によく後肢を活発に動かすようにさせなくてはならなかったが、この日はそれが不十分で、伸長速歩も伸長駈歩もめりはりがきいていなかった。
パッサージュでは後肢がよく動かなかったが、それとは反対にピアッフェは本当によくできた。
しかし、ウルチモ号によくないことも起きた。それは審査員席の後方を救護係がうろうろしたので、伸長速歩をしていた馬がこれに驚き、一瞬駈歩をして美しい伸長速歩がだめになったのである。
(ウィリー・シュルトハイス)
(原著：326～327頁)

11位：
ドロシー・モルキス、アメリカ、乗馬モナコ号。
モナコ号は非常によく調教のできた馬で、ドロシー・モルキスはブロモントで個人5位になった。しかしこの芦毛馬は17歳でかなり老齢である。そのため動作全体に、特に伸長テンポと高度な収縮をする演技で生彩に欠けた。
（ウィリー・シュルトハイス）
（原著：328～329頁）

ドロシー・モルキス

12位：
ビクター・アンドレーフ、ソビエト、乗馬シュクヴァル号。

シュクワル号は優雅な馬場馬である。ピアッフェとパッサージュは抜群であるが、古典的馬場馬術の必要条件は不十分である。馬はよく背を振動させていなくて、選手の拳と騎座は独立して安定したものではなかった。伸長速歩は大股でなく、著しく拍子に合わず、駈歩で馬は尻を高く上げ、馬体を斜めにし、踏歩変換で非常に動揺した。伸長駈歩で選手は馬の頭を著しく内に向け、二蹄跡様に行進した。

シュクヴァル号はロシア式の調教法の欠点を示していた。ロシア人は馬場馬を選択する時からすでに基本歩調に重点を置かずに、パッサージュ様の速歩をするか、ピアッフェ様の歩様をするかどうかに重点を置く。調教自体も高等馬術に強い関心を示し、馬場馬術の基本に徹しようとはしない。総てを高等馬術に傾注する選手は、正しい常歩、速歩あるいは駈歩の感覚には無関心なものである。
(ウィリー・シュルトハイス)
(原著：330〜331頁)

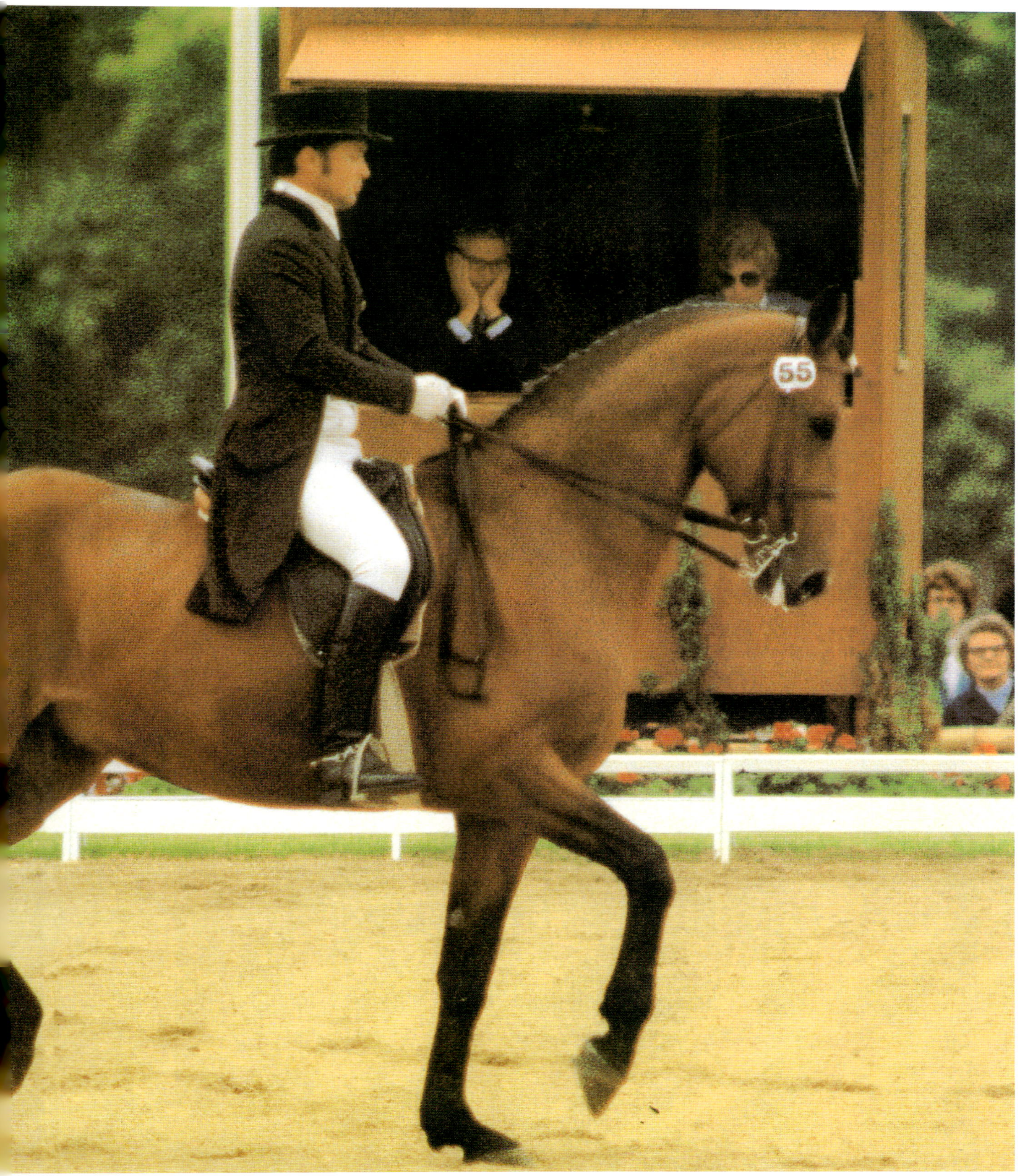

ヴォイチェク号のこの大会での最終演技の結果は振るわなかった。最初のピアッフェの第1歩で馬は完全にうめき声を出し目には見てくれるはずがない。(原著:334～335頁)

競技を終えて

支を地面から上げようとしなかった。そのような瞬間は、選手にとって可哀想でたまらないものであるが、報道陣はそれを大

グッドウッドハウス前の栄光の広場での表彰式へ最後の行進。最左翼におはやし係のバンジョーを手にしたハンネローレを従えて今から行進。彼女は英国流のいわゆるグッドウッドの主催者の役目を果した。
（原著：344～345頁）

個人表彰式

〔付〕
オリンピック大会(1912〜2008)馬術競技入賞記録

荒木雄豪 編

① 〔註：この表は、2003年に『ボルト氏の馬術』を出版した際に〔付〕として作成したものであるが、その成績は日本オリンピック・アカデミー編『オリンピック事典』(1981年版) およびブライアント (Jennifer O. Bryant) 著『OLYMPIC EQUESTRIAN-The Sports and the Stories from Stockholm to Sydney』により、両書で騎手名および馬名の綴りが異なっている場合は後者に統一した。今回の表はそれに2004年に行われた第28回アテネ・オリンピック大会の成績を付け加えたものである。

著名と思われる騎手名、日本で知られている馬術書の著者名、オリンピック各競技の個人優勝者名と馬名は**ゴシック**とした。また2種目に入賞した騎手名には下線を付したが、これ等の騎手は総計10名であり、その中で馬場馬術を含めて2種目入賞したのはチーデマンのみである〕

② 〔註：『遊佐馬術』「古典馬術」[昭和41年版 309頁、平成版 235頁] 参照〕

③ 〔註：第22回モスクワ・オリンピック・オリンピック大会は、ソ連のアフガニスタン侵攻に対し、アメリカのカーター大統領がボイコットを提唱し、日本を含む西側諸国は参加しなかった〕

④ 〔註：馬術競技がオリンピックに取り入れられたのは、一般には1912年の第5回ストックホルム・オリンピック大会からとされているが、障害飛越競技(個人) のみは①の両書共に1900年の第2回パリ・オリンピック大会の成績が含まれているので、この表にも記載することとした〕

⑤ 〔註：団体競技の成績は原則としては個人成績上位3名の点数合計によるのであるが、障害飛越競技の一部(第20回～第26回) に計算の合わないところがある。これは団体成績の決定方法が大会により異なっているためであると思われる。このことは障害飛越競技のみならず他の種目についても大会毎の成績決定ルールを確認することが必要であると思う〕

⑥ 〔註：ＩＯＣ(国際オリンピック委員会) のホームページによれば「馬術競技がオリンピックのプログラムに載ったのは、1900年の第2回パリ大会が最初であり、その後しばらく開催されなかったが、1912年のストックホルム大会以来毎回開催されてきた。1900年に限って高飛び及び幅跳び競技が行なわれ、また、1920年に限って軽乗競技がおこなわれた以外、馬術競技の種目が変更されたことはほとんどない」、また「1952年以前は、オリンピックの総合馬術競技は、軍人の男性(正確には将校) に限られていたが、1952年にこの制限が撤廃されて以来、男性と女性が同等に競技に参加している」(椎名氏)〕

⑦ 〔註：国際馬術連盟の国際馬場馬術審査員を長年務めていたウォルフガング・ニグリ氏の著書が最近 J.A.Allen社から出版されたが、その第Ⅱ部によれば、ストックホルム大会の頃は、3種の歩度による自由演技(ただしパッサージュ、ピアッフェ、スペイン歩法等は禁止) の後、5つの障害飛越が課せられるほか、馬の警戒心を呼び起すような物件に接近させることにより馬の従順性を審査するなど、「馬場馬術」と言うよりは「軍馬の能力テスト」のようなもので、馬場の大きさも20m×40mだったようである。1920年のアントワープ大会からは運動課目が規定されるようになり、1924年のパリ大会から20m×60mの馬場が採用され、1932年のロスアンゼルス大会で現在の地点名称が採用されたが、これは1924年のパリ大会における総合馬術の調教審査で使われたものを流用したそうである。(椎名氏)〕

⑧ 〔註：第28回アテネ・オリンピック大会の成績および〔註〕は椎名穣氏によるものである〕

⑨ 〔註：第29回北京・オリンピック大会では、馬術競技は香港において行なわれた〕

⑩ 〔註：この付録1には平成20(2009)年の28回 北京オリンピックの成績および、これまでの各回オリンピックにおける各種目の個人・団体三位までの成績を纏めた「入賞成績一覧」を作成して入れたが、これは和駿会会長 堀田武司氏の協力によるものである〕

〔大賞典馬場馬術競技（個人）〕　　〔大賞典馬場馬術競技（団体）〕

```
         〔個 人〕                    〔団 体〕
     順   騎手                    順   国名（得点）
     位   （馬名，得点）           位   騎手（順位）；騎手（順位）；騎手（順位）．
         国名                          （馬名，得点）（馬名，得点）（馬名，得点）
```

5. 1912 ストックホルム（スウェーデン）
　(1) Carl Bonde　　　　　　　　〔団体競技不実施〕
　　　(Emperor, 15)
　　　SWE
　(2) Gustav-Adolf Boltenstern, sr.
　　　(Neptun, 21)
　　　SWE
　(3) Hans von Blixen-Finecke, sr.
　　　(Maggie, 32)
　　　SWE

6. 1916〔ベルリン（ドイツ），第1次世界大戦のため中止〕

7. 1920 アントワープ（ベルギー）
　(1) Janne Lundblad　　　　　　〔団体競技不実施〕
　　　(Uno, 27.937)
　　　SWE
　(2) Bertil Sandström
　　　(Sabel, 26.312)
　　　SWE
　(3) Hans von Rosen
　　　(Running Sister, 25.125)
　　　SWE

8. 1924 パリ（フランス）
　(1) Ernst Linder　　　　　　　〔団体競技不実施〕
　　　(Piccolomini, 276.4)
　　　SWE
　(2) Bertil Sandström
　　　(Sabel, 275.8)
　　　SWE
　(3) Xavier Lesage
　　　(Plumard, 265.8)
　　　FRA

9. 1928　アムステルダム（オランダ）

- (1) C. F. Frhr. von Langen
  (Draufgänger, 237.42)
  GER
- (2) Charles Marion
  (Linon, 231.00)
  FRA
- (3) Ragnar Ohlson
  (Günstling, 229.78)
  SWE

- (1) GER (669.72)
  C. F. Frhr. von Langen (1) ; H. Linkenbach (6) ; E. Frhr. v. Lotzbeck (11).
  　　(Draufgänger, 237.42)　(Gimpel, 224.26)　(Caracalla, 208.04)
- (2) SWE (650.86)
  Ragnar Ohlson (3) ; Janne Lundblad (4) ; Carl Bonde (9).
  　　(Günstling, 229.78) (Blackmar, 226.70)　(Ingo, 194.38)
- (3) HOL (642.96)
  Jan H. van Reede (8) ; Pierre M. R. Versteegh (9) ; G. W. Le Heux (12).
  　　(Hans, 220.70)　　(His Excellence, 216.44)　(Valérine, 205.82)

10. 1932　ロスアンゼルス（アメリカ）

- (1) Xavier Lesage
  (Taine, 343.75)
  FRA
- (2) Charles Marion
  (Linon, 305.42)
  FRA
- (3) Hiram Tuttle
  (Olympic, 300.50)
  USA

- (1) FRA (2818.75)
  Xavier Lesage (1) ; Charles Marion (2) ; André Jousseaume (5).
  　　(Taine, 1031.25)　(Linon, 916.25)　(Sorelta, 871.25)
- (2) SWE (2678.00)
  Thomas Byström (4) ; G-A. Boltenstern, Jr. (8) ; Bertil Sandström (10).
  　　(Gulliver, 880.50) (Ingo, 833.50)　　(Kreta, 964.00＊)
  　　　　　　　　　　　　　　　　　　　　　［＊：舌鼓使用のため最下位②］
- (3) USA (2576.75)
  Hiram Tuttle (3) ; Isaac Kitts (6) ; Alvin Moore (7).
  　　(Olympic, 901.50) (American Lady, 846.25) (Water Pat, 829.00)

11. 1936　ベルリン（ドイツ）

- (1) Heinz Pollay
  (Kronos, 1760.0)
  GER
- (2) Friedrich Gerhard
  (Absinth, 1745.5)
  GER
- (3) Alois Podhajsky
  (Nero, 1721.5)
  AUT

- (1) GER (5074.0)
  Heinz Pollay (1) ; Friedrich Gerhard (2) ; H. v. Oppeln-Bronikowski (10).
  　　(Kronos, 1760.0)　(Absinth, 1745.5)　(Gimpel, 1568.5)
- (2) FRA (4846.0)
  André Jousseaume (5) ; Gérard de Ballorre (6) ; Daniel Gillois (8).
  　　(Favorite, 1642.5)　(Debaucheur, 1634.0)　(Nicolas, 1569.5)
- (3) SWE (4660.5)
  Gregor Adlercreutz (4) ; Sven Colliander (11) ; Folke Sandström (15).
  　　(Teresina, 1675.0)　(Kal XX, 1530.5)　(Pergola, 1455.0)

12. 1940〔東京（日本）返上、ヘルシンキ（フィンランド）第2次世界大戦のため中止〕

13. 1944〔ロンドン（イギリス）第2次世界大戦のため中止〕

14. 1948 ロンドン（イギリス）

- (1) Hans **Moser**
  (**Hummer**, 492.5)
  SWI
- (2) André **Jousseaume**
  (**Harpagon**, 480.0)
  FRA
- (3) G-A. **Boltenstern** jr.
  (**Trumf**, 477.5)
  SWE

- (1) FRA (1269.0)
  A. **Jousseaume** (2) ; Jean St. F. Paillard (6) ; Maurice Buret (15).
  (**Harpagon**, 480.0)　(Sous les Ceps, 439.5)　(St. Ouen, 349.5)
- (2) USA (1256.0)
  Robert Borg (4) ; Earl Thomson (8) ; Frank Henry (13).
  (Klingson, 453.5) (Pancraft, 421.0) (Reno Overdo, 361.5)
- (3) POR (1182.0)
  Fernando Pais (9) ; Francisco Valadas (10) ; Luis Mena e Silva (12).
  (Matamas, 411.0)　(Feitico, 405.0)　(Fascinante, 366.0)

15. 1952 ヘルシンキ（フィンランド）

- (1) Henri **St. Cyr**
  (**Master Rufus**, 561.0)
  SWE
- (2) Lis **Hartel**
  (Jubilee, 541.5)
  DEN
- (3) André **Jousseaume**
  (**Harpagon**, 541.0)
  FRA

- (1) SWE (1597.5)
  Henri **St. Cyr** (1) ;　G-A. **Boltenstern** jr (5) ; Gehnäll Persson (9).
  (**Master Rufus**, 561.0) (Krest, 531.0)　　(Knaust, 505.5)
- (2) SWI (1579.0)
  Gottfried Trachsel (4) ; Henri **Chammartin** (6) ; Gustav **Fischer** (8).
  (Kursus, 531.0)　　(Wöhler, 529.5)　　(Solimon, 518.5)
- (3) W. GER (1510.0)
  Heinz **Pollay** (7) ; Ida von **Nagel** (10) ; Fritz **Thiedemann** (12).
  (**Adular**, 518.5)　(**Africa**, 503.0)　(**Chronist**, 479.5)

16. 1956 ストックホルム （豪州の検疫問題で馬の入国が許可されず、馬術競技のみスウェーデンで開催）

- (1) Henri **St. Cyr**
  (Juli, 860.0)
  SWE
- (2) Lis **Hartel**
  (Jubilee, 850.0)
  DEN
- (3) Liselott **Linsenhoff**
  (**Aduler**, 832.0)
  W. GER

- (1) SWE (2475)
  Henri **St. Cyr** (1) ; Gehnäll Persson (4) ; G-A **Boltenstern** jr (7).
  (**Juli**, 860)　(Knaust, 821)　(Krest, 794)
- (2) W. GER (2346)
  L. **Linsenhoff** (3) ; Hannelore **Weygand** (9) ; Anneliese **Küppers** (14).
  (**Aduler**, 832)　(**Perkunos**, 785)　(**Afrika**, 729)
- (3) SWI (2346)
  Gottfried Trachsel (6) ; Henri **Chammartin** (8) ; Gustav **Fischer** (10).
  (Kursus, 807)　(Wöler, 789)　(Vasello, 750)

17. 1960 ローマ（イタリア）

- (1) Sergej **Filatow**
  (**Absent**, 2144.0)
  SOV/RUS
- (2) Gustav **Fischer**
  (**Wald**, 2087.0)
  SWI
- (3) Josef **Neckermann**
  (**Asbach**, 2082.0)
  W. GER

〔団体不実施〕

18. 1964 東京 (日本)

(1) Henri **Chammartin** (Wörmann, 1504) SWI
(2) Harry **Boldt** (Remus, 1503) W. GER
(3) Sergej **Filatow** (Absent, 1486) SOV/RUS

(1) W. GER (2558)
　Harry **Boldt**(1); Reiner **Klimke**(5); Josef **Neckermann**(6).
　　(Remus, 889)　(Dux, 837)　　(Antoinette, 832)
(2) SWI (2526)
　Henri **Chammartin**(2); Gustav **Fischer**(3); Marianne Gossweiler (7).
　　(Wörmann, 870)　(Wald, 854)　(Stephan, 802)
(3) U. S. S. R. (2311)
　Sergej **Filatow**(4); Ivan **Kizimov**(10); Ivan **Kalita**(15).
　　(Absent, 847)　(Ikhor, 758)　(Moar, 706)

19. 1968 メキシコシチー (メキシコ)

(1) Ivan **Kizimov** (Ikhor, 1572) SOV/RUS
(2) Josef **Neckermann** (Mariano, 1546) W. GER
(3) Reiner **Klimke** (Dux, 1537) W. GER

(1) W. GER (2699)
　Josef **Neckermann**(1); Reiner **Klimke**(3); Liselott **Linsenhoff**(8).
　　(Mariano, 948)　(Dux, 896)　(Piaff, 855)
(2) U. S. S. R. (2657)
　Ivan **Kizimov**(2); Ivan **Kalita**(4); Yelena **Petushkova**(6).
　　(Ikhor, 908)　(Absent, 879)　(Pepel, 870)
(3) SWI (2547)
　Gustav **Fischer**(7); Henri **Chammartin**(9); Marianne Gossweiler (10).
　　(Wald, 866)　(Wolfdietrich, 845)　(Stephan, 836)

20. 1972 ミュンヘン (西ドイツ)

(1) Liselott **Linsenhoff** (Piaff, 1229) W. GER
(2) Yelena **Petushkova** (Pepel, 1185) SOV/RUS
(3) Josef **Neckermann** (Venetia, 1177) W. GER

(1) U. S. S. R. (5095)
　Yelena **Petushkova**(2); Ivan **Kizimov**(4); Ivan **Kalita**(6).
　　(Pepel, 1747)　(Ikhor, 1701)　(Tarif, 1647)
(2) W. GER (5083)
　Lis. **Linsenhoff**(1); Josef **Neckermann**(3); Karin Schlüter (9).
　　(Piaff, 1763)　(Venetia, 1706)　(Liostro, 1614)
(3) SWE (4849)
　Ulla Hakansson (5); Ninna Swaab (7); Maud von Rosen (11).
　　(Ajax, 1649)　(Casanova, 1622)　(Lucky Boy, 1578)

21. 1976 モントリオール (カナダ)

(1) Chris. **Stückelberger** (Granat, 1456) SWI
(2) Harry **Boldt** (Woyceck, 1435) W. GER
(3) Reiner **Klimke** (Mehmed, 1395) W. GER

(1) W. GER (5155)
　Harry **Boldt**(2); Reiner **Klimke**(3); Gabriela **Grillo**(4).
　　(Woyceck, 1863)　(Mehmed, 1751)　(Ultimo, 1641)
(2) SWI (4684)
　C. **Stückelberger**(1); Ulrich Lehmann; Doris Ramseier.
　　(Granat, 1869)　(Widin, 1425)　(Roch, 1390)
(3) USA (4647)
　Hilda Gurney; Dorothy Morkis; Edith Master.
　　(Keen, 1607)　(Monaco, 1559)　(Dahlwitz, 1481)

22. 1980 モスクワ（ソ連）③

(1) Elisabeth **Theurer**
　　(**Mon Cherie**, 1370)
　　AUT
(2) Yuri Kovshov
　　(Igrok, 1300)
　　SOV/RUS
(3) Viktor Ugryumov
　　(Shkval, 1234)
　　SOV/RUS

(1) U. S. S. R. (4383)
　　Yuri Kovshov(2); Viktor Ugryumov(3); Vira Misevych
　　(Igrok, 1588)　(Shkval, 1541)　(Plot, 1254)
(2) BUL (3580)
　　Peter Mandazhiev(7); Svetoslav Ivanov(8); Georgi Gadjev(9).
　　(Stchibor, 1244)　(Aleko, 1190)　(Vnimatelen, 1146)
(3) ROM (3346)
　　Anghelache Donescu(5); Dumitru Veliku(10); Petre Rosca(12).
　　(Dor, 1255)　(Decebal, 1076)　(Derbist, 1015)

23. 1984 ロスアンゼルス（アメリカ）

(1) Reiner **Klimke**
　　(**Ahlerich**, 1504)
　　W. GER
(2) Anne-Grethe Jensen
　　(Marzog, 1442)
　　DEN
(3) Otto Hofer
　　(Limandus, 1364)
　　SWI

(1) W. GER (4955)
　　Reiner **Klimke**(1); Uwe **Sauer**; Herbert Krug.
　　(**Ahlerich**, 1797) (Montevideo, 1582) (Muscadeur, 1576)
(2) SWI (4673)
　　Otto Hofer(3); Christ. **Stückelberger**; Amy-Cathérine de Bary.
　　(Limandus, 1609) (Tansanit, 1606)　(Aintree, 1458)
(3) SWE (4630)
　　Ulla Hakanson; Ingamay Bylund; Louise Nathhorst.
　　(Flamingo, 1589) (Aleks, 1582) (Inferno, 1459)

24. 1988 ソウル（韓国）

(1) Nicole **Uphoff**
　　(**Rembrandt** 1521)
　　W. GER
(2) Margit Otto-Crepin
　　(Corlandus, 1455)
　　FRA
(3) Chris. **Stückelberger**
　　(Gauguin de Lully, 1417)
　　SWI

(1) W. GER (4302)
　　Nicole **Uphoff**(1); Monica Theodorescu; Ann-Kathr. Linsenhoff.
　　(**Rembrandt**, 1458) (Ganimedes, 1433)　(Courage, 1411)
(2) SWI (4164)
　　Christine **Stückelberger**(3); Otto Hofer; Daniel Ramseier.
　　(Gauguin de Lully, 1430)　(Andiamo, 1392) (Random, 1342)
(3) CAN (3969)
　　Cynthia Ishoy; Ashley Nicoll; Gina Smith.
　　(Dynasty, 1363) (Reipo, 1308)　(Malte, 1298)

25. 1992 バルセロナ（スペイン）

(1) Nicole **Uphoff**
　　(**Rembrandt**, 1626)
　　GER
(2) Isabelle **Werth**
　　(**Gigolo**, 1551)
　　GER
(3) Nikolaus Balkenhol
　　(Goldstern, 1515)
　　GER

(1) GER (5224)
　　Nicole **Uphoff**(1); Isabelle **Werth**(2); Nikolaus Balkenhol(3).
　　(**Rembrandt**, 1768) (**Gigolo**, 1762)　(Goldstern, 1694)
(2) HOL (4742)
　　Anky van **Grunsven**; Ellen Bontje; Tineke B. de Vries.
　　(**Bonfire**, 1631)　(Larius, 1577) (Courage, 1534)
(3) USA (4643)
　　Carol Lavell; Charlotte Bredahl; Robert Dover.
　　(Gifted, 1629) (Monsieur, 1507) (Lectron, 1507)

26. 1996 アトランタ (アメリカ)

(1) Isabelle **Werth**
(**Gigolo**, 235.09)
GER
(2) Anky van **Grunsven**
(**Bonfire**, 233.02)
HOL
(3) Sven Rothenberger
(Weyden, 224.94)
HOL

(1) GER (5553)
Isabelle **Werth** (1) ; Monica Theodorescu; Klaus Balkenhol.
(**Gigolo**, 1915)　(Grunox, 1845)　(Goldstern, 1793)
(2) HOL (5437)
Anky van **Grunsven** (2) ; Sven Rothenberger (3) ; Tineke B. de Vries.
(**Bonfire**, 1894)　(Weyden, 1854)　(Barbria, 1690)
(3) USA (5309)
Michelle Gibson; Günter Seidel;　Steffen Peters.
(Peron, 1880)　(Graf George, 1734) (Udon, 1695)

27. 2000 シドニー (オーストラリア)

(1) Anky van **Grunsven**
(**Bonfire**, 239.18)
HOL
(2) Isabelle **Werth**
(**Gigoro**, 234.57)
GER
(3) Ulla Salzgeber
(Rusty, 230.57)
GER

(1) GER (5632)
Isabell **Werth** (2) ; Nad. Capellmann;　Alex. S. de Ridder; Ulla Salzgeber (3).
(**Gigolo**, 1908)　(Farbenfroh, 1867) (Chacomo, 1857)　(Rusty, 1829)
(2) HOL (5579)
Anky v. **Grunsven** (1) ; Coby v. Baalen; Arjen Teeuwissen; Ellen Bontje.
(**Bonfire**, 1875)　(Ferro, 1873)　(Goliath, 1831)　(Silvano, 1786)
(3) USA (5166)
Christine Traurig; Susan Blinks;　Günter Seidel; Robert Dover.
(Etienne, 1746)　(Flim Flam, 1725) (Foltaire, 1695) (Ranier, 1678)

28. 2004 アテネ (ギリシャ) ⑧

(1) Anky van **Grunsven**
(**Salinero**, 79.278%)
HOL
(2) Ulla Salzgeber
(Rusty, 78.833%)
GER
(3) Beat. Ferrer-Salat
(Beauvalais, 76.7%)
SPA

(1) GER (74.653%)
Ulla Salzgeber [1] ; Martin Schaudt [4] ; Hubertus Schmidt [8].
(Rusty, 78.208%)　(Weltall, 73.417%) (Wansuela Suerte, 72.333%)
(2) SPA (72.917%)
Beat. Ferrer-Salat [2] ; Rafael Soto [7] ;　Juan Antonio Jimenez [10].
(Beauvalais, 74.667%)　(Invasor, 72.792%)　(Guizo, 71.292%)
(3) USA (71.500%)
Debarah McDonald [5] ; Robert Dover [9] ;　Guenter Seidel [16].
(Brentina, 73.375%)　(Kennedy, 71.625%) (Aragon, 69.500%)

〔註：団体成績の [ ] 表示は、団体競技であるグランプリ馬場馬術での順位であり、個人競技での最終順位とは異なる。馬場馬術の競技方法は、次の通りである。
- グランプリ競技＝個人競技第一次予選 兼 団体競技：全人馬 (1ヵ国から4人馬まで) が参加。
この競技の各国上位3人馬の成績合計 (得点のパーセンテージ) により団体順位を決定。
- グランプリ・スペシャル競技＝個人競技第二次予選：個人競技第一次予選 (グランプリ競技) の上位25人馬のみ参加。
- グランプリ・レベルの自由演技＝個人競技最終戦：第一次・第二次予選の成績合計 (得点のパーセンテージ) の上位15人馬のみ参加。(オリンピック憲章に基づき、1ヵ国から3人馬までに限定)
- 以上の3つの競技の成績合計を少数第3位までパーセンテージで算出し、個人順位を決定。(同点の場合は、自由演技の芸術点が高い人馬を上位とする)

29. 2008 北京 (中国) ⑨

(1) Anky van **Grunsven**
     (**Salinero**, 78.680%)
     HOL
(2) Isabell **Werth**
     (Satchmo, 76.650%)
     GER
(3) Heike Kemmer
     (Bonaparte, 74.455%)
     GER

(1) GER (72.917%)
     Heike Kemmer;   Nadine Capellmann; Isabell **Werth**.
     (Bonaparte, 72.250%) (Elvis Va, 70.083%) (Satchmo, 76.417%)
(2) HOL (71.750%)
     H. P. Minderhoud; I. Schliekens-Bartels; A. van **Grunsven**.
     (Nadine, 69.625%) (SunriseU, 70.875%)   (Salinero, 74.750%)
(3) DEN (68.875%)
     A. van Olst;   Zu Sayn-Wittgenstein; A. Helgstrano.
     (Clearwater, 67.375%) (Digby, 70.417%)   (Don Schufro, 68.833%)

[付] オリンピック大会（1912〜2008）馬術競技入賞記録

〔大賞典障害飛越競技（個人）〕　　〔大賞典障害飛越競技（団体）〕

```
〔個　人〕              〔団　体〕
順  騎手              順  国名（減点）
位 （馬名，減点又は[Time]）位  騎手(順位)  ；騎手(順位)  ；騎手(順位)
    国名                  （馬名，減点）（馬名，減点）（馬名，減点）
```

2. 1900 パリ（フランス）④
(1) Aimé **Haegeman**
　　(**Bonton II**, 2:16.0 [Time])
　　BEL
(2) Georges van de Poele
　　(Windsor Squire, 2:17.6 [Time])
　　BEL
(3) Louis de **Champsavin**
　　(Terpsichore, 2:26.0 [Time])
　　FRA

5. 1912 ストックホルム（スウェーデン）
(1) Jean **Cariou**　　　　(1) SWE (25.00)
　　(**Mignon**, 4.00;5.00)　　Carl-Gustaf Lewenhaupt (1)；Gustaf Kilman (6)；Hans von Rosen (8).
　　FRA　　　　　　　　　　　(Medusa, 2.00)　　　　(Gatan, 10.00)　　(Lord Iron, 13.00)
(2) Rabod W. von Kröcher　(2) FRA (32.00)
　　(Dohna, 4.00;7.00)　　　Michel d'Astafort (3)；Jean **Cariou** (4)；Bernard Meyer (16).
　　GER　　　　　　　　　　　(Amazone, 5.00)　　　(**Mignon**, 8.00)　(Allons-y, 19.00)
(3) Emanuel de B. de Soye (3) GER (40.00)
　　(Clommore, 5.00)　　　　Sigismund Freyer (5)；Wilhelm Graf v. Hohenau (8)；E-Hubertus Deloch (13).
　　BEL　　　　　　　　　　　(Ultimus, 9.00)　　(Pretty Girl, 13.00)　(Hubertus, 18.00)

6. 1916〔ベルリン（ドイツ），第1次世界大戦のため中止〕

7. 1920 アントワープ（ベルギー）
(1) T. **Lequio** di Assaba (1) SWE (14.00)
　　(**Trebecco**, 2.00)　　　Claes König；　　Daniel Norling；Hans von Rosen.
　　ITA　　　　　　　　　　　(Trésor, 2.00)　(Eros II, 6.00)　(Poor Boy, 6.00)
(2) Alessandro Valerio　　(2) BEL (16.25)
　　(Cento, 3.00)　　　　　Henri Laame；　　André Coumans；Herman de Gaiffier d'Hestroy.
　　ITA　　　　　　　　　　　(Biscuit, 2.75) (Lisette, 5.25) (Miss, 8.25)
(3) C-Gustaf Lewenhaupt　 (3) ITA (18.75)
　　(Mon Coeur, 4.00)　　　Ettore **Caffratti**；Alessandro **Alvisi**；Giulio **Cacciandra**.
　　SWE　　　　　　　　　　　(Traditore, 1.50) (Raggio di Sole, 6.25) (Fortunello, 11.00)

8. 1924 パリ（フランス）

(1) Alphonse **Gemuseus**　　(1) SWE（42.25）
　　(**Lucette**, 6.00)　　　　Ake Thelning (6) ; Axel Stahle (7) ; Age Lundström (10).
　　SWI　　　　　　　　　　　（Loke, 12.00)　　（Cecil, 12.25)　　（Anvers, 18.00)
(2) T. **Lequio** di Assaba　(2) SWI（50.00）
　　(**Trebecco**, 8.75)　　　Alphonse **Gemuseus** (1) ; Werner Stüber (14) ; Hans Bühler (20).
　　ITA　　　　　　　　　　　（**Lucette**, 6.00)　　（Girandole, 20.00)　（Sailor Boy, 24.00)
(3) Adam Królikiewicz　　(3) POR（53.00）
　　(Picador, 10.00)　　　　Antonio B. de Almeida (5) ; H. de S. Martins (12) ; J. M. de Albuquerque (17).
　　POL　　　　　　　　　　　（Reginald, 12.00)　　（Avro, 19.00)　　（Hetrugo, 22.00)

9. 1928 アムステルダム（オランダ）

(1) Frantisek **Ventura**　　(1) SPA（4.00）
　　(**Eliot**, 0 ; 0 ; 0.00)　　J. N. Morenés (5) ; J. A. d. l. A. B. y. Goyeneche (10) ; J. G. Fernández (12).
　　CZE/SLV　　　　　　　　（Zapatazo, 0.00)　（Zalamero, 2.00)　（Revistada, 2.00)
(2) Pièrre B. de Balanda　(2) POL（8.00）
　　(Papillon, 0 ; 0 ; 2.00)　Kazimierz Gzowski (4) ; Kazimierz Szosland (13) ; Michal Antoniewics (20).
　　FRA　　　　　　　　　　　（Mylord, 0.00)　　（Ali, 2.00)　　　（Readgleadt, 6.00)
(3) Charley Kuhn　　　　　(3) SWE（10.00）
　　(Pepita, 0 ; 0 ; 4.00)　　Karl Hansen (6) ; Carl Björnstierna (9) ; Ernst Hallberg (25)
　　SWI　　　　　　　　　　　（Gerold, 0.00)　　（Kornett, 2.00)　　（Loke, 8.00)

10. 1932 ロスアンゼルス（アメリカ）

(1) **西竹一**　　　　　　　〔3騎共完走した団体がなく、団体競技は不成立〕
　　(**Uranus**, 8.00)
　　日本
(2) Harry **Chamberlin**
　　(**Show Girl**, 12.00)
　　USA
(3) Clarence **von Rosen**, Jr
　　(Empire, 16.00)
　　SWE

11. 1936 ベルリン（ドイツ）

(1) Kurt **Hasse**　　　　　(1) GER（44.00）
　　(**Tora**, 4 ; 4.00 [59.2])　Kurt **Hasse** (1) ; Marten von **Barnekow** (16) ; Heinz Brandt (16).
　　GER　　　　　　　　　　　（**Tora**, 4.00)　　（Nordland, 20.00)　（Alchimist, 20.00)
(2) Henri Rang　　　　　　(2) HOL（51.50）
　　(Delfis, 4 ; 4.00 [72.8])　Johan J. Greter (6) ; Jan A. de Bruine (11) ; Henri L. van Schaik (23).
　　ROM　　　　　　　　　　　（Ernica, 12.00)　　（Trixie, 15.00)　　（Santa-Bell, 24.50)
(3) Jósef von Platthy　　(3) POR（56.00）
　　(Sello, 8 ; 0.00 [62.6])　José Beltrao (6) ; Luis Mar. do Funchal (16) ; Luiz M. e Silva (21).
　　HUN　　　　　　　　　　　（Biscuit, 12.00)　（Merle Blanc, 20.00)（Faussette, 24.00)

12. 1940〔東京（日本）返上、ヘルシンキ（フィンランド）第2次世界大戦のため中止〕

13. 1944〔ロンドン（イギリス）第2次世界大戦のため中止〕

14. 1948 ロンドン（イギリス）

- (1) Humberto M. **Cortés**   (1) MEX (34.25)
  (**Arete**, 6.25; 0.00)   Humbert Mariles **Cortés** (1) ; Rubén Uriza (2) ; Alberto Valdés (10).
  MEX   (**Arete**, 6.25)   (Harvey, 8.00)   (Chihuchoc, 20.00)
- (2) Rubén Uriza   (2) SPA (56.50)
  (Harvey, 8; 0.00)   Jaime Garcia Cruz (5) ; José N. Morenés (10) ; Marcelino G. y P. de Léon (16).
  MEX   (Bizarro, 12.00)   (Quorum, 20.00)   (Forajido, 24.50)
- (3) Jean F. **d'Orgeix**   (3) GBR (67.00)
  (Sucre de Pomme, 8; 4.00)   Henry **Llewellyn** (7) ; Henry Nicoll (7) ; Arthur Carr (19).
  FRA   (**Foxhunter**, 16.00)   (Kilgeddin, 16.00)   (Monty, 35.00)

15. 1952 ヘルシンキ（フィンランド）

- (1) Pièrre J. **d'Oriola**   (1) GBR (40.75)
  (**Ali Baba**, 8.00; 0.00)   Wilfred H. **White** (5) ; Douglas Stewart (14) ; Henry M. **Llewellyn** (15).
  FRA   (Nizefella, 8.00)   (Aherlow, 16.00)   (**Foxhunter**, 16.75)
- (2) Oscar Cristi   (2) CHI (45.75)
  (Bambi, 8.00; 4.00)   Oscar Cristi (2) ; Cesar Mendoza (7) ; Ricardo Echeverria (28).
  CHI   (Bambi, 8.00)   (Pillan, 12.00)   (Lindo Peal, 25.75)
- (3) Friz **Thiedemann**   (3) USA (52.25)
  (**Meteor**, 8.00; 8.00)   William **Steinkraus** (11) ; Arthur J. McCashin (13) ; John Russel (24).
  W. GER   (Hollandia, 13.25)   (Miss Budweiser, 16.00)   (Democrat, 23.00)

16. 1956 ストックホルム（豪州の検疫問題で馬の入国が許可されず馬術競技のみスウェーデンで開催）

- (1) Hans Günter **Winkler**   (1) W. GER (40.00)
  (**Halla**, 4.00)   Hans Günter **Winkler** (1) ; Fritz **Thiedemann** (4) ; A. Lütke-Westhues (11).
  W. GER   (**Halla**, 4.00)   (**Meteor**, 12.00)   (Ala, 24.00)
- (2) Raimondo **d'Inzeo**   (2) ITA (66.00)
  (**Merano**, 8.00)   Raimondo **d'Inzeo** (2) ; Piero **d'Inzeo** (3) ; Salvatore Oppes (24).
  ITA   (**Merano**, 8.00)   (**Urguay**, 11.00)   (Pagoro, 47.00)
- (3) Piero **d'Inzeo**   (3) GBR (69.00)
  (**Urguay**, 11.00)   Wilfred H. **White** (4) ; Patricia **Smythe** (10) ; Peter Robson (19).
  ITA   (Nizefella, 12.00)   (**Flanagan**, 21.00)   (Scorchin, 36.00)

17. 1960 ローマ（イタリア）

- (1) Raimondo **d'Inzeo**   (1) W. GER (46.50)
  (**Posillipo**, 12.00)   Hans Günter **Winkler** (2) ; Fritz **Thiedemann** (3) ; Alwin **Schockemöhle** (5).
  ITA   (**Halla**, 13.25)   (**Meteor**, 16.00)   (Ferdl, 17.25)
- (2) Piero **d'Inzeo**   (2) USA (66.00)
  (**The Rock**, 16.00)   Frank Chapot (6) ; William **Steinkraus** (7) ; George **Morris** (10).
  ITA   (Trail Guide, 20.00)   (Ksar d'Esprit, 21.50)   (Sinjon, 24.50)
- (3) David **Broome**   (3) ITA (80.50)
  (**Sunsalve**, 23.00)   Raimondo **d'Inzeo** (1) ; Piero **d'Inzeo** (12) ; Antonio Oppes (18).
  GBR   (**Posillipo**, 8.00)   (**The Rock**, 32.00)   (The Scholar, 40.50)

18. 1964 東京 (日本)
- (1) Pièrre J. **d'Oriola**
  (**Lutteur**, 9.00)
  FRA
- (2) Hermann **Schridde**
  (Dozent, 13.75)
  W. GER
- (3) Peter Robson
  (Firecrest, 16.00)
  GBR

- (1) W. GER (68.50)
  Hermann **Schridde** (2); Kurt **Jarasinski** (8); Hans Günter **Winkler** (16).
  (Dozent, 13.75)   (Torro, 22.25)   (Fidelitas, 32.50)
- (2) FRA (77.75)
  Pièrre J. **d'Oriola** (1); Janou Lefèbre (14); Guy **Lefrant** (20).
  (**Lutteur**, 9.00)   (Kenavo D, 32.00)   (M. de Littry, 36.75)
- (3) ITA (88.50)
  Piero **d'Inzeo** (9); Raimondo **d'Inzeo** (11); Graziano **Mancinelli** (19).
  (Sun Beam, 24.50) (**Posillipo**, 28.00) (Rockette, 36.00)

19. 1968 メキシコシチー (メキシコ)
- (1) William **Steinkraus**
  (**Snowbound**, 4.00)
  USA
- (2) Marion Coakes
  (Stroller, 8.00)
  GBR
- (3) David **Broome**
  (Mister Softee, 12.00)
  GBR

- (1) CAN (102.75)
  James Elder (5); James Day (9); Tomas Gayford (12).
  (The Immigrant, 27.25) (Canadian Club, 36) (Big Dee, 39.5)
- (2) FRA (110.50)
  Janou Lefèbre (7); Marcel Rozier (8); Pièrre J. **d'Oriola** (18).
  (Rocket, 29.75)   (Quo Vadis, 33.50)   (Nagir, 47.25)
- (3) W. GER (117.25)
  Alwin **Schockemöhle** (1); Hans Günter **Winkler** (6); Hermann **Schridde** (33).
  (Donald Rex, 18.75)   (Enigk, 28.25)   (Dozent, 70.25)

20. 1972 ミュンヘン (西ドイツ)
- (1) Graziano **Mancinelli**
  (**Ambassador**, 8.00; 0.00)
  ITA
- (2) Ann Moore
  (Psalm, 8.00; 3.00)
  GBR
- (3) Neal Shapiro
  (Sloopy, 8.00; 8.00)
  USA

- (1) W. GER (32.00)
  Fritz **Ligges**; Gerhard Wiltfang; Hartwig Steenken; Hans G. **Winkler**.
  (Robin, 8.00) (Askan, 12.00)   (Simona, 12.00)   (Torphy, 16.00)
- (2) USA (32.25?)⑤
  Wil. **Steinkraus**; Neal Shapiro; Kathy Kusner; Frank Chapot.
  (M. Spring, 4.00) (Sloopy, 8.25) (Fleet Apple, 32.00) (W. Lightning, 36.00)
- (3) ITA (48.00)
  Vitto. Orlandi; Raimndo **d'Inzeo**; G. **Manchinelli**; Piero **d'Inzeo**.
  (F. Feather, 8.00) (Fiorello, 12.00) (**Ambasador**, 28.00) (E. Light, 135.25)

21. 1976 モントリオール (カナダ)
- (1) Alwin **Schockemöhle**
  (**Warwick Rex**, 0.00)
  W. GER
- (2) Michel Vaillancourt
  (Branch Country, 12; 4.0)
  CAN
- (3) François Mathy
  (Gai Luron, 12; 8.00)
  BEL

- (1) FRA (40.00?)⑤
  Hubert Parot; Marcel Rozier; Mare Roguet; Michel Roche.
  (Rivage, 12.00) (B. de Maupas, 12.00) (Bell de Mars, 24.00) (Un Espoir, 32.00)
- (2) W. GER (44.00?)⑤
  Alwin **Schockemöhle**; Hans G. **Winkler**; Sönke Sönksen; Paul Schockemöhle.
  (**Warwik Rex**, 12.00) (Torphy, 16.00) (Kwepe, 20.00) (Agent, 24.00)
- (3) BEL (63.00)
  Eric Wauters; François Mathy; Edgar Gupper; S. van Paeschen.
  (Gute Sitte, 15.00) (Gai Luron, 20.00) (Le Champion, 28.00) (Porsche, 36.00)

22. 1980 モスクワ (ソ連)③

(1) Jan **Kowalczyk** (1) U.S.S.R. (20.25?)⑤
   (**Artemor**, 8.00)   Vyacheslav Chukanov; Victor Pohanovski; Victor Asmayev; Nikolai Korolkov.
   POL   (Gepatit, 4.00)   (Topky, 8.25)   (Reis, 11.25)   (Espadron, 12.00)
(2) Nicolai Korolkov (2) POL (56.00?)⑤
   (Espadron, 9.50)   Jan **Kowalczyk**; Wieslaw Hartman; Marian Kozicki; Janusz Bobik.
   SOV/RUS   (**Artemor**, 12.00) (Norton, 24.00) (Bremen, 37.50) (Szampan, 40.00)
(3) Joaquin Perez Heras (3) MEX (59.75?)⑤
   (Alymony, 12;40[43.23])   Josquin P. Heras; Alberto V. Lacarra; Gerardo T. Valencia; Jesus G. Portugal.
   MEX   (Alymony, 12.00) (Lady Mirka, 20.75) (Caribe, 31.75) (Massacre, 35.25)

23. 1984 ロスアンゼルス (アメリカ)

(1) Joe **Fargis** (1) USA (12.00)
   (**Touch of Class**, 4;0)   Joe **Fargis**; Conrad Homfeld; Leslie Butt; Melanie Smith.
   USA   (**Touch of Class**, 0.00) (Abdullah, 8.00) (Albany, 12.00) (Calypso, E)
(2) Conrad Homfeld (2) GBR (36.75?)⑤
   (Abdullah, 4;8)   Michael Whitaker; John Whitaker; Steven Smith; Timothy Grubb.
   USA   (Overt. Amanda, 8.00) (Ryan. Son, 20.75) (S. Example 27.00) (Linky, 28.25)
(3) Heidi Robbiani (3) W. GER (39.25)
   (Jessica V, 8)   Paul Schockemöhle; Peter Luther; Franke Sloothaak; Fritz **Ligges**.
   SWI   (Deister, 8.00) (Livius, 12.00) (Farmer, 19.25) (Ramzes, 29.00)

24. 1988 ソウル (韓国)

(1) Pierre **Durand** (1) W. GER (17.25?)⑤
   (Jappeloup, 1.25)   Ludger **Beerbaum**; Wolfgang Brinkman; Dirk Hafemeister; Franke Sloothaak.
   FRA   (The Freak, 4.25) (Pedro, 10.00) (Orchidee, 12.00) (Walzerkönig, E)
(2) Greg Best (2) USA (20.50)
   (Gem Twist, 4/4[45.7])   Joe **Fargis**; Greg Best; Lisa Jacquin; Anne Kursinski.
   USA   (Mill Pearl, 4.25) (Gem Twist, 8.00) (For the Moment, 8.25) (Starman, 16.00)
(3) Karsten Huck (3) FRA (27.5?)⑤
   (Nepomuk, 4/4[54.75])   Pierre **Durand**; Michel Robert; Frédéric Cottier; Hubert Bourdy.
   W. GER   (**Jappeloup**, 5.00) (P. la Fayette, 10.00) (Flambeau, 16.00) (Mozart, 16.50)

25. 1992 バルセロナ (スペイン)

(1) Ludger **Beerbaum** (1) HOL (12.00)
   (**Classic Touch**, 0.00)   Jos Lansink; Piet Reymakers; Jan Tops; Bert Romp.
   GER   (Egano, 0.00) (Ratina Z, 4.00) (Top Gun, 8.00) (Waldo E, 40.25)
(2) Piet Reymakers (2) AUT (16.75)
   (Ratina Z, 0.25)   Thomas Fruhmann; Hugo Simon; Jörg Müntzner; Boris Boor.
   HOL   (Genius, 0.00) (Apricot D, 4.00) (G. Grande, 12.75) (L. M. Tender, E)
(3) Norman Dello Joio (3) FRA (24.75?)⑤
   (Irish, 4.75)   Hervé Godignon; Hubert Bourdy; Eric Navet; Michel Robert.
   USA   (G. de Revel, 4.75) (Razzia du P, 12.00) (Q. de Baussy, 16.00) (Nonix, 20.25)

26. 1996 アトランタ（アメリカ）
- (1) Ulrich **Kirchhoff** (1) GER (1.75?) ⑤
  (Jus de Pommes, 1.00)　Ludger **Beerbaum**; Ulrich **Kirchhoff**; Lars Nieberg; Franke Sloothaak.
  GER　　　　　　　　　 (Ratina Z, 0.25) (Jus de Pommes, 1.50) (F. Pleasure, 12.00) (Joly Coeur, 60.25)
- (2) Willi Melliger (2) USA (12.00?) ⑤
  (Cavaro, 4/0.00 [38.07])　Peter Leone; Michael Matz; Anne Kursinski; Leslie Burr-Howard.
  SWI　　　　　　　　　　 (Legato, 4.00) (Rhum IV, 8.00) (Eros, 8.00) (Extreme, 14.00)
- (3) Alexandra Ledermann (3) BRA (17.25?) ⑤
  (Rochet M, 4/0.00 [41.4])　Rodrigo Pessoa; Alvaro M. Neto; Luiz F. Azevedo; Andre Johannpeter;
  FRA　　　　　　　　　　 (Tomboy, 0.75) (Aspen, 8.25) (Cassiana, 12.00) (Calei, 12.25)

27. 2000 シドニー（オーストラリア）
- (1) Jeroen **Dubbeldam** (1) GER (15.00)
  (Sjiem, 4;0.00)　Otto Becker; Marcus Ehning; Lars Nieberg; Ludger **Beerbaum**.
  HOL　　　　　　 (Cento, 0.00) (For Pleasure, 7.00) (Esprit Frh, 8.00) (Goldfever, 36.25)
- (2) Albert Voorn (2) SWI (16.00)
  (Lando, 4;4.00 [44.72])　Willi Melliger; Markus Fuchs; Beat Maendli; Lesley McNaught.
  HOL　　　　　　　　　　 (Calvaro V, 0.00) (Tinka's Boy, 8.00) (Pozitano, 8.00) (Dulf, 23.50)
- (3) Khaled Al Eid (3) BRA (24.00)
  (Khashm al Aan, 4;4.00)　Rodrigo Pessoa; Luis F. de Azevedo; Alvalo M. Neto; A. Johannpeter.
  KSA　　　　　 [44.86]　 (B. de Rouet, 0.00) (Ralph, 8.00) (Aspen, 16.00) (Calei, 24.00)

28. 2004 アテネ（ギリシャ）⑧
- (1) Cian O'Connor (1) GER (4, 4)
  (**Waterford Crystal**,　Ludger Beerbaum; Marco Kutscher; Otto Becker; Christian Ahlmann.
  4, 0)　　　　　　　　　 (Goldfever, (Montender, (Cento, (Coster,
  IRL　　　　　　　　　　　 0, 0)　　　 0, 0)　　　 5, 4)　　 4, 8)
- (2) Rodrigo Pessoa (2) USA (8, 12 ; 0 [131.09])
  (Baloubet du Rouet,　Beezie Madden; Chris Kappler; McLain Ward; Peter Wylde.
  8, 0, 4 [49.42])　　 (Authentic, (Royal Kaliber, (Sapphire, (Fein Cera,
  BRA　　　　　　　　　 0, 0; 0 [—]) 0, 4; 0 [42.94]) 8, 8; 0 [42.49]) 12, 12; 0 [45.66])
- (3) Chris Kappler (3) SWE (12, 8; 0 [138.48])
  (Royal Kaliber,　Rolf-Golan Bengtsson; Malin Baryard; Peder Fredericson; Peter Eriksson.
  4, 4, RT)　　　 (Mackinley, (Butterfly Flip, (Magic Bengtsson, (Cardento,)
  USA　　　　　　 0, 0; 0 [—])　 8, 4; 0 [45.12])　 8, 4; 0 [48.05])　 4, 10; 0 [45.31]

〔註：成績表示は、団体については「第1走行の減点，第2走行の減点；ジャンプ・オフの減点［タイム］」の順、個人については「決勝ラウンドAの減点，決勝ラウンドBの減点；ジャンプ・オフの減点［タイム］」の順。
障害飛越の競技方法は、次の通りである。
- 個人競技第一次予選：1ヵ国4人馬まで参加。全長600〜700m、分速400m、高さ1.4〜1.6mの障害物(ダブル、トリプル各1個又はダブル3個を含む。障害物のうち2つは1.6mの垂直障害物とする。水濠は必須ではない)、ジャンプ・オフは実施しない。失権人馬又は走行しなかった人馬は、この競技での最多減点に20点を加算した減点を課せられる。
- 団体競技(2回走行) 兼 個人競技第二次・第三次予選：ネーションズ・カップ方式。全長600〜700m、分速400m、幅1.50〜2m(三段横木については2.20m)で、幅に応じた高さの12〜15障害物(ダブル、トリプル各1個又はダブル3個を含む。障害物のうち2つは1.6mの垂直障害物とする。また、水面の幅が4.00m以上で、踏切用生垣を含めた全4.75m以下の水濠1個が必須)。
　第一走行には、団体競技、個人競技に参加する全人馬が参加。第二走行には、団体競技としては、第一走行

での上位10ヵ国(10位タイの国を含む)のみが参加。ただし、その他の人馬も、個人競技第三次予選として参加できる。
- 団体競技は、第一・第二走行それぞれについて、各国の成績上位者3人馬の減点の合計により順位を決定。第二走行への参加権が得られなかった国については、第一走行のみの成績により団体順位を決定。
　1～3位までで同点の国がある場合には、ジャンプ・オフを実施し〔コンビネーション1個を含む、高さ1.4～1.6m、幅1.50～2m〔三段横木については2.20m〕の6障害物、各国の成績上位者3人馬の総減点により順位を決定。更に同点の場合には、これ等3人馬の走行タイムの合計により順位を決定。ジャンプ・オフで順位が決定できない場合には、第二走行の成績により順位を決定。
- 個人競技決勝ラウンドA：600～700m、分速400m、高さ1.4～1.6mで、高さに応じた幅(ただし、三段横木については2.20m以下)の10～12障害物(ダブル、トリプル各1個又はダブル3個を含む。障害物のうち2つは1.6mの垂直障害物とする。また、水面の幅が4.00m以上で、踏切用生垣を含めた全4.75m以下の水濠1個が必須)
　個人競技第一次～第三次予選の総減点に応じて、上位45人馬(45位タイの人馬を含む)が参加。(ただし、第二次又は第三次予選で失権し、又は棄権した人馬は参加できない。また、1ヵ国からの参加は3人馬までに限定)
- 個人競技決勝ラウンドB：500～600m、分速400m、高さ1.4～1.6mで、高さに応じた幅(ただし、三段横木については2.20m以下)の10障害物(ダブル、トリプル各1個ならびに高さ1.6mの垂直障害物および幅障害物を含む。高さ1.6mの垂直障害物障害物学校並行横木であるときは、その幅は1.7m以内とする。ラウンドAと同様の水濠1個は、設置してもしなくてもよい。ラウンドAの上位20人馬(20位タイの人馬を含む)が参加。
- 決勝ラウンドでは、第一次～第三次予選の結果は考慮せず、ラウンドA、Bの減点合計により個人順位を決定。1～3位までで同点者がある場合には、ジャンプ・オフを実施し、その減点(さらに同点の場合には、走行タイム)により順位を決定。ジャンプ・オフで順位が決定できない場合は、①決勝ラウンドBの成績、②第一次～第三次の通産成績、③第二次および第三次予選の通過成績、④第一次予選の成績の順に考慮して順位を決定。

29. 2008　北京 (中国) ⑨

(1)　Eric Lamaze
　　(Hickstead、-0、-0)
　　CAN
(2)　R-G. Bengtsson
　　(Ninja、-0、-4)
　　SWE
(3)　Beezie Madden
　　(Authentic、-4、-0)
　　USA

(1)　USA (-20、-0)
　　Mclain Waed; Laura Kraut; Will Simpson.
　　(Sapphire, -0) (Cedric, -0) (Carlsson Vobm Dach, -0)
(2)　CAN (-20、-4)
　　Henselwood jun; Eric Lamaze; Ian Lamaze.
　　(Special Ed, -4) (Hickstead, -0) (In Style, ns)
(3)　NOR (-27)
　　Stein Endersen; Morten Djupvik; Geir Gulliksen.
　　(Le Beau)　　(Casino)　　(Cattahi)

〔総合馬術競技（個人）〕　　　　　　　　〔総合馬術競技（団体）〕⑦

```
       〔個 人〕                          〔団 体〕
順  騎手                         順  国名 （得点）
位  （馬名, 得点）                位  騎手（順位）；騎手（順位）；騎手（順位）.
    国名                             （馬名, 得点） （馬名, 得点） （馬名, 得点）
```

5. 1912 ストックホルム（スウェーデン）

(1) Axel **Nordlander**
　　(**Lady Artist**, 46.59)
　　SWE
(2) Friedrich von Rochow
　　(Idealist, 46.42)
　　GER
(3) Jean **Cariou**
　　(Cocotte, 46.32)
　　FRA

(1) SWE (139.06)
　　Axel **Nordlander**(1)；　Nils Adlercreutz(4)；Ernst Casparsson(5).
　　(**Lady Artist**, 46.59) (Atout, 46.31)　　　　(Irmelin, 46.16)
(2) GER (138.48)
　　Fried. von Rochow(2)；Richard Graf v. S-Tannheim(5)；Eduard von Lütcken(7)
　　(Idealist, 46.42)　　　(Grundsee, 46.16)　　　　　　(Blue Boy, 45.90)
(3) USA (137.33)
　　Benjamin Lear(6)；John Montgomery(8)；Guy Henry, jr(10).
　　(Poppy, 45.91)　　(Deceive, 45.88)　　(Chiswell, 45.54)

6. 1916 〔ベルリン（ドイツ），第1次世界大戦のため中止〕

7. 1920 アントワープ（ベルギー）

(1) Graf Helmer **Mörner**
　　(**Germania**, 1775.00)
　　SWE
(2) Age Lundström,
　　(Yrsa, 1738.75)
　　SWE
(3) Ettore **Caffaratti**
　　(Caniche, 1733.75)
　　ITA

(1) SWE (5057.50)
　　Graf Helmer **Mörner**(1)；Age Lundström(2)；Georg von Braun(8).
　　(**Germania**, 1775.00)　(Yrsa, 1738.75)　　(Diana, 1543.75)
(2) ITA (4735.00)
　　Ettore **Caffaratti**(3)；Garibaldi Spighi(5)；Giulio **Cacciandra**(14).
　　(Caniche, 1733.75)　(Otello, 1647.50)　　(Facetto, 1353.75)
(3) BEL (4560.00)
　　Roger Moeremans d'Emaus (4)；Oswald Lints(10)；Jules Bonvalet (12).
　　(Sweet Girl, 1652.50)　　(Martha, 1515.00)　　(Weppelghem, 1392.50)

8. 1924 パリ（フランス）

(1) Ad. v. d. Voort v. **Zijp**
　　(**Silver Piece**, 1976.00)
　　HOL
(2) Frode Kirkebjerg
　　(Meteor, 1853.50)
　　DEN
(3) Sloan Doak
　　(Pathfinder, 1845.50)
　　USA

(1) HOL (5297.50)
　　Ad. v. d. Voort v. **Zijp**(1)；Charles Pa. de **Mortanges**(4)；Gerard de Kruyff(13)
　　(**Silver Piece**, 1976.00) (Johnny Walker, 1828.00)　(Addio, 1493.50)
(2) SWE (4743.50)
　　Claes könig(5)；Torsten Sylvan(9)；Gustaf Hagelin(20).
　　(Bojar, 1730.00) (Amita, 1678.00)　(Varius, 1335.50)
(3) ITA (4512.50)
　　Alberto Lombardi(11)；Alessandro **Alvisi**(12)；Emanuele di Pralormo(17).
　　(Pimplo, 1572.00)　(Capiligio, 1536.00)　(Mount Felix, 1404.50)

9. 1928　アムステルダム（オランダ）

- (1) Charl. P. d. **Mortanges**
　(**Marcroix**, 1969.82)
　HOL
- (2) Gerard de Kruyff
　(Va-t-en, 1967.26)
　HOL
- (3) Bruno Neumann
　(Ilja, 1944.42)
　GER

- (1) HOL (5865.68)
　Charles P. d. **Mortanges** (1) ; Gerard de Kruyff (2) ; A. v. d. Voort v. **Zijp** (4)
　(**Marcroix**, 1969.82)　　(Va-t-en, 1967.25)　　(Silver Piece, 1928.60)
- (2) NOR (5395.68)
　Bjart Ording (6) ;　Arthur Quist (8) ;　Eugen Johansen (27).
　(And Over, 1912.98) (Hildalgo, 1895.14)　(Baby, 1587.56)
- (3) POL (5067.92)
　Michal Antoniewicz (19) ; Jozef Trenkwald (25) ; Karol Rommel (26).
　(Moja Mita, 1822.50)　(Lwi Pazur, 1645.20)　(Doneuse, 1600.22)

10. 1932　ロスアンゼルス（アメリカ）

- (1) Charl. P. d. **Mortanges**
　(**Marcroix**, 1813.833)
　HOL
- (2) Earl Thomson
　(Jenny Camp, 1811.000)
　USA
- (3) Clarence **von Rosen**
　(Sunnyside Maid, 1809.416)
　SWE

- (1) USA (5038.083)
　Earl Thomson (2) ;　Harry **Chamberlin** (4) ;　Edwin Argo (8).
　(Jenny Camp, 1811.0) (Pleasant Smiles, 1687.8) (Honolulu Tomboy, 1539.250)
- (2) HOL (4689.083)
　Charl. P. d. **Mortanges** (1) ; Karel J. Schummelketel (6) ; Aernout v. Lennep (9).
　(**Marcroix**, 1813.833)　　(Duiveltje, 1614.500)　　(Henk, 1260.750)
- (3) 〔3位入賞団体なし〕

11. 1936　ベルリン（ドイツ）

- (1) Ludwig **Stubbendorff**
　(**Nurmi**, -37.70)
　GER
- (2) Earl Thomson
　(Jenny Camp, -99.90)
　USA
- (3) Ha. Mathiesen-Lunding
　(Jason, -102.20)
　DEN

- (1) GER (-676.65)
　Ludwig **Stubbendorff** (1) ; Rudolf Lippert (6) ; Konrad Frhr. v. Wangenheim (24).
　(**Nurmi**, -37.70)　　(Fasan, -111.60)　　(Kurfürst, -527.35)
- (2) POL (-991.70)
　Henryk Rojcewicz (15) ; Zdzislaw Kawecki (18) ; Seweryn Kulesza (21).
　(Arlekin Ⅲ, -253.00)　(Bambino, -300.70)　(Tosca, -438.00)
- (3) GBR (-9195.50)
　Alec Scott (7) ;　Edward Howard-Vyse (19) ; Richard Fanshawe (26).
　(Bob Clive, -117.30) (Blue Steel, -324.00)　(Bowie Knife, -8754.20)

12. 1940〔東京（日本）返上、ヘルシンキ（フィンランド）第2次世界大戦のため中止〕

13. 1944〔ロンドン（イギリス）第2次世界大戦のため中止〕

14. 1948 ロンドン（イギリス）

(1) Bernard **Chevallier**
 (**Aiglonne**, +4.00)
 FRA
(2) Frank Henry
 (Swing Low, -21.00)
 USA
(3) Robert Selfelt
 (Claque, -25.00)
 SWE

(1) USA (-161.50)
 Frank Henry (2) ; Charles Anderson (4) ; Earl Thomson (21).
 (Swing Low, -21.00) (Reno Palisade, -26.50) (Reno Rhythm, -114.00)
(2) SWE (-165.00)
 Robert Selfelt (3) ; Olof Stahre (15) ; Sigurd Svensson (15).
 (Claque, -25.00) (Komet, -70.00) (Dust, -70.00)
(3) MEX (-305.25)
 Humberto M. **Cortés** (12) ; Raul Campero (22) ; Joaquin S. Chagoya (23).
 (Parral, -61.75) (Tarahumara, -120.50) (Malinche, -123.00)

15. 1952 ヘルシンキ（フィンランド）

(1) Hans von B.-Fineke, jr
 (**Jubal**, -28.33)
 SWE
(2) Guy **Lefrant**
 (Verdun, -54.50)
 FRA
(3) Wilherm Büsing
 (Hubertus, -55.50)
 W. GER

(1) SWE (-221.94)
 Hans von **Blixen-Fineke**, jr (1) ; Olof Stahre (8) ; Karl Folke Frölén (15).
 (**Jubal**, -28.33) (Komet, -69.41) (Fair, -124.20)
(2) W. GER (-235.49)
 Wilherm Büsing (3) ; Klaus Wagner (5) ; Otto Rothe (11).
 (Hubertus, -55.50) (Duchs, -65.66) (Trux von Kamax, -114.33)
(3) USA (-587.16)
 Charles Hough (9) ; Walter Staley (18) ; John Wofford (31).
 (Cassivellannus, -70.66) (Craig. Park, -168.50) (B. Grimes, -348.00)

16. 1956 ストックホルム （豪州の検疫問題で馬の入国が許可されず馬術競技のみスウェーデンで開催）

(1) Petrus **Kastenman**
 (**Iluster**, -66.53)
 SWE
(2) A. Lütke-Westhues
 (Trux v. Kamax, -84.87)
 W-GER
(3) Francis Weldon
 (Kilbarry, -85.48)
 GBR

(1) GBR (-355.48)
 Frank Weldon (3) ; Arthur L. Rook (6) ; Albert E. Hill (12)
 (Kilbarry, -85.48) (Wild Venture, -119.64) (Countryman III, -150.36)
(2) W-GER (-475.91)
 A. Lütke-Westhues (2) ; Otto Rothe (15) ; Klaus Wagner (21).
 (Trux v. Kamax, -84.87) (Sissi, -158.04) (Prinze B, -233.00)
(3) CAN (-572.72)
 John Rumble (16) ; James Elder (19) ; Brian Herbinson (20).
 (Cilroy, -162.53) (Colleen, -193.69) (Tara, -216.50)

17. 1960 ローマ（イタリア）

(1) Lawrence **Morgan**
 (**Salad Day**, +7.15)
 AUS
(2) Neale Lavis
 (Mirrabooka, -16.50)
 AUS
(3) Anton Bühler
 (Gay Spark, -51.21)
 SUI

(1) AUS (-128.18)
 Lawrence **Morgan** (1) ; Neale Lavis (2) ; William Roycroft (11).
 (**Salad Day**, +7.15) (Mirrabooka, -16.50) (Our Solo, -118.83)
(2) SUI (-386.02)
 Anton Bühler (3) ; Hans Schwarzenbach (13) ; Rudolf Günthald (20).
 (Gay Spark, -51.21) (Burn Trout, -131.45) (Atbara, -203.36)
(3) FRA (-515.71)
 Jack Louis Le Goff (6) ; Guy **Lefrant** (21) ; Jean R. Le Roy (23).
 (Image, -72.91) (Nicias, -208.50) (Gardem, -234.30)

18. 1964 東京（日本）

(1) Mauro **Checcoli**
  (**Surbean**, +64.40)
  ITA
(2) Carlos Moratorio
  (Chalan, +56.40)
  ARG
(3) Fritz **Ligges**
  (Donkosak, +49.20)
  W. GER

(1) ITA (+85.80)
  Mauro **Checcoli** (1) ; Paolo Angioni (11) ; Giuseppe Ravano (14).
  (**Surbean**, +64.40)   (King, +17.87)   (Royal Lave, +3.53)
(2) USA (+65.86)
  Michael Page (4) ;   Kevin Freeman (12) ; J. Michael Plumb (15).
  (Grasshopper, +47.40) (Gallopade, +17.13) (Bold Minstrel, +1.33)
(3) W. GER (+56.73)
  Fritz **Ligges** (3) ; Horst Karsten (6) ; Gerhard Schulz (20)
  (Donkosak, +49.20) (Condora, +36.60) (Balza X, -29.07)

19. 1968 メキシコシチー（メキシコ）

(1) Jean-Jacques **Guyon**
  (**Pitou**, -38.86)
  FRA
(2) Derek Allhusan
  (Lochinvar, -41.61)
  RGB
(3) Michael Page
  (Foster, -52.31)
  USA

(1) GBR (-175.93)
  Derek Allhusan (2) ; Richard **Meade** (4) ;   Reuben Jones (5).
  (Lochinvar, -41.61) (Cornishman V, -64.46) (The Poacher, -69.86)
(2) USA (-245.87)
  Michael Page (3) ; James Wofford (6) ; J. Michael Plumb (14).
  (Foster, -52.31) (Kilkenny, -74.06) (Plain Sailing, -119.50)
(3) AUS (-331.26)
  Wayne Roycroft (8) ; Brain Cobcroft (13) ; William Roycroft (15).
  (Zhivago, -94.95)   (Depeche, -108.76) (Warrathoola, -127.55)

20. 1972 ミュンヘン（西ドイツ）

(1) Richard **Meade**
  (**Laurieston**, 57.73)
  GBR
(2) Alessandro Argenton
  (Woodland, 43.33)
  ITA
(3) Jan Jönsson
  (Sarajevo, 39.67)
  SWE

(1) GBR (+95.53)
  Richard **Meade** (1) ;   Mary Gordon-Waston (4) ; Bridget Parker (10).
  (**Laurieston**, +57.73) (Cornishman V, +30.27) (Cornish Gold, +7.53)
(2) USA (+10.81)
  Kevin Freeman (5) ;   Bruce Davidson (8) ;   J. Michael Plumb (20).
  (Good Mixture, +29.87) (Plain Sailing, +24.47) (Free and Easy, -43.53)
(3) W. GER (-18.00)
  Harry Klugmann (9) ;   Ludwig Gössing (13) ; Karl Schultz (16).
  (Christopher Rob, +8.00) (Chikago, -.040)   (Pisco, -25.60)

21. 1976 モントリオール（カナダ）

(1) Edmund **Coffin**
  (**Bally-Cor**, 114.99)
  USA
(2) John Plumb
  (Bet. & Better, 125.85)
  USA
(3) Karl Schultz
  (Madrigal, 129.45)
  W. GER

(1) USA (441.00)
  Edmund **Coffin** (1) ; John Plumb (2) ;   Bruce Davidson.
  (**Bally-Cor**, 64.59) (Better & Better, 66.25) (Irish-Cap, 64.16)
(2) W. GER (584.60)
  Karl Schultz (3) ; Hermut Rethemeier; Otto Ammermann.
  (Madrigal, 46.25) (Pauline, 70.00)   (Volturno, 58.75)
(3) AUS (5899.54)
  Wayne Roycroft; William Roycroft; Denis Pigott.
  (Laurenson, 80.84) (Veraion, 86.66) (Hillstood, 92.91)

22. 1980 モスクワ（ソ連）③

(1) Euro Federico **Roman**
   (**Rossinan**, -108.60)
   ITA
(2) Aleksandr Blinov
   (Galzun, -120.80)
   SOV/RUS
(3) Yuri Salnikov
   (Pintset, -151.60)
   SOV/RUS

(1) U.S.S.R. (-457.00)
   Aleksandr Blinov(2); Yuri Salnikov(3); Valery Volkov.
   (Galzun, -120.80) (Pintset, -151.60) (Tskheti, -184.60)
(2) ITA (-656.20)
   Euro Federico **Roman**; Anna Casagrande; Mauro Roman.
   (**Rossinan**, -108.60) (Daleye, -266.20) (Dourakine 4, -281.40)
(3) MEX (-1172.85)
   Manuel Mendivil Yocupitio; David Barcena Rios; José Luis Perez Soto.
   (Remember, -319.75) (Bombon, -362.50) (Quelite, -490.60)

23. 1984 ロスアンゼルス（アメリカ）

(1) Mark **Todd**
   (**Charisma**, -51.60)
   NZE
(2) Karen Stives
   (Ben Arthur, -54.20)
   USA
(3) Virginia Holgate
   (Priceless, -56.80)
   GBR

(1) USA (-186.00)
   Karen Stives(2); Tor. Watkins Freischmann; J. Mickael Plubm.
   (Ben Arthur, -54.20) (Finvarra, -60.40) (Blue Stone, -71.40)
(2) GBR (-189.20)
   Virginia Holgate(3); Lucinda Green; Ian Stark.
   (Priceless, -56.80) (Regal Realm, -63.80) (Oxford Blue, -68.60)
(3) W. GER (-234.00)
   Dietmar Hogrefe; Bettina Overesch; Claus Erhorn.
   (Foliant, -74.40) (Peacetime, -79.60) (Fair Lady, -80.00)

24. 1988 ソウル（韓国）

(1) Mark **Todd**
   (**Charisma**, -42.60)
   NZE
(2) Ian Stark
   (Sir Wattie, -52.80)
   GBR
(3) Virginia Holgate Leng
   (Mast. Craftsman, -62.0)
   GBR

(1) W. GER (-225.96)
   Claus Erhorn; Matthias Baumann; Thies Kaspareit.
   (Justyn Thyme, -62.35) (Shamrock, -68.80) (Sherry, -94.80)
(2) GBR (-256.80)
   Ian Stark(2); Virginia Holgate Leng(3); Karen Starker.
   (Sir Wattie, -52.80) (Master Craftsman, -62.00) (Get Smart, -142.00)
(3) NZE (-271.20)
   Mark **Todd**(1); Judis "Tinks" Pottinger; Andrew Bennie.
   (**Charisma**, -42.60) (Volunteer, -65.80) (Grayshott, -162.80)

25. 1992 バルセロナ（スペイン）

(1) Matthew **Ryan**
   (**Kibah Tic Toc**, -70.00)
   AUS
(2) Herbert Blöcker
   (Feine Dame, -81.30)
   GER
(3) Blyth **Tait**
   (Messiah, -87.60)
   NZE

(1) AUS (-288.60)
   Matthew **Ryan**(1); Andrew Hoy; Gillian Rolton.
   (**Kibah Tic Toc**, -70.00) (Kiwi, -89.40) (Peppermint Grove, -129.20)
(2) NZE (-290.80)
   Biyth **Tait**(3); Vicky Latta; Andrerw Nicolson.
   (Messiah, -87.60) (Chief, -87.80) (Spinning Rhombus, -115.40)
(3) GER (-300.30)
   Herbert Blöcker(2); Ralf Ehrenbrink; Cord Mysegaes.
   (Feine Dame, -81.30) (Kildare, -108.40) (Ricardo, -110.40)

26. 1996 アトランタ（アメリカ）

(1) Blyth **Tait**
　　(**Ready Teddy**, -56.80)
　　NZE
(2) Sally Clark
　　(Squirrel Hill, -60.40)
　　NZE
(3) Kerry Millikin
　　(Out and About, -73.70)
　　USA

(1) AUS (-203.85)
　　Wendy Schaeffer;　Phillip Dutton;　Andrew Hoy.
　　(Sunburst, -61.00) (True Blue Girdwood, -69.40) (Darien Powers, -73.45)
(2) USA (-261.10)
　　Karen O'Connor;　David **O'Connor**;　Bruce Davidson.
　　(Biko, -105.60) (Giltedge, -76.00) (Heyday, -79.50)
(3) NZE (-268.55)
　　Blyth **Tait**(1);　Andrew Nicolson;　Vaughn Jefferis.
　　(Chesterfield, -70.10) (Jagermeister II, -100.65) (Bounce, -97.80)

27. 2000 シドニー（オーストラリア）

(1) David **O'Connor**
　　(**Custom Made**, -34.00)
　　USA
(2) Andrew Hoy
　　(Swizzle In, -39.80)
　　USA
(3) Mark **Todd**
　　(Eyespy II, -42.00)
　　NZE

(1) AUS (-146.80)
　　Stuart Tinney;　Andrew Hoy(2);　Matt Rayan.
　　(Jeepster, -41.00) (Darien Powers, -45.60) (Kibah Sandstone, -60.20)
(2) GBR (-161.00)
　　Pippa Funnell;　Leslie Law;　Jeanette Brakewell.
　　(Supreme Rock, -45.4) (Shear H2O, -54.00) (Over to You, -61.60)
(3) USA (-175.80)
　　Karen O'Connor;　David **O'Connor**(1);　Nina Fout.
　　(Prince Panache, -43.00) (Giltedge, -46.80) (3 Magic Beans, -86.00)

28. 2004 アテネ（ギリシャ）⑧

(1) Leslie **Law**
　　(**Shear l'Eau**, -44.40)
　　GBR
(2) Kimberly Severson
　　(Winsome Adante, -45.20)
　　USA
(3) Philippa Funnell
　　(Primmore's Pride, -46.60)
　　GBR

(1) FRA (-140.40)
　　Nicolas Touzaint;　Jean Teulere;　Didier Courreges.
　　(Galan de Sauvagere, -33.40) (Espoire de la Mare, -46.40) (Debat d'Estruval, -60.60)
(2) GBR (-143.00)
　　Philippa Funnell(3);　Leslie Law(1);　Mary King.
　　(Primmore's Pride, -42.60) (Shear l'Eau, -44.40) (King Solomon III, -56.00)
(3) USA (-145.60)
　　Kimberly Severson(2);　Amy Tryon;　Darren Chiacchia.
　　(Winsome Adante, -41.20) (Poggio II, -51.80) (Windfall 2, -52.60)

〔註：成績表示は、3日間の総減点。（個人競技は、団体競技よりも障害飛越が1回多いので、個人成績欄の減点と、団体成績欄の減点は一致しない）総合馬術の競技方法は次の通りである。

- 馬場馬術：4スターCCI馬場馬術課目(2002年版)。団体での参加国は3人馬以上5人馬以内。
- 野外騎乗(D区間のみ)：全長5700m、基準タイム10分(分速570m)、45飛越。
- 団体障害飛越 兼 個人障害飛越予選：全長500〜600m、分速375m、高さ120cmまでの11〜13障害物(最大16飛越)。
　　団体を組めなかった国の人馬も、個人として参加。
　　上位3人馬の成績により団体順位を決定(失権、棄権、走行中止の人馬は、総減点1000点として計算)。
- 個人障害飛越決勝：全長360〜500m、分速375m、高さ125cmまでの9障害物以下(最大12飛越)。
　　団体障害飛越までの通算成績の上位25人馬(25位タイの人馬を含む)が参加。(ただし、1ヵ国からの参加は

3人馬までに限定)
- 以上4つの競技の総減点により個人順位を決定。同点の場合は、①野外騎乗の減点(障害減点およびタイム減点)が最小の者、②野外騎乗のタイムが基準タイムに最も近い者、③個人障害飛越決勝の減点(障害減点およびタイム減点)が最小の者、④個人走行飛越予選の減点(障害減点およびタイム減点)が最小の者、⑤個人障害飛越決勝のタイムが最小の者の順に考慮して決定。(以上で決定しない場合は、同着)〕

29. 2008　北京 (中国) ⑨
- (1) Hinich Romeike (Marius、-54.20) GER
- (2) Gina Miles (Mckinlaigh、-56.10) USA
- (3) Kristina Cook (Miners Frolic、-57.40) GBR

- (1) GER (-166.10) Peter Thomsen; Frank Ostholt; Andreas Dibowski. (The Ghost of Hamish) (Mr.Medicott) (Butts Leon)
- (2) AUS (-171.20) Shane Rose; Sonja Johnson; Lucinda Frederick. (All Luck) (Ringwould Jaguar) (Headley Britannia)
- (3) GBR (-185.70) Sharon Hunt; Daisy Dick; William Fox-Pitt. (Tankers Town) (Spring Along) (Parkmore Ed)

「2種目に入賞した選手」

	〔馬場馬術〕	〔障害飛越〕	〔総合馬術〕
Cariou 〔FRA〕		(5) ストックホルム 個人優勝、団体2位 (Mignon)	(5) ストックホルム 個人3位 (Cocotte)
Caffratti 〔ITA〕		(7) アントワープ 団体3位 (Tradittore)	(7) アントワープ 個人3位、団体2位 (Caniche)
Cacciandra 〔ITA〕		(7) アントワープ 団体3位 (Fortunello)	(7) アントワープ 団体2位 (Facetto)
Alvisi 〔ITA〕		(7) アントワープ 団体3位 (Raggio di Sole)	(8) パリ 団体3位 (Capiligio)
Chamberlin 〔USA〕		(10) ロスアンゼルス 個人2位 (Show Girl)	(10) ロスアンゼルス 団体優勝 (Pleasant Smiles)
von Rosen 〔SWE〕		(10) ロスアンゼルス 個人3位 (Empire)	(10) ロスアンゼルス 個人3位 (Sunnyside Maid)
Cortés 〔MEX〕		(14) ロンドン 個人優勝、団体優勝 (Arete)	(14) ロンドン 団体3位 (Parral)
Thiedemann 〔GER〕	(15) ヘルシンキ 団体3位 (Chronist)	(15) ヘルシンキ 個人3位 (Meteor) (16) ストックホルム 団体優勝 (Meteor) (17) ローマ 団体優勝 (Meteor)	
Lefrant 〔FRA〕		(18) 東京 団体2位 (M. de Littry)	(15) ヘルシンキ 個人2位 (Verdun) (17) ローマ 団体3位 (Nicias)
Ligges 〔GER〕		(20) ミュンヘン 団体優勝 (Robin) (23) ロスアンゼルス 団体3位 (Ramzes)	(18) 東京 個人3位、団体3位 (Domkosak)

「日本のオリンピック大会出場選手」

「参加者：［役員（団長、監督）］。［馬場馬術］。［障害飛越］。［総合馬術］」

〔昭和3 (1928) 年、<u>第9回アムステルダム・オリンピック大会</u>に初めて日本より馬術チーム参加
　　　　　　　　参加者：［監］遊佐。［馬］遊佐、岡田。［障］吉田。［総］城戸〕

〔昭和7 (1932) 年、<u>第10回ロスアンゼルス・オリンピック大会</u>で西中尉 大障害飛越競技に優勝（ウラヌス号）
　　　　　　　　参加者：［役］大島、遊佐。［障］吉田、今村、西。［総］山本(盛)、城戸、奈良〕

〔昭和11 (1936) 年、<u>第11回ベルリン・オリンピック大会</u>
　　　　　　　　参加者：［役］遊佐、浅岡。［障］大滝、西、稲波。［総］西、稲波、松井、岩橋〕

〔昭和27 (1952) 年、<u>第15回ヘルシンキ・オリンピック大会</u>（日本より戦後初参加）
　　　　　　　　参加者：［役］遊佐。［障］喜多井〕

〔昭和31 (1956) 年、<u>第16回ストックホルム・オリンピック大会</u>
　　　　　　　　参加者：［役］相川。［障］川口、太田〕

〔昭和35 (1960) 年、<u>第17回ローマ・オリンピック大会</u>
　　　　　　　　参加者：［役］青山。［障］太田、**荒木**、影山。［トレーナー］木村〕

〔昭和39 (1964) 年、<u>第18回東京・オリンピック大会</u>
　　　　　　　　参加者：［役］相川。［馬］岡部、井上、松平(頼)。［障］佐々、法華津、影山。
　　　　　　　　　　　　　［総］千葉、前田、勝本、松平(正)〕

〔昭和43 (1968) 年、<u>第19回メキシコ・オリンピック大会</u>
　　　　　　　　参加者：［役］**荒木**。［障］**荒木**、杉谷(昌)、福島。［総］千葉〕

〔昭和47 (1972) 年、<u>第20回ミュンヘン・オリンピック大会</u>
　　　　　　　　参加者：［馬］井上。［障］杉谷(昌)、高宮、福島、竹田〕

〔昭和51 (1976) 年、<u>第21回モントリオール・オリンピック大会</u>
　　　　　　　　参加者：［障］杉谷(昌)、東良、竹田、小畑。［総］石黒、衛藤、植田〕

〔昭和55 (1980) 年、<u>第22回モスクワ・オリンピック大会</u>（日本は不参加）
　　　　　　　　参加予定者：［馬］中俣、内藤。［障］豊田、杉谷(昌)、高宮、竹田、平沢、小畑。
　　　　　　　　　　　　　　　［総］植田、斎藤〕

〔昭和59 (1984) 年、<u>第23回ロスアンゼルス・オリンピック大会</u>
　　　　　　　　参加者：［馬］中俣、広松、牧野。［障］東良、小畑、中野、戸村、陶器〕

〔昭和63 (1988) 年、<u>第24回ソウル・オリンピック大会</u>
　　　　　　　　参加者：［馬］井上、法華津、桜井(尚)。［障］中野、陶器、奥野。［総］宮崎、岩谷、若原、渡辺〕

〔平成4 (1992) 年、<u>第25回バルセロナ・オリンピック大会</u>
　　　　　　　　参加者：［馬］桜井(義)。［障］東良、戸村、富沢、奥野。［総］宮崎、木幡、後藤、岩谷〕

〔平成8 (1996) 年、<u>第26回アトランタ・オリンピック大会</u>
　　　　　　　　参加者：［障］中野、森本、杉谷(泰)、白井。［総］木幡、岩谷、細野、布施、土屋〕

〔平成12 (2000) 年、<u>第27回シドニー・オリンピック大会</u>
　　　　　　　　参加者：［障］林、杉谷(泰)、広田、白井。［総］加藤、細野、布施、土屋〕

〔平成16 (2004) 年、<u>第28回アテネ・オリンピック大会</u>
　　　　　　　　参加者：［役］東良。［障］杉谷(泰)、渡辺、小畑、林〕

〔平成20 (2008) 年、<u>第29回北京・オリンピック大会</u>
　　　　　　　　参加者：［役］長島。［馬］法華津、八木、北井。［障］杉谷(泰)、佐藤。［総］大岩〕

編 集 後 記

　最初の時点から考えればおよそ15年、高津が第Ⅲ章の研究を始めてからでも足かけ4年かかって編集した『ボルト氏の馬術』がようやく出版されることになったので、馬術的内容とは直接関係ないがまず編集の背景について記してみたい。

　原著は1978年に初版が出版され、20年後の1998年には第2版が出版されてドイツの馬具店で販売されているので入手は割合容易である。初版と第2版の内容は第Ⅱ章のごく一部を除きほとんど同じであると思うので、故澤田孝明氏の私家本を元として編訳を行った。

　編訳者の一人である井上が『DAS DRESSUR PFERD(馬場馬術馬)』を知ったのは1985年頃、当時日本馬術連盟の審判部長であった故西村喬氏から澤田氏の私家本『馬場馬術馬』の写しを頂いたことに始まる。その内容の素晴らしさと、澤田氏の序文に「あの素晴らしいカラー写真と連続瞬間写真……」とあることから原著を見てみたいと思い、早速ドイツから取寄せた。各扶助、運動が記号文字や連続写真を使って非常に分りやすく説明されており、画期的な馬術書であると思ったが、ドイツ語のあまり分らない私にとっては、澤田氏の私家本と原著とを見比べて読むことに不便さを感じていた。できればこの写真を活かした訳本ができれば、学生達が正しい扶助を学ぶことの一端となるのではないかと考え、1988年の京都国体が終った頃から自分なりに編集・入力の作業を開始した。実際に入力していると、どうしてもしっくりこない個所があり、荒木先生にお話したところ、四條隆徳編『独和馬事小辞典』の写しを頂き、参考にしながら少しずつ編集作業を進め、1990年頃には第Ⅱ章までは一応の形が整った。このころから入力する時間があまりとれず、第Ⅲ章も部分的には作成したものの後は老後の楽しみにでもと思って中断していた。しかし今回出版の話が持ち上がり"学生達が正しい扶助を学ぶことの一端となるのでは"という初心を奮い立たせて再び作業に取りかかった。完全原稿で作成して出版社に渡すことになり、一から入力し直し細かく監修して頂いた。思うように時間がとれず作業が遅れたものの、高津氏、荒木先生ともに温かくご指導頂き、やっとここまでこぎつけることができたというのが実感である。

　この本は原著の持つ特徴は言うに及ばないが、文中に註を付け加えたことで、馬術を研究するにあた

り非常に分り易くなっているのも特徴の一つである。これらは高津氏、荒木先生、そして陰でことこまかくご指導頂いた槇本氏の見識の高さに他ならない。またボルト夫人がこの本の英語版を出版した際には、版権の問題から写真を掲載することができなかったほど出版が難しかったそうであるが、今回それがほぼ原著同様の形で実現できることになったのは正に諸先生方の馬術にかける情熱と行動力の賜物であり、その努力がなければ今後とも日本で出版することは不可能であったと感じている。

　最後に私が一番こだわりたかった原著をそのまま日本語版にという点で、行間隔や文字間隔がページによって異なり、読みづらい個所も多々あるとは思うものの、原著をそのまま伝えたいという思いを汲み取ってお許しを願いたい。

　一方、高津は編者序に述べたように『ボーシェー氏の馬術』の資料収集段階の1997年頃に同書の共編訳者である椎名穣氏から、上記澤田氏訳の私家本の中にボーシェーに関する記述があることを知らされ、今回の共編訳者である井上氏からそのコピーを入手した。一方『ボーシェー氏の馬術』の共編訳者の荒木氏は、ボーシェーの研究が終った段階で歴史的馬術書の研究に一応の区切りをつけられるご意向であったので、私は自分自身の馬術とドイツ語の勉強のために澤田氏の私家本と原著との読み比べをすることにした。

　上記の椎名氏より英語版『The Dressage Horse. By Harry Boldt』(第Ⅲ章のみの英訳本)を拝借し、ドイツ語、英語、日本語の共通部分の研究から着手した。旧知の井上喜久子さんが澤田氏の私家本の改訂版をお持ちなので拝借し、澤田氏訳との比較を行うと同時に、どういう経過でどなたが改訂版を作成したのかを調査したが判明しなかった。想像の域を出ないのだが澤田氏が「川口宏一氏の指導を仰いだ」と記しておられるので、川口氏のご尽力で改訂版が作られて馬術愛好家に配布されたのではないかと推察される。

　第Ⅲ章の研究が一段落した1999年夏に琵琶湖乗馬倶楽部に荒木氏、槇本彰氏、井上氏を訪ね、Ⅰ～Ⅲ章の編訳についてのご指導、ご協力を願い出てご意見を伺った。荒木氏は前述のご意向であり、槇本氏は「馬場馬術は不得手だから」とご辞退されるので、名前を出さないということでご指導を頂くことになった。しかし実際には若輩の編者達の経験では馬術的に十分な研究には至らず、世に問うには不十分と思い荒木氏に監修の労をとって頂くことになったが、氏も「あとがき」で言及されているように、槇

本氏には莫大な時間とエネルギーを編者達のために費やして下さったことを改めて申し添え、御礼とさせて頂きたい。

編者は澤田氏とは面識がなくすでに故人でもあられたので、ご遺族に本書出版のご了解を得ることとした。しかしご遺族の消息を知る方がなく、やむなく河内長野市役所に相談した。澤田氏の序文に「私は河内長野の方言で……」とあったのを思い出したからである。市の担当の方が「町内会長と相談するのがよい、紹介する」と助言して下さったので会長に訪問の趣きを説明し、ご遺族に伝えて頂いた。未亡人およびご長女のお宅にお願いに上がってご了解を得たので、ハリー・ボルト氏に我々の企画を説明することとした。

ドイツの友人にボルト氏の連絡先を照会したところ、オーストラリアに移住されていることが分った。ボルト氏に面談の労をとって下さったのはメルボルン在住のフォードご一家である。東京オリンピックの頃をご存知の方は父君フランク・フォード氏の名をご記憶と思うが、ミスタースミス号、ウィスパー号およびレーベル号を日本や韓国に紹介した方で、大の親日、親韓家である。故遊佐幸平氏によれば「オーストラリア一番の大馬商」だそうで、遊佐氏、荒木氏、木曽敏彦氏がメルボルンを訪問した1962年頃の写真を今でも大事に壁に飾っておられた。ご長男のジョン・フォード氏のご尽力で、2000年2月にボルト氏をパース市郊外のご自宅にお訪ねすることになり、グスターフ・プォルテ氏の紹介状を持参して我々の企画を説明した。プォルテ氏は昨2002年11月に逝去され、本書の出版をお見せできなくなったことは誠に残念なことである。編者は1967年にドイツへ馬術留学した際に面識を得たのであるが、1998年のアーヘン市100年祭の競技会で荒木氏と共に30年ぶりにお目にかかり、そのご縁でボルト氏にご紹介をお願いしたのであった。

ボルト氏は東京オリンピックでも活躍された方なので、氏の著書を日本で出版することにご理解を示された。氏のご指摘を二、三記すと、「版権はHaberbeck社にある」「本のサイズは縮小してもよい」「Ⅳ章は抜粋してもよい」「Ⅲ章の英訳書は自分が監修したので参考にするように」ということであった。

2000年4月より入力作業を再開し、2002年3月にはHaberbeck社と版権に関する協議を行い、2002年の暮れには入力作業をほぼ完了して今般の出版となった。

以上が編集のおおまかな背景である。

また、「あとがき」で荒木氏が「Vorhand」「Vorderbeine」などの用語について言及されているが、専門用語の和訳にはなお不充分な点が多々あると思うので、読者諸賢のご意見をお聞かせ頂ければ幸甚である①。

　　　　平成 15(2003)年 4 月

高 津 彦 太 郎

井 　 上 　 正 　 樹

① 〔註：26 頁左 12 行「der Kniebel → der Knöchel(指関節、さいころ)の方言 → 指を使って乗る(多少皮肉を込めた意味か？)」
　　112 頁右 35 行「die Hinterbeine nachschwingen → 後肢の出遅れ」
　　114 頁左 6 行、167 頁左 1 行「sich am Gebiß abstößen → 銜を受ける、下顎を譲る」
　　116 頁、表 9 段目、左より 6 枠内「Hinterhandwendung → 後肢旋回」
　　120 頁右 3 行「die sich öffenden Hand → ゆるめた拳」
　　162 頁右 27 行、182 頁左 28 行、188 頁左 36 行「ein Herumschmeißen → よじれ」
　　166 頁左 43 行「hinten nachspringen → 後肢が遅れる」
　　182 頁左 40 行「über dem Zügel gehen → 頭を上げる」
　　182 頁左 42 行、206 頁右 14 行「über den Rücken reiten → 正しく背の上に騎座する」
　　201 頁右 5 行「passagieren auf der Schulter → 肩でパッサージュをする」〕

再 版 後 記

　平成 15 年に出版された本書が 7 年目にして再版されることとなり、誠に嬉しく思う次第である。

　私が最初に馬術書を手がけたのは、まだ馬術書の出版が少なかった頃、昭和 63 年の『今村馬術』であり、これは今村安先生がご生前の昭和 2 年に出された名著『馬術』、およびその後に先生が障害飛越について書かれたものを纏めたものであった。

　その後、このような馬術書が多少なりとも同好の方々に役立てば「枯れ木も山の賑わい」と思い、これまでに数タイトルの出版をしてきたのである。早いもので本書が 10 回目となるのであるが、私としてはこれほど豪華版の書物を手がけたのは初めてのことであった。

　今回、再版するに当り久し振りに読み返してみたが、著者がアルバート・ブランドルの著書から借用された「記号文字」(110、119、126 頁等参照)、および「マルチプリカトール(複合連続写真)」(136、153、158、165、182、212、228〜250 頁)などを用いたことが非常に有効であり、誰にでも判りやすい説明であるということを改めて再認識した次第である。

　また今回の〔付〕「オリンピック大会馬術競技入賞記録」には、その間に開催されたアテネおよび北京の両大会をも加え、「オリンピック大会(1912〜2008)馬術競技入賞記録」とした。ご参考になれば幸いである。

　　　　　平成 22(2010)年 4 月

　　　　　　　　　　　　　　　　　　　　　　　　　　　荒　木　雄　豪

あ と が き

　今回、高津彦太郎、井上正樹両氏の努力により『ボルト氏の馬術』が上梓されることは、馬術界において長年待望されていたことであり、誠に喜ばしく思うと共に、お二人のご努力に対して心より敬意を表し、お祝い申し上げたいと思う。

　本書の大きな特徴の一つは、ボルト氏が自分の調教経験から構成された独自の馬術理論そのものもさることながら、それを各運動の詳細な動きの連続写真と共にブランドル氏の考案による記号文字（119頁参照）を用いることにより、誰にでも理解しやすいように解説したところにあると思う。

　これまでの馬術書において写真が最初に用いられたのは、写真術の発明から約半世紀後の1890年に出版された『フィリス氏の馬術』であったと思われるが、この発明により馬の瞬間的な動きを正確に把握することができ、踏歩変換などの変化の速い運動が理論的に詳しく解明されるようになったと思う。

　その後19世紀末の映画の発明により、馬の動作を連続的に観察することが可能となり、また最近のビデオ機器の発達により、これが誰にでも手軽に利用されるようになったのは誠に喜ばしいことであるが、この発明から1世紀近く経ったこのボルト氏の原著出版までは、その利点を書物の形で効果的に利用することはまだ行われていなかったのではないかと思う。

　ボルト氏はこの連続写真を適当な間隔でとり出して配列することと、その後の写真技術の発達により開発されたマルチプリカトール①によるのではないかと思われる複合連続写真を用いて、馬の動きを同一画面上に約1馬身の距離をおいて表すことにより、各動きの時間的変化をビデオ同様あるいはそれ以上克明に把握できるようにすると共にその時々に用いられる扶助の説明を上記の記号文字で表すことにより、映画技法を書物上で表現することに成功されたと思う。これは例えば踏歩変換(164頁～165頁)や駈歩ハーフパスの変換点(176頁～177頁)、あるいはピルーエット(180頁～185頁)、そして最後のグランプリスペシャル(228頁～251頁)における連続写真などを見ればよく分るが、このことは氏が抜群の馬術家であると同時に優れた研究者、教育者であることをも示しているように私には思われる。

　また本書の訳者である澤田氏については、不幸にして氏のご存命中にお目にかかれなかったことを私は今更ながら非常に残念に思うのである。ご経歴を見れば、川崎氏に師事されていた頃には私はまだ馬には触ったこともない子供の時分であり、また還暦となり乗馬を再開された頃には私は全く馬術界から遠ざかっていた時期であり、このように篤学な方が馬術界におられたことを、この本の原稿を見るまでは夢にも存じ上げなかったのである。今回この仕事のわずかなお手伝いが澤田氏ご生前のご希望に多少

でも添えるようであれば嬉しく思う次第である。

　また氏が敬愛してやまれなかった川崎氏には、私は戦後間もない頃、その当時は琵琶湖畔の柳ヶ崎にあった琵琶湖乗馬倶楽部で時々お目にかかったことがあるが、その頃の川崎氏は澤田氏が『馬術情報』②に書かれたような厳しさは影を潜め、我々にとっては本当に優しい好々爺という感じの方であった。ⅷ頁の写真はその当時のものであるが、今回略歴を調べさせて頂いて驚いたことに、氏が陸軍大学校ご卒業ということであった。日本軍人で著名な馬術家の数多い中で、陸軍大学校の出身者はおそらく秋山好古、南次郎の両大将と川崎氏だけではなかろうか。澤田氏によれば、川崎氏のご指導は「馬を大きく歩かせよ」ということをよく言われていたそうであるが、これは馬術的に非常に大切なことであり、今にして思えば、その当時に折角の機会に恵まれていながら、氏のご指導を頂かなかったことは誠に愚かであり残念なことであったと思う。

　今回この本の出版を最初に考えて実行し始めたのは、編集後記にあるように井上正樹氏である。氏は京都産業大学の職員であり、同大学馬術部の出身で現在同部の監督である。氏が計画された動機は"学生達が正しい扶助を学ぶことの一端となるのではないか"ということだったそうであるので、一般の乗馬愛好家の方々は勿論、特に諸大学や高校の馬術部の学生や生徒諸君には、本書を読んで馬術に一層の興味を持ち、本式に基礎から勉強してもらいたいと思う。

　編訳者の一人である高津彦太郎氏とは、昭和42年の春に氏がドイツのエルムスホルン(Elmshorn)にある乗馬車両学校(Reit-und-Fahrschule)に2頭の自馬をつれて馬術修行に来ておられた時にお会いして以来である③。当時の校長はホルストマン(Horstmann)氏、トレーナーは東京・オリンピックにおける障害飛越競技優勝チームの一員ヤラジンスキー(Jarasinski)氏であった。当時私は日本馬術連盟のメキシコシティ・オリンピック候補チームの一員として同校に滞在し、ヤラジンスキー氏の厄介になっていたが、その時にはヨーロッパ各地の競技会に高津氏と共に出場し、ポーランドのオルスチン(Olsztyn)に遠征した際には一緒に馬の貨車輸送もした。このオリンピック後に私は仕事に追われて馬術界から全く離れていたので氏ともお会いする機会がなかったが、定年近くなって仕事の関係からワープロを使うようになり、その練習を兼ねて作った平成5(1993)年出版の『フィリス氏の馬術』を同氏に進呈してから再び交流が始まった。平成10(1998)年に出版した『シュテンスベック氏の馬術』の場合には、氏がその前々年に渡独された際にハノーバーの図書館で原著『Reiten(馬術)』のコピー入手をお願いし、旧知の馬友槇本彰氏と共に共編訳者として色々と勉強させて頂いた。また同じ年、遊佐氏の33回忌に出版した平成版『遊佐馬術』の場合には、遊佐氏の遺された馬術関係資料類を拝見したく思

い、高津氏が遊佐家の遠戚にあたられる関係からご一緒に何度か同家にお邪魔させて頂いた。それが機縁となり遊佐氏の女婿である斉藤七郎氏よりこれらの貴重な資料が日本中央競馬会の図書室に寄贈されることとなったが、これはわが国の馬術界としても誠に喜ばしいことであったと思う。次の『ボーシェー氏の馬術』の場合はその編者序および編集後記に記したように最初から一緒に計画し、氏のご令息の英輔君やご友人の椎名穣氏、石島直氏にもご協力をお願いした。

上記の畏友槇本氏とは昭和30年頃に工藤稔氏のご紹介で共に関西乗馬団体連合会設立のお手伝いをさせて頂いた時からのお付合いである。昭和55年には京都産業大学馬術部の会誌『和駿』の創刊で大層お世話になり、シュテンスベック以外にも『国際馬事辞典』と『遊佐馬術』の時には種々ご協力を頂き、平成6年の『今村馬術』増補改訂、および平成13年の『馬術教範抄』出版の際にはご一緒に仕事をさせて頂いた。今回もまた監修をお願いし、本書全般に亘る構成や用語の統一、説明の不十分な点のチェックなど丁寧に見て頂いたのであるが、ご本人は馬場馬術は不得手だからとて監修者として名を連ねることをご了承頂けないので、高津、井上の両氏と共にこの場でお礼を述べさせて頂く次第である。

次に本書の編集についてであるが、本書の場合はこれまでの馬術書の場合と違って、上記の連続写真や記号文字を用いた図版が各所に有機的に配列されているので、本書独特のこの持ち味を損なわぬように編集することはかなり難しかったと思う。特に感心したのは、翻訳書の常識としては原著と訳書とでは内容の頁が異なっているのが普通であるが、本書の場合には写真記事の抜粋をした第Ⅳ章を除き、第Ⅲ章までは殆んど総て原著と同一の頁に原著同様の形式で収められたことである。一般に翻訳書の読者としては原著と照合しながら読みたい場合が多いと思うので、私はこれまでの『サンファール大尉の馬術』、『シュテンスベック氏の馬術』および『ボーシェー氏の馬術』においては、その目次の頁表記には原書の頁を併記しておいたのであるが、本書においてはその必要性がなく、直接原著と並べて楽に読み比べられるようになったことは井上氏の馬術的素養と編集技術のお蔭であると思う。

また氏の馬術部の先輩であり前監督であった堀田武司氏も体育教育研究センターの職員であるが、本書の作成についてはオリンピック関係や馬術関係その他、種々の資料類の収集をお願いし、また色々と貴重なご意見を頂いた。

恒星社厚生閣に馬術書の出版をお願いするのは私としては本書で10回目となるが、翻訳書の場合に常に思うのは、原著者の真意が果して正しく読者に理解されるように表されているかどうかということであった。平成7年に『国際馬事辞典』を出版してから訳語は主としてこの辞典によったが、その後も新たな編訳をする度にその不備を見出して改訂してきたことは同辞典の再販後記および三版後記に記した通りである。まことにお恥ずかしいことながら、今回も確信の持てない個所が処々にあるのでその

都度註を入れておいたので、それらの個所について読者の方々からのご意見が頂ければ有難く、よく研究した上で同馬事辞典の今後の改訂に役立てさせて頂きたいと思う。例えばこれまでのこの辞典では、「Vorhand」と「Hinterhand」にはそれぞれ「前躯」および「後躯」の訳語しかつけてなかったのであるが、「前肢(Vorderbeine)」および「後肢(Hinterbeine)」とした方が適当なのではないかと思われる個所が数ヵ所あり、今回はそのように訳したのもその一例である。

　最後に、本書の原稿がほぼ完成した昨年の暮れに我々としては非常に悲しいお知らせを受けた。それは1964年の東京オリンピックでドイツチームの監督として来日された際に初めてお目にかかり、それ以来40年に亘ってお付き合いをさせて頂いてきたプォルテ氏が、去る11月24日に88歳で亡くなられたという通知を奥様から頂いたことである。氏とは、4年前に高津氏と共に訪独した際にアーヘンの競技場で数十年ぶりにお目にかかったのであるが、その時にも非常に喜んで下さり、今回の本書の出版に関してはボルト氏に親しく紹介をして頂くなど、大層ご厄介になってきたのである。あと数ヵ月で出版される本書を差し上げて喜んで頂こうと思っていた矢先のことであったが、ここに高津氏と共に氏のご冥福を心よりお祈りする次第である。

　　　平成15(2003)年6月

　　　　　　　　　　　　　　　　　　　　　　　　　　　　　　　　　荒　木　雄　豪

① 〔註：原語は「Multiplikator」で、一般的には「乗数、係数」という意味に用いられているが、それ以外に「1枚の乾板で数回続けて写すことのできるカメラ(SAGARA, Großes DEUTSCH-JAPANISCHES WöRTERBUCH)」という意味もある。本書第Ⅲ章の馬場馬術のコースの各運動課目の採点では前者の意味に用いられているのであるが、本書に用いられている写真の中には同一画面上に複数の運動状態の写されている複合連続写真が十数枚(例えば136、153、158、165、182、212、228〜250頁)あるので、最初は両者を混同して意味が分らず困惑したことがあった〕
② 〔註：『馬術情報』(248号、1982.4)「思い出の川崎次郎先生」参照〕
③ 〔註：『シュテンスベック氏の馬術』の編集後記(247頁)参照〕

〔索　引〕

【あ】
アール号　73
アーレリッヒ号　76, 301
アスバッハ号　80, 299
頭を内へ　22, 23
アデュラー号　37, 74, 299
アデュラー号(写)　34
後肢旋回　134
後肢旋回(写)　135
後肢旋回の扶助(図)　134
アピュイエ　154
アプサン号　258, 299, 300
アブジント号　37, 298
アブジント号(写)　51, 52
アフリカ号　37, 75, 299
アムステルダム・オリンピック(09)　30, 32, 36
アルヴィジ　304, 311, 318
アルカジゥス号　78
アルマニャク号　79
アルマニャク号(写)　41
アントワープ・オリンピック(07)　44
アントワネット号　77, 300

【い】
依倚　113
移行
　　駈歩ハーフパスの移行(写)　176
　　収縮駈歩から伸長駈歩へ移行(写)　132
　　収縮速歩から伸長速歩へ移行(写)　130
　　伸長駈歩から収縮駈歩へ移行(写)　133
　　伸長速歩から収縮速歩へ移行(写)　131
　　歩度の移行　127
「1：3」保持法　168
イルージョン号　93
インターメディエイトⅠ　171
インターメディエイトⅠコース　198
インターメディエイトⅠまでの総合調教計画　195
インターメディエイトⅡ　201
インターメディエイトⅡコース　222

【う】
ヴィンクラー　306, 307
ウェイガント　38, 299
ウェストファーレン多目的競技　36
ヴェッチェン　3, 30, 36, 37
ヴェッチェン(写)　32
ヴェルト　301, 302
ヴォイチェク号　2, 107, 300
ヴォイチェク号(写)　ix, 267, 274, 290
ウプホフ　301
馬の動きによる評価　63
馬の調教段階　115
ウラヌス号　305
ウルチモ号　104, 300
ウルチモ号(写)　265, 284

【え】
Sクラスの調教基準　171
Mクラスからグランプリまでの馬場馬術の調教　109
Mクラス馬場馬術　119
Mクラスまでの総合調教計画　169
エルムスホルン　100, 328
『エンサイクロペディア　馬』　3

【お】
『王室馬術』　15
折返し手綱　22, 166
オリンピック
　(05) ストックホルム・オリンピック　36, 44
　(07) アントワープ・オリンピック　44
　(08) パリ・オリンピック　44
　(09) アムステルダム・オリンピック　30, 32, 36
　(10) ロスアンゼルス・オリンピック　45
　(11) ベルリン・オリンピック　30, 37, 45
　(12) 東京オリンピック　37
　(14) ロンドン・オリンピック　41, 45
　(15) ヘルシンキ・オリンピック　37, 45, 74, 75
　(16) ストックホルム・オリンピック　38, 41, 74, 75, 83, 98
　(17) ローマ・オリンピック　84
　(18) 東京オリンピック　77, 86, 101
　(19) メキシコシティ・オリンピック　86, 96, 100
　(20) ミュンヘン・オリンピック　36, 41, 79, 90, 94, 100, 105
　(21) モントリオール・オリンピック　90, 97, 104, 107
オリンピック大会馬術競技日本代表選手　319
オリンピック2種目入賞騎手　318
オリンピック全馬術競技入賞記録　295
オリンピック馬場馬術競技入賞記録　x, 54

【か】
回転運動　136
回転運動(写)　136
回転運動の扶助(図)　136
解放性　113
駈歩
　　収縮駈歩(写)　124
　　伸長駈歩(写)　124
　　中間駈歩(写)　124
駈歩から常歩　24
駈歩からの停止(写)　128
駈歩ハーフパス　172
駈歩ハーフパスの移行(写)　176
駈歩ハーフパスの動き(写)　174
駈歩ハーフパス変換の扶助(図)　172
駈歩発進(図)　24
　　停止からの駈歩発進(写)　129
駈歩歩調　124
駈歩山形乗の変換点(写)　176
肩を内へ　23, 139

肩を内へ（写）　138
肩を内へでの動きと姿勢（写）　144
肩を内への扶助（図）　140
肩を内へ／巻乗／腰を内へ（写）　153
肩を前へ　140
肩を前へ（写）　138
肩を前へでの動きと姿勢（写）　142
カッチャンドラ　304, 311, 318
カップツァウム（調馬索用頭絡）　22
カドリール　36
カフラッチ　304, 311, 318
カペルマン　91
カラカラ号　36, 298
カラカラ号（写）　33
カリータ　300
カリータ（写）　258
カリュー　304, 311, 318
川口宏一　3
川崎次郎　xⅲ, 3, 328
川崎次郎（写）　xⅱ

【き】
記号文字　2, 110, 119
気質と性格による評価　70
キジモフ　300
騎手としての必要条件　117
『騎馬術』　23
ギムペル号　30, 298
ギムペル号（写）　51
気持の集中　118
キャバレッティ　167
キュッパース　38, 75, 87, 299
ギュンター　30, 36, 39, 40, 105
ギュンター（写）　35
ギュンター（マリア）　95
『競技および高等馬術のための乗馬調教』　3
競技シーズンと競技参加計画　221
キング号　36
近代的騎座　23

【く】
ククルック　100
クセノポーン　15
クセノポーン（写）　14
轡鎖　168
グラナート号　90, 300
グラナート号（写）　261, 266
グラニッツ号　40, 91
グランプリ　201
グランプリコース　225
グランプリスペシャルコース　228
グランプリスペシャルコース（写）　228
グランプリの調教基準　201
グランプリまでの総合調教計画　220
グリゾーネ　15
クリムケ　73, 76, 78, 84, 86, 97, 300, 301
クリムケ（写）　v
グリロ（ガブリエラ）　104
グリロ（ガブリエラ）（写）　265, 284

クルーパード（図）　25
グルメット　168
グルンスヴェン　301, 302
クロニスト号　37, 83, 299
クロニスト号（写）　41
クロノス号　37, 298
クロノス号（写）　51

【け】
経験豊かな練習馬　118
ゲリニエール　12, 23
ケルナー　36
ゲルハルト　37, 298
ゲルハルト（写）　51, 52

【こ】
コヴァルチック　308
後退駈歩　26
後退駈歩（写）　29
後退三脚駈歩（写）　28
後退パッサージュ　26
『国際馬事辞典』　1
腰を内へ　146
腰を内へ（写）　139
腰を内へでの動きと姿勢（写）　148
腰を内への扶助（図）　146
腰を内へ／後肢旋回／腰を外へ（写）　152
腰を外へ　146
腰を外へ（写）　139
腰を外へでの動きと姿勢（写）　150
腰を外への扶助（図）　147
コッホ　24
古典時代の巨匠たち　15
コルテス　306, 313, 318
ゴロー号　89
ゴロー号（写）　41

【さ】
最初の3年間の馬場馬術調教基準　116
最初の総合馬術大会の開催　44
ザウアー　92, 301
ザウアー（写）　262, 282
澤田孝明　xv, 1, 3, 321, 327
澤田孝明（写）　xⅳ
三脚駈歩　26
サンシール　299
サンシール（写）　43
ザンドストレーム　297, 298

【し】
ジェリコ号　26
シャウケル（前進後退運動）　188
シャンマルタン　299, 300
シャンマルタン（写）　vi
収縮　115
収縮駈歩から伸長駈歩への移行（写）　132
収縮駈歩（写）　124
収縮常歩（写）　120
収縮速歩から伸長速歩への移行（写）　130

収縮速歩（写） 122
ジュソーム 298, 299
シュタインクラウス 306, 307
シュタインブレヒト 22, 27
シュテック 30, 36
シュテック（写） 32
シュテンスベック（オスカー） 30
シュテンスベック（オスカー）（写） 31
シュテンスベック（グスタフ） 30
シュミットケ 36
シュリッデ 307
シュルテン-バウマー 88, 102
シュルテン-バウマー（写） 264, 268
シュルトハイス 30, 36, 40, 41, 74, 75, 79, 81, 83, 84, 87, 98, 99, 103
シュルトハイス（写） 35, 41
『障害馬』 3
『障害馬術』 3
乗馬車両学校 36, 328
『乗用馬』 3
小勒分離手綱保持法 168
ショッケメーレ（アルヴィン） 306, 307
シルバー号（写） xii
『新原則に基づく馬術の方式』 26
信地駈歩 26
信地歩毎踏歩変換 26
伸長駈歩から収縮駈歩への移行（写） 133
伸長駈歩（写） 124
伸長常歩（写） 120
伸長速歩から収縮速歩への移行（写） 131
伸長速歩（写） 122
真直性 114

【す】
垂直姿勢 23
杉谷昌保 3
スチュッケルベルガー 45, 300, 301
スチュッケルベルガー（写） 260, 266
ストックホルム・オリンピック（05） 36, 44
ストックホルム・オリンピック（16） 38, 41, 74, 75, 83, 98
スペイン乗馬学校 12, 23, 25
スペイン速歩（写） 29
『総ての部門にわたる馬術』 22
スリボヴィッツ号 102
スリボヴィッツ号（写） 264, 268

【せ】
ゼーガー 27
ゼーガーとシュタインブレヒトの反論 27
世界選手権大会入賞記録 xi, 55
ゼルミナル号 28
前進後退運動（シャウケル） 188
前進後退運動（写） 190
前進後退運動の扶助 188
前進後退運動の扶助（図） 189
セントジョージ賞典 171
セントジョージ賞典コース 196

【そ】
ゾイニッヒ 3
総合調教計画（インターメディエイトⅠまで） 195
総合調教計画（Mクラスまで） 168
総合調教計画（グランプリまで） 220
双柱作業 15, 22
双柱作業（図） 16

【た】
大勒 167
手綱（轡）
　折返し手綱 22, 166
手綱の保持法 168
ダブレッテ号 41, 84
田村辰巳 1
単柱作業 22
単柱作業（図） 19
弾発力 114

【ち】
チーデマン 3, 36, 37, 73, 299, 306, 318
チーラ号 103
チェンバーレン 305, 312, 318
地上横木（キャバレッティ） 167
中間駈歩（写） 124
中間常歩（写） 120
中間速歩（写） 122
調教を次の段階に進める前提条件 115
調馬索用頭絡（カップツァウム）の発明 22
直立騎座 22
チンツェオ（ピエロ） 306, 307
チンツェオ（ライモンド） 306, 307

【て】
停止 126
　駈歩からの停止（写） 128
停止からの駈歩発進（写） 129
停止からの発進 126
停止の扶助（図） 126
デュエロ号 85
デュック号 41, 86, 300

【と】
ドイツ乗馬学校創立 36
トイラー 301
東京オリンピック（12） 37
東京オリンピック（18） 77, 86, 101
踏歩変換 162
　2歩毎までの踏歩変換 186
　半巻後の踏歩変換（写） 165
　歩毎踏歩変換 202
踏歩変換（写） 164
踏歩変換の調教方法 163
踏歩変換の扶助（図） 162
　2歩毎までの踏歩変換の扶助（図） 186
　歩毎踏歩変換の扶助（図） 203
ドール 26
ドール（写） 26

徒歩調教　40
ドラウフゲンガー号　36, 298
ドラウフゲンガー号（写）　32
ドリオラ　306, 307

【な】
ナーゲル　37, 75, 87, 299
常歩
　　収縮常歩（写）　120
　　伸長常歩（写）　120
　　中間常歩（写）　120
常歩歩調　120

【に】
ニコロ号（写）　31
西竹一　305
20世紀における大家たち　30
二蹄跡運動　138
　　速歩での二蹄跡運動　138
　　二蹄跡運動での注意点　138
　　二蹄跡上のパッサージュ（写）　29
2歩毎踏歩変換（写）　187
2歩毎までの踏歩変換　186
2歩毎までの踏歩変換の扶助（図）　186
日本報国乗馬会　xiii
ニューカッスル　22, 23

【ね】
ネッカーマン　77, 80, 85, 96, 105, 299, 300
ネッカーマン（写）　v

【は】
『馬術練習のための王への講義録』　15, 16
ハーフパス　154
　　駈歩ハーフパス　172
　　深い角度のハーフパス（写）　158
ハーフパスのでの動き（写）　156
ハーフパスの扶助（図）　154
ハーフパスの変換（写）　160
ハーフパス変換の扶助（図）　155
パールマン　3
ハイデブレック　27, 36
馬格による評価　60
『馬術教修』　27
『馬術について』　15
『馬術の法則』　15
パッサージュ　212
　　二蹄跡上のパッサージュ（写）　29
パッサージュ（写）　214
パッサージュの発進　212
パッサージュの扶助　212
パッサージュのリズム（写）　212
パッサージュへ移行の扶助（図）　213
パッサージュからピアッフェへ移行（写）　216
発進
　　停止からの駈歩発進（写）　129
　　停止からの発進　126
ハッセ　305

馬場馬術スポーツの影響　44
馬場馬術スポーツ用乗馬の評価　57
馬場馬術調教の基準　112
馬場馬術の歴史　11
『馬場馬術馬』　1, 3
速歩
　　収縮速歩（写）　122
　　伸長速歩（写）　122
　　中間速歩（写）　122
速歩での二蹄跡運動　138
速歩歩調　121
パリ・オリンピック（08）　44
ハルテル　45, 299
ハルテル（写）　53
バルネコフ　305
半巻後の踏歩変換（写）　165

【ひ】
ピアッフェ　204
ピアッフェ（写）　208
ピアッフェの動き（写）　207
ピアッフェの扶助　204
ピアッフェの扶助（図）　205
ピアッフェ、パッサージュの最初の記述　23
ピアッフェからパッサージュへ移行（写）　218
ピアッフェ・バロッテ　26
ピアッフェ・バロッテ（写）　29
ピアッフェ・ピルーエット（写）　210
ピアフ号　100, 300
ピニャテルリ　15
ビヤバウム　308, 309
ビュルクナー　30, 36, 37, 44
ビュルクナー（写）　33, 36, 50
拍子　112
ピルーエット　178
ピルーエット（写）　180
ピルーエット（図）　25
ピルーエットの訓練法1（写）　183
ピルーエットの訓練法2（写）　184
ピルーエットの扶助　178
ピルーエットの扶助（図）　179
ヒルテントラウム号　92
ヒルテントラウム号（写）　262, 282
琵琶湖乗馬倶楽部　xii, 328
ピンター　22

【ふ】
ファナル号　38, 87
ファナル号（写）　39
フィッシャー　299, 300
フィラトフ　299, 300
フィラトフ（写）　vi
フィリス　12, 26
フィリス（写）　26, 28
フィリス式保持法　168
フォイダル号　88
フォード　2, 323
プォルテ　2, 323, 330
深い角度のハーフパス（写）　158

扶助
　　後肢旋回の扶助（図）　134
　　回転運動の扶助（図）　136
　　駈歩ハーフパス変換の扶助（図）　172
　　肩を内への扶助（図）　140
　　腰を内への扶助（図）　146
　　腰を外への扶助（図）　147
　　前進後退運動の扶助　188
　　前進後退運動の扶助（図）　189
　　停止の扶助（図）　126
　　踏歩変換の扶助（図）　162
　　2歩毎までの踏歩変換の扶助（図）　186
　　ハーフパスに誘導する扶助（図）　154
　　ハーフパス変換の扶助（図）　155
　　パッサージュの扶助　212
　　パッサージュへ移行の扶助（図）　213
　　ピアッフェの扶助　204
　　ピアッフェの扶助（図）　205
　　ピルーエットの扶助　178
　　ピルーエットの扶助（図）　179
　　歩毎踏歩変換の扶助（図）　203
　　歩度移行の扶助（図）　127
　　山形乗変換点での扶助（図）　155
　　山形乗（駈歩）変換点の扶助（図）　172
フランケ　36
ブランドル　2, 3, 73, 110
プリツェリウス　23
プリュヴィネル　15, 16
ブリラント号　81
プリンツナー　27
ブルー　15
ブロカート号　82

【へ】
ペチュコバ　300
ベネチア号　105, 300
ペルクノス号　41, 98, 299
ヘルシンキ・オリンピック（15）　37, 45, 74, 75
ペルノード号　99
ペルノード号（写）　35
ベルリン・オリンピック（11）　30, 37, 45
ベルリン・オリンピックの際の20ヵ国の乗馬部隊将校　52

【ほ】
ボーシェー　12, 26
ボーシェー（写）　26
『ボーシェー氏と彼の馬術』　27
ボーシェーの回り道　26
『牧場からカプリオールまで』　3
歩毎踏歩変換　26, 202
歩毎踏歩変換（写）　202
歩毎踏歩変換の扶助（図）　203
補助用具　166
ポダイスキー　298
歩度移行の扶助（図）　127
歩度の移行　127
ホルストマン　100, 328

ボルテンシュテルン　298, 299
ボルト　iii, 1, 3, 7, 82, 89, 93, 96, 101, 104, 107, 300
ボルト（写）　v, vi, vii, viii, ix, 5, 41, 43, 265, 274, 290
ボルライ　37, 298, 299
ボルライ（写）　51
ボンデ　44, 297, 298

【ま】
マイア-ヨハン　106
マクベス号　95
マリアーノ号　96, 300
マリオン　298
マルキール号（写）　29
マルチプリカトール　327, 330

【み】
ミュンヘン・オリンピック（20）　36, 41, 79, 90, 94, 100, 105

【め】
メーメド号　97, 300
メキシコシティ・オリンピック（19）　86, 96, 100
メツェール（図）　25

【も】
モルタンジュ　311, 312
モントリオール・オリンピック（21）　90, 97, 104, 107

【や】
躍乗馬術　15
山形乗変換点での扶助（図）　155
山形乗（駈歩）変換点の扶助（図）　172
ヤラジンスキー　307, 328
槍試合（図）　17

【ゆ】
有名な馬場馬術馬の紹介　72
指を使って乗る　26

【よ】
ヨーロッパ選手権大会入賞記録　xi, 55
横歩　154

【ら】
ラウ　73, 99
ランゲン　36, 45, 298
ランゲン（写）　50

【り】
リオスツロ号　94, 300
リゲス　307, 308, 314, 318
リズム　112
理想的な騎手の体形　117
リラックス　113
リンケンバッハ　298
リンケンバッハ（写）　50

リンゼンホフ　38, 45, 87, 299, 300
リンダー　297

【る】
ルサージュ　297, 298
ルバードの実施（レルケとファナル号）（写）　38
ルフラン　307, 313, 318
ルントバルト　297, 298

【れ】
レーナイセン　20
レーバイン　94
レキオ　304, 305
レムス号　101, 300
レムス号（写）　vii, viii
レルケ　30, 37, 87, 99
レルケ（写）　34, 37, 38
レルケ氏の指導　38
レルケ氏の乗馬歴　37

【ろ】
ローゼン　44
ロードカップ号（写）　xiv
ローマ・オリンピック (17)　84
ロスアンゼルス・オリンピック (10)　45
ロングレーン　40
ロンドン・オリンピック (14)　41, 45

【わ】
ワール　90
ワイローター　27
ワルドフィー号　106

DAS DRESSUR PFERD by HARRY BOLT

Copyright © 1978, 1998 by EDITION HABERBECK

Japanese translation rights arranged with Edition Haberbeck through Japan UNI Agency, Inc., Tokyo.

ボルト氏の馬術
―D<small>AS</small> D<small>RESSUR</small> P<small>FERD VON</small> H<small>ARRY</small> B<small>OLDT</small>

平成15年9月23日	初版1刷	
平成22年8月15日	改訂1刷	

ハリー・ボルト 著　澤田孝明（さわだたかあき） 訳
高津彦太郎（こうづひこたろう）・井上正樹（いのうえまさき） 編訳
荒木雄豪（あらきゆうごう） 監修

発 行 者　片　岡　一　成

印刷・製本　（株）シ　ナ　ノ

発行所／株式会社 恒星社厚生閣
〒160-0008　東京都新宿区三栄町8
TEL　03（3359）7371
FAX　03（3359）7375
http://www.kouseisha.com/

恒星社厚生閣馬術叢書

乗馬教本
ミューゼラー 著／南大路謙一 訳
A5判／204頁／上製／定価2,625円（初版：1965年，第5刷：1996年）

5ヵ国語で翻訳され好評を博しているロングセラー。騎手の教育・馬の調教・馬具および馬装等に関する世界的な乗馬入門書。

実用馬術
―近代馬術競技の要求に対する人馬訓練の指南書
ザイフェルト 著／南大路謙一 訳
A5判／284頁／上製／定価3,150円（初版：1965年，第5刷：1996年）

馬術競技の要求に対する人馬訓練の指導書。初心者にとどまらず，教官，調教者，さらに競技観覧者のための解説書。

今村馬術 増補改訂版
今村安 著／荒木雄豪・槇本彰 編
A5判／366頁／上製／定価4,410円（初版：1988年，増補改訂版：1994年）

日本人で最初に国際競技で優勝し，イタリア馬術を初めて導入した今村氏の馬場馬術および障害飛越に関する原理原則を説く名著。

フィリス氏の馬術 増補改訂版
フィリス 著／遊佐幸平 訳註／荒木雄豪 編訳
A5判／316頁／上製／定価3,360円（初版：1993年，増補改訂版：1998年）

原著は古今の名馬術書のひとつ。訳者が彼一流の解説と註を付して訳した戦前版を編者が現代的記述に改めさらに解説を加えた。

国際馬事辞典 増補改訂版
日・英・仏・独対訳／バラノフスキー 著／荒木雄豪 編訳
A5判／400頁／上製／定価5,040円
（初版：1995年，増補改訂版：1999年，増補三訂版（非売品）：2001年）

英・仏・独の馬術用語の対訳に日本語訳を付け馬術関連用語2500語以上を収録。4ヵ国語それぞれに索引を付けどの言語からも検索が可能。

クセノポーンの馬術
―ヨーロッパ馬術小史
クセノポーン 原著／田中秀央・吉田一次 訳／
ポダイスキー 著／南大路謙一 訳／荒木雄豪 編註
A5判／204頁／上製／定価3,150円（初版：1995年）

原著は紀元前400年頃に書かれた世界最古の馬術書。その原理は現代でも不変であり，数多くの馬術書に引用されている。

サンファール大尉の馬術
サンファール 原著／遊佐幸平 著／荒木雄豪 編訳
A5判／321頁／上製／定価3,990円（初版：1997年）

フィリスと並ぶ名馬術家サンファールの普通馬術から高等馬術までの理論の詳細を，遊佐氏による訳文を引用し解説。

馬場馬術
―競技への道
ケイト・ハルミトン 著／中山照子 訳
A5判／210頁／上製／定価3,675円（初版：1997年，再版：2004年）

英国馬術協会屈指の女性指導者である著者が，130枚以上のもの写真を使い，その豊かな経験と知識を著した最高のガイドブック。

シュテンスベック氏の馬術
―ドイツ式馬場馬術
シュテンスベック 原著／遊佐幸平 著／ハイデブレック 著／
南大路謙一 訳／荒木雄豪・高津彦太郎・槇本彰 編訳
A5判／289頁／上製／定価3,360円（初版：1998年）

芸術性を追及したシュテンスベック氏の原著は，フィリス，サンファール両氏の著書と共に馬術家必読三書のひとつ。

遊佐馬術
遊佐幸平 著／荒木雄豪・高津彦太郎 編
A5判／334頁／上製／定価4,410円（初版：1998年）

日本近代馬術の創始者遊佐氏の貴重な講演録。フィリスのポヴェロー調教日誌をもとに氏の豊富な体験と知識を語る馬術のバイブル。

ボーシェー氏の馬術
フランソア・ボーシェー 原著／デカルパントリー 著／遊佐幸平 訳
荒木雄豪・高津彦太郎・槇本彰 編訳
A5判／410頁／上製／定価5,355円（初版：2000年）

19世紀中頃，一大論争を巻き起こし，近年，欧米で再評価の動きが高まっているボーシェーの馬術理論とその生涯を紹介。

乗馬の愉しみ
―フランス伝統馬術
コマンダン・ドゥ・パディラック 著／ジャン・ルイ・ソバ 画／吉川晶造 訳
A4変判／96頁／上製／定価4,095円（初版：2001年）

「馬術は芸術なり」と，馬の運動の美しさを探求し続けたパディラックが説く人と馬との理想的な関係。美しいパステル画の挿絵と共に。

馬術教範抄
［付］馬事提要抜粋
荒木雄豪・槇本彰 編
B6判／190頁／並製／定価2,363円（初版：2001年）

中級までの馬術教育と新馬調教をほぼ網羅している旧陸軍発刊の『馬術教範』を読みやすい現代語に改め，手軽な馬術入門書として再版。

銀蹄拾遺
―学生馬術今昔
銀蹄会 編
A5判上製／338頁／並製／定価3,675円（初版：2003年）

京都大学馬術創部百年の記念本。同部の歴史とともに，同部出身者による今では入手困難な馬術本の数々を紹介する。

馬術への誘い
―京大馬術部事始―もっと馬術を理解するために
京都大学馬術部編
A5判／286頁／並製／定価2,100円（初版：2003年，再版：2004年）

馬の生理生態を科学的に詳述した科学編と馬術競技の規定やトレーニングを解説する技術編からなる入門書。

ドレッサージュの基礎
―馬と共に成長したい騎手のためのガイドライン
クルト・アルブレヒト・フォン・ジーグナー 著／椎名穣 訳
A5判／296頁／上製／定価5,145円（初版：2007年）

ドイツ公式教本や『乗馬教本』の補足のため系統立てて実践的に書かれた中級者向けの馬術教則本。

掲載の定価は2010年9月現在の税込価格です